ŒUVRES

DE

WALTER SCOTT.

TOME XXVIII.

IMPRIMERIE DE H. FOURNIER,
RUE DE SEINE, N° 14.

HISTOIRE D'ÉCOSSE
1ʳᵉ Série Ch. XXIX.

Publié par Furne, à Paris

HISTOIRE
D'ÉCOSSE

RACONTÉE

PAR UN GRAND-PÈRE A SON PETIT-FILS.

TRADUCTION

DE M. DEFAUCONPRET,

AVEC DES ÉCLAIRCISSEMENS ET DES NOTES
HISTORIQUES.

TOME I.—PREMIERE SÉRIE.

PARIS.

FURNE, LIBRAIRE-EDITEUR,

QUAI DES AUGUSTINS, N° 39.

M DCCC XXXI.

HISTOIRE D'ÉCOSSE.

PREMIÈRE SÉRIE.

COMPRENANT

DEPUIS L'INVASION DES ROMAINS,

jusqu'a

LA RÉUNION DES COURONNES

SOUS JACQUES VI.

PRÉFACE

DE L'AUTEUR.

Ces contes [1] ont été composés dans les intervalles d'autres travaux, pour l'usage du jeune enfant auquel ils sont dédiés. Ayant paru n'être pas sans utilité pour lui, ils sont aujourd'hui offerts au public, dans l'espoir que d'autres aussi pourront y puiser quelque instruction. Quoique cette compilation ne soit donnée que sous le titre de contes ou historiettes tirés des chroniques écossaises, on y trouvera néanmoins une esquisse générale de l'histoire de ce pays, depuis l'époque où elle présente quelque intérêt, et un choix de ses traits les plus pittoresques et les plus saillans.

L'auteur de cette compilation historique croit devoir faire observer qu'après avoir commencé sa tâche de manière à se mettre à la portée de l'intelligence la plus bornée, comme, par exemple, dans l'histoire de Macbeth, il fut amené par degrés à envisager différemment son sujet en remarquant qu'un style beaucoup plus relevé avait plus d'intérêt pour son jeune lecteur. Il n'y a point de mal, il

---

(1) L'ouvrage anglais est intitulé : *Contes d'un grand-père*, etc. — Tr.

y a de l'avantage, au contraire, à présenter à un enfant des idées qu'il ne saisisse pas trop aisément et du premier coup-d'œil; les obstacles qu'il rencontre, pourvu qu'ils ne soient ni trop grands ni trop fréquens, excitent sa curiosité et encouragent ses efforts.

DÉDICACE.

A HUGH LITTLEJOHN, ESQ.

TRÈS-RESPECTÉ MONSIEUR,

Je ne suis pas encore arrivé à cet âge vénérable qui pourra me ramener au niveau du vôtre; cependant j'éprouve déjà plus de plaisir à chercher un auditeur tel que vous, qui se laisse raconter vingt fois la même histoire, qu'à essayer d'instruire ceux de mes contemporains, plus difficiles, qui sont tous disposés à élever des objections contre tout récit qu'ils ont déjà une fois entendu. Il est donc probable que, si nous avions dû rester ensemble, je vous aurais raconté plus d'une fois la plupart des histoires contenues dans cet ouvrage. Mais, puisqu'il en est autrement, je n'ai d'autre parti à prendre que de les réunir dans ce recueil, où vous pourrez les lire aussi souvent que l'envie vous en prendra.

J'ai imité, dans ce petit ouvrage, un livre que vous connaissez bien; je veux dire le *Recueil de contes tirés de l'histoire d'Angleterre*, et qui a obtenu une vogue si méritée.

Néanmoins, comme vous vous trouvez être une personne qui unit une grande pénétration à beaucoup d'amour pour l'étude, mon intention a été de composer un petit livre qui non-seulement pût vous être utile à l'âge de cinq ou six ans, ce qui est, je crois, à peu près l'âge de Votre Seigneurie, mais qui ne fût pas trop au-dessous de vous, soit pour le style, soit pour les idées, à l'âge plus grave de huit ou dix ans. Si quelque chose vous paraissait donc aujourd'hui un peu trop difficile à comprendre, songez que, dans un an ou deux, vous comprendrez sans peine ce qui vous embarrasse maintenant ; ou plutôt faites un grand effort, et vous finirez par arriver jusqu'au sens, tout comme vous savez bien atteindre à une chose qui vous fait envie sur une planche un peu haute, en vous dressant sur la pointe du pied, au lieu d'attendre que vous soyez devenu un peu plus grand. Ou bien encore votre papa pourrait venir à votre secours, et alors ce serait comme s'il vous plaçait sur un tabouret pour vous mettre à portée de prendre ce que vous voulez avoir.

Adieu donc, mon cher Hugh Littlejohn. Si la lecture de ce petit ouvrage contribue à votre amusement et à votre instruction, cela fera grand plaisir à

Votre affectionné

Grand-Père.

HISTOIRE D'ÉCOSSE

RACONTÉE

PAR UN GRAND-PÈRE

A SON PETIT-FILS.

PREMIÈRE SÉRIE.

CHAPITRE PREMIER.

Comment l'Angleterre et l'Écosse vinrent à former deux royaumes séparés.

L'Angleterre est la partie méridionale, et l'Ecosse la partie septentrionale de l'île célèbre appelée Grande-Bretagne. L'Angleterre est beaucoup plus grande que l'Ecosse; le sol en est bien plus fertile et produit de plus abondantes moissons. Les hommes y sont aussi en bien plus grand nombre, et les gens de la ville, comme ceux de la campagne, y jouissent de plus d'aisance, et ont de meilleurs habits et une meilleure nourriture qu'en Ecosse.

L'Ecosse, au contraire, est pleine de montagnes, de landes [1] immenses et de déserts stériles qui ne produisent aucun grain, et où les moutons et les bêtes à cornes trouvent à peine de quoi se nourrir. Mais les terres basses qui avoisinent les grandes rivières sont plus fertiles et se couvrent de belles moissons. Les habitans de l'Ecosse mènent en général une vie plus dure que ceux de l'Angleterre.

Comme ces deux nations habitent aux deux extrémités de la même île, et sont séparées des autres parties du monde par de vastes mers orageuses [2], il semblait naturel qu'elles fussent amies l'une de l'autre, et qu'elles vécussent sous le même gouvernement. En effet, il y a à peu près deux cents ans, le roi d'Ecosse devint roi d'Angleterre, comme je vous le dirai dans une autre partie de cet ouvrage, et depuis lors les deux peuples n'ont plus formé qu'un seul royaume qu'on appelle Grande-Bretagne.

Mais avant cette heureuse union de l'Angleterre et de l'Ecosse, il y eut entre les deux peuples de longues, sanglantes et cruelles guerres; et, au lieu de se secourir et de s'aider l'un l'autre comme de bons voisins, ils se firent tout le mal qu'ils purent, envahissant réciproquement leurs territoires, massacrant les habitans, brûlant les villes, et emmenant prisonniers les enfans et les femmes. Cela dura pendant bien des siècles; et je vais vous dire maintenant d'où venait que l'île était ainsi divisée.

Il y a bien long-temps, dix-huit cents ans et plus, il existait une nation brave et guerrière appelée les Romains, qui entreprit de conquérir le monde et de soumettre tous les peuples, de manière à faire de leur ville de Rome la

---

(1) Le terme de *landes* nous paraît l'équivalent de celui de *moors*, qui ne signifie pas précisément *marais* (fen, marsh) comme l'indiquent les dictionnaires, mais des plaines de bruyères. Ce mot appartient plus spécialement au nord de la Grande-Bretagne. Le terme écossais pour *marais* est *moss, morass* : d'ailleurs il y a aussi dans l'étendue des *moors* des parties de terrain plus ou moins molles et humides. — Ed.

(2) C'est le *penitùs toto divisos orbe Britannos* de Virgile. — Ed.

reine de toutes les nations couvrant la face de la terre. Après s'être emparés de ce qui se trouvait soit près soit loin d'eux, ils arrivèrent enfin en Bretagne, et firent la guerre à ses habitans, qui s'appelaient Bretons. Les Romains, qui étaient braves et bien armés, battirent les Bretons, et prirent possession de presque toute la partie plate de l'île qu'on nomme aujourd'hui Angleterre [1], ainsi que d'une partie du midi de l'Ecosse [2]. Mais ils ne purent pénétrer dans les hautes montagnes du nord, où ils ne trouvèrent que difficilement de quoi nourrir leurs soldats, et dont les habitans leur opposèrent une vigoureuse résistance.

Depuis les habitans sauvages d'Ecosse, que les Romains n'avaient pu soumettre, commencèrent à descendre de leurs montagnes, et à faire des invasions dans la partie du pays conquise par les Romains.

Les habitans de l'Ecosse étaient divisés en deux peuples, les Scots et les Pictes; ils étaient souvent en guerre, mais ils se réunirent contre les Romains et contre les Bretons que ceux-ci avaient soumis. A la fin les Romains crurent avoir trouvé un moyen d'empêcher ces Scots et ces Pictes de pénétrer dans la partie méridionale de l'Ecosse et de la ravager. Ils bâtirent un mur bien long entre un côté de l'île et l'autre, de manière à ce qu'aucun des Scots et des Pictes ne pût venir dans le pays qui se trouvait du côté méridional du mur; et sur ce mur ils élevèrent des tours, et placèrent des camps de soldats de distance en distance, de manière qu'à la moindre alarme, les soldats pussent courir défendre le côté menacé. Cette première muraille romaine fut construite entre les deux grands Friths [3] de la Clyde et du Forth, juste à l'endroit où l'île est le plus

---

(1) England. — ED.
(2) Scotland. — ED.
(3) Frith est le *fretum* des Latins, et signifie détroit, bras de mer, là où les flots sont resserrés entre deux rivages. C'est dans ces deux détroits que la Clyde et le Forth se perdent dans l'Océan; la Clyde du côté de Glascow, le Forth du côté d'Edimbourg. — ED.

étroite, et il en reste encore aujourd'hui quelques débris, comme vous pouvez le voir sur la carte.

Cette muraille défendit les Bretons pendant quelque temps, et l'entrée du riche et fertile territoire fut fermée aux Scots et aux Pictes, qui se trouvèrent enfermés dans leurs montagnes. Mais ceux-ci se lassèrent bientôt de cette espèce de captivité; ils s'assemblèrent en grand nombre, et franchirent le mur en dépit de tout ce que les Romains purent faire pour s'y opposer. On prétend que ce fut un soldat nommé Grahame qui passa le premier, et le peuple appelle encore ce qui reste aujourd'hui de la muraille, *Grahame's Dyke* [1].

Or, les Romains voyant que cette première barrière ne pouvait contenir les barbares (car c'est ainsi qu'ils nommaient les Pictes et les Scots), crurent qu'ils feraient bien de leur abandonner une assez grande étendue de pays, espérant qu'après ce ces peuples seraient tranquilles. Ils se mirent donc à construire une autre muraille, beaucoup plus forte que la première, soixante milles plus en arrière du territoire des Scots et des Pictes. Mais les barbares firent autant d'efforts pour franchir cette nouvelle barrière qu'ils en avaient jamais fait pour l'autre. Cependant les soldats romains la défendirent si bien, que les Scots et les Pictes ne purent réussir à passer par dessus, quoique souvent, au moyen de barques faites de peaux de bœuf étendues sur des cerceaux [2], ils fissent par mer le tour du mur, débarquassent de l'autre côté, et commissent de grands ravages. Pendant ce temps, les pauvres Bretons menaient une vie bien malheureuse; car les Romains, en soumettant leur pays, leur avaient ôté leurs armes. Ils avaient ainsi perdu l'habitude de s'en servir et de se défendre, et comptaient entièrement sur la protection des Romains.

Mais il survint à Rome de grands troubles et de grandes

---

(1) *Grahame's Dyke*, le mur de Graham. *Dyke* signifie mur, rempart, en écossais, d'où le verbe *to dyke*, entourer de murs et de fossés. — Ed.

(2) Cette espèce de pirogue s'appelait *courrach* ou *curragh*. — Ed.

querelles, de sorte que l'empereur romain envoya l'ordre aux soldats qui étaient en Bretagne, de revenir immédiatement dans leur pays, et de laisser les Bretons défendre leur mur comme ils le pourraient contre leurs belliqueux et remuans voisins, les Pictes et les Scots. Les soldats romains en furent bien fâchés pour les pauvres Bretons; mais tout ce qu'ils purent faire pour eux ce fut de réparer le mur de défense. Ils l'élevèrent donc encore, et le rendirent aussi solide que s'il venait d'être construit. Puis, ils s'embarquèrent et quittèrent l'île.

Après leur départ, les Bretons se trouvèrent tout-à-fait hors d'état de défendre le mur contre les barbares; car depuis la conquête de la Bretagne par les Romains, ils n'étaient plus qu'un peuple mou et sans courage. Aussi les Pictes et les Scots dévastèrent-ils toute la contrée; ils emmenaient les femmes et les enfans en esclavage, s'emparaient de leurs troupeaux, brûlaient leurs maisons, en un mot leur faisaient toute sorte de mal. A la fin les Bretons, ne pouvant résister à ces peuples barbares, appelèrent en Bretagne à leur secours un grand nombre de guerriers de la Germanie, qu'on appelait Anglo-Saxons. Or, c'étaient des hommes braves et courageux, et ils arrivèrent de Germanie sur leurs vaisseaux, débarquèrent sur la côte méridionale de la Bretagne, aidèrent les Bretons à combattre les Scots et les Pictes, et les repoussèrent dans leurs montagnes et leurs retraites inaccessibles, au nord du mur que les Romains avaient construit; depuis lors, ceux-ci n'inquiétèrent plus autant leurs voisins.

Mais les Bretons ne furent pas beaucoup plus heureux après la défaite de leurs ennemis du nord; car, lorsque les Saxons furent venus en Bretagne et qu'ils eurent vu quel beau pays c'était, et combien les habitans étaient incapables de se défendre, ils résolurent de prendre le pays pour eux, et de faire des Bretons leurs serviteurs et leurs esclaves. Les Bretons avaient beaucoup de répugnance à voir prendre ainsi leur pays par ceux qu'ils avaient appelés à leur secours, et ils essayèrent de leur résister; mais les Saxons étaient plus forts et plus braves qu'eux, et ils les battirent si souvent qu'ils finirent par s'emparer de tout le pays plat dans la partie méridionale de la Bretagne. Cependant, les plus braves des Bretons se réfugièrent dans un canton montagneux de la Bretagne qu'on nomme le pays de Galles [1], et là ils se défendirent contre les Saxons pendant bien des années; et leurs descendans parlent encore l'ancien langage breton, appelé gallois [2]. Pendant ce temps, les Anglo-Saxons se répandirent dans toute la partie méridionale de la Bretagne, et le nom du pays fut changé : il ne s'appela plus Bretagne, mais Angleterre, ce qui signifie la terre des Anglo-Saxons, qui l'avaient conquise.

Tandis que les Saxons et les Bretons combattaient ainsi les uns contre les autres, les Scots et les Pictes, après avoir été repoussés derrière la muraille romaine, se mirent à en faire autant et se battirent entre eux. Enfin, après bien des batailles, les Scots prirent tout-à-fait le dessus sur les Pictes. On dit que ceux-ci furent entièrement détruits; mais je ne crois pas probable que les Scots aient pu tuer une si grande quantité d'hommes. Ce qu'il y a de certain, c'est qu'ils en tuèrent un grand nombre, qu'ils en chassèrent d'autres du pays, et que le reste devint leurs serviteurs et leurs esclaves. Du moins il ne fut jamais plus question des Pictes après ces grandes défaites, et les Scots donnèrent leur nom à la partie septentrionale de la Bretagne, comme les Angles, ou Anglo-Saxons, avaient donné le leur à la partie méridionale. De là vient le nom de Scotland (Ecosse), terre des Scots ou Ecossais; et England (Angleterre), terre des Anglais. Les deux royaumes étaient séparés d'abord par la rivière de la Tweed, puis par une grande chaîne de montagnes et de déserts arides, et ensuite par un bras de mer appelé le Frith de Solway. Ces limites ne sont pas très-loin de la vieille muraille romaine. Il y a long-temps qu'on a

---

(1) Wales. — Ed.
(2) Welsh. — Ed.

laissé le mur tomber en ruines ; cependant il en reste encore quelques parties, comme je l'ai déjà dit, et il est curieux de voir comme il s'étend en droite ligne, quoiqu'il passe tantôt sur de hautes montagnes, tantôt à travers de profonds marécages.

Vous voyez donc bien que la Bretagne était divisée en trois nations différentes, qui étaient ennemies l'une de l'autre : d'abord l'Angleterre, qui comprenait la partie la plus riche et la plus considérable de l'île, et qui était habitée par les Anglais ; puis l'Ecosse, pleine de montagnes et de grands lacs, de dangereux précipices, de bruyères sauvages et de vastes marais, qui était habitée par les Scots ou Ecossais ; et enfin le pays de Galles, où les restes des anciens Bretons s'étaient réfugiés pour se mettre à l'abri des attaques des Saxons.

Les habitans du pays de Galles défendirent leur territoire pendant long-temps ; mais les Anglais finirent par s'en emparer. Il n'en fut pas de même de l'Ecosse, qu'ils essayèrent bien des fois de soumettre sans pouvoir jamais y parvenir. Les deux pays étaient gouvernés par des rois différens qui se firent bien souvent la guerre, et toujours à outrance. Voilà pourquoi, mon enfant, l'Angleterre et l'Ecosse, bien que faisant partie de la même île, furent si long-temps ennemies. Priez votre papa de vous montrer ces deux pays sur la carte, et vous remarquerez que l'Ecosse est toute remplie de montagnes et de vastes landes couvertes de bruyères. — Mais j'oublie que M. Hugh Littlejohn est un voyageur, et qu'il a déjà vu l'Ecosse et même l'Angleterre de ses propres yeux [1]. Toutefois, il ne fera pas mal de jeter un coup d'œil sur la carte.

Les Anglais aiment passionnément leur pays ; ils l'appellent la Vieille-Angleterre, et le regardent comme la plus belle contrée que le soleil éclaire. Les Ecossais aussi sont fiers de leur patrie avec ses grands lacs et ses hautes mon-

---

(1) Allusion toute personnelle. Le fils de M. Lockhart habite Londres, résidence habituelle de son père. — Ed.

tagnes; et, dans leur vieux langage, ils l'appellent la Terre des Lacs et des Montagnes et celle des Braves, et souvent aussi la Terre des Galettes, parce que le peuple se nourrit généralement de galettes de gruau d'avoine au lieu de pain de froment. Mais à présent l'Angleterre et l'Ecosse font partie du même royaume, et il est inutile de chercher quel est le meilleur pays ou celui qui renferme les plus braves gens.

Voilà un chapitre assez ennuyeux, M. Littlejohn; mais comme nous avons beaucoup d'histoires à vous raconter sur l'Angleterre et sur l'Ecosse, il était nécessaire de savoir un peu quels étaient les pays dont nous allions parler. La prochaine histoire sera plus amusante.

CHAPITRE II.

Histoire de Macbeth.

Peu de temps après que les Scots et les Pictes furent devenus un seul peuple, comme je l'ai déjà dit, l'Ecosse eut pour roi un bon vieillard nommé Duncan. Il avait deux fils; l'un se nommait Malcolm et l'autre Donaldbane. Mais le roi Duncan était trop âgé pour mener ses troupes à la guerre, et ses fils étaient trop jeunes pour le remplacer.

A cette époque, l'Ecosse et même la France, l'Angleterre et les autres contrées de l'Europe, étaient fort tourmentées par les Danois. C'était un peuple hardi, courageux, entreprenant, qui dirigeait ses vaisseaux tantôt d'un côté, tantôt de l'autre, débarquait sur la côte, brûlait et détruisait tout ce qui se trouvait sur son passage. Ils étaient païens, c'est-à-dire qu'ils n'adoraient pas le vrai Dieu; ils n'aimaient que les combats, le meurtre et le pillage. Quand ils arrivaient dans un pays dont les habitans étaient lâches, ils s'en emparaient, comme je vous ai dit que les Saxons s'étaient emparés de la Bretagne. D'autres fois, ils débarquaient avec leurs soldats, prenaient tout ce qu'ils pouvaient trouver, brûlaient les habitations, puis remontaient sur leurs vaisseaux, mettaient à la voile, et s'éloignaient en toute hâte. Enfin ils commirent tant de ravages, que les peuples adressaient des prières à Dieu dans les églises pour être délivrés de la rage des Danois [1].

Or il arriva, sous le règne de Duncan, qu'une grande flotte de Danois s'approcha de l'Ecosse, débarqua des troupes sur la côte de Fife, et menaça de s'emparer de cette province. Une nombreuse armée écossaise fut levée pour aller les combattre. Comme je vous l'ai déjà dit, le roi était trop vieux pour commander son armée, et ses fils trop jeunes encore, de sorte qu'il envoya à sa place un de ses proches parens, nommé Macbeth. Ce Macbeth était fils de Finel qui était *Thane* de Glamis. Les gouverneurs de province avaient alors en Ecosse le titre de *Thane ;* plus tard, ils prirent celui de *Comte*. Macbeth, qui était un brave guerrier, se mit à la tête de l'armée écossaise, et marcha contre les Danois. Il mena avec lui un de ses parens, nommé Banquo, qui était Thane de Lochaber, et comme lui plein de courage. Il y eut une grande bataille entre les Danois et les Ecossais ; Macbeth et Banquo battirent leurs ennemis, et les forcèrent de regagner leurs vaisseaux, laissant à terre un grand nombre de soldats morts ou blessés. Alors Macbeth et son armée prirent la route de Forres, ville située dans le nord de l'Ecosse, tout joyeux de leur victoire.

A cette époque, il y avait dans la ville de Forres trois vieilles femmes qui passaient pour sorcières, c'est-à-dire pour avoir le don de prédire l'avenir. Personne de nos

---

(1) Voyez, pour les mœurs *poétiques* des Danois, le début du poëme d'*Harold l'Indomptable*. — Ed.

jours n'ajouterait foi à une semblable folie, sinon quelques sottes gens sans aucune instruction, comme ceux qui consultent des Égyptiens [1] pour se faire dire la bonne aventure ; mais, dans ces temps reculés, le peuple était beaucoup plus ignorant, et même de grands hommes comme Macbeth croyaient que des personnes comme les trois vieilles femmes de Forres pouvaient dire ce qui devait arriver par la suite, et ils écoutaient les absurdités qu'elles débitaient, comme si elles eussent été de véritables prophétesses. Les vieilles femmes n'ignoraient pas qu'elles étaient craintes et respectées : elles en abusaient pour tromper les gens en prétendant savoir ce qui devait leur arriver, et c'était à qui leur ferait des présens pour l'apprendre.

Ces trois vieilles se placèrent donc sur le chemin de Macbeth, dans une vaste plaine de bruyères près de Forres, et, lorsqu'il parut à la tête de ses soldats, la première s'avança en lui disant : — Salut, Macbeth, salut à toi, Thane de Glamis. — La seconde dit à son tour : — Salut, Macbeth, salut à toi, Thane de Cawdor. — Alors, la troisième voulant lui faire un compliment encore plus flatteur que ses compagnes, ajouta : — Salut, Macbeth, salut à toi qui seras roi d'Ecosse. Macbeth fut fort surpris de s'entendre donner tous ces titres, et, tandis qu'il cherchait à comprendre ce qu'elles voulaient dire, Banquo s'avança, et demanda aux sorcières si elles n'avaient rien à lui prédire à lui. Elles lui répondirent qu'il ne deviendrait pas aussi grand que Macbeth, mais que, bien qu'il ne dût jamais être roi, ses enfans succéderaient au trône d'Ecosse, et régneraient un grand nombre d'années.

Avant que Macbeth fût revenu de sa surprise, il arriva un messager qui lui apportait la nouvelle de la mort de son père, de sorte qu'il devenait par héritage Thane de Glamis. Vint ensuite un second messager, envoyé par le roi

---

(1) *Gypsies*, Égyptiens, Bohémiens, etc. — Ed.

pour remercier Macbeth de la grande victoire remportée sur les Danois, et pour lui annoncer que, le Thane de Cawdor s'étant révolté contre le roi, Sa Majesté lui avait retiré son gouvernement pour le donner à Macbeth, qui se trouvait ainsi Thane de Cawdor aussi-bien que de Glamis. Les deux sorcières avaient donc eu raison de le saluer de ces deux titres ; mais j'ose dire qu'elles savaient quelque chose de la mort de son père et de l'intention du roi de lui donner le gouvernement de Cawdor, bien qu'il l'ignorât encore lui-même.

Cependant Macbeth, voyant une partie de leurs prédictions vérifiée, commença à se demander comment il devait s'y prendre pour que le reste s'accomplît également, et pour qu'il devînt roi comme il était devenu Thane de Glamis et de Cawdor. Macbeth avait une femme méchante et ambitieuse, qui, s'apercevant que son mari pensait à devenir roi d'Ecosse, l'encouragea dans ses desseins de tout son pouvoir, et lui persuada que le seul moyen de s'emparer de la couronne était de tuer le bon vieux roi Duncan. Macbeth ne voulait pas commettre un si grand crime : il se rappelait combien Duncan était un bon roi ; il ne pouvait oublier qu'il était son parent, et qu'il l'avait toujours comblé de bontés, lui avait confié le commandement de ses troupes, et l'avait nommé Thane de Cawdor. Mais sa femme lui répétait sans cesse qu'il y avait folie et lâcheté insigne de sa part à ne pas saisir l'occasion de devenir roi quand il ne tenait qu'à lui de s'assurer de ce que les sorcières lui avaient promis : tant et si bien, que les perfides conseils de sa femme, joints aux prédictions des misérables vieilles, poussèrent enfin Macbeth à donner la mort à son roi et à son ami. La manière dont il commit ce crime le rend encore plus abominable.

Macbeth invita Duncan à venir le visiter dans un grand château qu'il possédait près d'Inverness. Le bon roi, qui ne se méfiait nullement de son parent, accepta volontiers son invitation. Macbeth et sa femme reçurent le roi et sa suite avec de grandes démonstrations de joie, et lui offrirent un beau festin, comme un sujet devait le faire pour fêter dignement son roi. Vers le milieu de la nuit, Duncan désira se retirer, et Macbeth le conduisit dans un appartement magnifique qui avait été préparé pour lui. C'était l'usage, dans ces temps barbares, que, pendant le sommeil du roi, deux hommes armés demeurassent dans sa chambre, pour le défendre si quelqu'un venait à l'attaquer. Mais la méchante lady Macbeth avait fait boire à ces deux gardes une grande quantité de vin dans lequel elle avait jeté quelques drogues; de sorte que, lorsqu'ils arrivèrent dans la chambre du roi, ils s'endormirent tous deux, et d'un si profond sommeil que rien ne put les réveiller.

Vers deux heures du matin, le cruel Macbeth s'introduisit dans la chambre de Duncan. Il faisait alors un orage affreux; mais le bruit du vent et du tonnerre n'éveilla pas le roi, parce qu'il était vieux, et fatigué de son voyage. Il n'éveilla pas davantage les sentinelles. Ils dormaient tous trois profondément. Macbeth, marchant sans bruit, prit les deux poignards des gardes, et frappa le pauvre roi Duncan au cœur, et cela avec tant de succès, qu'il expira sans pousser même un gémissement. Alors Macbeth mit les deux poignards sanglans dans les mains des soldats, et couvrit leurs visages de sang, afin qu'ils parussent avoir commis le meurtre. Macbeth sortit alors effrayé du crime qu'il avait commis, mais sa femme lui fit laver le sang qui souillait ses mains, et l'emmena dans son appartement.

Le lendemain de bonne heure, les seigneurs qui accompagnaient le roi se rassemblèrent dans la grande salle du château, et se mirent à parler de l'orage affreux qu'il avait fait la nuit précédente. Mais Macbeth entendait à peine ce qui se disait, car il pensait à quelque chose de bien plus terrible que l'orage, et se demandait avec effroi ce que ces seigneurs allaient dire quand ils apprendraient le meurtre du roi. Ils attendirent quelque temps; mais enfin, ne voyant pas sortir le roi de son appartement, un des seigneurs entra pour savoir s'il n'était pas incommodé. Mais lorsqu'il fut dans la chambre du malheureux Duncan, il le trouva étendu raide et sans vie, et les deux sentinelles, leurs poignards sanglans à la main, dormant d'un profond sommeil. Dès que les seigneurs écossais virent cet affreux spectacle, leur fureur égala leur étonnement. Macbeth fit semblant d'être plus furieux qu'eux tous, et, saisissant son épée avant que personne pût l'arrêter, il tua les deux sentinelles qui avaient passé la nuit dans la chambre de Duncan, feignant de croire qu'elles seules étaient coupables du meurtre de ce bon roi.

Lorsque les deux fils de Duncan, Malcolm et Donaldbane, virent que leur père avait été assassiné d'une manière si étrange dans le château de Macbeth, ils commencèrent à trembler pour leur propre vie, et ils s'enfuirent de l'Ecosse. Car, malgré tout ce que Macbeth avait pu dire, ils le soupçonnaient fortement du meurtre du roi. Donaldbane se réfugia dans une île éloignée; mais Malcolm, le fils aîné de Duncan, se rendit à la cour d'Angleterre, pour obtenir du roi qu'il l'aidât à monter sur le trône d'Ecosse comme successeur de son père.

Pendant ce temps, Macbeth prit possession du royaume, et de cette manière toutes les prédictions des sorcières se trouvèrent accomplies. Cependant il était loin d'être heureux. Il se mit à réfléchir à l'énormité du crime qu'il avait commis en assassinant son bienfaiteur et son ami, et il se dit que quelque ambitieux comme lui pourrait bien lui préparer le même sort. Il se rappela aussi que les trois vieilles femmes avaient annoncé que les enfans de Banquo hériteraient après lui du royaume d'Ecosse, et il craignit que, pour hâter ce moment, Banquo ne conspirât contre lui, comme il avait conspiré contre le roi Duncan. Les méchans croient toujours que tout le monde leur ressemble. Pour prévenir ce danger, il aposta des scélérats dans un bois où Banquo et son fils se promenaient souvent le soir, et il leur donna ordre de les mettre à mort l'un et l'autre. Ces misérables firent ce que Macbeth leur avait ordonné ; mais, pendant qu'ils achevaient Banquo, le jeune Fleance s'échappa de leurs mains, s'enfuit d'Ecosse, et se réfugia dans le pays de Galles ; et l'on dit que long-temps après ses enfans montèrent sur le trône d'Ecosse.

Macbeth ne fut pas plus heureux après avoir lâchement assassiné son brave cousin Banquo. Il savait qu'on commençait à soupçonner les crimes qu'il avait commis, et il était dans des craintes continuelles que quelqu'un ne vengeât sur lui le meurtre du vieux roi, ou que Malcolm, obtenant du secours du roi d'Angleterre, ne vînt lui faire la guerre et lui ravir la couronne. En proie à toutes ces inquiétudes, il eut l'idée de consulter de nouveau les sorcières dont les paroles perfides avaient fait naître en lui l'ambition de devenir roi. On suppose bien qu'il leur offrit des présens et qu'elles cherchèrent à l'entretenir dans l'idée qu'elles savaient prédire l'avenir. Elles lui dirent donc qu'il serait toujours vainqueur et qu'il conserverait la couronne jusqu'à ce qu'une grande forêt appelée Birnam-Wood vînt l'attaquer dans un château-fort construit sur une haute montagne nommée Dunsinane. Or, cette montagne était séparée de la forêt de Birnam par une vallée qui avait douze milles d'étendue. Et d'ailleurs, il paraissait impossible à Macbeth que des arbres vinssent jamais faire le siège d'un château. Il résolut donc de le fortifier encore, le regardant comme une retraite imprenable où il serait toujours en sûreté. Dans ce dessein il somma toute la noblesse et les Thanes d'Ecosse de lui envoyer du bois, des pierres, enfin tous les matériaux nécessaires aux constructions qu'il projetait, et de les monter avec des bœufs jusqu'au sommet de la montagne.

Parmi les seigneurs obligés de fournir des matériaux, des bœufs et des chevaux pour ce laborieux ouvrage, il s'en trouvait un nommé Macduff, Thane de Fife. Macbeth craignait ce Thane, qui passait pour avoir autant de sagesse que de courage, et il était persuadé qu'il se réunirait au prince Malcolm si celui-ci rentrait en Ecosse à la tête d'une armée.

Macbeth nourrissait donc en secret une haine violente contre le Thane de Fife; mais il la cachait soigneusement à tous les yeux, jusqu'à ce qu'il trouvât quelque occasion de se défaire de lui comme il s'était défait de Duncan et de Banquo. Macduff, de son côté, se tenait sur ses gardes. Il venait à la cour aussi rarement que possible; car il ne se croyait en sûreté que dans son château de Kennoway, situé sur la côte de Fife, près de l'embouchure du Frith de Forth.

Cependant, le roi ayant engagé plusieurs de ses nobles, et entre autres Macduff, à venir le trouver dans son nouveau château de Dunsinane, il fallut obéir; personne n'osa s'en dispenser. Or, le roi devait leur donner une grande fête. Pendant qu'on s'occupait des préparatifs nécessaires, Macbeth sortit avec quelques amis pour voir monter les pierres et les charpentes destinées à agrandir et à fortifier le château. Les bœufs avaient beaucoup de peine à gravir la montagne; car elle était fort raide, les fardeaux étaient pesans, et la chaleur accablante. Enfin Macbeth aperçut un attelage de bœufs si fatigués, qu'ils ne pouvaient pas aller plus loin, et qu'ils tombèrent sous leur charge. Le roi entra dans une violente colère, et demanda lequel de ses Thanes avait osé envoyer des bœufs si faibles et si peu propres au travail, lorsqu'il y avait tant à faire. Quelqu'un répondit que cet attelage appartenait à Macduff, Thane de Fife. — Hé bien! s'écria le roi, puisque le Thane de Fife m'envoie de si chétifs animaux, je le mettrai lui-même sous le joug, et ce sera lui qui traînera les fardeaux.

Un ami de Macduff entendit ces paroles menaçantes, et il se hâta de les répéter au Thane de Fife, qui se promenait dans la grande salle du château où le festin était préparé. Dès l'instant que Macduff apprit ce que le roi avait dit, il vit bien qu'il n'avait pas un instant à perdre pour s'échapper; car toutes les fois que Macbeth menaçait de faire du mal à quelqu'un, on pouvait être sûr qu'il tiendrait parole. Aussitôt saisissant un pain sur la table du roi, le Thane appela ses gens, demanda ses chevaux, et reprit au galop la route de la province de Fife avant que Macbeth et les autres seigneurs fussent rentrés au château. La première chose que le roi demanda à son retour fut ce qu'était devenu Macduff; ayant appris qu'il s'était enfui de Dunsinane, il monta sur-le-champ à cheval, se mit à la tête d'un corps de troupes, et marcha à la poursuite du Thane dans l'intention de le mettre à mort.

De son côté Macduff fuyait de toute la vitesse de son cheval; mais il était si dépourvu d'argent, que lorsqu'il lui fallut passer le Tay à l'endroit du grand bac, il ne put donner aux bateliers que le pain qu'il avait pris sur la table du roi; ce qui fit donner à ce bac le nom de Bac-du-Pain, nom qu'il conserva pendant long-temps. Lorsque Macduff se trouva dans sa province de Fife, qui est de l'autre côté du Tay, il courut plus vite que jamais pour gagner son château de Kennoway, qui, comme je vous l'ai dit, était tout contre la mer. Lorsqu'il y arriva, le roi et ses gardes étaient à peu de distance derrière lui. Macduff dit à sa femme de fermer les portes, de lever les ponts-levis, et de ne laisser entrer dans le château, sous aucun prétexte, ni le roi, ni les troupes qui l'accompagnaient. Pendant ce temps il se rendit au petit port qui dépendait du château, fit équiper en toute hâte un vaisseau qui s'y trouvait, et s'y embarqua sur-le-champ pour échapper à Macbeth.

Cependant le roi était arrivé aux portes du château, et il somma lady Macduff de les lui ouvrir, et de lui livrer son mari. Mais lady Macduff, qui était une femme de tête, inventa mille excuses pour gagner du temps, jusqu'à ce qu'elle sût que le Thane était en sûreté à bord de son vaisseau, et qu'il était sorti du port. Alors elle se présenta hardiment, et du haut des murailles parla au roi qui continuait à demander qu'on lui ouvrît, et qui faisait les menaces les plus terribles si Macduff n'était pas remis à l'instant entre ses mains.

— Voyez-vous, dit-elle, cette voile blanche qui s'éloigne rapidement ? c'est celle du vaisseau qui porte Macduff en Angleterre ; vous ne le reverrez que lorsqu'il reviendra avec le jeune prince Malcolm pour vous précipiter du trône et vous mettre à mort. Vous ne menacerez plus alors le Thane de Fife de lui faire porter le joug.

Les uns disent que Macbeth fut si furieux de cette réponse hardie, qu'il attaqua le château, le prit, et fit périr la noble dame et tous ses serviteurs. Mais d'autres prétendent, et je crois avec plus de vraisemblance, que le roi apprenant que Macduff s'était soustrait à sa vengeance, et voyant que le château de Kennoway était bien fortifié, retourna à Dunsinane, sans même essayer de s'en emparer. On voit encore aujourd'hui les ruines du château.

A cette époque il y avait en Angleterre un très-bon roi nommé Edouard-le-Confesseur. Je vous ai dit que le prince Malcolm, fils de Duncan, était allé à la cour d'Angleterre, pour demander qu'on l'aidât à monter sur le trône d'Ecosse. L'arrivée de Macduff contribua beaucoup au succès de la demande du jeune prince ; car le roi savait que ce Macduff était un homme sage et un brave guerrier. Comme il assura Edouard que les Ecossais étaient fatigués du règne du cruel Macbeth, et qu'ils se joindraient à Malcolm s'il paraissait en Ecosse à la tête d'une armée, le roi donna ordre à un grand guerrier nommé Siward, comte de Northumberland, d'entrer en Ecosse avec une armée, et d'aider le prince Malcolm à remonter sur le trône de son père.

Ce que Macduff avait prédit arriva. Les Thanes et les seigneurs écossais abandonnèrent Macbeth et se réunirent contre lui à Macduff et au prince Malcolm. Macbeth se renferma dans son château de Dunsinane, où il devait être en sûreté, d'après la prophétie des vieilles sorcières, jusqu'à ce que la forêt de Birnam marchât contre lui. Pour augmenter le courage de ses troupes, il les instruisit de cette prédiction, les exhorta à faire une vigoureuse résistance; et leur promit une victoire certaine. Malcolm et Macduff s'étaient alors avancés jusqu'à la forêt de Birnam, et ils y campèrent avec leur armée. Le lendemain, comme ils allaient traverser la vallée pour attaquer le château de Dunsinane, Macduff eut l'idée de faire porter des branches d'arbres par chacun de ses soldats, afin que Macbeth ne pût voir à combien d'ennemis il allait avoir affaire.

La sentinelle qui veillait sur les murs du château, voyant cette multitude de rameaux portés par les soldats de Malcolm, courut trouver le roi, et lui dit que la forêt de Birnam s'avançait vers le château de Dunsinane. Macbeth le traita d'imposteur et le menaça de le faire mettre à mort; mais lorsqu'il regarda lui-même du haut des murailles, et qu'il crut voir en effet la forêt tout entière s'approcher de Dunsinane, il reconnut que l'heure de sa mort était arrivée. Le découragement se mit aussitôt parmi ses soldats, qui, voyant que leur maître avait perdu toute espérance, commencèrent à s'enfuir du château.

Cependant Macbeth rappela son courage, et s'élança hors des murs à la tête du peu d'amis qui lui étaient restés fidèles. Il combattit corps à corps avec Macduff dans le plus fort de la mêlée, et fut tué après une résistance furieuse et désespérée. Le prince Malcolm monta sur le trône d'Ecosse. Son règne fut long et prospère. Pour témoigner à Macduff sa reconnaissance, il voulut que ce fût toujours un de ses descendans qui conduisît l'avant-garde de l'armée écossaise dans les batailles, et qui posât la couronne sur la tête du roi à la cérémonie du couronnement. Malcolm donna aussi aux Thanes d'Ecosse le titre de comtes [1],

---

(1) *Earl*, terme saxon. (*Eoryl*, dans la langue erse). Ce titre fut long-temps celui de la plus haute dignité anglaise, elle est aujourd'hui la troisième :

*Thanes and kinsmen,
Henceforth be earls, the first that ever Scotland
For such an honour named.*

SHAKSPEARE. *Macbeth.*

« Que nos Thanes et nos parens soient désormais *comtes*, les premiers que l'Écosse d'après la dénomination adoptée à la cour d'Angleterre [1].

CHAPITRE III.

Du système féodal, et de la conquête de l'Angleterre par les Normands.

La conduite d'Edouard-le-Confesseur, roi d'Angleterre, dans l'histoire de Macbeth, fut noble et généreuse. Il avait envoyé en Ecosse une nombreuse armée, sous la conduite de Siward, comte de Northumberland, pour détrôner le tyran Macbeth et placer la couronne sur la tête de Malcolm, fils du roi Duncan; nous avons vu qu'avec le secours de Macduff, cette expédition eut un plein succès. Mais le roi Edouard n'eut pas même l'idée de profiter des troubles de l'invasion pour s'emparer de la moindre partie de l'Ecosse. C'était un excellent prince, sans aucune ambition, qui ne désirait jamais ce qui ne lui appartenait pas. Il eût été heureux pour l'Ecosse et pour l'Angleterre d'avoir beaucoup de rois aussi modérés; cela eût prévenu bien des grandes querelles, de longues guerres et des luttes sanglantes.

ait encore nommés à cette dignité. » La petite couronne, *coronet*, distingue par sa forme les différens grades de la haute noblesse : la couronne d'un duc est ornée de feuilles de fraisier; celle d'un marquis a des perles entre les feuilles; celle d'un comte porte les perles au-dessus des feuilles; celle d'un vicomte n'est entourée que de perles; celle d'un baron a seulement quatre perles :

« *All the rest are countesses*
« *Their coronets say so.* »
Shakspeare. *Henry VIII*.

* « Toutes les autres sont des comtesses, leurs couronnes l'indiquent » — Ed.
(1) Le règne de Duncan avait commencé en 1023; celui de Macbeth en 1030; et celui de Malcolm III, surnommé Canmore, en 1047. — Ed.

Edouard-le-Confesseur ne laissa pas d'enfans pour lui succéder. Il fut remplacé par un roi nommé Harold, le dernier des rois saxons qui aient régné sur l'Angleterre.

Les Saxons, vous vous le rappelez, avaient soumis les Bretons. Il se présenta de nouveaux ennemis pour les attaquer à leur tour. Ce furent les Normands, peuple qui habitait la France, mais qui n'était pas Français d'origine. Ils descendaient d'une colonie de ces pirates du nord dont nous avons déjà fait mention pour vous dire qu'ils pillaient toutes les côtes qui promettaient le moindre butin. On les appelait communément Hommes du Nord ou Normands. Un grand nombre d'entre eux débarquèrent dans le nord de la France, et forcèrent le roi de ce pays de leur abandonner la possession d'une grande province appelée Neustrie, qui prit le nom de Normandie quand elle devint la propriété de ces Hommes du Nord ou Normands. Cette province fut gouvernée par un chef normand qui était nommé duc, d'un mot latin qui signifie général.

Ce chef exerçait la même autorité qu'un roi dans l'intérieur de sa province ; mais en considération de ce qu'il gouvernait un pays qui se trouvait sur le territoire de la France, il reconnut le roi de ce pays pour son souverain, et devint ce qu'on appelait son vassal.

Pour que vous puissiez comprendre l'histoire qui va suivre, il est nécessaire que je vous explique ce rapport du roi, comme souverain, avec ses princes et ses grands, comme vassaux.

Un grand roi ou un prince souverain donnait de grandes provinces ou des propriétés considérables à ses ducs, comtes et seigneurs, et chacun d'eux jouissait, dans l'enceinte de ses domaines, à peu près du même pouvoir que le roi dans le reste de ses Etats. Mais aussi le vassal, quel qu'il fût, soit duc, soit comte, soit tout autre, était obligé de venir, avec un certain nombre de soldats, au secours de son souverain, en temps de guerre; et en temps de paix il était tenu de paraître à sa cour aussitôt qu'il y était appelé, et de lui rendre hommage, c'est-à-dire de reconnaître qu'il était son maître et son souverain seigneur.

Les vassaux de la couronne, c'était le nom qu'on leur donnait, en faisaient autant de leur côté, et ils divisaient les grandes propriétés que le roi leur avait données, en petits domaines qu'ils conféraient aux chevaliers et aux gentilshommes qu'ils jugeaient propres à les suivre à la guerre, ou à former leur cour en temps de paix; car eux aussi tenaient des cours, et administraient la justice, chacun dans leur province.

Les chevaliers, à leur tour, répartissaient ces domaines dans une classe inférieure de propriétaires, qui cultivaient la terre qui leur était confiée, soit eux-mêmes, soit par l'intermédiaire de laboureurs et de paysans, qui étaient traités en esclaves, et qui se vendaient et s'achetaient, comme des bêtes de somme, avec la ferme à laquelle ils étaient attachés.

Lorsqu'un grand roi, comme celui de France ou d'Angleterre, allait à la guerre, il sommait tous les vassaux de sa couronne de l'accompagner avec un nombre d'hommes proportionné à l'importance de son fief, comme on appelait le territoire qui avait été concédé à chacun d'eux. Le prince, duc, ou comte, afin d'obéir aux ordres du roi, appelait sous ses drapeaux les gentilshommes auxquels il avait donné des terres, et qui devaient amener aussi un certain nombre d'hommes armés. Les gentilshommes à leur tour convoquaient les franklins, nom sous lequel on désignait la classe des petits propriétaires et les paysans, et de cette manière toutes les forces du royaume se trouvaient réunies sur un seul point.

Le système de donner des terres à charge d'un service militaire, c'est-à-dire avec l'obligation de combattre pour son souverain quand il l'ordonnait, se nommait SYSTÈME FÉODAL. Il fut général en Europe pendant bien des siècles.

Mais plusieurs grands vassaux de la couronne, tels, par exemple, que le duc de Normandie, étant devenus extrêmement puissans, ils s'arrogèrent le droit de faire la paix et la guerre sans le consentement du roi de France, leur souverain. Les vassaux de ces grands ducs, ou princes, guerroyaient aussi souvent entre eux ; car la guerre était leur unique affaire, et les pauvres paysans qui cultivaient le sol étaient exposés à toutes sortes de mauvais traitemens, battus et pillés sans cesse par le parti qui prenait le dessus.

Les nobles et les gentilshommes combattaient à cheval, couverts d'une armure d'acier enrichie d'or et d'argent, et on les appelait chevaliers ou écuyers. Ils portaient de longues lances avec lesquelles ils couraient impétueusement les uns contre les autres, et des épées et des masses d'armes pour se battre corps à corps quand les lances étaient brisées.

Les guerriers d'un rang inférieur combattaient à pied, armés d'arcs, qui, suivant leur forme, étaient appelés arcs-longs ou arbalètes, et qui servaient à tuer les hommes de loin, au lieu des canons et des fusils, qui n'étaient pas encore inventés. Les pauvres paysans venaient sur le champ de bataille avec les armes qu'ils pouvaient se procurer, et elles étaient si insuffisantes, qu'il n'était pas rare de voir quelques chevaliers en charger et en mettre en fuite une centaine ; car les gentilshommes avaient des armures complètes, en sorte que les coups qui leur étaient portés ne pouvaient tout au plus leur faire que de légères blessures, tandis que les malheureux paysans, presque nus, étaient massacrés sans peine.

Vous pouvez voir encore, à la Tour de Londres et ailleurs, de ces anciennes armures, que l'on conserve comme des objets de curiosité.

Ce n'était pas un heureux temps que celui-là, où il n'y avait presque aucune loi, et où les forts prenaient aux faibles tout ce qui leur convenait ; car presque tous les habitans du pays étaient obligés de servir comme soldats, et il en résultait naturellement qu'ils se trouvaient engagés dans des guerres continuelles.

Les grands vassaux de la couronne surtout étaient sans cesse en guerre les uns contre les autres, et quelquefois même contre leur souverain, quoique par là ils encourussent la confiscation des fiefs ou terres qui leur avaient été accordés. Mais ils choisissaient le moment où ils étaient à peu près certains que le roi ne serait pas assez fort pour les punir. En un mot, le droit cessait quand on n'avait plus la force pour l'appuyer; et c'est pour cela que les faibles et les pauvres cherchaient protection auprès des riches et des puissans, se reconnaissaient leurs vassaux et humbles sujets, et leur rendaient hommage pour qu'ils les prissent sous leur sauvegarde.

Les choses étaient dans cet état quand Guillaume, duc de Normandie, et chef des peuples guerriers dont les ancêtres avaient conquis cette province, crut, à la mort du bon roi Edouard-le-Confesseur, que l'occasion était favorable pour tenter de conquérir le riche royaume d'Angleterre. Il prétendait que le roi Edouard l'avait nommé son successeur; mais son meilleur titre à cet héritage était une forte armée de ses braves Normands, auxquels s'étaient joints une foule de chevaliers et gentilshommes de pays éloignés, qui espéraient, en aidant Guillaume à faire la conquête qu'il méditait, obtenir de lui de bons fiefs en Angleterre, sous les conditions dont nous avons déjà parlé.

Le duc de Normandie débarqua dans le comté de Sussex, l'an 1066 après la naissance de Notre-Seigneur. Il avait, pour accomplir cette entreprise hardie, une armée d'élite forte de soixante mille hommes.

Harold, qui avait succédé à Edouard-le-Confesseur, venait à peine de repousser les Norwégiens qui étaient venus attaquer l'Angleterre, lorsqu'il eut à se défendre contre une nouvelle et plus formidable invasion.

Les deux armées se rencontrèrent près d'Hastings; la bataille fut opiniâtre, et le succès long-temps balancé. Les Normands tiraient un grand avantage d'une troupe considérable d'arbalétriers dont les traits faisaient beaucoup de mal aux Anglais, qui n'avaient qu'un très-petit nombre d'archers à leur opposer.

La bataille durait depuis neuf heures du matin, et la victoire était encore incertaine, lorsqu'à la fin du jour une flèche traversa la tête du roi Harold, et il tomba mort sur la place. Les Anglais abandonnèrent alors le champ de bataille, et le duc Guillaume profita de son avantage avec tant de promptitude et d'habileté, qu'il se rendit maître de toute l'Angleterre, et régna sous le nom de Guillaume-le-Conquérant.

Il répartit plusieurs des riches domaines de l'Angleterre entre les seigneurs normands qui l'avaient suivi, les leur donnant à charge de service militaire, d'après les lois du système féodal dont je vous ai déjà parlé.

Les Anglo-Saxons, comme vous pensez bien, ne virent pas ces partages avec plaisir, et ils tentèrent à plusieurs reprises de se soulever contre le roi Guillaume, et de le renvoyer avec ses soldats en Normandie. Mais ils furent constamment défaits, et ces tentatives inutiles ne servirent qu'à irriter le roi, qui s'en vengeait par des mesures de rigueur, confisquant leurs biens, et les privant de leurs titres et de leurs emplois; de sorte qu'il n'y eut presque plus d'Anglo-Saxons qui possédassent encore de grandes propriétés ou quelque place considérable; mais ce furent les Normands qui, sous tous les rapports, devinrent les maîtres absolus.

Ainsi, les Saxons, qui avaient soumis les Bretons, comme vous l'avez vu plus haut, furent à leur tour soumis par les Normands, privés de leurs biens, et réduits à devenir les serviteurs de ces orgueilleux étrangers. De nos jours, plusieurs membres de l'ancienne noblesse d'Angleterre prétendent descendre des Saxons; mais il en est bien peu, si même il en reste, qui puissent prouver que le sang saxon coule encore dans leurs veines, tant Guillaume-le-Conquérant avait eu soin de dépouiller le peuple conquis de tout pouvoir et de toute importance.

Ce dut être un bien triste spectacle à cette époque que de voir les Normands chasser les Saxons de leurs biens et de leurs demeures, et les faire descendre du rang d'hommes libres à la condition d'esclaves. Cependant il finit par en résulter de grands avantages; car ces Normands étaient non-seulement un des peuples les plus braves qui aient jamais existé, mais ils étaient plus avancés dans les arts que les Saxons. Ils leur enseignèrent à bâtir de beaux et vastes châteaux et de superbes églises, tandis que les Saxons n'avaient que de misérables maisons de bois. Ils introduisirent aussi l'usage de l'arc-long, qui devint bientôt si général, que les Anglais acquirent la réputation d'être les meilleurs archers du monde, et durent à cette supériorité le gain de plusieurs batailles.

Les Normands étaient en outre plus civilisés que les Saxons; ils observaient entre eux les lois de la bienséance et de la politesse, que les Saxons ignoraient complètement.

Les barons normands étaient aussi de chauds partisans de la liberté nationale, et ils ne souffraient pas que leurs rois attentassent à leurs privilèges; ils leur résistèrent toutes les fois que ceux-ci voulurent s'élever au-dessus du pouvoir que la loi leur donnait.

Les princes normands établirent des écoles en différens endroits, et ils encouragèrent les lettres.

De grandes villes furent fondées sur plusieurs points du royaume, et les rois normands leur accordèrent des privilèges particuliers, afin de s'assurer le secours des habitans, au cas où ils viendraient à avoir quelques démêlés avec leur noblesse.

Ainsi la conquête des Normands, qui avait été un événement terrible et déplorable à l'époque où elle eut lieu, finit par rendre l'Angleterre plus civilisée et plus puissante qu'elle ne l'avait jamais été; et vous trouverez à chaque pas dans l'histoire, mon cher enfant, des exemples semblables qui vous prouveront que la divine Providence fait souvent résulter un grand bien de ce qui d'abord avait paru un mal sans compensation [1].

Ce chapitre pourra vous sembler avoir peu de rapport avec l'histoire d'Ecosse, cependant la conquête des Normands eut des résultats qui se firent sentir jusqu'en ce pays. D'abord un nombre considérable de Saxons, pour se soustraire aux persécutions de Guillaume-le-Conquérant, se retirèrent en Ecosse, ce qui contribua beaucoup à civiliser les provinces méridionales de cette contrée; car si les Saxons n'égalaient pas les Normands dans les arts et dans les lettres, ils étaient pourtant bien supérieurs aux Ecossais. Mais bientôt après les Normands eux-mêmes vinrent s'établir en Ecosse. Le roi Guillaume n'avait pu satisfaire toutes les ambitions, et beaucoup de ses sujets mécontens, dans l'espoir de faire fortune, se rendirent à la cour d'Ecosse, où le roi Malcolm, fils de Duncan, surnommé Cean-More, c'est-à-dire Forte-Tête, leur fit le meilleur accueil. Il voulut s'attacher ces étrangers, et à cet effet il leur concéda des terres considérables, aux conditions ordinaires de ces sortes de donations. Ce fut ainsi que le système féodal s'introduisit, et qu'il devint la loi générale du pays comme il était celle de toute l'Europe.

Or, il arriva que de cette loi féodale résulta une querelle des plus terribles entre l'Angleterre et l'Ecosse; et quoique maître Littlejohn ne soit pas encore un profond légiste, il est nécessaire qu'il fasse tous ses efforts pour chercher à en comprendre la cause, car c'est un point très-important dans l'histoire.

Pendant que les Anglais se battaient d'abord entre eux, et ensuite contre les Normands, les rois d'Ecosse avaient agrandi leur territoire aux dépens de leurs voisins, et ils

---

(1) Une grande partie du roman épique d'*Ivanhoe* est destinée à nous faire connaître les conséquences du mélange forcé des deux races, saxonne et normande, sur la Grande-Bretagne. Le savant ouvrage de M. Thierry sur la conquête de l'Angleterre par les Normands mérite bien aussi une mention. — Ed.

s'étaient emparés en grande partie des provinces du nord de l'Angleterre, appelées Northumberland, Cumberland et Westmoreland.

Après bien des querelles et des batailles, il fut convenu que le roi d'Ecosse conserverait les provinces, non comme souverain indépendant, mais comme vassal du roi d'Angleterre ; qu'à ce titre il lui rendrait hommage, et le suivrait à la guerre quand il en serait requis. Mais cet hommage et ce service militaire n'étaient pas dus pour le royaume d'Ecosse, qui jamais, depuis le commencement du monde, n'avait été sous la domination du roi d'Angleterre, mais qui était et avait toujours été un Etat libre, indépendant, ayant ses souverains et ses chefs tirés de son propre sein.

Il paraîtra peut-être étrange à maître Littlejohn qu'un roi d'Ecosse fût vassal pour cette partie de ses possessions qui étaient sur le territoire anglais, et qu'il restât prince indépendant quand il était regardé comme roi d'Ecosse ; mais cela pouvait arriver aisément d'après les lois du système féodal.

Guillaume-le-Conquérant se trouvait lui-même dans une position semblable, car il tenait son grand-duché de Normandie et ses autres possessions en France comme vassal du roi de France, qui les avait donnés à titre de fief à un de ses ancêtres nommé Rollon ; mais il était en même temps souverain indépendant de l'Angleterre, qu'il avait conquise par la victoire d'Hastings.

Cependant les rois d'Angleterre cherchaient de temps en temps à insinuer que l'hommage rendu par les monarques d'Ecosse l'était, non-seulement pour les provinces qu'ils possédaient alors en Angleterre, mais aussi pour le royaume d'Ecosse.

Les rois d'Ecosse, au contraire, tout en rendant l'hommage et le service qu'ils devaient pour leurs possessions en Angleterre, refusèrent constamment, et de la manière la plus positive, de laisser dire ou croire qu'ils fussent soumis à aucune sorte d'hommage, à titre de rois d'Ecosse.

Telle fut la cause des querelles sanglantes que se firent les deux peuples, guerres dans lesquelles les Ecossais défendirent bravement leur indépendance nationale, et, quoique souvent défaits, remportèrent aussi plusieurs victoires, et menacèrent plus d'une fois d'étendre leur territoire aux dépens de leurs voisins. Guillaume, roi d'Ecosse, surnommé le Lion, parce qu'il portait un lion peint sur son bouclier, ayant été fait prisonnier dans une bataille près de Newcastle, en 1174, se vit contraint, pour recouvrer la liberté, de renoncer à son titre de souverain indépendant, et de se reconnaître vassal pour le royaume d'Ecosse. Mais Richard Ier, roi d'Angleterre, renonça quinze ans après à ce droit, comme ayant été arraché injustement à Guillaume pendant sa captivité, et il n'exigea plus que l'hommage que le roi d'Ecosse lui devait pour ses possessions sur le territoire de l'Angleterre.

Cette conduite généreuse de Richard produisit de si heureux résultats, qu'elle mit presque fin aux querelles de l'Ecosse et de l'Angleterre pour plus de cent ans, pendant lesquels, si l'on excepte une ou deux courtes interruptions, l'harmonie la plus parfaite régna entre les deux nations.

Cette paix fut un grand bonheur pour l'une et pour l'autre, et elle aurait pu amener avec le temps leur fusion en un seul peuple, ce qui paraissait être dans les vues de la nature, qui les avait placées dans la même île.

En effet, les communications commerciales devinrent plus fréquentes; plusieurs familles d'Ecosse et d'Angleterre formèrent des alliances entre elles et des liaisons d'amitié; plusieurs grands seigneurs et barons avaient des terres dans les deux pays; tout enfin semblait promettre une longue paix et une tranquillité durable, lorsqu'une suite d'événemens malheureux ayant presque entièrement éteint la famille royale écossaise, le roi d'Angleterre fit revivre d'injustes prétentions à la couronne d'Ecosse, ce qui donna naissance à des guerres plus cruelles et plus sanglantes qu'aucune de celles qui avaient eu lieu jusqu'alors entre les deux nations.

CHAPITRE IV.

Mort d'Alexandre, roi d'Ecosse. — Usurpation d'Edouard Ier.

Sept rois avaient régné en Ecosse depuis Malcolm-Cean-More, fils de Duncan, le même qui reprit à Macbeth la couronne que celui-ci avait usurpée. Leurs règnes occupèrent une période de près de deux cents ans. Plusieurs de ces rois montrèrent de grands talens, et tous furent de bons princes, animés des meilleures intentions, et disposés à remplir leurs devoirs envers leurs sujets. Ils firent de sages lois, et, eu égard à la barbarie et à l'ignorance des temps où ils vécurent, ils semblent avoir gouverné d'une manière aussi digne d'éloges qu'aucun des rois qui régnaient en Europe à la même époque. Alexandre III, le dernier de ces sept rois, fut un excellent prince ; il repoussa une grande invasion des Norwégiens et des Danois, et les battit à Largs, au moment où ils descendaient de leurs vaisseaux. Il ajouta aussi à ses possessions les îles Hébrides, situées à l'est de l'Ecosse, et qui jusqu'alors n'avaient pas appartenu à ce royaume. Il sut se maintenir en bonne intelligence avec l'Angleterre, sans consentir cependant à céder aucun de ses droits. En un mot, ce fut un brave et excellent roi. Alexandre III épousa Marguerite, fille de Henri III, roi d'Angleterre ; mais malheureusement tous les enfans qui naquirent de ce mariage moururent avant leur père. Après la mort de la reine, Alexandre contracta une nouvelle alliance ; mais il ne vécut pas assez long-temps pour voir sa race se perpétuer. Un soir qu'il passait à cheval sur la côte de la mer, dans le comté de Fife, entre Burntisland et Kinyhorn, il s'approcha trop du bord d'un précipice, et son cheval ayant fait un écart, le malheureux prince tomba du haut du rocher et fut tué sur la place. Il n'y a pas moins de cinq cent quarante-deux ans qu'Alexandre est mort, et cependant les habitans du pays montrent encore le lieu où ce malheur arriva, et qui se nomme *le Rocher du Roi*. Les tristes conséquences qui résultèrent de la mort d'Alexandre furent cause qu'on se rappela long-temps encore comment elle avait eu lieu. On conserve également une espèce d'élégie dans laquelle il est fait mention de ses vertus et des malheurs qui suivirent sa mort. C'est le plus ancien monument qui nous reste de la langue écossaise ; je suis obligé de l'altérer un peu :

> Quand notre bon prince, Alexandre
> *Le Bien-Aimé*, ne fut que cendre,
> Adieu, trésors d'ale et de pain,
> De gibier, de cire et de vin.
> Priez Dieu, car il n'est que lui
> Qui peut nous sauver aujourd'hui.

Une autre légende dit qu'un sage, nommé Thomas-le-Rimeur, sur le compte duquel on raconte beaucoup d'histoires[1], avait dit à un grand seigneur écossais, nommé le comte de March, que le 26 mars serait le jour le plus orageux qu'on eût jamais vu en Ecosse. Ce jour arriva, et il fut au contraire d'une sérénité remarquable. Chacun se moquait de la prophétie de Thomas, lorsqu'un exprès apporta la nouvelle de la mort du roi. — Voilà, dit Thomas, voilà l'orage dont je voulais parler, et jamais la plus affreuse tempête n'aura fait autant de mal à l'Ecosse. Il est très-pos-

---

[1] Voyez les introductions au poëme-ballade intitulé *Thomas-le-Rimeur*. — Ed.

sible que cette histoire soit entièrement fausse ; mais la foi que le peuple y ajouta sert à prouver que la mort d'Alexandre III fut regardée comme l'événement le plus funeste et le plus désastreux qui pût arriver. Toutes les conséquences de ce malheur ne furent pas visibles au premier instant. Bien que tous les enfans d'Alexandre fussent morts avant lui, cependant une de ses filles, qui avait épousé Eric, roi de Norwège, avait laissé une enfant nommée Marguerite, à laquelle, en sa qualité de petite-fille et de plus proche héritière du feu roi, la couronne d'Ecosse fut dévolue. Cette jeune princesse, appelée par nos historiens *la Vierge de Norwège*, était à la cour de son père.

Pendant que la couronne d'Ecosse devenait le partage d'une jeune fille, le roi d'Angleterre cherchait les moyens de s'emparer de ce royaume pour le réunir au sien. Ce roi était Edouard Ier, ainsi nommé parce qu'il fut le premier de ce nom de la race normande. C'était un brave guerrier, qui ne manquait ni de sagesse, ni de prudence, mais qui malheureusement était ambitieux et cherchait à augmenter sa puissance sans être très-scrupuleux sur le choix des moyens pour y parvenir. Et, quoique ce soit un grand péché de convoiter ce qui ne nous appartient pas, et un plus grand encore de chercher à nous l'approprier par des voies injustes, cependant le désir qu'Edouard avait d'ajouter la couronne d'Ecosse à celle d'Angleterre était si vif, qu'il lui fut impossible d'y résister.

Le moyen qu'il employa d'abord pour y parvenir n'avait rien que de légitime. Il proposa un mariage entre la Vierge de Norwège et son fils aîné, qui, comme lui, s'appelait Edouard. Des négociations furent entamées à cet effet, et si ce mariage se fût accompli et que des enfans en fussent nés, l'union de l'Angleterre et de l'Ecosse aurait pu avoir lieu plus de trois cents ans plus tôt ; et cela eût épargné sans doute bien des flots de sang et bien des trésors. Mais ce n'était pas la volonté du ciel que cet événement s'accomplît avant que de longues et cruelles guerres eussent déchiré les deux nations. La Vierge de Norwège tomba malade et mourut, et les négociations se trouvèrent ainsi rompues.

Il y eut alors de grands troubles en Ecosse. Le peuple était au désespoir de la mort de la jeune princesse. Il ne restait pas un seul descendant d'Alexandre III, qui pût être regardé comme son héritier direct et incontestable ; et plusieurs grands seigneurs qui étaient alliés à la famille royale se préparèrent à faire valoir leurs prétentions à la couronne. Ils se mirent donc à rassembler leurs forces et à se former un parti, et ils menacèrent le pays d'une guerre civile, qui est le plus grand de tous les malheurs. Les prétendans à la couronne n'étaient pas moins de dix, tous fondant leurs prétentions sur une parenté plus ou moins éloignée avec la famille royale. La plupart étaient puissans et avaient un parti nombreux ; et si la question de droit venait à être discutée l'épée à la main, il était évident que le pays tout entier serait en guerre depuis une mer jusqu'à l'autre.

Pour prévenir ce malheur, on dit que la noblesse écossaise résolut de choisir pour arbitre Edouard 1er, roi d'Angleterre, qui avait la réputation d'être un des princes les plus sages de son temps, et de le prier de prononcer lequel des prétendans à la couronne d'Ecosse devait être préféré aux autres. Les Ecossais envoyèrent donc des ambassadeurs à Edouard, pour réclamer son intervention comme juge de cette grande querelle ; mais Edouard avait résolu de la terminer, non pas en qualité de simple arbitre qui n'a d'autre autorité que celle qui lui est dévolue, mais comme partie intéressée. Et, pour y parvenir, il se décida à faire revivre l'ancienne prétention des rois d'Angleterre à la souveraineté du royaume d'Ecosse, prétention à laquelle son prédécesseur Richard 1er avait si généreusement renoncé.

Dans ce dessein, Edouard convoqua la noblesse et le clergé écossais dans le château de Norham [1], grande forteresse située sur la rive méridionale de la Tweed, à l'endroit où cette rivière sépare l'Angleterre de l'Ecosse. Cette assemblée eut lieu le 9 juin 1291, et le roi d'Angleterre y parut entouré de tous les officiers de sa couronne. C'était un très-bel homme, et il était si grand, que le peuple l'avait surnommé *Longshanks*, c'est-à-dire *Longues-jambes*. Le grand-justicier d'Angleterre annonça alors à la noblesse et au clergé écossais, au nom d'Edouard 1er, qu'avant que celui-ci pût donner un roi vassal à l'Ecosse, il fallait qu'ils reconnussent ses droits comme seigneur suzerain de ce royaume.

Les nobles et le clergé écossais furent extrêmement surpris d'entendre Edouard faire revivre une prétention qui n'avait jamais été admise, excepté pendant un court espace de temps pour procurer la liberté au roi Guillaume-le-Lion, et à laquelle Richard 1er avait renoncé pour jamais. Ils refusèrent de donner une réponse avant d'avoir pu se consulter entre eux : — Par saint Edouard, dont je porte la couronne ! s'écria le roi, je soutiendrai mes justes droits ; oui, dussé-je périr en le tentant. A ces mots, il congédia l'assemblée en laissant aux Ecossais trois semaines pour faire leurs réflexions.

Les seigneurs écossais ayant appris de cette manière les desseins ambitieux d'Edouard, auraient dû rassembler leurs forces, et déclarer qu'ils défendraient les droits et l'indépendance de leur pays. Mais ils étaient divisés entre eux et n'avaient point de chef, et les prétendans à la couronne furent assez vils pour rechercher la faveur du roi d'Angleterre, dans l'espérance qu'il élèverait au trône celui d'entre eux qu'il trouverait le plus disposé à reconnaître ses prétentions à la suzeraineté d'Ecosse.

La seconde assemblée eut donc lieu sans qu'il se trouvât

---

(1) Voyez sur Norham le premier chant de *Marmion* et les notes. — Ed.

personne qui osât faire une seule objection à la demande du roi d'Angleterre, quoiqu'elle fût trouvée souverainement injuste. On s'était réuni dans un lieu vaste et découvert nommé Upsettlington, en face du château de Norham, mais de l'autre côté de la Tweed, et par conséquent sur le territoire écossais. Le chancelier d'Angleterre, s'adressant alors à ceux des candidats qui étaient présens, leur demanda s'ils reconnaissaient le roi d'Angleterre pour seigneur suzerain de l'Ecosse, et s'ils consentaient à tenir la couronne de lui en cette qualité. Tous répondirent affirmativement; et ainsi, plutôt que de compromettre leurs droits en résistant à Edouard, ces indignes prétendans consentirent à sacrifier l'indépendance de leur pays, cette indépendance qui avait été si long-temps et si courageusement défendue.

Quand on eut examiné les titres des candidats à la couronne d'Ecosse, ceux dont les droits parurent le mieux fondés furent Robert Bruce, lord ou seigneur d'Annandale, et John Baliol, lord de Galloway. Tous deux étaient de hauts et puissans barons, tous deux étaient Normands d'origine, avaient de grandes possessions en Angleterre et en Ecosse, et enfin descendaient également de la famille royale d'Ecosse par une fille de David, comte d'Huntingdon.

Edouard décida la question en faveur de Baliol, qu'il nomma roi d'Ecosse, à charge de le reconnaître pour seigneur suzerain.

John Baliol termina cette scène déplorable en rendant hommage au roi d'Angleterre, et en se reconnaissant son vassal et son sujet. Bientôt après cette transaction remarquable, et humiliante pour l'Ecosse, Edouard fit voir à Baliol qu'il ne se contenterait pas d'une simple reconnaissance de ses droits à la suzeraineté du royaume, mais qu'il était déterminé à les exercer dans toute leur étendue, chaque fois que l'occasion s'en présenterait.

Son projet était sans aucun doute de pousser Baliol à

quelque acte de résistance, qui lui donnât un prétexte pour lui ôter son royaume comme à un sujet rebelle, et pour en prendre le gouvernement sous le titre usurpé de seigneur suzerain. Il encouragea donc les Ecossais à en appeler en Angleterre des jugemens prononcés par les cours de justice de Baliol, et comme ce prince refusa de comparaître aux cours d'Angleterre, pour justifier de ses actions comme roi d'Ecosse, Edouard demanda pour garantie que trois des principales forteresses de l'Ecosse, Berwick, Roxburgh et Jedburg, lui fussent remises. Baliol feignit de consentir à cet arrangement; mais ne pouvant plus douter que l'intention du roi ne fût de le dépouiller insensiblement de tout son pouvoir, et accablé à la fois de honte et d'inquiétudes, il fit une ligue avec la France, leva une nombreuse armée, et, se révoltant contre celui qu'il avait reconnu récemment pour son seigneur suzerain, il envahit le territoire de l'Angleterre. En même temps il écrivit à Edouard qu'il cessait de se considérer comme son vassal. A la lecture de cette lettre, le roi s'écria en français-normand : — Ah! cet idiot ose-t-il bien faire une semblable folie! Hé bien, puisqu'il refuse de nous suivre, comme c'est son devoir, ce sera nous qui irons le trouver. En effet, il assembla une nombreuse armée à laquelle se joignit Bruce, qui avait disputé à Baliol la couronne d'Ecosse, et qui espérait alors que, si ce prince en était dépouillé par suite de sa rébellion, ce serait à lui qu'elle reviendrait. Edouard défit les Ecossais dans un grand combat près de Dunbar, et Baliol, qui paraît avoir été un homme sans énergie, abandonna toute résistance. Il vint trouver Edouard dans le château de Roxburg, et là il ne rougit pas de faire les actes de soumission les plus humilians. Il parut dans le plus humble costume, sans manteau royal, sans armes d'aucune espèce, et tenant à la main une baguette blanche. Là il confessa que, poussé par de mauvais conseils et par un esprit de vertige, il s'était révolté contre son seigneur et maître, et qu'en expiation il cédait tous ses droits sur le royaume d'Ecosse et sur tous ses habitans à leur seigneur et maître le roi d'Angleterre. Il lui fut alors permis de se retirer sans qu'il lui fût fait aucun mal.

Baliol se trouvant ainsi dépossédé, Bruce exprima l'espoir d'obtenir la couronne en se reconnaissant tributaire d'Edouard. Mais ce prince lui répondit sévèrement : — Pensez-vous que nous n'ayons rien à faire qu'à vous conquérir des royaumes? Lui faisant entendre clairement par ce langage qu'il comptait garder l'Ecosse pour lui-même; et en effet, les mesures qu'il s'empressa de prendre rendirent ses projets encore plus évidens.

Edouard traversa l'Ecosse à la tête d'une armée nombreuse, et forçant les Ecossais de tous les rangs à se soumettre à son autorité. Il transporta à Londres les archives du royaume. Il alla même jusqu'à faire enlever une grande pierre sur laquelle c'était une coutume nationale de placer les rois d'Ecosse le jour de leur couronnement; et, malgré la difficulté d'une semblable translation, il ordonna qu'elle fût déposée dans l'église de l'abbaye de Westminster. Il voulait prouver par là qu'il était maître absolu de l'Ecosse, et qu'à l'avenir ce pays n'aurait pas d'autre roi que lui et ses descendans. Cette pierre a été religieusement conservée, et c'est encore aujourd'hui sur elle que le trône du roi est placé le jour de son couronnement. Enfin Edouard confia le gouvernement de l'Ecosse à un brave seigneur nommé le comte de Surrey; à Hughes Cressingham, ecclésiastique qu'il nomma grand-trésorier, et à William Ormesby, qu'il institua grand-juge du royaume. Il mit des garnisons anglaises dans tous les châteaux et toutes les places fortes de l'Ecosse, d'un bout du royaume à l'autre, et ne se fiant pas aux Ecossais, il nomma des gouverneurs anglais dans presque toutes les provinces.

Vous saurez, mon cher enfant, que peu de temps avant qu'il soumît l'Ecosse, Edouard avait conquis le pays de Galles, cette partie montagneuse de l'Angleterre où les Bretons avaient cherché un refuge contre les Saxons, et où, jusqu'au règne de ce prince adroit et ambitieux, ils avaient réussi à conserver leur indépendance. En soumettant cette province, Edouard se conduisit avec tout autant de perfidie et bien plus de cruauté encore qu'en Ecosse, puisque ayant fait prisonnier le dernier prince de Galles, il le fit pendre sans qu'il eût commis d'autre crime que de défendre son pays contre les Anglais, qui n'y avaient aucun droit. Peut-être Edouard pensa-t-il en lui-même qu'en réunissant toute l'île de la Grande-Bretagne sous un seul roi et sous un seul gouvernement, il détruirait pour jamais tout principe de guerre, et que ce motif pouvait servir d'excuse aux moyens violens et frauduleux qu'il avait employés pour y réussir. Mais, mon enfant, il suffit qu'une mesure soit inique, pour que Dieu ne la bénisse pas, quand même elle aurait pour objet de produire un plus grand avantage. Il n'est jamais permis de faire le mal, même pour opérer le bien ; et l'usurpation injuste et violente d'Edouard, bien loin de hâter l'heureux moment où l'Angleterre et l'Ecosse seraient réunies sous un seul gouvernement, ne fit qu'accroître la haine nationale qui les divisait, et reculer à une distance presque incalculable le rapprochement de deux peuples que la nature semblait avoir destinés à n'en faire qu'un.

CHAPITRE V.

Histoire de sir William Wallace.

JE vous ai dit, mon cher Hugh, qu'Édouard Ier avait presque réduit l'Ecosse à la condition d'un pays conquis, bien qu'il l'eût soumise moins par sa bravoure que par son adresse à profiter des troubles et des divisions qui suivirent la mort d'Alexandre III.

Cependant les Anglais avaient en leur pouvoir le pays tout entier, et le gouvernaient avec une extrême rigueur. Le grand-juge Ormesby faisait comparaître à son tribunal tous ceux qui refusaient de prêter serment de fidélité au roi d'Angleterre. Un grand nombre d'Ecossais ne voulurent pas se soumettre à cette formalité, soutenant que le roi d'Angleterre n'avait pas le droit de l'exiger. Ils furent cités en justice, condamnés à de fortes amendes, privés de leurs biens, ou frappés de quelque autre punition sévère. De son côté, Hughes Cressingham, le trésorier anglais, persécutait le peuple en lui extorquant à chaque instant de l'argent sous quelque nouveau prétexte. Les Ecossais avaient toujours été pauvres, et leurs rois, qui les traitaient avec bonté, en exigeaient rarement des impôts. Ce fut donc avec indignation qu'ils se virent forcés de donner au trésorier anglais bien plus d'argent que leurs souverains ne leur en avaient jamais demandé, et leur mécontentement fut porté au comble.

Ces persécutions n'étaient point les seules auxquelles ils fussent exposés. Les soldats anglais qui, comme je vous l'ai dit, avaient été mis en garnison dans les places fortes traitaient les Ecossais avec le plus profond mépris, s'emparaient de vive force de tout ce qui leur convenait ; et si les propriétaires essayaient de leur résister, ils les maltraitaient, les blessaient, les tuaient même quelquefois. Ces actes de violence, n'étant ni punis ni réprimés par les officiers anglais, se renouvelaient à chaque instant. L'Ecosse était donc plongée dans la plus grande détresse, et les habitans, au comble de l'exaspération, n'attendaient qu'un chef pour se lever en masse contre les Anglais, ou les Hommes du Sud, comme ils les appelaient, et pour rétablir la liberté de leur pays qu'Edouard Ier avait si complètement détruite.

Ce chef se présenta dans la personne de William Wallace, dont le nom est encore si souvent prononcé en Ecosse. C'est grand dommage que nous ne connaissions pas exactement l'histoire d'un si brave guerrier; mais à l'époque où il vivait, chacun était si occupé à se battre, que personne ne songeait à écrire ce qui se passait; et plus tard, lorsqu'on voulut le faire, la vérité se trouva mêlée de beaucoup d'erreurs. Ce que je vous dirai de lui est regardé généralement comme authentique.

William Wallace n'était pas de la haute noblesse d'Ecosse; c'était le fils d'un simple gentilhomme, nommé Wallace d'Ellerslie, dans la province de Renfrew près de Paisley. Il était grand et bien fait, et de grandes boucles de cheveux blonds ajoutaient encore aux graces de sa figure. C'était l'un des guerriers les plus forts et les plus braves qu'on ait jamais vus, et personne ne maniait plus adroitement que lui toutes les armes qui étaient alors en usage.

Comme tous les Ecossais d'une ame élevée, Wallace était transporté d'indignation à la vue des persécutions qu'on faisait endurer aux Ecossais, et de l'insolence de leurs oppresseurs. On raconte qu'étant extrêmement jeune encore, il était allé pêcher dans la rivière d'Irvine près d'Ayr; il avait pris une assez grande quantité de truites, qu'un enfant, dont il s'était fait accompagner, rapportait dans un de ces paniers à l'usage des pêcheurs. Deux ou trois soldats anglais, de la garnison d'Ayr, s'approchèrent de lui, et, avec leur insolence ordinaire, ils voulurent prendre les poissons. Wallace consentit à leur en donner une partie, mais il refusa de leur abandonner le panier tout entier; les soldats insistèrent, et des paroles ils en vinrent aux coups. Wallace n'avait pour toute arme que le bout de sa ligne; mais il en donna un coup si terrible sur l'oreille de celui de ses agresseurs qui était le plus près de lui, qu'il l'étendit mort à ses pieds; puis, s'emparant de son épée, il s'en servit avec tant d'adresse et d'impétuosité, qu'il mit les autres en fuite, et revint chez lui avec le produit de sa pêche, qu'il avait si vaillamment défendu. Le gouverneur d'Ayr, qui était un Anglais, le fit chercher pour punir de mort son audace ; mais Wallace se tint caché dans les bois et les montagnes, jusqu'à ce que cette affaire fût oubliée. Il reparut alors dans une autre partie de la contrée. On raconte qu'il eut plusieurs aventures de ce genre dans lesquelles il se défendit bravement, tantôt seul, tantôt à la tête de quelques compagnons, contre les attaques des Anglais, les repoussant toujours quoiqu'ils fussent plus nombreux ; de sorte que son nom fut bientôt fameux, et devint un objet de terreur pour les oppresseurs de l'Ecosse.

Mais l'événement qui le détermina à secouer ouvertement le joug et à prendre les armes arriva, dit-on, à Lanark. Wallace avait épousé une dame de cette ville, et il y demeurait avec elle. Un jour qu'il traversait la place du marché, vêtu d'un habit vert et portant à son côté un riche poignard, un Anglais l'aborda, et se permit de lui reprocher la recherche de sa mise, disant qu'un Ecossais n'avait pas besoin de porter des vêtemens et des armes de cette richesse. Il s'ensuivit une querelle, et Wallace, ayant tué son insolent agresseur, se réfugia dans sa maison, qui fut assaillie à l'instant par tous les soldats anglais. Pendant qu'ils s'efforçaient d'y pénétrer par-devant, Wallace s'échappa par une porte de derrière, et gagna un glen [1] sauvage et rocailleux, appelé Cartland-Grags, et situé près de Lanark. Ce glen était hérissé de rochers et de précipices, et tout couvert d'arbres et de broussailles ; Wallace savait qu'il y serait à l'abri des poursuites des soldats anglais. Pendant ce temps, Hazelrigg, gouverneur de Lanark, mit le feu à la maison de Wallace, et massacra sa femme et ses domestiques. Cet horrible attentat porta au dernier degré, comme vous pouvez le croire, la haine que Wallace avait toujours nourrie contre les Anglais. Hazel-

---

(1) *Glen*, vallée longue resserrée entre des rochers. Voyez les notes de *Waverley*.
— Ed.

rigg le déclara aussi hors la loi [1], et promit une récompense à celui qui le lui ramènerait mort ou vif.

Wallace eut bientôt rassemblé une troupe d'hommes mis comme lui hors la loi, et qui aimaient mieux se voir proscrits que de supporter plus long-temps le joug des Anglais. Une de ses premières expéditions fut dirigée contre Hazelrigg, dont la mort vengea celle de sa femme. Il avait de fréquentes escarmouches avec les soldats qui étaient envoyés contre lui, et presque toujours il en sortit vainqueur. Enfin, son nom devint si célèbre et si redoutable, que chaque jour le nombre de ses partisans augmentait, et qu'il se vit bientôt à la tête d'une armée, avec laquelle il résolut de rendre son pays à l'indépendance.

Ce fut vers cette époque qu'arriva, dit-on, l'événement mémorable connu en Ecosse sous le nom des *Granges d'Ayr* (*Barns of Ayr*). Le gouverneur anglais de cette ville avait invité presque toute la noblesse des provinces de l'ouest à se rendre auprès de lui, pour se concerter ensemble sur les affaires de la nation. Le lieu du rendez-vous était de vastes bâtimens appelés les Granges d'Ayr. Mais le gouverneur anglais avait formé le perfide projet de mettre à mort tous les gentilshommes écossais. On avait suspendu des cordes avec des nœuds coulans aux poutres du toit; les soldats anglais les tenaient toutes prêtes, et à mesure que leurs victimes étaient introduites deux à deux, ils leur jetaient le nœud coulant autour du cou, et les malheureux étaient à l'instant même pendus ou étranglés sans miséricorde. Parmi ceux qui périrent dans cette lâche et infame boucherie était, dit-on, sir Ranal Crawford, sheriff du comté d'Ayr, et oncle de William Wallace.

Lorsque celui-ci apprit ce qui était arrivé, sa fureur ne connut plus de bornes, et, rassemblant ses troupes dans un bois voisin de la ville, il résolut de tirer vengeance

---

[1] Outlaw, *proscrit*. Nous avons eu l'occasion d'expliquer dans les notes d'*Ivanhoe* ce terme local, qui a plus d'un rapport avec le *banditto* des Italiens. — Ed.

des auteurs de cette atrocité. Pendant ce temps, les Anglais faisaient grande chère, et lorsqu'ils avaient bien bu et bien mangé, ils se retiraient pour dormir dans les mêmes granges où ils avaient fait périr tant de nobles écossais. Wallace ayant appris que les Anglais sans défiance, ne soupçonnant pas des ennemis si près d'eux, n'avaient pas même de sentinelles, chargea une femme qui connaissait les lieux de marquer avec de la craie les portes des maisons où se trouvaient les Anglais. Alors il envoya un détachement de ses gens, qui, avec de fortes cordes, attachèrent les portes en dehors de manière que ceux qui étaient en dedans ne pussent les ouvrir. Les Ecossais placèrent tout autour de grosses bottes de paille, y mirent le feu, et les granges, qui étaient en bois, furent bientôt enflammées. Les Anglais s'éveillèrent en sursaut et voulurent se précipiter dehors pour sauver leur vie; mais les portes étaient barricadées, et en outre les maisons incendiées étaient entourées par les Ecossais repoussant dans le feu les malheureux qui parvenaient à s'échapper, ou les massacrant sur la place. Il en périt ainsi un grand nombre. Plusieurs Anglais étaient logés dans un couvent, mais ils n'eurent pas un sort plus heureux que les autres. Le prieur du couvent fit prendre les armes à tous ses moines, tomba sur ses hôtes à l'improviste, et les passa presque tous au fil de l'épée. Ce trait fut appelé la Bénédiction du prieur d'Ayr. Nous ne pourrions répondre de l'exactitude de cette histoire; mais il est probable que le fond en est vrai; car il n'est personne qui n'y ajoute foi dans le pays.

Le parti de Wallace devenait de jour en jour plus considérable. Plusieurs nobles écossais se joignirent à lui, entre autres sir William Douglas, lord de Douglasdale, et chef d'une grande famille dont il est souvent question dans l'histoire d'Ecosse, et sir John Grahame, qui devint l'ami et le confident le plus intime de Wallace. Cependant plusieurs de ses grands seigneurs abandonnèrent la cause nationale à l'approche du gouverneur anglais, le comte de

Surrey, qui s'avançait à la tête d'une armée nombreuse et bien disciplinée. Ils crurent que Wallace ne pourrait jamais résister à des forces si considérables, et ils se hâtèrent de se soumettre, de peur de perdre leurs possessions. Mais le courage de Wallace n'en fut pas ébranlé, et il se trouva encore à la tête d'une nombreuse armée. Il avait établi son camp sur la rive septentrionale du Forth, près de la ville de Stirling. La rivière y était traversée par un long pont de bois, un mille environ au-dessus de l'endroit où a été construit celui qui existe aujourd'hui.

Le général anglais s'approcha des bords de la rivière du côté du sud. Il envoya deux ecclésiastiques offrir grâce à Wallace et à ses soldats, à condition qu'ils mettraient bas les armes. Mais ce n'était pas l'intention du courageux champion de l'Ecosse.

— Retournez auprès du comte de Surrey, leur répondit-il; dites-lui que nous ne faisons aucun cas du pardon du roi d'Angleterre; nous ne sommes pas ici pour traiter de la paix, mais pour nous battre, et pour rendre notre pays à la liberté! Que les Anglais s'approchent, nous les défions; nous les braverons jusqu'à leur barbe.

Lorsque les Anglais apprirent cette fière réponse, ils demandèrent à grands cris qu'on les menât au combat. Le comte de Surrey hésitait; car c'était un général habile, et il voyait que, pour approcher de l'armée écossaise, il fallait traverser un pont long et étroit, en sorte que les troupes qui passeraient les premières pourraient être attaquées par les forces réunies de Wallace avant que celles qui seraient derrière fussent à portée de les secourir. Il penchait donc pour différer la bataille; mais Cressingham, le trésorier, qui était rempli d'ignorance et de présomption, prétendit qu'il était du devoir du général de combattre et de terminer la guerre d'un seul coup : et Surrey se rendit à son opinion, quoique Cressingham, en sa qualité de prêtre, ne pût être un aussi bon juge de ce qu'il convenait de faire, qu'un officier plein d'expérience comme lui.

L'armée anglaise commença à traverser le pont, Cressingham conduisant l'avant-garde; car dans ces temps de guerres continuelles, les prêtres portaient l'armure et marchaient au combat. Ce que Surrey avait craint arriva. Wallace laissa passer sans obstacle une partie de l'armée anglaise; mais lorsque la moitié à peu près fut arrivée sur l'autre bord, et que le pont fut encombré par ceux qui suivaient, il attaqua les Anglais à la tête de toutes ses troupes, en tua un grand nombre, et repoussa le reste dans la rivière, où ils se noyèrent presque tous. Ceux qui étaient restés sur la rive opposée s'enfuirent en désordre, après avoir mis le feu au pont de bois, pour que leurs ennemis ne pussent les poursuivre. Cressingham fut tué au commencement de l'action; et telle était la haine qu'il inspirait aux Ecossais, que ceux-ci enlevèrent la peau de son corps et s'en partagèrent les lambeaux, pour les conserver en mémoire de la vengeance qu'ils avaient tirée du trésorier anglais. On prétend même que quelques-uns firent avec cette peau des sangles de cheval, usage auquel je ne crois pas qu'elle pût être facilement employée. Il faut avouer que c'est une tache pour les Ecossais d'avoir insulté le corps mort de leur ennemi, et cela montre qu'ils étaient encore plongés dans la barbarie.

Les débris de la grande armée de Surrey abandonnèrent l'Ecosse après cette défaite; alors toute la population se leva en masse, attaqua les forteresses qui étaient encore au pouvoir des Anglais, et les prit, les unes de vive force, les autres par adresse. On raconte à ce sujet une foule d'histoires plus surprenantes les unes que les autres sur les exploits de Wallace; quelques-unes sont incontestables, d'autres sont inventées, ou du moins peuvent être taxées d'exagération. Ce qui paraît certain, c'est qu'il reprit toutes les forteresses, battit les Anglais à plusieurs reprises, et les chassa presque entièrement de l'Ecosse, qui recouvra momentanément son entière indépendance. Il pénétra même en Angleterre, et dévasta le Cumberland et le Northumberland. Les soldats écossais y commirent de grandes cruautés pour se venger de tout ce que les Anglais leur avaient fait souffrir. Wallace n'approuvait pas qu'ils massacrassent les habitans qui n'avaient pas d'armes, et il s'efforçait de protéger les prêtres et tous ceux qui ne pouvaient se défendre eux-mêmes. — Restez près de moi, dit-il aux prêtres d'Hexham, ville considérable du Northumberland, car je ne pourrais vous sauver de la fureur de mes soldats si vous n'étiez pas à mes côtés. Wallace n'avait pas d'argent à donner à ses troupes; elles ne recevaient aucune paye, et c'était une des grandes raisons pour lesquelles il ne pouvait réprimer leurs excès, ni les empêcher de faire beaucoup de mal à ceux même qui n'opposaient aucune résistance. Ils restèrent plus de trois semaines en Angleterre, et y commirent de grands ravages.

Edouard Ier était en Flandre lors de tous ces événemens. Vous pouvez vous figurer de quelle fureur il fut transporté lorsqu'il apprit que les Ecossais, qu'il croyait avoir entièrement soumis, étaient en insurrection complète, qu'ils avaient battu ses armées, tué son trésorier, chassé ses soldats de toute la contrée, et envahi l'Angleterre avec des forces nombreuses. Il revint de Flandre en toute hâte, déterminé à ne pas quitter l'Ecosse qu'il ne l'eût complètement subjuguée; et ayant assemblé une très-belle armée, il s'avança contre les rebelles. Ceux-ci, de leur côté, réunirent toutes leurs forces, et élurent Wallace protecteur ou gouverneur de l'Ecosse, parce qu'alors ils n'avaient point de roi. Ce fut de ce moment qu'on lui donna le titre de sir William Wallace. Mais quoiqu'il fût, comme nous l'avons vu, le plus brave, le plus habile guerrier de toute l'Ecosse, et par conséquent le plus propre à commander l'armée dans ce moment de crise, lorsque le roi d'Angleterre s'avançait contre eux avec des forces si imposantes, les nobles écossais se montrèrent mécontens de ce choix, parce que Wallace n'avait pas une naissance illustre et qu'il ne possédait pas de vastes propriétés. Leur jalousie contre le nouveau gouverneur était si grande, qu'ils ne semblaient pas très-disposés à réunir leurs troupes et à marcher contre Edouard, parce qu'ils ne voulaient pas de Wallace pour leur général. C'était une conduite vile et méprisable, et il en résulta de grands désastres pour l'Ecosse. Cependant, malgré les mauvaises dispositions de la haute noblesse, Wallace rassembla une nombreuse armée; car le peuple lui était très-attaché. Il marcha hardiment à la rencontre d'Edouard, et il le joignit près la ville de Falkirk [1]. Presque tous ses soldats étaient à pied, parce que dans ce temps, je vous l'ai déjà dit, les nobles seuls combattaient à cheval. Edouard avait, au contraire, la plus belle cavalerie du monde, composée de cavaliers anglais et normands couverts d'armures complètes. Il était accompagné des célèbres archers d'Angleterre, qu'on disait porter la vie de douze Ecossais à leur ceinture, parce que chacun d'eux portait douze flèches rangées dans son ceinturon, et qu'ils passaient pour ne jamais manquer leur coup.

Les Ecossais avaient aussi quelques bons archers de la forêt d'Ettrick, qui combattaient sous les ordres de sir John Stewart de Bonkil; mais ils étaient loin d'égaler en nombre les archers anglais. La plus grande partie de l'armée écossaise se composait de fantassins armés de longues piques. Ils marchaient serrés les uns contre les autres, et les pointes de leurs piques étaient si rapprochées entre elles, qu'elles formaient comme un rempart qu'il semblait impossible de rompre. Quand les deux armées furent en présence, Wallace dit à ses soldats : — Je vous ai amenés au bal, montrez-moi comment vous dansez; voulant dire : — Je vous ai amenés sur le champ de bataille, voyons si vous y combattrez vaillamment.

Les Anglais commencèrent l'attaque sans se laisser intimider par la contenance fière et martiale des Ecossais, et par le redoutable mur hérissé de pointes. Edouard donna

---

(1) D'Edimbourg à Stirling. — Ed.

ordre à sa cavalerie de charger, et aussitôt elle avança à bride abattue. Ce dut être une chose terrible que de voir ces beaux chevaux s'élancer au grand galop sur ces longues lances que leur opposaient les Ecossais ; et des cris affreux s'élevèrent en même temps du champ de bataille. Les Ecossais soutinrent bravement le choc. La plupart des chevaux des Anglais qui se trouvaient au premier rang tombèrent morts, et leurs cavaliers, accablés sous le poids de leurs armures qui les empêchaient de se relever, furent massacrés. La cavalerie écossaise, au lieu de soutenir l'infanterie, abandonna lâchement le champ de bataille. On suppose que ce fut une trahison de la part de la noblesse, qui haïssait Wallace. Cependant il faut considérer que les cavaliers écossais étaient en très-petit nombre, qu'ils étaient mal armés, et que leurs chevaux étaient loin de valoir ceux de leurs ennemis. Les Anglais firent plusieurs charges sans en obtenir plus de succès ; leurs efforts étaient impuissans sur les rangs profonds et inébranlables des soldats de Wallace ; ils furent continuellement repoussés, et ne purent pénétrer au travers de cette *forêt de lances*, comme l'appelle un historien anglais. Alors Edouard donna ordre à ses archers d'avancer ; ils obéirent, et lorsqu'ils furent tout près des rangs écossais, ils firent pleuvoir sur eux une grêle si terrible de flèches, qu'il fut impossible de soutenir cette attaque. Au même instant sir John Stewart se tua en tombant de cheval, et les archers de la forêt d'Ettrick qu'il amenait pour les opposer à ceux d'Edouard tombèrent autour de lui. On reconnut leurs cadavres après la bataille, parce qu'ils étaient les plus grands et les plus beaux hommes de l'armée.

Les pertes nombreuses que les archers avaient fait éprouver à l'infanterie écossaise mirent un peu de désordre dans ses rangs affaiblis. Edouard, saisissant ce premier moment de confusion, ordonna une nouvelle charge de sa pesante cavalerie : cette fois elle parvint à se frayer un passage.

Sir John Grahame, l'ami et le compagnon de Wallace, fut tué à la tête de son corps, et les Ecossais, ayant perdu encore un grand nombre des leurs, furent enfin obligés de prendre la fuite.

Cette fatale bataille eut lieu le 22 juillet 1298. Sir John Grahame fut enterré dans le cimetière de Falkirk. On éleva sur sa tombe un monument que l'on a renouvelé trois fois depuis sa mort, et qui porte cette inscription : « Ci-gît sir John Grahame, le fidèle ami de Wallace, aussi recommandable par sa prudence que par son courage, qui fut tué par les Anglais les armes à la main. »

On montra long-temps, dans la forêt voisine, un énorme chêne sous lequel on prétendait que Wallace avait dormi avant la bataille, ou dans lequel, suivant d'autres, il s'était caché après sa défaite.

Il y a près de quarante ans, votre grand-papa vit encore quelques racines de cet arbre, mais déjà le tronc était tombé, et aujourdhui il n'en reste pas le moindre vestige.

Il paraît qu'après la terrible bataille de Falkirk, Wallace se démit de ses fonctions de gouverneur de l'Ecosse. Plusieurs nobles furent nommés gardiens du royaume, et continuèrent de combattre les Anglais. Ils remportèrent sur eux plusieurs avantages, entre autres près de Roslin, où John Comyn de Badenoch, l'un des gardiens de l'Ecosse, et un des chefs les plus distingués, nommé Simon Fraser, battirent trois divisions de l'armée anglaise en un seul jour.

Cependant le roi d'Angleterre avait tant d'argent et tant de moyens de lever des troupes, qu'à chaque instant de nouvelles armées étaient envoyées contre la malheureuse Ecosse, et que les nobles et les grands se virent forcés l'un après l'autre de se soumettre de nouveau à son joug. Wallace seul, à la tête d'un petit nombre de soldats, refusa de reconnaître le pouvoir de l'usurpateur et de déposer les armes.

Sept ans encore après la défaite de Falkirk, lorsque,

depuis plus d'un an, tous les autres défenseurs de la liberté nationale avaient mis bas les armes, il maintenait seul son indépendance au milieu des bois et des montagnes de son pays.

Les Anglais publièrent une foule de proclamations contre lui, et mirent sa tête à prix; car Édouard pensait qu'il ne pourrait compter sur la tranquille possession du royaume qu'il avait usurpé, tant que Wallace vivrait. Enfin il fut fait prisonnier, et, il faut le dire en rougissant, ce fut un Écossais, nommé sir John Menteith, qui le prit et le livra aux Anglais. On croit généralement que ce fut à Robroyston, près de Glascow, qu'il fut arrêté. C'est une ancienne tradition du pays que le signal convenu auquel on devait se jeter sur lui était de retourner un pain sur la table, de manière à ce que le côté plat se trouvât par-dessus. Ce fut un de ses prétendus amis qui se chargea de le donner : aussi dans la suite était-ce regardé comme une impolitesse de placer un pain de cette manière, s'il se trouvait une personne du nom de Menteith parmi les convives, puisque c'était lui rappeler qu'un Menteith avait trahi sir William Wallace, le champion de l'Écosse.

Il n'est pas bien certain que sir John Menteith soit en effet celui qui donna le signal; mais ce qui est prouvé, c'est que ce fut lui qui le fit prisonnier et qui le livra aux Anglais, flétrissure qui est toujours restée à son nom et à sa mémoire.

Édouard ayant ainsi en son pouvoir celui qu'il considérait comme le plus grand obstacle à l'entier assujettissement de l'Écosse, résolut de faire un exemple qui effrayât ceux qui seraient tentés à l'avenir de s'opposer à ses projets ambitieux. Il fit amener Wallace à Westminster-Hall, et là il le fit comparaître devant des juges anglais, couronné par dérision d'une guirlande verte[1], puisque, disait-

---

(1) *Since matchless Wallace first had been.*
In mock'ry crown'd with wreath of green, etc.
Lord of the Isles, cant. II, st. 16.

« Depuis que l'incomparable Wallace fut couronné par dérision d'une guirlande

il, il avait été roi de proscrits et de brigands dans les forêts d'Ecosse. Il fut accusé d'avoir été traître envers le roi d'Angleterre. — Je n'ai pu être traître envers lui, répondit Wallace, car je n'ai jamais été son sujet. On lui reprocha aussi d'avoir fait périr beaucoup d'hommes et d'avoir commis beaucoup de désastres : il répondit avec le même calme et le même courage, — qu'en effet il avait tué beaucoup d'Anglais, mais que c'était parce qu'ils avaient voulu opprimer son pays natal; et que, loin de se repentir de ce qu'il avait fait, il n'éprouvait qu'un regret, c'était de n'en avoir pas tué un plus grand nombre.

Quoique cette défense de Wallace fût très-bonne, et d'après la raison et d'après les lois (car non-seulement chacun a le droit de combattre pour la défense de son pays, mais c'est même un devoir sacré de le faire), les juges anglais le condamnèrent à mort. Ce brave et généreux patriote fut traîné sur une charrette au lieu de l'exécution, où il eut la tête tranchée, et son corps fut séparé en quatre parties, qui, d'après la coutume barbare du temps, furent exposées sur le pont de Londres, suspendues à des piques de fer, et nommées les membres d'un traître.

Edouard avait pensé qu'en traitant avec cette excessive rigueur un patriote aussi distingué que sir William Wallace, il frapperait de terreur toute l'Ecosse, et qu'il pourrait la gouverner à l'avenir sans que personne osât lui résister. Mais bien qu'Edouard, brave et puissant, eût pris toutes les mesures les plus prudentes et en même temps les plus sévères pour tenir l'Ecosse dans l'obéissance, cependant, comme ses droits étaient uniquement fondés sur une injuste usurpation, la Providence ne permit pas qu'il en jouît en paix. A peine sir William Wallace, cet immortel défenseur de l'indépendance de son pays, avait-il

---

de laurier. » On prétendait que Wallace s'était vanté d'entrer un jour à Westminster avec la couronne sur la tête, etc.— Ed.

péri de la manière inique et barbare que je vous ai racontée, qu'il s'éleva d'autres patriotes également prêts à combattre pour la liberté de l'Ecosse [1].

CHAPITRE VI.

Elévation de Robert le Bruce [2].

J'ESPÈRE, mon cher enfant, que vous n'avez pas oublié que toutes les guerres qui affligèrent l'Ecosse provinrent des débats qui, à la mort d'Alexandre III, s'élevèrent entre les grands seigneurs relativement à la couronne, et de l'imprudence qu'ils commirent en prenant Edouard pour arbitre, et en lui facilitant ainsi les moyens de la mettre sur sa propre tête. Vous vous rappelez qu'il détrôna John Baliol pour avoir voulu rendre l'indépendance à son pays, et que celui-ci lui remit la couronne comme à son seigneur suzerain. Ce John Baliol était par cela même peu aimé des Ecossais. Il avait renoncé au trône, et il était depuis quinze ans hors de l'Ecosse, étant resté presque tout ce temps prisonnier du roi d'Angleterre. Il était donc naturel que ceux des Ecossais qui étaient décidés à combattre de nouveau pour affranchir leur pays du joug des Anglais cherchassent quelque autre roi pour les commander. La domination anglaise pesait également à tous ; et

---

(1) Ce chapitre suffit pour expliquer les fréquentes allusions au nom de Wallace dans les poésies écossaises, et notamment dans celles de sir Walter Scott : c'est le Guillaume Tell des montagnes d'Ecosse ; un demi-dieu d'épopée, et un héros populaire. — ED.

(2) Robert *the* Bruce. L'article devient ici un titre honorifique qui répond à notre particule *de* ; mais il appartient au vieux temps. — ED.

ceux des grands seigneurs qui croyaient avoir des droits à la couronne commencèrent à se mettre sur les rangs pour les faire valoir.

En admettant que John Baliol, par sa renonciation au trône et par sa captivité, y eût perdu tous ses droits, les deux concurrens principaux étaient Robert Bruce, comte de Carrick, et petit-fils de ce Robert Bruce qui, comme vous l'avez vu plus haut, disputa le trône à John Baliol; et John Comyn ou Cumming de Badenoch, appelé ordinairement Comyn-le-Roux, pour le distinguer de son parent Comyn-le-Noir à qui son teint basané avait fait donner ce surnom. Ces deux puissans barons avaient pris parti pour sir William Wallace dans les guerres contre les Anglais; mais après la défaite de Falkirk, regardant l'affranchissement de l'Ecosse comme impossible, et craignant de perdre leurs immenses possessions, non-seulement ils s'étaient soumis à Edouard et l'avaient reconnu pour roi, mais ils s'étaient même réunis aux Anglais pour combattre ceux de leurs compatriotes qui continuaient encore à résister à l'usurpateur. Voici, d'après les vieilles traditions de l'Ecosse, ce qui ouvrit les yeux de Bruce sur la bassesse de sa conduite. Il s'était trouvé à l'une des nombreuses escarmouches des Anglais avec les patriotes écossais, et il avait aidé les premiers à remporter la victoire. Après l'affaire il se mit à table pour dîner sans avoir pris le temps de laver ses mains encore teintes du sang qu'il avait versé dans le combat : les seigneurs anglais s'en étant aperçus, se dirent entre eux à voix basse : — Voyez cet Ecossais qui mange son propre sang! Bruce entendit ces paroles, et il en fut douloureusement frappé. N'était-ce pas en effet son propre sang qui souillait ses mains, puisque c'était celui de ses braves compatriotes qui combattaient pour l'indépendance de l'Ecosse, tandis que lui se réunissait lâchement à leurs oppresseurs de la part desquels sa conduite contre nature ne lui attirait que des sarcasmes et des outrages? Ces réflexions l'émurent si vivement qu'il se leva de table, et, entrant dans une chapelle voisine, il versa des larmes amères, demanda pardon à Dieu de son crime, et fit le vœu solennel d'employer tous ses efforts pour délivrer l'Ecosse du joug de l'étranger. Fidèle à sa parole, il abandonna sur-le-champ l'armée anglaise, et ne songea plus qu'aux moyens de rendre la liberté à son pays [1].

Robert Bruce était d'une force et d'une bravoure remarquable. Il n'y avait personne en Ecosse qu'on crût pouvoir lui comparer, si ce n'est sir William Wallace ; et depuis que ce héros était mort, Bruce en était le plus vaillant guerrier. Il était plein de sagesse et de prudence, et était excellent général, c'est-à-dire qu'il savait conduire une armée et la disposer en ordre de bataille mieux peut-être que le plus célèbre capitaine de son temps. Naturellement affable et généreux, il avait quelques défauts que l'on doit attribuer autant à la barbarie de l'époque où il vivait, qu'à son propre caractère. Il était emporté, colère, et dans ses accès de fureur il lui arrivait d'être cruel et implacable.

Robert Bruce était décidé, ainsi que je vous l'ai dit, à tenter encore une fois d'arracher l'Ecosse au joug des Anglais, et il voulut engager son compétiteur au trône, sir John Comyn-le-Roux, à se réunir à lui pour chasser l'étranger. Dans ce dessein il accourut de Londres à Dumfries, sur les frontières de l'Ecosse, et demanda une entrevue à John Comyn ; elle eut lieu dans l'église des Minorites de cette ville, devant le maître-autel. Ce qui se passa entre eux n'est pas bien connu ; on sait qu'ils se querellèrent ; mais fut-ce à cause de leurs prétentions communes à la couronne, ou bien parce que Comyn refusa de se joindre à Bruce pour l'insurrection projetée, ou bien encore parce que Bruce reprocha à Comyn de l'avoir trahi en dévoilant aux Anglais ses projets de révolte : c'est un point sur lequel les historiens ne sont pas d'accord. Ce

---

(1) Ici commence en quelque sorte l'exposition du poëme du *Lord des Iles*. — Ed.

qui est positif, c'est que la dispute devint très-vive, qu'ils se prodiguèrent les noms les plus outrageans, et qu'enfin Bruce, qui, comme je viens de vous le dire, était très-emporté, oublia le lieu sacré où il se trouvait, et frappa Comyn d'un coup de poignard. A peine eut-il commis ce crime, qu'il s'élança hors de l'église et demanda son cheval. Deux gentilshommes de ses amis, Lindesay et Kirkpatrick, l'attendaient à la porte. Le voyant arriver pâle, sanglant, et dans la plus grande agitation, ils lui demandèrent vivement ce qu'il avait.

— Je crois, leur répondit-il, que j'ai tué Comyn-le-Roux.

— Comment vous croyez? s'écria Kirkpatrick : c'est une chose qu'il ne faut pas laisser dans le doute, et je vais y mettre ordre [1].

A ces mots il entra dans l'église avec Lindesay, et tous deux achevèrent le malheureux blessé à coups de poignard. Son oncle, sir Robert Comyn, fut assassiné en même temps.

Le meurtre de Comyn fut une action infame, et l'historien de Bruce dit que celui qui en était l'auteur fut poursuivi depuis lors de la vengeance céleste; car jamais homme n'eut à souffrir plus d'infortunes que Robert Bruce, quoiqu'à la fin il se vit au faîte de la puissance. La position de Bruce devint bien critique après la mort de Comyn; il avait commis un crime qui ne pouvait manquer d'attirer sur lui la vengeance de tous les parens de Comyn, le ressentiment du roi d'Angleterre, et le déplaisir de l'Eglise pour avoir tué son ennemi dans une enceinte sacrée. Il résolut donc de ne plus rien ménager, et d'annoncer hautement ses prétentions à la couronne. Il rassembla tous

---

[1] *Kirkpatrick's bloody dirk*
Making sure of murder's work.
Lord of the Isles. canto II, st. 13.

« Le poignard sanglant de Kirkpatrick rendant *sûr* l'œuvre du meurtre. » Le Kirkpatrick de Closeburn avaient conservé dans leurs armes une main armée d'un poignard, en commémoration de cet acte. — ED.

ses partisans, convoqua ceux des barons écossais qui voulaient combattre pour la liberté, et se fit proclamer roi dans l'abbaye de Scone, lieu ordinaire du couronnement des rois d'Ecosse.

Tout ce qui avait rapport à cette cérémonie se fit à la hâte ; l'ancienne couronne d'Ecosse, qu'Edouard avait emportée en Angleterre, fut remplacée par un petit cercle d'or arrangé précipitamment. Le comte de Fife, descendant du brave Macduff, et qui, à ce titre, aurait dû poser la couronne sur la tête du roi, refusa de paraître au couronnement. Ce fut sa sœur Isabelle, comtesse de Buchan, qui, sans le consentement ni de son frère, ni de son époux, remplit cette cérémonie. Quelques barons, dont le nom sera toujours cher à l'Ecosse, se joignirent à Bruce pour l'aider à la délivrer.

La fureur d'Edouard ne connut pas de bornes quand il apprit que, malgré toutes les peines qu'il s'était données, malgré tout le sang qui avait été répandu, l'Ecosse faisait de nouveaux efforts pour secouer son autorité. Quoiqu'il fût alors faible, malade, et d'un âge avancé, il fit dans un grand festin le vœu solennel de tirer de Bruce et de ses adhérens la vengeance la plus éclatante ; après quoi il ne tirerait plus jamais l'épée contre un chrétien, mais combattrait seulement les infidèles pour délivrer la Terre-Sainte. Il se mit donc à la tête d'une nombreuse armée et marcha contre Bruce.

Le commencement du règne du nouveau monarque ne fut signalé que par des désastres. Il fut couronné le 29 mars 1306. Le 18 mai il fut excommunié par une bulle du pape qui le privait de tous les bienfaits de l'Eglise, et donnait à chacun le droit de le mettre à mort. Enfin, le 19 juin, le nouveau roi fut complètement battu, près de Methven, par le général anglais comte de Pembroke. Robert eut son cheval tué sous lui, en un moment il se vit prisonnier ; mais celui au pouvoir duquel il était tombé était un chevalier écossais qui, quoique combattant dans les rangs de l'armée d'Edouard, recula devant l'idée de livrer Bruce entre ses mains, et lui rendit la liberté. Les vainqueurs traitèrent leurs captifs avec leur cruauté accoutumée. De ce nombre se trouvaient de jeunes et dignes rejetons des premières familles d'Ecosse : Hay, de qui descendent les comtes d'Errol, Somerville, Fraser et plusieurs autres, qui furent sans miséricorde condamnés à mort et exécutés [1].

Bruce, suivi de quelques amis fidèles, parmi lesquels était le jeune lord de Douglas, appelé depuis le Bon Lord James, se réfugia dans les montagnes des Highlands. Chassés de retraite en retraite, ils coururent maints et maints dangers, et furent réduits aux plus grandes privations [2]. L'épouse de Bruce, alors reine d'Ecosse, et quelques autres dames, accompagnaient les malheureux fugitifs ; ils n'avaient d'autres moyens d'existence que la chasse et la pêche. Le jeune Douglas était le plus heureux et le plus adroit dans ces deux exercices, et y obtenait le plus de succès ; ce fut surtout à lui que leurs malheureuses compagnes durent les secours qui leur étaient nécessaires.

Chassé de montagne en montagne, Bruce essaya de pénétrer dans Lorn, mais partout il trouva des ennemis. Les Mac-Douglas, seigneurs puissans qui prenaient le titre de lords de Lorn, étaient attachés au parti de l'Angleterre. Lorsqu'ils apprirent que Bruce cherchait à entrer dans leur pays, ils firent prendre les armes à tout ce qui était sous leur dépendance, et attaquèrent ces malheureux fugitifs. John de Lorn, le chef des Douglas, nourrissait une haine envenimée contre Bruce à cause du meurtre de Comyn-le-Roux, son proche parent. Bruce, accablé par la supériorité du nombre, essuya une nouvelle défaite près d'un endroit appelé Dalry ; mais il montra dans cette nou-

---

[1] *Where's Nigel Bruce? and De la Haye
And valiant Seton. — Where are they?
Where Somerville, the kind and free
And Fraser flower of chivalry?* etc.
Lord of the Isles, cant. II, st. 26.

[2] Chant III du *Lord des Iles*. — ED.

velle infortune quels étaient sa force et son courage. Il dit à ses compagnons de se retirer par un étroit défilé, et, se plaçant le dernier de la troupe, il combattit et mit à mort tous ceux qui les pressaient de trop près. Trois des guerriers de Douglas, Mac-Androsser et ses fils, connus pour leur force prodigieuse, voyant avec quel succès Bruce protégeait la retraite de ses gens, firent vœu de le prendre mort ou vif. Ils se jetèrent sur lui tous ensemble. Le roi était à cheval dans l'étroit passage dont nous avons parlé, entre un roc escarpé et un lac profond. Un des deux fils ayant pris la bride de son cheval, Bruce lui donna un si terrible coup d'épée qu'il abattit la main de son audacieux adversaire, qui tomba baigné dans son sang. Pendant ce temps l'autre frère lui avait saisi la jambe et s'efforçait de le renverser; mais le roi, enfonçant ses éperons dans le ventre de son cheval, le fit se dresser si brusquement, que le montagnard tomba sous les pieds du superbe animal; et comme il s'efforçait de se relever, Robert lui fendit la tête. A la vue de ses deux fils expirans, Androsser se précipita sur Bruce et le saisit par son manteau, qu'il serra de si près autour du corps du roi, que celui-ci ne pouvait plus brandir sa longue épée; mais se servant du pommeau, ou, suivant d'autres, d'un marteau d'armes suspendu à l'arçon de sa selle, Bruce en assena un coup si terrible à ce troisième assaillant, qu'il lui fit sauter la cervelle. Cependant comme la main du montagnard, raidie encore par la mort, n'en serrait que plus étroitement son manteau, le roi, pour se débarrasser du cadavre, fut obligé de détacher l'agrafe qui fermait le manteau et d'abandonner l'un et l'autre. Cette agrafe est encore aujourd'hui conservée soigneusement par la famille des Mac-Douglas de Lorn, comme une preuve irrécusable que le célèbre Robert Bruce fut une fois bien près de tomber entre les mains d'un de ses ancêtres [1]. Le roi garda un profond ressentiment contre

---

[1] Voyez dans le second chant du *Lord des Iles*, la ballade intitulée: *L'Agrafe de Lorn. The Broach of Lorn.* — ED.

John de Lorn, et lorsqu'il se trouva dans des circonstances plus heureuses, il ne manqua pas de se venger.

Robert Bruce courut une foule de dangers semblables dans ses courses errantes et vagabondes; cependant, bien qu'il fût presque toujours battu par les forces supérieures des Anglais, et de ceux des Ecossais qui prenaient parti pour eux, il ne se laissa jamais abattre, et soutint toujours le courage de ses compagnons. Il avait plus d'instruction qu'on ne se serait attendu à en trouver à cette époque en Ecosse, où, à l'exception du clergé, presque personne ne savait lire et écrire. Le roi possédait ces deux talens, et on raconte même qu'il faisait quelquefois la lecture à ses soldats pour les instruire, lorsqu'ils traversaient les grands lacs des Highlands sur les misérables barques qu'ils avaient pu se procurer.

Cependant les dangers finirent par se multiplier à un tel point autour du brave Robert, qu'il lui devint impossible de garder près de lui la reine et les dames qui l'accompagnaient. L'hiver approchait, et il était impossible que des femmes pussent supporter les fatigues de cette vie errante au milieu des montagnes, lorsqu'elles seraient couvertes de neige et de frimas. Il laissa donc la reine, avec la comtesse de Buchan et quelques autres, dans le seul château qui lui restât, celui de Kildrummie, près de la source du Don, dans le comté d'Aberdeen. Le roi chargea son plus jeune frère, Nigel Bruce, de défendre le château contre les Anglais, et suivi d'Edouard, son second frère, guerrier intrépide, mais plus téméraire encore et plus emporté que Robert lui-même, il se retira avec le peu d'hommes qui lui restaient dans l'île de Rachrin, sur la côte d'Irlande, où il passa l'hiver de 1306. Pendant ce temps le malheur ne se lassa pas de le poursuivre dans la personne de tout ce qui lui était cher en Ecosse. Le château de Kildrummie fut pris par les Anglais, et Nigel Bruce, brave et beau jeune homme, fut cruellement mis à mort. La reine et les dames de sa suite furent faites prisonnières et traitées avec la dernière rigueur. Ces nouvelles parvinrent à Bruce lorsqu'il était dans une misérable chaumière de l'île de Rachrin, et le réduisirent presque au désespoir.

Il est probable que ce fut vers cette époque qu'arriva un incident qui n'est connu que par une tradition conservée dans les familles du nom de Bruce, mais que les mœurs et les idées du temps rendent probable. On raconte qu'après avoir reçu la fâcheuse nouvelle de ce qui venait de se passer en Ecosse, Bruce, étendu un matin sur son misérable lit, se demandait s'il ne ferait pas mieux de renoncer pour jamais à tout espoir de faire valoir ses droits à la couronne d'Ecosse, de renvoyer ses soldats, et de passer avec ses frères en Palestine pour y consacrer le reste de sa vie à combattre les infidèles, en expiation du crime qu'il avait commis en frappant Comyn dans l'église de Dumfries.

Mais d'un autre côté, ne serait-ce pas une lâcheté, et même ne serait-ce pas un crime de se désister de ses efforts pour délivrer son pays, tant qu'il lui restait le moindre espoir d'y réussir? Ce qui, après tout, était un devoir encore plus sacré pour lui que d'aller faire la guerre en Palestine, bien que la superstition de son siècle pût penser le contraire.

Tout en faisant ces réflexions, qui le plongeaient dans une pénible incertitude, Bruce avait les yeux fixés sur le plancher de la chaumière, et il aperçut une araignée qui, suspendue au bout d'un long fil son ouvrage, s'efforçait de s'élancer d'une poutre à l'autre pour y attacher le fil sur lequel elle comptait établir sa toile. Elle fit un nouvel essai, mais sans réussir davantage, recommença encore, et toujours inutilement. Enfin Bruce la vit six fois de suite réitérer ses efforts, et six fois échouer dans son entreprise. Il lui vint dans la tête que lui-même il avait précisément livré six batailles aux Anglais, et que par conséquent il se trouvait exactement dans la même position que la pauvre araignée, ayant fait le même nombre de tentatives avec aussi peu de succès.

— Hé bien, se dit Bruce, puisque je n'ai aucun moyen de savoir quel est le meilleur parti à prendre, je suivrai l'exemple de ce laborieux insecte. S'il fait un septième effort pour attacher son fil, et qu'il réussisse, je tenterai encore une fois la fortune; mais s'il échoue, je partirai pour la Palestine, et jamais je ne reverrai mon pays.

Tandis que Bruce formait cette résolution, l'araignée réunissait toutes ses forces pour faire une nouvelle tentative, et elle parvint enfin à fixer son fil sur la poutre qu'elle cherchait depuis si long-temps à atteindre. Encouragé par cet exemple, le roi résolut de tenter encore les hasards de la guerre. Jusqu'alors il n'avait jamais remporté la victoire, depuis lors il n'essuya presque plus de revers. Je me suis souvent trouvé avec des Ecossais du nom de Bruce si convaincus de cette anecdote, que pour rien au monde ils n'auraient voulu tuer une araignée, parce que c'était un de ces insectes qui avait donné l'exemple de la persévérance et fait présager le succès au grand héros de leur race.

Déterminé à renouveler ses efforts pour l'affranchissement de l'Ecosse, malgré le peu de ressources qu'il possédait pour mettre à fin une si grande entreprise, Bruce quitta Rachrin, et aborda avec ses compagnons dans l'île d'Arran, qui se trouve à l'embouchure de la Clyde. En débarquant, il demanda à la première femme qu'il rencontra s'il y avait des hommes armés dans l'île. Elle lui répondit qu'il était arrivé dernièrement un détachement d'étrangers armés qui avaient attaqué le gouverneur anglais du château de Brathwich, l'avaient mis à mort ainsi que beaucoup de ses soldats, et qu'à présent ils s'amusaient à chasser dans l'île. Le roi s'étant fait conduire dans les bois que ces étrangers fréquentaient le plus, se mit à donner du cor à plusieurs reprises. Le chef de la troupe qui s'était emparée du château de Brathwich était James Douglas, que nous avons déjà cité comme l'un des meilleurs amis de Bruce. Aussitôt qu'il entendit les sons de l'instrument, il s'écria que c'était le roi, qu'il le reconnaissait à sa manière de donner du cor. Suivi de ses compagnons, il se hâta de le rejoindre, et l'on se figure facilement avec quels transports de joie ils se retrouvèrent.

Bruce était alors en vue de l'Ecosse, et à peu de distance des possessions de sa famille, dans une province où le peuple devait lui être plus particulièrement dévoué. Il commença aussitôt à se concerter avec Douglas sur les moyens à prendre pour renouveler ses entreprises contre les Anglais. Celui-ci résolut de se rendre déguisé dans son propre pays, pour y rassembler ses amis et se venger du comte de Clifford, seigneur anglais auquel Edouard avait donné toutes ses possessions, et qui habitait le château de Douglas.

Bruce, de son côté, entretenait des intelligences sur la côte de Carrick, au moyen d'un homme de sa suite nommé Cuthbert. Si les habitans du pays se montraient disposés à se soulever en faveur du roi d'Ecosse, Cuthbert devait allumer un grand feu sur un cap élevé nommé Turnberry, en face de l'île d'Arran. A ce signal le roi devait s'embarquer avec sa petite troupe, qui ne se composait que de trois cents hommes environ, et aborder sur la côte de Carrick pour se joindre aux insurgés.

Bruce et ses soldats guettèrent impatiemment le signal pendant quelque temps, sans rien apercevoir. Enfin ils virent briller une flamme sur le cap de Turnberry. Pleins d'espoir et de courage, ils coururent gaiement à leurs barques, bien convaincus que leurs amis de Carrick étaient sous les armes et prêts à se joindre à eux. Ils atteignirent le rivage à minuit, et n'y trouvèrent que leur espion Cuthbert, qui les attendait seul, et qui était porteur de bien mauvaises nouvelles. Lord Percy était dans le pays à la tête de deux ou trois cents Anglais; et, à force de menaces et de mauvais traitemens, il avait si bien frappé les habitans de terreur qu'aucun d'eux n'osait même songer à se révolter contre le roi Edouard.

— Traître! s'écria Bruce, pourquoi donc alors avez-vous fait le signal convenu?

— Hélas! répondit Cuthbert, ce n'est pas moi qui ai allumé ce feu; c'est quelque autre personne dont je ne puis soupçonner le motif; mais dès que je l'ai aperçu j'ai pensé que vous le prendriez pour mon signal, et je suis venu vous attendre ici, pour vous dire ce qui en était.

Après quelque hésitation, Bruce décida que, puisqu'il se trouvait sur la terre d'Ecosse, il ne reculerait pas, et qu'il en adviendrait ce qu'il plairait au ciel.

D'après cette résolution, il attaqua lord Percy avec tant de succès qu'après plusieurs escarmouches il le força d'abandonner Carrick. Alors il divisa ses forces et les dirigea sur différens points contre les Anglais, qui furent battus dans presque toutes les rencontres. Mais le roi, qui souvent ne gardait avec lui qu'un petit nombre de soldats, qui plusieurs fois même demeura presque seul, courut, en plus d'une occasion, le danger de perdre la vie par violence ou par trahison. Plusieurs de ces incidens ont de l'intérêt, je vais vous en raconter quelques-uns.

Un proche parent de Bruce, en qui il avait une entière confiance, gagné par les Anglais, résolut de lui donner la mort. Le traître, accompagné de ses deux fils, attendit le roi un matin que celui-ci, tout-à-fait séparé de sa suite, n'avait auprès de lui qu'un enfant qui lui servait de page. Ces trois hommes avaient chacun une épée, et les deux fils portaient en outre, l'un une lance, et l'autre une hache d'armes. Or, le roi les voyant bien armés, quand il ne se trouvait pas d'ennemis dans les environs, se rappela que déjà des avis secrets lui avaient annoncé que ces hommes voulaient l'assassiner. Il n'avait pour toute arme que son épée; mais son page portait un arc et une flèche. Le roi les lui prit, et lui ordonna de se retirer à quelque distance.

— Si je me débarrasse de ces traîtres, lui dit-il, tu ne manqueras pas d'armes; mais s'ils me tuent, tu t'échapperas et iras dire à Douglas et à mon frère de venger ma mort. Ces paroles affligèrent l'enfant, qui aimait son maître, mais il fallut obéir.

Cependant les assassins s'approchèrent de Bruce pour l'assaillir tous ensemble. Celui-ci, devinant leur intention, leur cria de ne point avancer davantage, sous peine de leur vie. Le père, prenant un ton doucereux, lui fit la réponse la plus affable, et, tout en parlant, il continuait de s'approcher vers Robert. Mais celui-ci lui cria une seconde fois d'arrêter. — Traîtres, dit-il, vous avez vendu mon sang pour de l'or d'Angleterre; mais vous êtes morts si vous faites un pas de plus. En disant ces mots, il tendit l'arc du jeune page; et, comme son infame parent s'approchait toujours, le roi, qui était excellent archer, lui lança une flèche qui l'atteignit à l'œil, et lui traversa le cerveau. Le traître tomba mort. Ses deux fils se précipitèrent sur le roi, l'un d'eux lui porta un coup de sa hache d'armes; mais il le manqua, ce qui le fit presque chanceler, et, avant qu'il eût retrouvé son équilibre, Bruce l'étendit à ses pieds. L'autre frère se jeta sur Robert avec sa lance; mais, d'un revers de son épée, le roi sépara le fer d'avec la lance, et avant que le malheureux eût eu le temps de tirer son épée, il avait reçu le coup de la mort. Alors le petit page, bien joyeux de la victoire de son maître, accourut le rejoindre, et Bruce, essuyant son épée sanglante, dit en regardant les corps de ses ennemis: — Voilà trois hommes qui auraient pu être de braves et honnêtes gens s'ils avaient su résister à la cupidité.

De nos jours, il n'est pas nécessaire que les généraux et les officiers supérieurs d'une armée se battent eux-mêmes; ils n'ont qu'à diriger leurs troupes; l'artillerie et les soldats font le reste. Il est rare aussi que l'on se batte corps à corps; mais dans les rangs anciens, les rois et les grands seigneurs étaient obligés de marcher à la tête de leurs soldats, et de combattre, comme les autres, avec la lance et les autres armes alors en usage. La force et l'adresse dans tous les exercices du corps étaient donc pour eux des qualités inappréciables. Robert les possédait à un degré éminent, et c'est ce qui explique comment il échappa à une foule de dangers personnels, dans lesquels tout autre eût perdu la vie. Je vais vous raconter une autre de ces aventures qui, je crois, vous intéressera.

Après la mort de ces trois traîtres, Robert se tint caché dans son comté de Carrick et dans la contrée voisine de Galloway, jusqu'à ce que tout fût prêt pour une attaque générale contre les Anglais : il fut obligé, pendant ce temps, de ne conserver près de lui qu'un très-petit nombre d'hommes, tant par le besoin de tenir ses desseins secrets que par la difficulté de se procurer des vivres. Or, une grande partie des habitans de Galloway étaient ennemis de Bruce ; ils vivaient sous le gouvernement d'un Mac-Dougal, allié au lord de Lorn, qui, ainsi que je vous l'ai raconté, avait vaincu Robert à Dalry, et avait même manqué de le faire prisonnier. Ayant appris que Bruce était dans leur pays avec tout au plus soixante hommes, ils résolurent de l'attaquer à l'improviste ; et dans ce but ils se rassemblèrent au nombre de deux cents, et emmenèrent avec eux deux ou trois limiers. Ces chiens étaient dressés à courre l'homme comme les lévriers à courre le lièvre, et les bassets à chasser le blaireau, c'est-à-dire que, sans voir la personne sur la piste de laquelle ils étaient mis, ils la suivaient en droite ligne, ayant l'odorat si fin qu'ils sentaient en quelque sorte la trace de ses pas. A cette époque, ces limiers ou *sleut hounds*, ainsi appelés du mot *slot* ou *sleut*[1] qui signifie l'odeur laissée par le gibier, étaient employés à la recherche des grands criminels. Ces hommes de Galloway se croyaient sûrs, si Bruce leur échappait, et qu'il parvînt à se sauver dans les bois, de le retrouver toujours à l'aide de leurs limiers.

Le bon roi Robert, dont la vigilance ne s'endormait jamais, avait eu avis qu'il serait attaqué la nuit à l'improviste. En conséquence, il posta ses soixante hommes der-

---

(1) C'est le mot employé par le chroniqueur Barbour. — Ed.

rière une rivière profonde et rapide qu'il venait de traverser, dont les bords escarpés étaient hérissés de rochers. Il n'y avait qu'un seul endroit où l'on pût la passer à gué, et encore ce gué était-il profond et si étroit que deux hommes pouvaient à peine y passer de front. Le rivage sur lequel on abordait était d'une raideur extrême, et le sentier que l'on avait à gravir en sortant de la rivière était extrêmement resserré et difficile.

Bruce conduisit sa troupe à un demi-mille de distance de la rivière, pour qu'elle pût prendre quelques heures de repos, et alors, accompagné seulement de deux des siens, il revint sur ses pas pour surveiller le gué qu'il fallait nécessairement que ses ennemis traversassent pour arriver à l'endroit où dormaient ses soldats. Il réfléchissait combien il serait facile d'empêcher les ennemis de forcer ce passage s'il était vaillamment défendu, lorsqu'il entendit dans le lointain les aboiemens réitérés d'un chien, qui, à chaque instant, semblait s'approcher davantage. C'était un limier qui suivait la piste du roi, et qui guidait les deux cents confédérés de Galloway. Bruce eut d'abord l'idée d'aller éveiller ses compagnons; mais il réfléchit que c'était peut-être quelque chien de berger qu'il entendait. — Mes soldats, se dit-il, sont accablés de fatigue; je n'irai pas troubler leur sommeil pour les aboiemens d'un limier, avant de savoir ce que ce peut être. Il demeura donc à écouter, et bientôt les aboiemens devinrent plus forts, et il distingua des pas de chevaux, des voix d'hommes et un cliquetis d'armes qui ne lui permirent plus de douter que les ennemis ne s'avançassent vers la rivière. —Si je m'en vais chercher ma troupe, se dit-il alors, ces hommes auront le temps de traverser le gué sans obstacle, et ce serait grand dommage, quand il est si facile de les en empêcher. Alors, jetant encore un regard sur le sentier escarpé et sur la rivière si profonde, il pensa que cette position lui donnait tant d'avantage qu'il serait possible de la défendre seul, jusqu'à ce que sa troupe vînt à son secours.

Son armure était si bonne et si solide, qu'il n'avait rien à craindre des flèches de ses ennemis, ce qui rendait le combat moins inégal qu'il ne l'eût été sans cela. Il ordonna donc aux deux hommes qui l'accompagnaient d'aller éveiller ses soldats, et il demeura seul sur le bord de la rivière.

Cependant le bruit des pas des chevaux augmentait de plus en plus ; et, à la clarté de la lune, Bruce vit briller les armes de près de deux cents hommes qui s'approchaient de la rivière. De leur côté, les confédérés de Galloway virent un homme seul qui paraissait garder le gué; ils n'y firent pas attention, et ceux qui se trouvaient à la tête du détachement entrèrent dans la rivière. Mais, comme ils ne pouvaient passer qu'un à un, Robert, qui les attendait sur le rivage escarpé où ils devaient débarquer, et qui, par conséquent, se trouvait au-dessus d'eux, tua le premier qui se présenta avec sa longue lance, et, d'un second coup, il abattit le cheval, qui tomba sur l'étroit sentier, et qui, en se débattant dans les convulsions de l'agonie, empêcha les autres cavaliers de sortir de la rivière, ce qui permit à Bruce de frapper à tort et à travers au milieu d'eux, sans que personne pût l'atteindre à son tour. Cinq ou six ennemis avaient déjà péri sous sa lance ou avaient été entraînés par le courant; les autres, frappés de terreur, reculèrent de quelques pas.

Mais lorsque, jetant de nouveau les yeux devant eux, ils virent qu'ils n'avaient eu affaire qu'à un seul homme, tandis qu'ils étaient en si grand nombre, ils s'écrièrent qu'ils seraient à jamais perdus d'honneur s'ils ne forçaient le passage, et s'encouragèrent mutuellement par de grands cris à se précipiter de nouveau dans la rivière et à attaquer leur ennemi. Mais au même instant les soldats du roi arrivaient à son secours ; et les confédérés de Galloway furent obligés de battre en retraite et d'abandonner leur entreprise.

J'ai encore à vous raconter une autre aventure arrivée

à ce brave Robert ; car ses aventures pendant ces courses errantes sont tout aussi curieuses et aussi intéressantes que toutes les historiettes que vous avez pu lire, et elles ont de plus l'avantage d'être vraies. Vers la même époque, et lorsque Bruce n'avait encore qu'une petite troupe, sir Aymer de Valence, comte de Pembroke, et John de Lorn vinrent dans le Galloway, à la tête l'un et l'autre d'un corps nombreux de partisans. John de Lorn s'était procuré un limier qui avait autrefois appartenu au roi, et que Bruce avait même élevé et nourri de ses propres mains, de sorte que cet animal, qui lui était fidèlement attaché, aurait distingué ses traces entre mille. Au moyen de ce limier, John de Lorn crut qu'il ne pouvait manquer de découvrir Bruce et de venger sur lui le meurtre de son parent Comyn-le-Roux.

En voyant approcher l'armée du comte de Pembroke, Robert Bruce eut d'abord l'idée de lui livrer bataille ; mais, ayant appris que John de Lorn, à la tête d'un autre corps non moins nombreux, cherchait à le tourner pour l'attaquer par derrière, il résolut d'éviter le combat, du moins pour le moment, dans la crainte d'être accablé par le nombre. Il divisa ses soldats en trois bandes, et leur dit de se retirer par trois chemins différens, espérant que les Anglais ne sauraient lequel prendre ; il leur assigna en même temps un lieu de rendez-vous. Mais, lorsque John de Lorn arriva à l'endroit où l'armée écossaise s'était séparée, le limier s'élança sur la route qu'avait prise l'une des trois divisions, sans s'inquiéter des deux autres. John de Lorn, ne doutant pas que ce ne fût celle où se trouvait le roi, suivit aussitôt le chemin à la tête de toute sa troupe.

Le roi, s'apercevant de nouveau qu'il était poursuivi par un nombreux corps d'armée, et voulant échapper aux mains de ses ennemis, dispersa tous les gens qui lui restaient de différens côtés, pour faire perdre sa trace aux Anglais, et il ne garda avec lui que son frère de lait, c'est-à-dire le fils de sa nourrice. Lorsque John de Lorn fut parvenu à l'endroit où cette seconde séparation avait eu lieu, le chien, après avoir quelque temps flairé la terre, se mit à courir en aboyant sur les traces de deux hommes qui s'étaient éloignés rapidement. John de Lorn ne douta plus que l'un des deux ne fût le roi. Aussitôt il ordonna à cinq de ses hommes qui étaient d'excellens coureurs de se mettre à la poursuite du roi, et de le lui amener mort ou vif. Ceux-ci partirent sur-le-champ, et ils coururent si rapidement, qu'ils ne tardèrent pas à apercevoir le roi et son compagnon. Bruce demanda à son frère de lait s'il pouvait lui donner un coup de main, et celui-ci lui ayant répondu qu'il ferait de son mieux, ils se retournèrent sur leurs ennemis, et les tuèrent tous les cinq. Il faut remarquer qu'ils étaient mieux armés, et que le désespoir doublait encore leurs forces.

Bruce se sentait accablé de fatigue, et cependant il n'osait s'asseoir pour prendre du repos; car aussitôt qu'il s'arrêtait un moment il entendait les aboiemens du chien, qui lui prouvaient que les ennemis le suivaient de près. Enfin ils atteignirent un bois où coulait une petite rivière. — Marchons quelque temps dans ce ruisseau, au lieu de le traverser simplement, dit le roi à son frère de lait, ce malheureux limier perdra ainsi nos traces; et, si une fois nous échappons à sa poursuite, je ne redouterai plus celle de nos ennemis. En effet, ils descendirent dans la petite rivière, et eurent soin de marcher dans l'eau, qui ne pouvait conserver, comme la terre, l'odeur attachée à leurs pas. Au bout d'un certain temps, ils abordèrent sur l'autre rive, et s'enfoncèrent bien loin dans le bois avant de s'arrêter pour se reposer. Pendant ce temps, le chien était arrivé droit à la place où Bruce était entré dans la rivière; mais alors il devint inquiet, et courut çà et là sans savoir quelle route il devait prendre; car il ne pouvait retrouver les traces de son maître. John de Lorn, voyant que le chien était, comme on dit, en défaut, fut obligé de revenir sur ses pas et d'aller rejoindre Aymer de Valence.

Mais les aventures de Robert n'étaient pas finies. Il avait bien pu se reposer dans le bois, ainsi que son frère de lait, mais tous deux mouraient de faim et ne pouvaient se procurer aucune nourriture. Ils marchèrent long-temps dans l'espoir de trouver quelque habitation. Enfin, dans le milieu de la forêt, ils rencontrèrent trois hommes qui avaient tout l'air de brigands. Ils étaient bien armés, et l'un d'eux portait sur ses épaules un mouton qu'on pouvait les soupçonner d'avoir dérobé. Il saluèrent poliment le roi, et celui-ci leur demanda où ils allaient. Ils répondirent qu'ils cherchaient Robert Bruce pour se joindre à lui. — Eh bien ! leur dit celui-ci, vous n'avez qu'à me suivre ; je vous promets de vous conduire auprès du roi. A ces mots, celui de ces misérables qui avait pris la parole changea de figure, et le roi, qui les examinait avec attention, demeura convaincu que ces gens avaient formé quelque complot contre lui pour obtenir la récompense promise à ceux qui le mettraient à mort.

— Mes bons amis, leur dit-il, comme nous ne nous connaissons pas encore beaucoup, vous passerez devant, et nous vous suivrons de près.

— Vous n'avez aucun motif de nous soupçonner, répondit un de ces hommes.

— Aussi me gardé-je bien de le faire, répliqua le roi ; mais c'est ma manière de voyager.

Ces hommes obéirent, et ils continuèrent leur route comme le roi l'avait ordonné, jusqu'à ce qu'ils arrivassent près d'une grande chaumière en ruines. Les compagnons de voyage de Bruce lui proposèrent alors d'apprêter une partie du mouton qu'ils portaient. Bruce accueillit cette proposition avec plaisir ; mais il insista pour que l'on allumât deux feux séparés aux deux extrémités de la cabane, l'un pour son frère de lait et pour lui, et l'autre pour eux trois. Ces hommes firent ce qu'il désirait. Ils firent griller un quartier de mouton pour eux, et en donnèrent un autre à Bruce et à son compagnon. Ils n'avaient ni pain ni sel ; mais, comme ils mouraient de faim, ce n'était pas le moment d'être très-difficiles, et ils n'en firent pas moins un excellent repas.

Cependant le roi ne tarda pas à éprouver un assoupissement insurmontable, et, quelque danger qu'il courût, il ne put résister au besoin de dormir. Il dit à son frère de lait de veiller pendant qu'il reposerait un moment ; car ses nouvelles connaissances lui inspiraient de violens soupçons. Celui-ci lui promit d'avoir l'œil au guet, et il fit tous ses efforts pour tenir sa promesse, mais à peine le roi était-il assoupi, que son frère de lait tomba lui-même dans un profond sommeil, car le malheureux était aussi fatigué que son maître. Quand les trois misérables les virent endormis, ils se firent des signes entre eux, et, se levant en même temps, ils tirèrent leurs épées pour les tuer tous deux. Mais le roi ne dormait pas profondément, et le peu de bruit qu'ils firent suffit pour l'éveiller. En un moment il fut debout, mit l'épée à la main, et s'avança sur eux. En même temps il poussa du pied son frère de lait pour le tirer de son assoupissement. Celui-ci se leva avec promptitude ; mais avant qu'il eût pu distinguer ce qui se passait, un des assassins lui porta un coup mortel. Le roi courut alors le plus grand danger de perdre la vie : il était seul contre trois. Cependant sa force prodigieuse et son armure le sauvèrent encore, et il tua les trois hommes l'un après l'autre. Il sortit alors de la chaumière, profondément affligé de la mort de son fidèle serviteur, et se dirigea vers le lieu qu'il avait donné pour rendez-vous à toute sa troupe lorsqu'elle s'était dispersée. Il était presque nuit lorsqu'il arriva près de la ferme où ses compagnons devaient le rejoindre. Il entra hardiment, et trouva la vieille maîtresse de la ferme, Ecossaise jusqu'au fond de l'ame, qui était assise toute seule. En apercevant un étranger elle lui demanda ce qu'il voulait. Le roi lui répondit qu'il était un voyageur qui parcourait le pays.

— Tous les voyageurs sont les bien-venus ici, répondit la bonne femme, et cela pour l'amour de l'un d'eux.

— Et quel est donc celui pour l'amour duquel vous recevez bien tous les voyageurs? demanda le roi.

— C'est notre roi légitime, Robert Bruce, répliqua la vieille femme; c'est le véritable seigneur du pays, celui-là, et bien qu'on le poursuive aujourd'hui comme une bête fauve avec des limiers et des cors, j'espère vivre assez pour le voir régner sur toute l'Ecosse.

— Puisque vous l'aimez tant, ma bonne dame, lui dit le roi, apprenez qu'il est devant vous. Je suis Robert Bruce.

— Vous! s'écria-t-elle au comble de la surprise : et pourquoi êtes-vous seul? Où sont tous vos gens?

— Je n'en ai aucun avec moi pour le moment, répondit le roi : il faut donc bien que je voyage seul.

— Il n'en sera pas ainsi, interrompit-elle; car j'ai deux braves garçons qui sont robustes, et auxquels on peut se fier. Ils seront vos serviteurs à la vie et à la mort.

Alors elle appela ses deux fils, et, quoiqu'elle sût bien à quels dangers ils allaient être exposés, elle leur fit jurer fidélité au roi; et ils devinrent par la suite deux de ses principaux officiers.

Pendant que la bonne femme s'occupait de préparer le souper de Bruce, un grand bruit de chevaux se fit entendre autour de la maison. On crut d'abord que c'était quelque parti ennemi ou peut-être John de Lorn lui-même, et la fermière ordonna à ses deux fils de prendre leurs armes et de défendre leur roi jusqu'à leur dernier soupir. Mais bientôt après Robert reconnut la voix du Bon Lord James de Douglas et celle d'Edouard Bruce son frère, qui, d'après les instructions que Bruce leur avait données en les quittant, arrivaient à la ferme avec cent cinquante cavaliers.

Robert fut enchanté de revoir son frère et son fidèle ami Lord James; et à peine se retrouva-t-il à la tête d'un corps aussi considérable, qu'il oublia qu'il était exténué de fatigue et de besoin ; il demanda de quel côté s'étaient dirigés les ennemis qui l'avaient poursuivi si long-temps ; — car, dit-il, comme ils doivent nous croire tout-à-fait dispersés et en pleine déroute, il est probable que leur sécurité est entière, et qu'ils n'auront pas pris la précaution de rester réunis ni de faire autour d'eux une garde bien exacte.

— Cela est si vrai, répondit Douglas, que j'ai traversé un village où ils ont mis en garnison à peu près deux cents hommes qui n'ont point posé une seule sentinelle ; et si nous voulons partir en diligence, nous pouvons les surprendre cette nuit même, et leur causer plus de mal qu'ils n'ont pu nous en faire pendant toute leur journée de chasse.

Ils se mirent en route sans perdre un instant, et se dirigèrent vers le village que Douglas leur avait désigné. Ils y entrèrent brusquement, attaquèrent leurs ennemis à l'improviste et les taillèrent en pièces avant que ceux-ci eussent le temps de prendre les armes.

A peine le bruit de ce succès se fut-il répandu, que des soldats vinrent en foule se ranger sous ses ordres, et il remporta plusieurs victoires sur Aymer de Valence, sur lord Clifford et sur plusieurs autres généraux, de sorte que les Anglais n'osèrent plus s'aventurer comme auparavant en rase campagne avant d'avoir rassemblé toutes leurs forces. Ils crurent plus prudent de se tenir tranquilles dans les villes et dans les châteaux qui leur servaient de garnisons, et d'attendre que le roi d'Angleterre vînt encore une fois à leur secours.

CHAPITRE VII.

Des exploits de Douglas et de Randolph.

Lorsque Edouard Ier apprit que les Ecossais s'étaient révoltés encore une fois, il se répandit en menaces contre ceux qu'il traitait de rebelles, et se dirigea, comme je vous l'ai déjà dit, vers les frontières du pays insurgé. Mais il était déjà vieux et infirme; et pendant qu'il faisait ses préparatifs de guerre il tomba malade, et, après avoir langui quelque temps, mourut, le 6 juillet 1307, à trois milles tout au plus de l'Ecosse. Sa haine contre ce pays était si invétérée, que des idées de vengeance semblèrent l'occuper jusque sur son lit de mort. Il fit promettre à son fils de ne pas conclure de paix avec l'Ecosse qu'elle ne fût entièrement soumise. Il donna aussi des instructions détaillées sur ce qu'on devait faire de son corps, et elles sont tout-à-fait singulières : il ordonna qu'on le fît bouillir jusqu'à ce que les os se séparassent de la chair, et qu'alors on les enveloppât dans une peau de taureau, et qu'on les portât à la tête de l'armée anglaise chaque fois qu'elle marcherait contre les Ecossais. Il les avait battus tant de fois, il leur avait fait tant de mal, qu'il lui semblait que ses ossemens mêmes devaient les frapper de terreur. Son fils, Edouard II, n'exécuta pas cet ordre bizarre, et il fit enterrer son père dans l'abbaye de Westminster, où l'on voit encore sa tombe, qui porte cette inscription : Ci-git le marteau de la nation écossaise. Et en effet il n'était que trop vrai que pendant sa vie il avait écrasé les Ecossais sous ses coups, comme un marteau brise tout ce qu'il frappe.

Edouard II était un prince faible, qui était bien loin de posséder la bravoure et les talens de son père; il ne fit que paraître en Ecosse à la tête de la nombreuse armée qu'Edouard Ier avait rassemblée, et il se retira aussitôt sans avoir même combattu, ce qui encouragea beaucoup le parti de Bruce.

Plusieurs nobles écossais prirent alors les armes, se déclarèrent pour le roi Robert, et attaquèrent les Anglais dans leurs garnisons. Le plus célèbre était le Bon Lord James Douglas, dont nous avons déjà parlé. Quelques-uns de ses exploits les plus mémorables se rapportent à son château de Douglas, forteresse importante dont les Anglais s'étaient rendus maîtres. Douglas voyait avec un vif déplaisir l'habitation de sa famille entre les mains de ses ennemis, qui y rassemblaient une foule de bestiaux et d'immenses provisions de blé, de vin, d'ale, enfin de tout ce dont les troupes anglaises pouvaient avoir besoin. Douglas résolut, s'il était possible, de se venger du commandant de la garnison et de ses soldats.

Pour mettre ce projet à exécution, il se déguisa, et se rendit chez un de ses anciens serviteurs, nommé Dickson, sur la bravoure et la fidélité duquel il pouvait compter. Il dressa aussitôt ses batteries pour s'emparer du château. On était à la veille d'une grande fête, le dimanche des Rameaux. Ce jour-là les Anglais, qui étaient alors de la religion catholique, se rendaient en procession à l'église, en portant des rameaux verts à la main. Au moment où les Anglais, sortis du château, entraient dans l'église, un des compagnons de lord James cria de toutes ses forces, *Douglas! Douglas!* C'était le cri de guerre de cette famille lorsqu'elle marchait au combat. Thomas Dickson et quelques amis qu'il avait rassemblés tirèrent aussitôt leurs épées, et tuèrent les premiers Anglais qu'ils rencontrèrent; mais comme le signal avait été donné trop tôt, Dickson fut renversé et mis à mort.

Presque au même instant Douglas et sa petite troupe

pénétrèrent dans l'église ; les Anglais essayèrent de se défendre ; mais, attaqués à l'improviste et n'étant pas sur leurs gardes, ils furent presque tous tués ou faits prisonniers, et cela si promptement et avec si peu de bruit, que leurs compagnons qui étaient restés au château n'eurent pas le moindre soupçon de ce qui se passait. Aussi, lorsque Douglas et ses Ecossais s'approchèrent de la porte du château, ils la trouvèrent ouverte, et ceux des soldats qui étaient restés dans la forteresse étaient occupés à préparer le dîner de leurs camarades. Lord James rentra dans son château sans difficulté, et il fit honneur, ainsi que sa troupe, au repas qui était destiné à ses ennemis. Douglas n'osa pourtant pas y rester, de crainte que les Anglais ne vinssent en force pour l'assiéger. Mais avant de partir il voulut détruire toutes les provisions que les Anglais avaient rassemblées, pour que du moins le château ne leur offrît plus aucunes ressources.

Furieux de la mort de Dickson, il accomplit ce dessein de la manière la plus cruelle et la plus révoltante. Il fit briser toutes les tonnes qui contenaient du blé et des grains de toute espèce, versa sur le plancher tout ce qu'elles contenaient ; puis, défonçant les muids de vin et d'ale, il les vida par-dessus ; et enfin il fit massacrer tous ses prisonniers et jeter leurs corps tout sanglans dans cet affreux mélange, que ses soldats appelaient par dérision le *garde-manger* de Douglas ; ensuite il fit jeter les chevaux morts dans le puits pour en corrompre l'eau ; après quoi il mit le feu au château, qu'il abandonna, et se retira avec sa troupe dans les forêts et les montagnes. — Il aimait mieux, disait-il, entendre le chant de l'alouette que le cri des souris, c'est-à-dire qu'il préférait se trouver en rase campagne que de se renfermer dans un château.

Lorsque Clifford, le général anglais, eut appris ce qui était arrivé, il vint occuper le château de Douglas à la tête d'un corps considérable, fit rebâtir les fortifications que Douglas avait détruites, et nettoyer le puits ; puis il donna le commandement de cette place importante à un brave soldat, nommé Thirlwall, en lui recommandant de bien se tenir sur ses gardes ; car il soupçonnait que lord James viendrait encore l'attaquer. En effet Douglas, qui ne pouvait supporter de voir les Anglais dans le château de ses pères, avait résolu de saisir la première occasion qui se présenterait pour traiter cette garnison comme il avait traité l'autre. Dans ce dessein il eut recours à un stratagème : il mit une partie de ses troupes en embuscade dans le bois ; et, d'après ses instructions, quatorze de ses compagnons partirent déguisés en paysans, et passèrent devant les portes du château en conduisant de nombreux troupeaux. Dès que Thirlwall les aperçut, il jura qu'il allait tomber sur ces Ecossais et leur ravir leurs bestiaux, et, dans ce dessein, il sortit à la tête d'une grande partie de sa garnison. Tout en les poursuivant, il avait dépassé le lieu où Douglas se tenait en embuscade, lorsque tout à coup les Ecossais jetèrent leurs manteaux de paysans, se montrèrent tout armés, et, poussant le cri de guerre des Douglas, se retournèrent, et attaquèrent brusquement les Anglais surpris. Avant que Thirlwall eût pu se mettre en défense, il entendit derrière lui le même cri de guerre, et il vit Douglas qui sortait avec tous les siens de son embuscade. Thirlwall fut tué en combattant bravement, au milieu de ses ennemis, et il n'y eut que bien peu de ses soldats qui purent regagner le château.

Lorsque lord James se fut défait de cette manière des deux Anglais nommés successivement gouverneurs de son château, et qu'on sut qu'il avait fait vœu de se venger de tous ceux qui oseraient occuper le domaine de ses pères, personne ne se soucia de ce poste, et en Angleterre comme en Ecosse on ne le désignait plus que sous le nom du périlleux château de Douglas, par allusion aux dangers que les Anglais y couraient.

Vous saurez, maître Littlejohn, que dans ces temps de guerre une femme n'aurait jamais voulu d'un époux qui n'eût pas été brave et vaillant, de sorte qu'un lâche, quelle que fût d'ailleurs sa naissance et sa richesse, était l'objet du mépris général. Les dames étaient donc dans l'usage de demander à leurs amans des preuves de leur bravoure, et les chevaliers qui voulaient plaire aux dames cherchaient à se signaler par quelques faits d'armes extraordinaires pour se montrer dignes de leur choix.

Il y avait alors en Angleterre une jeune dame que bien des seigneurs et des chevaliers avaient demandée en mariage à cause de ses grands biens et de son extrême beauté. Un jour elle réunit chez elle dans un banquet magnifique tous ceux qui prétendaient à sa main; et après le festin elle se leva, et leur dit que les sentimens qu'ils manifestaient pour elle l'honoraient beaucoup, mais que, comme elle ne voulait pour époux qu'un homme d'un courage à toute épreuve, elle avait formé la résolution de ne donner sa main qu'à celui qui saurait défendre le château de Douglas contre les Ecossais pendant un an et un jour. A cette déclaration, les chevaliers baissèrent la tête et gardèrent le silence, car si la dame était riche et belle, il était bien dangereux d'encourir le ressentiment du Bon Lord de Douglas. Enfin un jeune et brave chevalier, nommé sir John Wilton, se leva vivement, et dit que, pour l'amour de celle qui l'ordonnait, il était prêt à occuper le Château-Périlleux pendant un an et un jour, si le roi y donnait son consentement. Edouard l'accorda sans peine, et il fut charmé de trouver quelqu'un qui consentît à se charger d'un pareil poste.

Wilton se maintint dans le château pendant quelque temps; mais enfin Douglas ayant réussi, par une ruse nouvelle, à l'attirer en rase campagne avec une partie de sa garnison, il l'attaqua à l'improviste et tailla ses soldats en pièces. Sir John fut tué lui-même, et l'on trouva dans sa poche une lettre de sa maîtresse. Douglas se montra sensible à son malheur, et au lieu de faire périr ses prisonniers, suivant sa coutume barbare, il leur laissa la vie, et les renvoya sains et saufs à la garnison anglaise la plus voisine.

Douglas n'était pas le seul qui montrât un pareil acharnement contre les Anglais. D'autres seigneurs puissans imitaient son exemple, et de ce nombre était sir Thomas Randolph, dont la mère était sœur du roi Robert. Il s'était réuni à son oncle, lorsque celui-ci avait pris les armes. Ensuite, ayant été fait prisonnier lors de la défaite de Bruce à Methven, Randolph fut obligé, pour conserver sa vie, de se joindre aux Anglais. Il leur resta si constamment attaché, qu'il était avec Aymer de Valence et John de Lorn lorsqu'ils forcèrent Bruce de disperser ses soldats pour échapper à leur poursuite. Dans cette occasion Randolph fit même prisonnier le porte-étendard de son oncle, et s'empara de sa bannière. Plus tard il fut pris lui-même dans une maison abandonnée, par le Bon Lord James Douglas, qui le remit entre les mains du roi. Celui-ci reprocha à son neveu d'avoir déserté sa cause, et Randolph, qui était d'un naturel bouillant et emporté, répondit avec tant de hauteur, que Robert l'envoya en prison. Bientôt après pourtant l'oncle et le neveu se réconcilièrent, et Randolph, créé comte de Murray par Robert, devint un de ses plus fermes soutiens. Il y avait entre Douglas et lui une sorte de rivalité à qui se distinguerait par les faits d'armes les plus hardis et les entreprises les plus hasardeuses. Je vais vous en raconter une ou deux pour vous montrer à quels dangers terribles étaient exposés les braves guerriers qui se dévouaient à la cause de l'Ecosse, et qui voulaient chasser de son sein les usurpateurs.

Pendant que Robert prenait graduellement possession de toutes les provinces, Edimbourg, la capitale de l'Ecosse, restait avec son château au pouvoir des Anglais. Sir Thomas Randolph désirait ardemment s'emparer de cette place importante; mais, comme vous le savez parfaitement, le château est bâti sur un rocher si haut et si escarpé, qu'il est presque impossible d'arriver au pied des murailles, et à plus forte raison de les franchir.

Tandis que Randolph ne savait quel moyen imaginer, un gentilhomme écossais nommé Francis, qui s'était rangé sous l'étendard de Bruce, demanda à lui parler en secret. Il lui apprit que dans sa jeunesse il avait habité le château d'Edimbourg, dont son père était gouverneur; qu'il aimait alors une jeune personne qui habitait la partie de la ville située sous le château qu'on appelle Grass-Market, et que, comme il ne pouvait sortir le jour pour aller voir sa maîtresse, il avait trouvé le moyen de descendre la nuit le long du roc presque perpendiculaire du côté du sud; qu'après le rendez-vous il remontait de la même manière, et qu'il se servait d'une échelle pour franchir le rempart, qui en cet endroit n'était pas très-élevé, ceux qui l'avaient construit regardant le rocher comme inaccessible. Francis avait parcouru tant de fois cette route périlleuse, qu'il la connaissait parfaitement, et quoique bien des années se fussent écoulées depuis lors, il assura Randolph qu'il était sûr de conduire une petite troupe d'hommes déterminés jusqu'au pied du rempart, qu'ils pourraient escalader avec des échelles. Le grand danger était d'être découvert par les sentinelles pendant qu'ils graviraient le rocher; car alors leur perte était certaine.

Cependant Randolph n'hésita pas à tenter l'aventure. Il prit avec lui trente hommes qu'il choisit parmi les plus actifs et les plus courageux de sa troupe, et il se rendit par une nuit obscure au pied du rocher, qu'ils commencèrent à gravir sous la conduite de Francis, qui, s'aidant des pieds et des mains, atteignait une pointe du roc, la redescendait, en tournait une autre, et avançait peu à peu par un chemin où quelquefois il pouvait à peine se soutenir, et qui semblait plutôt fait pour des chats que pour des hommes. Les trente soldats le suivirent l'un après l'autre, gardant le plus profond silence et marchant avec les plus grandes précautions; car il n'eût fallu que la chute d'une pierre ou une parole imprudente pour donner l'alarme aux sentinelles.

Lorsqu'ils furent arrivés presque en haut du rocher, ils entendirent les soldats qui faisaient une ronde pour voir si tout était tranquille autour du château. Randolph et ses compagnons n'avaient pas d'autre parti à prendre que de rester immobiles chacun à leur place, dans l'espoir que les Anglais passeraient sans les apercevoir. Tandis qu'ils étaient dans cet état pénible, sans même oser respirer, ils eurent un nouveau sujet de terreur. Un des soldats de la garnison, voulant effrayer ses camarades qui faisaient la ronde, jeta une pierre du haut du mur, en s'écriant :
— Ah! ah! je vous vois! La pierre roula avec fracas tout contre Randolph et sa petite troupe, qui naturellement se crurent découverts. S'ils avaient fait le moindre mouvement ou le plus léger bruit, ils étaient perdus, car les soldats anglais auraient pu les exterminer jusqu'au dernier, seulement en précipitant sur eux des quartiers de rocher. Mais comme ils étaient tous d'un courage et d'un sang-froid à toute épreuve, ils ne laissèrent pas échapper un mot, et les soldats anglais, pensant que leur camarade avait voulu leur jouer un tour, comme cela était réellement, s'éloignèrent sans pousser plus loin leurs recherches.

Alors Randolph et ses compagnons recommencèrent à gravir le rocher, atteignirent le rempart, qui en cet endroit n'avait pas plus de deux fois la hauteur d'un homme; ils plantèrent les échelles qu'ils avaient apportées, et Francis s'élança le premier pour leur montrer le chemin. Un brave chevalier nommé sir André Grey le suivit immédiatement, Randolph monta le troisième, et les autres vinrent ensuite. Une fois dans l'intérieur du château, le reste alla tout seul; car les soldats de la garnison étaient plongés dans un profond sommeil, à l'exception des sentinelles, qui furent bientôt tuées. Ainsi fut pris le château d'Edimbourg en 1312-13.

Ce n'était pas seulement par les efforts soutenus des grands et puissans barons comme Randolph et Douglas que l'Ecosse devait reconquérir son indépendance. Les braves fermiers et les bons paysans, qui ne tenaient pas moins à leurs chaumières que les nobles à leurs châteaux, et qui avaient tout autant à cœur la liberté, concoururent pour leur bonne part à l'affranchissement de l'Ecosse. Je vais vous en donner une preuve parmi beaucoup d'autres.

Il y avait près de Linlithgow ou Lithgow, comme on prononce plus généralement ce nom, un château-fort occupé par une garnison anglaise, destinée à protéger les troupes répandues dans le pays qu'elles opprimaient. Non loin de cette forteresse demeurait un fermier, homme brave et vigoureux, qui voyait avec joie les avantages que les Ecossais remportaient chaque jour sur leurs ennemis. Cet homme, qui s'appelait Binnock, voulut faire aussi quelque chose pour seconder ses compatriotes, en s'emparant, s'il était possible, du château de Lithgow. L'entreprise offrait des difficultés. Cette forteresse, située sur un lac, était défendue non-seulement par une porte qui restait fermée aux étrangers, mais encore par une herse. On donne ce nom à une espèce de grille faite avec des barreaux de fer placés en croix, que l'on remonte au moyen de poulies; au moindre signal de danger on la laisse retomber, et les pointes de fer qui la terminent percent tout ce qui se trouve en-dessous. On conçoit facilement que dans une alarme soudaine on puisse abaisser une herse, lors même qu'il n'est plus possible de fermer les portes. Binnock le savait très-bien; mais il trouva le moyen de rendre aussi la herse inutile lorsqu'il attaquerait le château.

Il rassembla quelques braves et robustes paysans, et les décida sans peine à l'aider dans son entreprise, qu'il exécuta comme nous allons le voir. Binnock fournissait ordinairement du foin au château, et le gouverneur de Lithgow lui avait donné ordre d'en amener quelques charrettes, dont on avait besoin. Il promit ce qu'on lui demandait; et la nuit avant de porter le foin au château, il fit cacher sa petite troupe, armée aussi bien que possible, près de l'entrée, dans un endroit où la garnison ne pouvait les apercevoir; elle devait accourir à son secours lorsqu'elle l'entendrait crier : — A moi! à moi! Alors Binnock chargea de foin une énorme charrette, y cacha huit hommes vigoureux bien armés, qui se couchèrent à plat-ventre, et qu'il couvrit de foin pour les dérober à tous les yeux. Il marchait lui-même d'un air indolent derrière la voiture, et il avait choisi pour la conduire le plus brave et le plus robuste de ses serviteurs, qui portait une forte hache à sa ceinture. Binnock arriva de très-bonne heure au château, et la sentinelle, qui ne vit que deux hommes amenant une charrette de foin qu'on attendait, ouvrit les portes et leva la herse pour les laisser passer. Mais à peine la charrette fut-elle sous la porte, que Binnock fit un signe à son valet, qui saisit sa hache et coupa le *soam* [1] ou joug auquel étaient attachés les chevaux. Ceux-ci partirent au grand trot dès qu'ils se sentirent en liberté, tandis que la charrette resta à la même place. Au même instant Binnock cria de toutes ses forces : — à moi! à moi! et tirant l'épée qu'il tenait cachée sous ses habits de paysan, il tua le concierge. Les hommes armés qui étaient sous le foin s'élancèrent à terre et se jetèrent sur les Anglais. Ceux-ci essayèrent de fermer les portes; mais la charrette arrêtée sous la voûte les en empêcha. Ils laissèrent tomber la herse; mais les pointes de fer s'enfoncèrent dans le foin, et ne purent arriver jusqu'à terre. Les paysans que Binnock avait mis en embuscade accoururent au signal convenu pour secourir leurs braves camarades; le château

---

[1] Ces mots, que l'auteur explique lui-même en les conservant, sont empruntés à la langue des chroniques écossaises. — Ed.

fut pris, et tous les Anglais tués ou faits prisonniers. Le roi Robert récompensa Binnock en lui donnant un vaste domaine, qui resta pendant long-temps dans sa famille.

Peut-être, mon enfant, êtes-vous fatigué de toutes ces histoires; je vais cependant vous raconter encore comment le grand et important château de Roxburgh fut repris sur les Anglais, et puis nous passerons à d'autres sujets.

Il faut que vous sachiez que Roxburgh était alors un vaste château, situé près du confluent de la Tweed et du Teviot, c'est-à-dire à l'endroit où ces deux rivières se confondent. Comme il ne se trouvait qu'à cinq ou six milles des frontières, les Anglais tenaient beaucoup à le conserver, et les Ecossais, par la même raison, ne tenaient pas moins à le reprendre. Voici comment ils y parvinrent.

On était dans les jours gras, que les catholiques célébraient alors par de grandes fêtes et de grandes réjouissances. C'était le dimanche soir; une partie de la garnison de Roxburgh était occupée à boire et à se divertir; cependant on avait placé des sentinelles sur les remparts, de peur de quelque attaque imprévue; car les Ecossais avaient réussi dans un si grand nombre de tentatives semblables, qu'on était obligé de faire bonne garde, d'autant plus qu'on savait que Douglas était dans les environs.

La femme d'un des officiers anglais, assise sur le rempart avec son enfant dans ses bras, regardait par hasard dans la plaine, quand elle aperçut quelque chose de noir qui semblait s'approcher des fossés, et qui ressemblait assez à un troupeau de bœufs. Elle le montra à la sentinelle et lui demanda ce que c'était : — Bah! bah! c'est le troupeau d'un tel, répondit le soldat en nommant un fermier des environs du château; le brave homme fait son dimanche gras, et il a oublié de faire rentrer ses bœufs dans leur étable. Si Douglas vient à passer par-là, il se repentira de sa négligence.

La vérité est que ce qu'ils apercevaient du haut des

remparts n'était pas un troupeau de bœufs, mais bien Douglas et ses soldats, qui avaient mis de grands manteaux noirs par-dessus leurs armes, et qui se traînaient sur les pieds et sur les mains, afin de pouvoir, sans être remarqués, s'approcher assez du château pour pouvoir planter des échelles contre le mur. La pauvre femme, qui n'en savait pas davantage, resta tranquillement sur le rempart, et se mit à chanter pour amuser son enfant. Je dois vous dire que le nom de Douglas était devenu si terrible aux Anglais, que les femmes s'en servait pour effrayer les petits garçons qui n'étaient pas sages, et elles leur disaient que, s'ils ne se taisaient pas, Douglas-le-Noir allait venir les prendre. La jeune femme chantait précisément cette chanson :

Hush ye, hush ye, little pet ye
Hush ye, hush ye, do not fret ye,
Te Black Douglas thall not get ye.

Paix ! paix ! ne pleure pas !
Paix ! cher petit, dors dans mes bras !
Douglas-le-Noir ne viendra pas.

— Vous n'en êtes pas bien sûre, dit une voix à son oreille. En même temps elle sentit une lourde main armée d'un gantelet qui s'appuyait sur son épaule, et, s'étant retournée, elle aperçut un grand homme tout basané, debout derrière elle : c'était Douglas-le-Noir en personne, le sujet de sa chanson. Au même instant un autre guerrier franchissait le mur près de la sentinelle. Celle-ci donna l'alarme, et voulut frapper de sa lance l'Ecossais, qui se nommait Simon Ledehouse ; mais Simon para le coup, et s'élançant sur le soldat anglais, il le tua d'un coup de poignard. Le reste des Ecossais accourut au secours de Douglas et de Ledehouse, et le château fut pris. Une partie de la garnison fut mise à mort, mais Douglas protégea la jeune femme et son enfant. Je suis bien sûr qu'elle ne s'amusa plus à chanter la chanson de Douglas-le-Noir.

Tandis que Douglas, Randolph et d'autres patriotes intrépides prenaient des forteresses aux Anglais, le roi Robert, qui était alors à la tête d'une armée considérable, parcourait le pays et dispersait tout ce qu'il rencontrait d'Anglais sur son passage. Il pénétra dans le nord, soumit la grande et puissante famille des Comyn, qui conservait une haine invétérée contre lui à cause du meurtre qu'il avait commis sur la personne de leur parent Comyn-le-Roux dans l'église de Dumfries. Ils s'étaient joints aux Anglais avec toutes leurs forces; mais lorsque les Ecossais commencèrent à prendre le dessus, ils en furent cruellement punis. Bruce en fit décapiter plus de trente en un seul jour, et le lieu où ils furent enterrés est appelé « le Tombeau des Comyn-Sans-Têtes. »

Robert Bruce n'avait pas oublié non plus John de Lorn qui l'avait battu à Dalry et qui avait failli le prendre, grace au courage des Mac-Androssers, ses vassaux, et qui ensuite l'avait poursuivi comme une bête fauve avec des limiers. Lorsque John de Lorn apprit que le roi marchait contre lui, il espéra pouvoir se défendre en se rendant maître d'un défilé fort étroit situé sur le flanc de l'une des plus hautes montagnes de l'Ecosse, le Ben-Cruachan [1]. Ce passage se trouvait donc resserré entre des rochers escarpés d'un côté, et de profonds précipices de l'autre, au bas desquels se trouvait le grand lac appelé Lochawe, de sorte que John de Lorn se croyait parfaitement en sûreté, puisqu'il ne pouvait être attaqué que de front et par un sentier presque impraticable. Mais lorsque le roi connut la position de ses ennemis, il ordonna à Douglas de prendre avec lui un détachement d'archers armés à la légère, et de tourner la montagne en faisant un long circuit du côté du nord, de manière à tomber sur les derrières de la troupe de John de Lorn, tandis que lui-même l'attaquerait par-devant. Douglas, arrivé à l'endroit désigné

---

(1) C'est au pied de cette montagne que Walter Scott a placé dans *les Chroniques de la Canongate* la hutte de la veuve des Highlands. — Ed.

donna le signal convenu ; aussitôt le roi s'avança sur le front de l'armée de Lorn, qui, défiant Robert par des cris insultans, fit pleuvoir une grêle de flèches et rouler d'énormes pierres. Mais lorsque Douglas et ses archers les attaquèrent par derrière, ils perdirent aussitôt courage et prirent la fuite. Un grand nombre périt dans les précipices hérissés de rochers, d'autres furent noyés dans le lac et dans la rivière qui y prend sa source. John de Lorn s'échappa seul dans une barque qu'il avait fait tenir toute prête sur le lac. Telle fut la vengeance que tira de lui Robert, qui s'empara en outre d'une grande partie de ses possessions.

Il ne restait plus aux Anglais de place de quelque importance en Ecosse, à l'exception de Stirling, qui était assiégé ou plutôt bloqué par Edouard Bruce, frère du roi. Bloquer une ville ou un château, c'est l'entourer de manière à ce qu'on ne puisse venir du dehors y apporter des provisions. Philippe Mowbray, qui commandait cette forteresse, croyant qu'il allait être réduit à la dernière extrémité faute de vivres, proposa à Edouard de s'engager à lui ouvrir les portes du château s'il n'était pas secouru par le roi d'Angleterre avant le milieu de l'été. Sir Edouard consentit à cet arrangement, et permit à Mowbray d'aller à Londres faire part au roi de cette capitulation. Lorsque Robert apprit ce que son frère avait fait, il pensa qu'il avait commis une grande imprudence, puisque c'était s'exposer à avoir à combattre toutes les forces réunies d'Edouard, qui avait sous sa domination l'Angleterre, l'Irlande, le pays de Galles et une grande partie de la France, et qui, par conséquent, pouvait rassembler dans cet intervalle une armée bien supérieure à celle que Robert Bruce fût parvenu à réunir quand bien même l'Ecosse entière eût été réunie sous sa domination. Sir Edouard répondit à son frère avec son audace habituelle : — Que le roi d'Angleterre amène ici tous ses soldats, nous les battrons, fussent-ils encore plus nombreux. Le roi ne put s'empêcher d'admirer son courage, tout téméraire qu'il était. — Puisqu'il en est ainsi, mon frère, lui dit-il, soutenons bravement le combat. Rassemblons tous ceux qui nous aiment et qui désirent la liberté de l'Ecosse ; qu'ils viennent avec tous les hommes dont ils pourront disposer, et qu'ils nous aident à repousser le roi d'Angleterre, s'il vient avec son armée au secours de Stirling.

CHAPITRE VIII.

Bataille de Bannockburn.

Edouard II, ainsi que nous l'avons déjà dit, était loin de posséder les grandes qualités de son père : c'était un prince sans caractère, qui se laissait gouverner par d'indignes favoris, et qui était beaucoup plus occupé de ses plaisirs que du gouvernement de son royaume. Edouard Ier serait entré en Ecosse à la tête d'une nombreuse armée, sans laisser le temps à Bruce de reprendre une si grande étendue de pays ; mais nous avons vu qu'heureusement pour les Ecossais ce prince, auquel, malgré son ambition, on ne peut refuser de la prudence et du courage, mourut au moment de marcher contre eux. Son fils, après lui, s'occupa peu de la guerre d'Ecosse, et il perdit ainsi l'occasion de vaincre Bruce lorsqu'il n'avait encore qu'un parti peu considérable. Mais lorsque sir Philippe Mowbray vint à Londres pour annoncer au roi que la ville de Stirling, dont il était gouverneur, la dernière place importante qui restât au pouvoir des Anglais, devait être livrée à l'ennemi au milieu de l'été si à cette époque elle n'était secourue, alors toute la noblesse anglaise s'écria que ce serait une honte ineffaçable de laisser tomber entre les mains des Ecossais, par une inaction coupable, toutes les belles conquêtes d'Edouard Ier. Il fut donc décidé que le roi se rendrait lui-même en Ecosse avec les forces les plus imposantes qu'il serait possible de réunir.

Edouard II rassembla une des armées les plus nombreuses qu'un roi d'Angleterre eût jamais commandées ; il lui vint des troupes de toutes les parties de ses vastes domaines : de l'Irlande, du pays de Galles, et aussi des belles provinces que le roi d'Angleterre possédait en France. Tous les grands barons, tous les nobles de l'Angleterre, accompagnés de leurs vassaux, vinrent se ranger sous ses étendards. Cette armée formidable ne s'élevait pas à moins de cent mille hommes.

Lorsque Robert Bruce apprit les grands préparatifs de guerre que faisait Edouard II, il convoqua toute sa noblesse, qui s'empressa de se joindre à lui. Cependant, malgré l'enthousiasme général, les Ecossais étaient bien inférieurs en nombre à leurs ennemis, puisque leur armée n'était pas de plus de trente mille hommes, et ils étaient moins bien armés que les riches Anglais : mais, en revanche, Robert, qui était à leur tête, était un des plus grands généraux de son temps. Son frère Edouard, son neveu Randolph, son fidèle Douglas, et une foule d'autres braves capitaines, commandaient les mêmes hommes qui avaient remporté tant de victoires sous leurs ordres, malgré le désavantage du nombre et de la position.

Le roi chercha à suppléer par l'adresse à ce qui lui manquait sous le rapport de la force. Il connaissait la supériorité de la cavalerie anglaise, plus considérable et mieux montée que la sienne, et celle des archers anglais, dont la réputation s'était répandue dans tout l'univers. C'étaient deux avantages précieux pour ses ennemis ; il résolut de les paralyser. Dans ce dessein, il conduisit son armée dans une plaine près de Stirling, appelée le Parc. Pour y arriver, l'armée anglaise devait nécessairement passer sur un sol humide et marécageux, rempli de fondrières, tandis que les Ecossais occupaient un terrain sec et uni. Robert fit creuser une multitude de trous de deux pieds de profondeur à peu près sur tout le front de sa ligne de bataille, à l'endroit où il était probable que la cavalerie ennemie donnerait. Ces trous furent remplis de légères broussailles qu'on recouvrit de gazon, de sorte que le terrain paraissait uni, tandis que, par le fait, il était rempli de trous aussi nombreux que les cellules d'un rayon de miel. Robert fit aussi semer au même endroit des espèces de pièges appelés chausse-trappes pour enferrer les hommes et les chevaux. Lorsque son armée fut rangée en bataille, elle formait une ligne qui allait du nord au sud. Du côté du sud, elle était appuyée sur une rivière nommée Bannockburn, dont les bords sont si rocailleux, qu'il était impossible que des troupes pussent venir l'attaquer par là. Au nord, l'armée écossaise s'étendait presque jusqu'à la ville de Stirling. Bruce passa ses troupes en revue avec la plus scrupuleuse attention; les valets inutiles, les conducteurs de chariots, et tous les gens de cette espèce qui se trouvaient en grand nombre, reçurent l'ordre de se retirer derrière une hauteur nommée Gillies-Hill, c'està-dire le rocher des serviteurs. Alors le roi harangua ses soldats, et leur dit qu'il était résolu à mourir sur le champ de bataille ou à remporter la victoire; que s'il en était parmi eux qui ne fussent pas prêts à verser jusqu'à la dernière goutte de leur sang, ils eussent à quitter leurs rangs et à se retirer; qu'il ne voulait conserver que ceux qui, comme lui, voulaient vaincre ou mourir, suivant qu'il plairait à Dieu d'en décider.

Lorsque son principal corps d'armée fut rangé en ordre de bataille, le roi plaça Randolph avec un corps de cavalerie, près de l'église de Saint-Ninian, et lui recommanda d'empêcher à tout prix que des secours ne pénétrassent dans la ville de Stirling. En même temps il dépêcha James de Douglas et sir Robert Keith pour surveiller les mouvemens de l'armée anglaise, qui avait déjà passé Falkirk. Ils revinrent dire au roi que la marche de cette armée était un des plus beaux et des plus terribles spectacles qu'on pût voir; que toute la contrée paraissait couverte d'hommes armés à pied et à cheval; que les étendards, les bannières, les pennons, tous drapeaux de différens genres, flottaient en si grand nombre dans les airs, que l'armée la plus brave et la plus nombreuse de la chrétienté n'aurait pu voir sans terreur s'avancer contre elle des forces aussi formidables.

Ce fut le 23 juin 1314 que le roi d'Ecosse reçut la nouvelle que les Anglais s'approchaient de Stirling. Il fit placer son armée selon l'ordre de bataille qu'il avait adopté d'avance. Au bout de quelques instans, Bruce, qui attentendait avec autant d'anxiété que d'impatience que l'ennemi parût, aperçut un corps de cavalerie qui cherchait à pénétrer dans Stirling du côté de l'est. C'était lord Clifford, qui, à la tête de huit cents cavaliers d'élite, avait été détaché pour secourir le château. — Voyez, Randolph, dit le roi à son neveu, voilà une rose de moins à votre couronne. Il voulait dire par ces paroles que Randolph avait perdu de sa gloire en laissant passer l'ennemi, lorsqu'il avait reçu l'ordre de tout faire pour l'en empêcher. Randolph ne répondit rien, mais il s'élança à la poursuite de Clifford avec un corps de troupes qui n'était pas la moitié de celui qu'il allait combattre; encore les Ecossais étaient-ils à pied. Les Anglais se retournèrent pour les charger avec leurs longues lances. Randolph fit serrer les rangs pour les recevoir. Il semblait alors dans un danger si imminent, que Douglas demanda au roi la permission d'aller le soutenir, mais Bruce la refusa.

— Laissez Randolph réparer sa faute, dit-il; je ne puis changer pour lui mon plan de bataille. Cependant la position de Randolph parut devenir plus critique encore, et la cavalerie ennemie semblait cerner entièrement sa petite troupe. — Sous votre bon plaisir, dit Douglas au roi, je ne puis voir froidement périr Randolph sous mes yeux ; je vole à son secours. En disant ces mots, il partit au grand galop ; mais bien avant qu'il fût arrivé au lieu du combat, il vit les chevaux anglais s'enfuir de tous côtés, la plupart la selle vide.

— Halte ! dit Douglas à sa troupe ; Randolph est vainqueur. Puisque nous ne sommes pas arrivés à temps pour lui donner un coup de main, ne diminuons pas sa gloire en nous approchant du champ de bataille. Il y avait dans cette conduite d'autant plus de noblesse, que Douglas et Randolph étaient rivaux et cherchaient par tous les moyens possibles à l'emporter l'un sur l'autre dans l'estime du roi et de la nation.

Cependant l'avant-garde de l'armée anglaise commençait à se montrer, et une troupe des plus braves chevaliers s'avança pour examiner la position des Ecossais. Ils virent le roi Robert, couvert de son armure ; une couronne d'or, qu'il portait sur son casque, le faisait aisément reconnaître. Il ne montait pas encore son grand cheval de bataille, parce qu'il ne prévoyait pas combattre le soir même, mais il parcourait les rangs de son armée sur un de ces petits chevaux d'Ecosse qu'on appelle *poneys*, et il portait à la main une petite hache d'armes. Lorsqu'il vit s'approcher les chevaliers anglais, il s'avança un peu hors des rangs pour les examiner de plus près. Au nombre de ces chevaliers il s'en trouvait un, nommé sir Henry de Bohun, qui pensa que c'était une occasion excellente de s'illustrer à jamais, et de terminer la guerre en tuant le roi Robert, qui était mal monté et qui n'avait pas de lance. Il courut donc sur lui au grand galop, ne doutant pas qu'avec son vigoureux coursier et sa longue lance il ne renversât aisément son ennemi. Robert le vit venir, et, attendant qu'il fût très-près, il détourna légèrement son cheval, et il évita ainsi la pointe de l'arme de sir Henry, qui, une fois lancé, allait le dépasser malgré lui ; mais à l'instant même le roi, se levant sur ses étriers, lui assena sur la tête un coup de hache si terrible, qu'il brisa son casque comme s'il eût été de verre, et le renversa de son cheval. Il était mort avant d'avoir touché la terre. Cet acte de bravoure fut blâmé par tous les chefs écossais, qui dirent au roi qu'il n'aurait pas dû s'exposer ainsi, lorsque le salut de toute l'armée reposait sur sa tête. Le roi, pour toute réponse, dit en jetant les yeux sur son arme, que la force du coup avait endommagée : — J'ai gâté ma bonne hache d'armes.

Le lendemain 24 juin le combat s'engagea sérieusement dès la pointe du jour. Les Anglais, en s'avançant, virent les ennemis en bataille. L'abbé d'Inchaffray parcourait leurs rangs pieds nus, et les exhortait à combattre vaillamment pour leur liberté. Ils s'agenouillaient sur son passage, et priaient Dieu de leur accorder la victoire. A ce spectacle Edouard s'écria : — Ils se mettent à genoux ! ils demandent pardon ! — Oui, répondit un célèbre baron anglais, nommé Ingelram d'Umphraville ; mais c'est à Dieu qu'ils le demandent, et non à nous. Ces gens-là remporteront la victoire ou mourront sur la place.

Le roi d'Angleterre donna ordre de commencer l'attaque. Ses archers bandèrent leurs arcs, et se mirent à tirer avec tant de rapidité et de précision, que les flèches tombaient comme la neige un jour de Noël. Beaucoup d'Ecossais furent tués, et peut-être que, comme à Falkirk, les archers eussent décidé la victoire, si Bruce, qui avait prévu ce danger, ne les eût fait charger par un corps de cavalerie d'élite qu'il tenait en réserve dans cette intention, et qui s'avança sur eux au grand galop. Ces archers n'avaient pour toute arme que leur arc et leurs flèches, qui leur devenaient inutiles lorsqu'on les attaquait corps à corps. Les cavaliers écossais en tuèrent un grand nombre et dispersèrent le reste.

La superbe cavalerie anglaise s'approcha alors pour soutenir les archers et attaquer l'armée écossaise. Mais parvenus à l'endroit où le sol était rempli de trous et de fossés, les chevaux s'abattirent, et leurs cavaliers, tombant les uns sur les autres, furent tués sans pouvoir se défendre ni se relever, accablés comme ils l'étaient sous le poids de leur armure. Le désordre se mit dans les rangs de l'armée anglaise, et le roi d'Ecosse, profitant du moment, les attaqua avec toutes ses forces réunies.

Un événement bizarre décida la journée. Les domestiques et les conducteurs écossais s'étaient retirés, comme je vous l'ai dit, derrière Gillies-Hill. Mais lorsqu'ils virent que leurs maîtres allaient remporter la victoire, ils s'armèrent de tout ce qu'ils trouvèrent sous leurs mains, et sortirent de leur retraite, afin d'avoir aussi leur part de gloire et de butin. Les Anglais, les voyant débusquer tout à coup, prirent ce ramas confus pour un corps d'armée qui venait soutenir les Ecossais, et perdant tout courage ils ne songèrent plus qu'à se sauver de leur mieux. Edouard lui-même s'enfuit du champ de bataille à bride abattue. Douglas, à la tête d'un corps de cavalerie, le poursuivit jusqu'à Dunbar : Patrick, comte de March, gouverneur de cette ville, qui tenait encore pour les Anglais, recueillit Edouard, et lui procura un bateau de pêcheur sur lequel ce prince réussit à gagner l'Angleterre.

Jamais, ni avant ni depuis cette époque, les Anglais ne perdirent de bataille plus complète que celle de Bannockburn, et jamais les Ecossais ne remportèrent de victoire plus éclatante. Une foule de seigneurs et de gentilshommes, l'élite de la noblesse d'Angleterre, restèrent sur le champ de bataille; un plus grand nombre encore furent faits prisonniers; en un mot, toute cette armée du roi d'Angleterre, la plus belle qu'on eût encore vue, fut entièrement détruite ou dispersée. Après cette grande défaite, bien loin d'être en état de soutenir leurs droits prétendus sur le royaume d'Ecosse, ni d'envoyer des armées pour le soumettre, comme ils l'avaient fait pendant près de vingt ans, les Anglais réussirent à peine à défendre leurs frontières contre Robert Bruce et ses vaillans soldats.

Il se livra plusieurs batailles sur le sol de l'Angleterre, et dans toutes les Ecossais eurent l'avantage. La plus célèbre eut lieu à Mitton, dans le comté d'York; tant de prêtres prirent part à cette affaire, que les Ecossais la nommèrent le Chapitre de Mitton. On appelle chapitre le corps des chanoines d'une cathédrale. Le sang coula à grands flots pendant et après la bataille, et les Ecossais dévastèrent le pays jusqu'aux portes mêmes d'York. Ils avaient alors une supériorité marquée sur leurs anciens ennemis, qui, si récemment encore, avaient voulu leur imposer le joug de l'Angleterre.

Ce fut ainsi que Robert Bruce, d'exilé qu'il avait été, poursuivi comme un malfaiteur ou comme un animal dangereux, s'éleva au rang de souverain indépendant, et fut universellement reconnu pour un des plus sages et des plus vaillans rois qu'il y eût alors. La nation écossaise, de province conquise et opprimée, devint un état libre, régi par ses propres lois et gouverné par ses princes légitimes. Si, après la mort de Bruce, l'Ecosse eut encore beaucoup à souffrir des hostilités des Anglais, et plus encore des guerres civiles qui déchirèrent son sein, jamais du moins elle ne perdit cette liberté à laquelle Wallace avait sacrifié sa vie, et que le roi Robert avait recouvrée autant par sa sagesse que par ses armes. Il est donc juste que, tant que l'Ecosse existera, elle conserve un souvenir religieux de ces braves guerriers et de ces fidèles patriotes.

CHAPITRE IX.

Exploits d'Edouard Bruce, de Douglas, de Randolph, comte de Murray. — Mort de Robert Bruce.

Vous ne serez sans doute pas fâché d'apprendre, mon enfant, ce que devint Edouard, ce frère de Robert Bruce qui était si brave et en même temps si téméraire. Il faut que vous sachiez qu'à cette époque l'Irlande avait été presque entièrement conquise par les Anglais. Fatigués de leur domination, une grande partie des Chefs irlandais invitèrent Edouard Bruce à venir se mettre à leur tête pour chasser les Anglais, et devenir leur roi. Ces propositions lui plurent assez; car il était entreprenant, ambitieux, et désirait ardemment se battre pour se faire un grand nom. Edouard Bruce avait autant de bravoure que son frère; mais il était loin de posséder la même prudence, la même circonspection; car à l'exception du meurtre de Comyn-le-Roux, cruauté inutile qu'on ne peut lui pardonner, Robert Bruce s'était toujours montré aussi sage que courageux. Il eût vu avec plaisir son frère, qui avait toujours combattu si vaillamment pour lui, devenir roi d'Irlande : aussi résolut-il de le seconder de tout son pouvoir; et non-seulement il lui fournit des troupes pour appuyer ses prétentions, mais il passa lui-même en Irlande à la tête d'un corps considérable. Les deux frères remportèrent plusieurs victoires et pénétrèrent assez avant dans le pays; mais les Anglais avaient des forces si nombreuses, et les Irlandais se rangeaient en si grand nombre sous leurs drapeaux, au lieu d'accourir dans les rangs écossais, comme

Edouard et Robert s'en étaient flattés, qu'ils se virent contraints de renoncer à leur entreprise.

Le général anglais, sir Edouard Butler, capitaine d'un grand mérite, marchait à la tête d'une armée bien plus nombreuse que celle des Ecossais, qui, chaque matin, étaient obligés, pour éviter d'être accablés par le nombre, de reculer devant leurs ennemis.

Je vous ai souvent dit que le roi Robert était un sage et bon prince. Pendant cette retraite il se montra, surtout dans une circonstance, humain et compatissant. Pressée par les Anglais et les Irlandais réunis, l'armée écossaise avait reçu ordre un matin de battre en retraite avec le plus de célérité possible ; car c'eût été le comble de l'imprudence que de risquer le combat contre des forces si supérieures, et au milieu d'un pays qui s'était déclaré contre eux. Tout à coup, au moment où Robert allait monter à cheval, il entendit une femme qui poussait des cris de désespoir. — Qu'est-ce que c'est ? demanda le roi. On lui répondit qu'une pauvre blanchisseuse, qui venait d'accoucher et qui était encore trop faible pour pouvoir suivre l'armée, allait être laissée en arrière. Cette malheureuse femme se désespérait à l'idée de tomber entre les mains des Irlandais, dont on racontait mille cruautés. On n'avait aucun moyen de transports pour emmener la pauvre mère et son enfant, il fallait donc les abandonner.

Le roi Robert garda un moment le silence ; il était partagé entre la pitié que lui inspirait cette infortunée et la crainte de compromettre le salut de son armée en faisant faire halte. A la fin, jetant sur tous ses officiers des regards étincelans de courage et d'enthousiasme : — De par le ciel ! s'écria-t-il, il ne sera pas dit qu'un homme qui doit la vie à une femme, qui a été nourri par elle, a laissé une mère et son enfant à la merci de barbares. Oui, j'en prends Dieu à témoin, quoi qu'il arrive, je combattrai Edouard Butler plutôt que de laisser derrière moi ces infortunées créatures. Que l'armée se range donc en bataille, et que pour le moment il ne soit plus question de retraite.

Cette généreuse résolution eut un singulier résultat. Le général anglais, qui savait que Robert était l'un des plus grands capitaines de l'époque, voyant qu'il s'arrêtait pour lui offrir le combat, s'imagina qu'il avait reçu des renforts considérables et n'osa l'attaquer. Ainsi Bruce eut tout le temps d'aviser aux moyens de faire transporter la pauvre femme et son enfant en Ecosse, et de combiner ensuite le plan de ses opérations.

Malheureusement des affaires pressantes le rappelèrent dans son royaume, et il fut obligé de laisser Edouard tenter seul la conquête de l'Irlande. Celui-ci, aussi imprudent que brave, livra bataille, contre l'avis de ses meilleurs officiers, à sir Piers de Birmingham, général anglais. Les Ecossais furent cernés de toutes parts, mais ils n'en continuèrent pas moins à se défendre vaillamment. Edouard donnait l'exemple, en combattant au premier rang. Enfin un chevalier anglais, nommé John Maupas, attaqua vivement Edouard. Ils se battirent avec un tel acharnement, qu'ils se portèrent réciproquement des coups mortels. Après la bataille on trouva Maupas étendu sur le corps de son ennemi : l'un et l'autre avaient cessé d'exister. Après la mort d'Edouard Bruce, les Ecossais renoncèrent à la conquête de l'Irlande.

Robert Bruce continua de régner avec gloire pendant plusieurs années, et il battit si constamment les Anglais, que ceux-ci parurent avoir cédé à leurs voisins leur ancienne supériorité. Mais il est bon que vous vous rappeliez qu'Edouard II, qui régnait alors en Angleterre, était un prince faible et frivole, qui n'était entouré que de conseillers pervers. Il n'est donc pas étonnant qu'il n'ait jamais pu résister à un général aussi brave et aussi habile que Robert Bruce, qui avait appris la guerre à l'école de l'adversité, et qui devait sa couronne à son courage et à sa persévérance.

Pendant la dernière année de son règne Robert tomba dans un état d'épuisement complet. Il était attaqué d'une cruelle maladie nommée la lèpre, qu'il avait gagnée dans sa jeunesse, lorsqu'il s'était vu si souvent obligé de se cacher dans les bois et dans les marais sans trouver un toit pour abriter sa tête. Il habitait alors un château sur les bords charmans de la Clyde, près de son embouchure. Son plus grand plaisir était de descendre le fleuve jusqu'à la mer sur une petite chaloupe qu'il avait fait équiper exprès. Il n'était plus en état de monter sur son cheval de bataille, ni de mener des troupes au combat.

Pendant que Robert était dans cet état de faiblesse et de souffrance, Edouard II, roi d'Angleterre, mourut, et son fils Edouard III lui succéda. Il devint par la suite un des plus braves et des plus grands rois de l'Angleterre; mais il était très-jeune alors, et sous la tutelle de sa mère, qui se laissait gouverner entièrement par un indigne favori nommé Mortimer.

La guerre continuait toujours entre l'Angleterre et l'Ecosse. Robert donna le commandement de ses troupes à ses deux grands capitaines, le Bon Lord James Douglas et Thomas Randolph, comte de Murray. Ils partirent avec l'ordre de pénétrer dans les comtés de Northumberland et de Durham, pour y faire aux Anglais tout le mal possible. Les forces des Ecossais montaient à peu près à vingt mille hommes, tous armés à la légère et montés sur des chevaux de petite taille, mais pleins d'ardeur et de force. Chaque Ecossais portait avec lui pour toutes provisions un petit sac de farine d'avoine; à l'arçon de sa selle était attachée une petite assiette de fer appelée *girdle* [1], qui lui servait à cuire son avoine pour en faire des galettes. Ils tuaient les bœufs qu'ils trouvaient dans les champs, en grillaient la chair avec des broches de bois, ou bien ils la faisaient cuire dans la peau même de l'animal, en l'arro-

---

[1] En écossais; car en anglais *girdle* signifie *ceinture*. — Ed.

sant un peu d'eau pour que la peau ne brûlât pas. Vous voyez qu'ils ne poussaient pas très-loin l'art de la cuisine. Ils n'étaient pas plus recherchés dans leur chaussure : ils faisaient eux-mêmes leurs souliers, ou plutôt leurs sandales ; c'étaient tout simplement des bandes de cuir de bœuf, qu'ils coupaient à peu près de la forme de leurs pieds, et qui montaient sur la cheville, à peu près comme ce qu'on appelle aujourd'hui petites guêtres. Comme dans ces sortes de brodequins le poil de l'animal se trouvait en dessus, les Anglais appelaient ceux qui les portaient les Ecossais au pied rude (*Rough-Footed Scots*), et quelquefois aussi, par allusion à la couleur de cette chaussure, les Jambes-Rouges (*Red-Shanks*).

Comme l'armée écossaise ne traînait à sa suite ni provisions ni munitions d'aucune espèce, elle passait avec une célérité extraordinaire de montagne en montagne, de vallée en vallée, pillant et ravageant tout sur sa route. Le jeune roi d'Angleterre se mit à sa poursuite à la tête d'une nombreuse armée ; mais la nécessité de se faire suivre par des bagages considérables, et la lenteur obligée des mouvemens des cavaliers couverts de leurs pesantes armures, retardaient tellement sa marche, qu'il lui était impossible d'atteindre les Ecossais, bien que chaque jour on pût apercevoir la fumée des villages et des maisons qu'ils avaient incendiés. Le roi d'Angleterre ne pouvait contenir sa fureur ; à peine âgé de seize ans, il brûlait déjà de combattre les Ecossais, et de se venger du mal qu'ils faisaient à son peuple. Enfin son impatience devint telle, qu'il offrit une grande récompense à celui qui pourrait lui apprendre d'une manière précise où se trouvaient ses audacieux ennemis.

Déjà l'armée anglaise avait beaucoup souffert du manque de provisions et de ses marches forcées à travers les montagnes, les bruyères et les marais, lorsqu'un gentilhomme nommé Rokeby arriva dans le camp pour réclamer la récompense que le roi avait promise. Ayant été fait prisonnier par les Ecossais, il leur avait entendu dire qu'ils désiraient la bataille tout autant qu'Edouard lui-même ; et en conséquence il guida l'armée anglaise jusqu'à l'endroit où les Ecossais étaient campés.

Cependant le roi d'Angleterre n'en était guère plus avancé. Douglas et Randolph, connaissant les forces supérieures des Anglais, avaient pris position sur une colline escarpée, au pied de laquelle coulait une rivière profonde dont le lit était rempli de grosses pierres, de sorte que, pour attaquer les Ecossais, il fallait traverser cette rivière, et gravir ensuite la montagne sous les yeux de l'ennemi ; entreprise trop hasardeuse pour qu'il fût même possible de la tenter.

Le jeune roi se décida à envoyer un défi aux généraux écossais, leur offrant l'option ou de retirer leurs troupes pour lui donner le temps de traverser la rivière et de ranger son armée en bataille sur l'autre bord, ou bien de venir au contraire de son côté, s'engageant dans ce cas à les laisser passer sans obstacle, pour que du moins ils pussent se battre à chances égales et en rase campagne. Randolph et Douglas ne firent que rire de ce message. Ils répondirent que lorsqu'ils livreraient bataille ce serait à leur bon plaisir, et non à celui du roi d'Angleterre. Ils lui rappelèrent ironiquement que, depuis qu'ils étaient sur le territoire anglais, ils avaient fait assez ce qui leur avait plu, comme il en pouvait juger par le ravage et l'incendie de ses campagnes. Si cette conduite déplaisait au roi, il n'avait qu'à s'y prendre de son mieux pour traverser la rivière et venir combattre.

Edouard, bien décidé à ne pas perdre de vue les Ecossais, établit son camp de l'autre côté de la rivière, afin de surveiller tous leurs mouvemens. Il espérait que le manque de provisions les forcerait bientôt à quitter le poste favorable qu'ils occupaient ; mais les Ecossais donnèrent au roi une nouvelle preuve de la célérité de leur marche, en partant au milieu de la nuit pour aller prendre une autre position encore plus forte et d'un abord plus difficile que la première. Edouard les suivit, et s'établit de nouveau en face de ses dangereux et adroits ennemis. Il n'avait pas perdu l'espoir de les engager à lui livrer bataille, et alors il se croyait sûr de la victoire, ayant une armée une fois plus nombreuse que les Ecossais, et composée tout entière de soldats d'élite.

Pendant que les deux armées se trouvaient ainsi en présence, Douglas résolut de donner au jeune roi une leçon dans l'art de la guerre. Au milieu de la nuit il quitta son camp à la tête d'une petite troupe de deux cents cavaliers tout au plus, mais tous aguerris et bien armés. Il traversa la rivière en silence et arriva jusqu'au camp des Anglais, qui était gardé avec une grande négligence. Lorsqu'il s'en fut assuré, Douglas passa devant les sentinelles comme s'il eût été un officier anglais. — De par saint George! leur dit-il, vous ne montez pas bien la garde par ici. A cette époque les Anglais juraient toujours par saint George, comme les Ecossais par saint André. Un moment après, Douglas entendit un soldat étendu près du feu qui disait à son camarade : — Je ne sais ce qui va nous arriver; mais, pour ma part, j'ai bien peur que Douglas-le-Noir ne nous joue quelque tour. — Je te ferai voir tout à l'heure que tes craintes étaient fondées, pensa celui-ci.

Lorsque, sans être découvert, lord James fut arrivé au milieu du camp, il tira son épée, et coupant brusquement les cordes d'une tente, il poussa son cri de guerre : — Douglas! Douglas! scélérats d'Anglais, vous êtes tous morts! A ces mots les Ecossais renversèrent les tentes, se jetèrent sur leurs ennemis, et en tuèrent un grand nombre avant que ceux-ci eussent pu saisir leurs armes.

Douglas se fraya un passage jusqu'au pavillon du roi, et fut bien près de faire ce jeune prince prisonnier au milieu de sa grande armée; mais l'aumônier d'Edouard et plusieurs des officiers de sa maison s'armèrent à la hâte et opposèrent une vigoureuse résistance pendant que le roi s'échappait en se glissant à terre sous la toile de sa tente. L'aumônier et plusieurs officiers furent tués ; mais l'alarme s'était répandue dans le camp, toutes les troupes avaient pris les armes. Douglas, obligé de se retirer, s'y décida, mais ce fut en se faisant jour à travers les Anglais du côté opposé à celui par lequel il était arrivé. Dans la confusion de cette attaque nocturne, Douglas, séparé de ses gens, courut grand danger d'être tué par un Anglais, qui l'attaqua avec une énorme massue. Il parvint à lui ôter la vie, mais avec une peine extrême ; et alors, donnant du cor pour rappeler ses cavaliers, qui l'entourèrent bientôt, il revint dans son camp, n'ayant éprouvé qu'une perte très-légère.

Edouard, très-mortifié de l'insulte qu'il avait reçue, n'en désira que plus ardemment de châtier ses audacieux ennemis, et l'un d'entre eux du moins ne demandait pas mieux que de lui fournir une occasion de vengeance : c'était Randolph, comte de Murray. Lorsqu'il revit Douglas, il lui demanda ce qu'il avait fait. — Nous leur avons tiré un peu de sang, répondit celui-ci. — Ah ! s'écria le comte, si nous avions été tous ensemble cette nuit les attaquer, nous aurions pu les tailler en pièces. — C'est possible, répliqua Douglas, mais le risque était trop grand. — Alors combattons-les donc en bataille rangée, dit Randolph ; car si nous discutons ici plus long-temps, nous mourrons bientôt de faim, faute de provisions. — Non pas, reprit encore Douglas ; il faut faire avec cette grande armée ce que le renard fit avec le pêcheur dans la fable. — Et que fit-il ? demanda le comte de Murray. Alors Douglas lui raconta l'histoire suivante.

— Un pêcheur, dit-il, avait construit une hutte sur le bord d'une rivière, afin de pouvoir pêcher tout à son aise. Un beau soir il sortit pour aller visiter ses filets, et laissa un peu de feu dans sa cabane. Lorsqu'il revint il aperçut un renard qui s'était introduit chez lui, et qui prenait la liberté de manger un des plus beaux saumons qu'il eût pêchés. — Ah! ah! monsieur le voleur, s'écria le pêcheur en tirant son épée et en se plaçant à l'entrée de sa chaumière pour empêcher le renard de s'échapper, votre dernière heure est venue. Le pauvre animal regarda de tous côtés après quelque trou par lequel il pût se sauver; mais n'en apercevant aucun, il saisit avec ses dents un manteau qui était étendu sur le lit, et le traîna jusque dans le feu. Le pêcheur courut tirer son manteau de la cheminée; pendant ce temps le renard se sauva par la porte avec le saumon. C'est en employant ainsi la ruse que nous échapperons à cette grande armée, sans risquer une bataille où nous aurions trop de désavantage.

Randolph se rendit aux conseils de Douglas. Les Ecossais allumaient le soir de grands feux dans le camp, criant, donnant du cor, faisant le même bruit qu'à l'ordinaire, pour faire croire aux Anglais qu'ils y passaient toute la nuit. Mais en même temps Douglas avait fait couper une route à travers un profond marécage de deux milles de longueur qui était derrière eux, et qu'il eût été impossible de passer sans cela. Au milieu de la nuit, Douglas et Randolph se retirèrent par ce passage dont les Anglais ne soupçonnaient pas même l'existence, et reprirent avec toutes leurs troupes le chemin de l'Ecosse. Les Anglais furent bien surpris le lendemain matin lorsqu'ils virent le camp de leurs ennemis abandonnés et qu'ils n'y trouvèrent que deux ou trois prisonniers anglais attachés à des arbres et chargés de ce message insultant pour le roi d'Angleterre, — que, s'il n'était pas content de ce qu'ils avaient fait, il n'avait qu'à venir s'en venger en Ecosse.

C'était dans la forêt de Weardale, qui fait partie de l'évêché de Durham, que les Ecossais avaient établi leur fameux camp, et la route qu'ils pratiquèrent pour se retirer s'appelle encore aujourd'hui le Marais-Rasé (*Shorn-Moss*).

La paix fut conclue bientôt après, et à des conditions très-honorables pour l'Ecosse; car le roi d'Angleterre renonça à ses prétentions à la souveraineté de ce pays, et donna en mariage à David, fils de Robert Bruce, la princesse Jeanne, sa sœur. Ce traité, très-avantageux aux Ecossais, fut appelé le traité de Northampton, parce qu'il fut conclu dans cette ville en l'année 1328.

Robert ne survécut pas long-temps à cet heureux événement. Il n'avait encore que cinquante-quatre ans, mais son tempérament était affaibli par la maladie et par les fatigues sans nombre de sa jeunesse, et, son état de souffrance augmentant chaque jour, Bruce vit bien qu'il était perdu et que jamais sa santé ne se rétablirait. Il fit venir auprès de lui les nobles et les conseillers en qui il avait le plus de confiance. Il leur dit que maintenant qu'il était sur son lit de mort, il se repentait de toutes ses fautes, et surtout du crime qu'il avait commis en tuant Comyn-le-Roux dans l'église et devant l'autel. Il ajouta que, s'il avait vécu, son intention était d'aller à Jérusalem pour combattre les Sarrasins qui occupaient la Terre-Sainte ; mais que, puisque la mort l'empêchait d'accomplir son projet, il priait le plus brave de ses guerriers, le plus cher de ses amis, le Bon Lord James Douglas, de porter son cœur en Palestine.

Pour que vous compreniez bien le sens de cette prière, mon enfant, il faut que vous sachiez que les Sarrasins étaient un peuple qui croyait au faux prophète Mahomet, et qui avait conquis Jérusalem et les autres villes dont il est parlé dans les saintes Ecritures ; de sorte que les chrétiens de l'Europe qui s'y rendaient en pèlerinage étaient insultés et maltraités par ces païens. De là vint qu'une foule de chrétiens partirent de tous les royaumes de l'Europe pour aller les combattre, croyant rendre un grand service à la religion et obtenir de Dieu le pardon de toutes leurs fautes en prenant part à ce qu'ils appelaient une sainte guerre.

Vous devez vous rappeler que Bruce avait eu l'idée de passer en Palestine lorsqu'il désespérait de recouvrer la couronne d'Ecosse ; maintenant il désirait que son cœur fût porté à Jérusalem après sa mort, et c'était lord James de Douglas qu'il priait de s'en charger. Ce fut en versant des larmes bien amères que lord James accepta cette dernière preuve de l'amitié et de la confiance de Bruce.

Le roi expira bientôt après, et son cœur fut embaumé, c'est-à-dire rempli d'épices et de parfums, pour le préserver de la corruption, et déposé par Douglas dans une boîte d'argent qu'il portait suspendue à son cou par un cordon d'or et de soie. Alors il se mit en route pour la Terre-Sainte, suivi des guerriers les plus braves et les plus renommés de l'Ecosse, qui, pour témoigner leur attachement et leur reconnaissance pour leur bon roi Robert Bruce, avaient résolu d'accompagner son cœur jusqu'à Jérusalem. Il eût bien mieux valu pour leur pays qu'ils fussent restés dans son sein pour le défendre; car bientôt il eut un grand besoin de leur secours.

Douglas ne put d'ailleurs arriver au terme de son voyage. Il s'était arrêté en Espagne, où la guerre régnait entre les chrétiens et les Maures. Osmyn, sultan de Grenade, venait d'envahir le royaume d'Alphonse, roi de Castille. Celui-ci accueillit Douglas avec les plus grands honneurs, et le peuple accourait de toutes parts pour voir ce guerrier si fameux, dont le nom avait retenti dans tout le monde chrétien. Le roi Alphonse n'eut pas de peine à lui persuader que ce serait servir efficacement la cause de sa religion que de l'aider à chasser les Sarrasins de Grenade avant de se rendre à Jérusalem. En effet, lord Douglas et ses compagnons prirent part à une grande bataille contre Osmyn, et ils mirent facilement en fuite le corps des Sarrasins qui leur était opposé. Mais ne connaissant pas la manière de combattre de la cavalerie de l'Orient, ils se laissèrent emporter trop loin à leur poursuite, et les Maures, voyant leurs ennemis dispersés et séparés les uns des autres, se retournèrent en poussant leur cri de guerre, *Allah! allah! allah!* et entourèrent ceux des chevaliers et écuyers écossais qui s'étaient trop avancés.

Dans cette nouvelle escarmouche, Douglas aperçut sir William Saint-Clair de Roslyn, entouré de plusieurs Maures, qui lui portaient de tous côtés des coups de sabre qu'il parait avec une valeur héroïque. — Ce brave chevalier va être massacré, s'écria Douglas, s'il n'est promptement secouru. En disant ces mots il courut à son secours de toute la vitesse de son cheval; mais il fut bientôt assailli à son tour. Voyant que ses nombreux ennemis le serraient de trop près pour qu'il lui fût possible de s'échapper, il détacha de son cou le cœur de Bruce, et lui parlant comme il eût parlé au roi s'il eût vécu : — Marche le premier au combat comme tu l'as toujours fait, lui dit-il : Douglas te suivra ou saura mourir. Alors lançant son précieux dépôt au milieu des ennemis, il s'y précipita lui-même, et tomba bientôt percé de mille coups. Son cadavre fut trouvé étendu sur la boîte d'argent, comme si sa dernière pensée eût été de défendre le cœur de son roi.

Le Bon Lord James de Douglas fut un des guerriers les plus habiles et les plus braves qui aient jamais tiré l'épée. Il se trouva à soixante-dix batailles, sur lesquelles il en perdit treize et en gagna cinquante-sept. Les Anglais l'accusaient de cruauté. On prétend, en effet, qu'il portait une telle haine aux archers anglais, que lorsqu'il en faisait un prisonnier, il ne le relâchait qu'après lui avoir fait crever l'œil droit ou couper l'index de la main droite. Sa conduite à l'époque de la prise de son château et l'histoire du *garde-manger* de Douglas sont aussi des taches pour sa mémoire. On ne peut les expliquer qu'en songeant à l'animosité qui existait alors entre les deux nations, et au ressentiment que lui causa la mort de son fidèle serviteur Dickson. Dans d'autres occasions, il se montra bon et humain pour ses prisonniers. Les historiens écossais peignent le Bon Lord James comme un homme qui ne se laissait point abattre par les revers et que la prospérité n'éblouit jamais. Doux et modeste en temps de paix, c'était un lion sur le champ de bataille; il était grand, vigoureux, bien fait, avait le teint basané et les cheveux très-bruns, ce qui lui avait fait donner le surnom de Douglas-le-Noir. Malgré le nombre immense de batailles auxquelles il s'était trouvé, il n'avait reçu aucune blessure à la figure. Un brave chevalier espagnol qu'il vit à la cour d'Alphonse, et dont la figure était couverte de cicatrices que lui avaient faites les cimeterres des Maures, s'étonnait de n'en voir aucune sur le front de Douglas. — Je rends grace à Dieu, répondit modestement celui-ci, d'avoir permis à mes mains de garantir toujours ma figure. Un grand nombre des compagnons de Douglas furent tués dans le combat où il périt lui-même. Les autres résolurent de ne pas continuer leur voyage et de revenir en Ecosse. Depuis lors les Douglas ont toujours porté sur leurs boucliers un cœur sanglant, surmonté d'une couronne, en mémoire de cette expédition de lord James en Espagne [1]. A cette époque les chevaliers peignaient sur leurs écus des emblèmes qui servaient à les faire reconnaître sur le champ de bataille, lorsque leur visage était caché par les visières de leurs casques ; et maintenant que l'on ne porte plus d'armure dans les combats, les familles qui ont des armes particulières les font graver sur leurs cachets ou sur leur argenterie, ou les font peindre sur leurs voitures.

Ainsi, par exemple, parmi les braves chevaliers qui accompagnèrent Douglas, il s'en trouvait un nommé sir Simon Lockhard de Lee, qui fut chargé après la mort de celui-ci de rapporter le cœur de Bruce en Ecosse. Ce chevalier prit dans la suite pour devise et grava sur son bouclier un cœur fermé par un cadenas, en mémoire du cœur de Bruce qui était renfermé dans la boîte d'argent. Pour la même raison le nom de sir Simon changea ; on ne l'appela plus Lockhart, mais *Lockheart* [2], et tous ses descendans s'appellent encore Lockhart aujourd'hui. Ne con-

---

(1) C'est à cet emblème qu'il est souvent fait allusion dans la *Dame du Lac* et autres poëmes de sir Walter Scott. — ED.

(2) *Lock* en anglais veut dire *serrure*, et *heart*, *cœur*. — TR.

naissez-vous personne de ce nom, M. Hugh Littlejohn?

Les chevaliers écossais qui avaient échappé aux sabres des Maures revinrent dans leur pays, rapportant le cœur de Robert et les ossemens du Bon Lord James. Ce fut dans l'église de Sainte-Brigite, où s'était passée la scène du dimanche des Rameaux et où Dickson avait péri, que furent ensevelis les restes de Douglas. Le cœur du roi fut déposé au pied du maître-autel de l'abbaye de Melrose; quant à son corps, il avait été enterré dans l'église de Dunfermline; une tombe de marbre indiquait l'endroit où il reposait. Mais dans la suite l'église tomba en ruines, le toit s'écroula, le monument fut brisé, et personne ne sut dire quelle place il avait occupée. Ce ne fut que bien peu de temps avant que maître Hugh Littlejohn vînt au monde, c'est-à-dire il y a six ou sept ans environ, qu'en réparant l'église de Dunfermline on trouva dans les décombres un fragment de la tombe de Robert Bruce. On creusa davantage, dans l'espoir de découvrir le corps de ce monarque célèbre, et enfin on aperçut le squelette d'un homme de grande taille que l'on reconnut pour celui du roi Robert, d'abord parce qu'il avait été enveloppé dans un linceul de drap d'or dont plusieurs lambeaux étaient encore attachés au squelette, et ensuite parce que la poitrine conservait encore la trace de l'ouverture qu'on avait dû y pratiquer pour en ôter le cœur.

La cour royale de l'échiquier ordonna que ces restes précieux fussent soigneusement conservés jusqu'à ce qu'on pût les déposer avec respect dans une tombe nouvelle. Le jour de cette auguste cérémonie, il y eut un concours de monde tel qu'on n'en avait jamais vu. Ce n'étaient pas seulement les seigneurs de la cour et les grandes dames qui le formaient, mais presque tous les habitants des campagnes voisines y étaient également accourus. Comme l'église ne pouvait contenir toute cette foule à la fois, il fut établi que chacun, depuis le plus riche jusqu'au plus pauvre, entrerait tour à tour pour contempler ce qui restait du grand roi Robert. Bien des larmes coulèrent à ce triste spectacle, et elles redoublaient lorsqu'on songeait que ce crâne informe et desséché avait été autrefois la tête forte et profonde qui avait conçu le projet de la délivrance de l'Ecosse, et que cet os livide et décharné avait été jadis le bras vigoureux qui tua sir Henry de Bohun d'un seul coup, à la face des deux armées, le soir qui précéda la bataille de Bannockburn.

Plus de cinq cents ans se sont écoulés depuis que le corps de Bruce fut déposé pour la première fois dans la tombe, et depuis, combien de millions d'hommes sont morts dont les noms sont oubliés, et dont les ossemens confondus ne pourraient être distingués de ceux des plus vils animaux ! n'est-il pas doux de penser que la sagesse, le courage et le patriotisme d'un grand monarque aient conservé si long-temps son souvenir dans le cœur du peuple sur lequel il a régné. Mais, mon cher enfant, s'il est permis de désirer que notre mémoire passe de génération en génération, ce n'est que lorsqu'elle se perpétue à l'aide d'actions nobles et généreuses comme celles de Robert Bruce ; car il vaut mieux qu'un prince soit oublié comme le plus obscur paysan de son royaume que de ne marquer dans l'histoire que par des actes d'oppression et de cruauté.

CHAPITRE X.

Du gouvernement de l'Écosse.

Je crains, mon cher Hugh, que ce chapitre ne vous paraisse un peu ennuyeux et assez difficile à comprendre; mais si à la première lecture vous n'en saisissez pas tout le sens, ayez le courage de le lire une seconde fois, et vous serez plus heureux. Je vais d'ailleurs tâcher d'être aussi clair que possible.

Comme l'Ecosse ne fut jamais aussi puissante que sous le règne de Robert Bruce, c'est le moment convenable pour vous apprendre quelles étaient les lois qui gouvernaient le peuple.

Il faut d'abord observer qu'il y a deux espèces de gouvernement : le gouvernement despotique ou absolu, dans lequel le roi peut faire de ses sujets tout ce qu'il veut, s'emparer de leurs biens, ou leur ôter la vie à son bon plaisir : ce gouvernement est celui de tous les royaumes de l'Orient. Les rois, les empereurs ou les sultans de ces contrées disposent de leurs sujets comme ils l'entendent, sans que personne ait le droit de contrôler les actes de leur volonté. C'est un grand malheur pour les peuples d'être gouvernés ainsi ; les hommes ne sont plus alors que des esclaves, dont les biens et la vie même appartiennent au roi, qui peut en disposer suivant son caprice. Sans doute il y a des rois sages, justes et humains, qui n'usent du pouvoir suprême qui leur est confié que pour faire le bonheur de leur peuple ; mais il en est d'autres qui sont faibles, sans caractère, et dont les méchans parviennent à force de flatteries à gagner la confiance, leur faisant commettre mille actions injustes, dont seuls ils n'auraient peut-être jamais eu l'idée. Enfin, il y a aussi de mauvais rois qui abusent de ce pouvoir sans bornes pour persécuter leurs sujets, les priver de leurs biens, les jeter dans des cachots, leur ôter la vie, enfin exercer sur eux leur avidité et leur avarice ; ces rois sont appelés du nom odieux de tyrans.

Les Etats les plus heureux sont donc ceux qui ont un gouvernement libre, c'est-à-dire un gouvernement où le roi lui-même est soumis aux lois, et ne peut régner que par elles. Sous cette forme de gouvernement, le roi ne peut mettre un homme à mort que s'il est coupable de quelque crime que la loi punisse de cette peine, ni exiger de son peuple aucun impôt, excepté celui que la loi accorde pour les dépenses du royaume. Presque toutes les nations de l'Europe moderne ont eu dans l'origine des gouvernemens libres; mais il en est chez lesquelles les rois ont acquis une autorité beaucoup trop grande, quoiqu'elle soit bien loin d'égaler celle des despotes de l'Orient. D'autres pays, entre autres la Grande-Bretagne, ont été assez heureux pour conserver une constitution libre, qui protège ceux qui vivent sous son empire contre toute oppression et tout pouvoir arbitraire. Nous la devons à nos braves ancêtres, qui se sont toujours montrés prêts à la défendre au prix de leur vie; et c'est pour nous un devoir sacré de la transmettre intacte à nos descendans.

En Ecosse et dans la plupart des contrées de l'Europe, les principes de la liberté étaient protégés par le système féodal qui alors était établi partout. Vous vous rappelez que, d'après ce système, le roi octroyait des terres aux nobles et aux grands barons, qui devenaient alors ses vassaux pour les fiefs ou domaines qu'ils en avaient reçus, et qui, à ce titre, étaient tenus de le suivre à la guerre et d'assister au grand conseil où se discutaient toutes les affaires du royaume. C'était dans ce conseil, appelé aujourd'hui parlement, que les lois étaient faites ou modifiées, non pas au gré du roi, non pas au gré des membres du conseil, mais par le concours du roi et du conseil. Maintenant il faut vous apprendre comment ce grand conseil était composé, et quels étaient ceux qui jouissaient du privilège d'en faire partie.

Dans le principe, il n'est pas douteux que tous les vassaux qui tenaient leurs terres directement de la couronne n'eussent le droit, et ne fussent même obligés d'assister au grand conseil du royaume. Aussi toute la haute noblesse s'y rendait-elle dès qu'elle y était mandée par le roi; mais il eût été bien difficile et bien dispendieux, pour la classe des petits propriétaires qui n'avaient que des fiefs de peu d'importance, de faire de longs voyages pour aller au parlement, et de rester plusieurs jours ou peut-être même plusieurs semaines loin de leurs familles et de leurs affaires. En outre, si tous les vassaux du roi ou francs-tenanciers (*freeholders*), comme on commençait à les appeler, s'y étaient rendus, l'assemblée se serait trouvée trop nombreuse pour qu'il eût été possible de délibérer. A peine eût-il été possible de trouver un local assez vaste pour la contenir, et jamais un orateur n'aurait pu parvenir à se faire entendre d'une foule pareille. De là vint qu'au lieu d'assister tous personnellement au conseil, les barons inférieurs, comme on appelait les petits propriétaires pour les distinguer des grands nobles, s'assemblèrent dans leurs districts ou comtés respectifs, et choisirent un ou deux des plus sages et des plus expérimentés d'entre eux pour les représenter au parlement ou grand conseil de la nation, et y défendre leurs intérêts communs. Ce fut ainsi que les vassaux de la couronne qui composaient le parlement vinrent à former deux corps différens : les pairs ou la grande noblesse, que le roi convoquait spécialement, et ceux des barons inférieurs qui étaient envoyés des différens comtés de l'Ecosse pour représenter les vassaux de la couronne. Outre ces deux classes distinctes, le parlement renfermait encore les représentans du clergé et des bourgs ou villes considérables.

Dans le temps où la religion catholique romaine était la religion dominante, les prêtres exerçaient dans toute l'Europe une grande influence, et ne négligeaient aucune occasion de maintenir leur puissance et leur autorité. Il n'était donc pas étonnant qu'on vît figurer au parlement les chefs du clergé, c'est-à-dire les évêques et les prieurs des grandes abbayes, que l'on appelait abbés mitrés parce qu'ils avaient le privilège de porter une mitre comme les évêques. Ils y étaient admis pour défendre les intérêts de l'Eglise, et prenaient rang avec les pairs ou nobles titrés.

Il ne nous reste plus à parler que des bourgs. Il faut que vous sachiez que pour favoriser le commerce et l'industrie, et pour balancer un peu le pouvoir immense de la haute noblesse, les rois d'Ecosse avaient été, depuis très-long-temps, dans l'usage d'accorder des privilèges considérables à plusieurs villes de leurs Etats, qui, en considération des chartes que le prince leur octroyait, étaient appelées bourgs royaux. Les citoyens de ces bourgs avaient le droit de choisir eux-mêmes leurs magistrats, et possédaient des revenus considérables, provenant des terres que le roi leur avait accordées, et des taxes établies sur les denrées qui entraient dans la ville. Ces revenus étaient perçus par les magistrats, appelés ordinairement prévôts et baillis, et ils étaient employés aux besoins de la ville. Dans les temps de guerre, ces mêmes magistrats menaient au combat les bourgeois ou habitans des bourgs, soit contre les Anglais, soit contre les grands barons, pour défendre leurs propriétés et les privilèges de leurs villes, que ceux-ci attaquaient souvent. Les bourgeois s'exerçaient de bonne heure au métier des armes, et ils devaient aller se ranger sous l'étendard royal toutes les fois qu'ils en étaient requis. Entre autres privilèges, les bourgs avaient celui d'envoyer au parlement des commissaires et représentans qui venaient y défendre leurs droits, et concourir à l'expédition des affaires générales de la nation.

C'est ici le lieu de remarquer que le grand conseil écossais ressemblait exactement, quant à sa composition, au parlement de la Grande-Bretagne; mais il y avait une différence essentielle dans le mode de délibération. En Angleterre, les pairs, les évêques et les abbés mitrés siégeaient, délibéraient et votaient entre eux; c'était ce qu'on appelait la chambre des pairs ou des lords; et les représentans des comtés ainsi que ceux des bourgs se réunissaient séparément, et formaient ce qu'on appelait la chambre basse ou chambre des communes. En Ecosse, au contraire, les nobles, les prélats, les représentans des comtés et des bourgs, siégeaient tous ensemble dans la même salle, et discutaient et votaient comme membres de la même assemblée. Depuis l'union des royaumes d'Angleterre et d'Ecosse, le parlement qui représente les deux pays est divisé en deux corps que l'on appelle les deux chambres du parlement; et il résulte beaucoup d'avantages de cette manière de discuter les affaires de l'Etat.

Vous avez maintenant quelque idée de l'origine du parlement ou grand conseil de la nation, et des différentes classes de personnes qui avaient droit d'en faire partie. Il me reste à vous dire qu'il était convoqué et congédié par le roi, et que tout ce qui intéressait la nation se décidait dans son sein. Les mesures qu'il proposait devenaient des lois dès que le roi les avait approuvées, ce qu'il annonçait en les touchant de son sceptre. Vous voyez par là que les lois qui gouvernaient le pays étaient en grande partie l'ouvrage du peuple, puisqu'elles étaient adoptées par ses représentans au parlement. Lorsque, entre autres, on avait besoin de lever de l'argent pour quelque dépense publique, il était indispensable d'obtenir avant tout l'approbation du parlement, tant pour le montant de la somme que pour la manière de la percevoir; de sorte que le roi ne pouvait exiger d'argent de ses peuples sans le consentement préalable du grand conseil.

On peut dire en général des lois écossaises, qu'elles étaient aussi bonnes et aussi sagement conçues que celles d'aucun autre Etat de l'Europe à cette époque reculée. Leur rédaction offre même des traces de prévoyance et de sagacité tout-à-fait remarquables. Mais le grand mal était que les bonnes lois que les rois et les parlemens faisaient de concert n'étaient pas exécutées avec rigueur; au contraire, on les violait impunément, et l'on n'y faisait pas plus d'attention que si elles n'eussent jamais existé. Je vais tâcher de vous en expliquer la cause.

La source du mal était le pouvoir excessif de la noblesse,

qui se trouvait placée presque en dehors de l'autorité du roi. Les grands seigneurs avaient obtenu le privilège de rendre la justice chacun sur leurs terres ; de sorte que primitivement ils avaient seuls le droit de rechercher les crimes, de les juger et de les punir. Or, la plupart de ces grands seigneurs étaient beaucoup plus intéressés à maintenir et à étendre leur autorité dans l'intérieur des provinces qui leur appartenaient, qu'à concourir au bon ordre et au bien général du pays. Ils étaient presque toujours en guerre les uns avec les autres, et quelquefois avec le roi lui-même. En général, ils étaient plus disposés à la guerre qu'à la paix, et s'inquiétaient fort peu de punir les criminels qui troublaient l'ordre public. Au lieu de mettre en jugement les voleurs, les assassins, les malfaiteurs de tous les genres, ils les protégeaient souvent, les prenaient à leur service, et quelquefois même, par ambition et par esprit de vengeance, ils étaient les premiers à les pousser en secret au crime.

Les juges nommés par le roi avaient bien le droit d'arrêter et de punir les malfaiteurs lorsqu'ils pouvaient mettre la main sur eux ; mais il était très-difficile de les prendre lorsque les puissans barons sur les terres desquels ils se trouvaient leur facilitaient les moyens de se cacher ou de se sauver. Et lors même que les cours de justice du roi s'étaient emparées d'un malfaiteur, il y avait une loi qui permettait au lord dans la juridiction duquel le crime avait été commis de réclamer l'accusé, pour être jugé par son propre tribunal. Il est vrai que le baron qui faisait cette requête était obligé de donner caution que l'affaire serait jugée dans un temps donné ; mais telle était la faiblesse du gouvernement royal et le pouvoir de la noblesse, que lorsqu'un coupable avait été remis par la justice entre les mains du seigneur qui le réclamait, celui-ci trouvait le moyen ou de le laisser évader, ou bien de le faire acquitter après un jugement dérisoire. De cette manière, il était toujours difficile et souvent impossible de mettre à exécution les lois sages qui émanaient du parlement, parce que le pouvoir des nobles était sans bornes, et que, pour augmenter encore leur autorité, ils entravaient de toutes les manières la marche de la justice.

Chacun de ces seigneurs, sur les terres qui lui appartenaient, avait plutôt l'air d'un monarque que d'un sujet du roi d'Ecosse; et nous verrons plus tard que plusieurs d'entre eux devinrent même assez redoutables pour menacer de détrôner les rois. Il n'y avait pas jusqu'aux plus minces barons qui ne se fissent la guerre l'un à l'autre sans le consentement du roi; de sorte que le pays tout entier n'offrait qu'une vaste scène de désordre et de carnage. Ce qui éternisait les troubles, c'était la coutume barbare connue sous le nom de *haine à mort*. Lorsqu'un homme était insulté ou tué par un autre, ses parens, sachant que les lois étaient impuissantes pour leur faire obtenir satisfaction, se vengeaient eux-mêmes en mettant à mort quelqu'un de la famille de celui qui les avait offensés, quelque étranger d'ailleurs que l'objet de leur vengeance pût être au crime ou à l'offense. Les autres à leur tour cherchaient à se venger sur un membre de la famille qui avait été outragée la première, et de cette manière la querelle se transmettait de père en fils; et souvent des familles voisines l'une de l'autre, et qui auraient dû vivre en bonne intelligence, étaient divisées pendant plusieurs générations par une *haine à mort*.

Les plus grands malheurs devinrent la suite de cet esprit de vengeance qui perpétuait les haines de familles, et de cette insubordination aux sages lois du pays. Par exemple, lorsque le roi d'Ecosse assemblait son armée pour marcher contre les Anglais, un grand nombre de braves seigneurs se réunissaient sous son étendard, suivis de vaillans soldats; mais il était toujours difficile et souvent impossible de les déterminer à agir de concert, tant chacun était jaloux de son autorité, sans parler de ceux qui nourrissaient les uns contre les autres soit des animosités personnelles, soit de ces terribles et funestes *haines à mort*, résultat d'une querelle futile peut-être dans le principe, mais envenimée par les crimes commis successivement par les deux partis, et transmise de père en fils comme un sanglant héritage.

Il est vrai que sous un prince aussi ferme et d'un caractère aussi énergique que Robert Bruce, les puissans barons se sentaient comprimés et se renfermaient dans de justes bornes ; mais nous verrons trop souvent que lorsqu'ils eurent à leur tête des rois plus faibles et plus mous, leurs fatales querelles recommencèrent, et furent plus d'une fois la cause des défaites et des malheurs de l'Ecosse. Ce qui rend cette assertion incontestable, c'est que lorsque les Ecossais livrèrent de grandes batailles avec des armées nombreuses où se trouvaient beaucoup de ces barons fiers et indépendans, ils furent souvent défaits par les Anglais; tandis que lorsqu'ils combattaient les mêmes ennemis avec des forces moins considérables ils remportaient souvent la victoire, parce qu'alors tous obéissaient aux ordres d'un seul chef, sans prétendre lui disputer le commandement.

Ces causes de dissensions intestines et de calamités publiques existaient jusque dans les comtés du centre du royaume, tels que les trois Lothians [1], le comté de Fife et autres provinces où le roi résidait habituellement, et où il devait exercer par conséquent plus d'influence et avoir moins de peine à faire exécuter les lois; mais il y avait deux grandes divisions de l'Ecosse qui étaient encore dans un tel état de barbarie, qu'on pouvait dire qu'elles n'en reconnaissaient aucune : c'étaient les frontières (*borders*) et les hautes terres ou montagnes (*highlands*). Bien que de nom elles fussent soumises au roi d'Ecosse, cependant lorsqu'il voulait faire exécuter dans l'un ou l'autre de ces

---

[1] Ces trois comtés ou *shires* sont : le Lothian de l'est (Est-Lothian) ou Haddingtonshire; celui du milieu (Middle-Lothian) ou Edinburgshire; et le Lothian occidental (West-Lothian) ou Linlithgowshire. — Ed.

grands districts quelque acte de justice, il fallait qu'il y marchât en personne à la tête d'un corps considérable de troupes, pour se saisir des coupables et les faire mettre à mort sans autre forme de procès. Ces expéditions sévères rétablissaient la tranquillité pour quelque temps ; mais elles augmentaient encore l'aversion du peuple pour le gouvernement royal, et il n'en était que plus disposé, à la moindre occasion, à troubler l'ordre par des querelles intestines ou par une rébellion ouverte. Il faut que je vous parle un peu plus en détail de ces districts sauvages et barbares de l'Ecosse, et du genre de peuple qui les habitait, afin que vous me compreniez bien lorsque je vous parlerai des montagnards (*Highlanders*) et des habitans des frontières (*Borderers*).

Les Highlands ou hautes terres, ainsi nommés à cause des rochers et des montagnes qui forment la nature de la contrée, comprennent une grande partie de l'Ecosse septentrionale. C'est dans ces déserts que les anciens habitans de la Grande-Bretagne furent repoussés par les Romains, et c'est de là qu'ils revinrent envahir et dévaster cette partie de la Bretagne que les Romains avaient conquise et en quelque sorte civilisée. Ces montagnards ou habitans des Highlands parlaient et parlent encore aujourd'hui un langage tout-à-fait différent de l'écossais des basses terres (*Lowlands*); cette dernière langue diffère très-peu de l'anglais, et les peuples de ces deux pays s'entendent facilement, tandis que ni les uns ni les autres ne comprennent le gaëlique (*gaelic*), que parlent les montagnards. Leurs vêtemens différaient aussi de ceux des autres Ecossais : ils consistaient en un *plaid* ou manteau de frise ou d'une étoffe rayée appelée *tartan*, dont un pan, noué autour de la taille, formait une espèce de petite jupe qui descendait jusqu'aux genoux, tandis que le reste était drapé sur les épaules comme une sorte de manteau ; ils avaient pour chaussure des brodequins de cuir non tanné. Ceux qui pouvaient se procurer une toque se couvraient la tête de cette coiffure; mais il y avait beaucoup de montagnards qui n'en portaient jamais, et alors leurs longs cheveux crépus étaient attachés par derrière par une bande de cuir. Ils marchaient toujours armés d'arcs et de flèches, de grandes et lourdes épées appelées *claymores*, qu'ils maniaient des deux mains, de haches d'armes et de poignards pour combattre corps à corps. Pour armes défensives, ils avaient un bouclier ou targe ronde, en bois, toute couverte de clous. Les Chefs avaient des chemises ou cottes de mailles assez semblables aux chemises de flanelle que l'on porte à présent, si ce n'est que les mailles étaient de fer au lieu d'être de laine; mais, en général, les montagnards désiraient si peu se couvrir d'armures, que souvent dans le combat ils jetaient leur plaid et ne conservaient qu'une simple chemise, qu'ils portaient très-longue et très-ample comme celle des Irlandais.

Cette partie de la nation écossaise était divisée en *clans* ou tribus. Les individus qui composaient chacun de ces clans croyaient tous descendre primitivement d'un même aïeul, dont ils portaient ordinairement le nom : ainsi une de ces tribus s'appelait Mac-Donald, ce qui signifie les fils de Donald; une autre Mac-Gregor, ou les fils de Gregor; une troisième Mac-Niel, les fils de Niel; et ainsi de suite. Chacun de ces clans avait son Chef particulier, qui était le descendant immédiat du fondateur de la tribu. Ils obéissaient aveuglément à ce Chef, soit en paix, soit en guerre, sans s'inquiéter si en agissant ainsi ils ne transgressaient pas les lois du pays et ne se mettaient pas en révolte ouverte contre le roi lui-même. Chaque tribu habitait, dans les montagnes, une vallée ou un district séparé des autres; ils se battaient souvent entre eux, et presque toujours à toute outrance. Mais c'était surtout avec les habitans des basses terres qu'ils étaient constamment en guerre. Ils n'avaient ni le même langage, ni les mêmes vêtemens, ni les mêmes mœurs, et sous prétexte que les plaines fertiles avaient autrefois appartenu à leurs ancêtres, ils y faisaient des incursions continuelles, et les pillaient sans pitié. De leur côté les habitans des basses terres, tout aussi braves et mieux disciplinés que leurs ennemis, leur infligeaient souvent de dures représailles; de sorte qu'habitant le même pays, ils n'en étaient pas moins entre eux dans un état de guerres continuelles.

Plusieurs des Chefs montagnards les plus puissans s'arrogeaient tous les privilèges de monarques indépendans. Tels étaient les fameux lords des Iles, les Mac-Donalds, auxquels les Hébrides, situées au nord-ouest de l'Ecosse, pouvaient passer pour appartenir en toute propriété. Ces petits souverains faisaient des traités avec l'Angleterre en leur propre nom. Ils s'étaient déclarés pour Robert Bruce, et l'avaient joint avec toutes leurs forces; mais nous verrons que plus tard ils mirent le trouble dans l'Ecosse. Les lords de Lorn, les Mac-Douglas étaient aussi extrêmement puissans. Vous avez vu qu'ils purent livrer bataille à Robert Bruce, et même le vaincre et mettre sa vie dans le plus grand danger, ce dont celui-ci se vengea plus tard en forçant John de Lorn de s'expatrier, et en donnant la plus grande partie de ses biens à son neveu, sir Colin Campbell, qui devint le chef de cette grande famille d'Argyle qui par la suite acquit tant de puissance dans les Highlands.

De tout cela, il vous est facile de comprendre que ces clans des Highlands, retranchés dans des montagnes inaccessibles, et n'obéissant à personne qu'à leurs propres Chefs, durent contribuer fortement à troubler la tranquillité du royaume. Ils avaient pourtant d'excellentes qualités : ils étaient bons, courageux, hospitaliers, d'une fidélité à toute épreuve envers leurs Chefs; mais en même temps ils étaient remuans, vindicatifs, ennemis du repos, et préférant toujours la guerre à la paix [1].

---

(1) *La Dame du Lac* nous offre le tableau poétique des sites et des mœurs des Highlands; *l'Officier de Fortune*, *Rob-Roy*, *Waverley*, etc., achèvent de nous familiariser avec cette partie si pittoresque et si originale de l'Ecosse. — ED.

Les frontières n'étaient pas dans un état beaucoup plus favorable au maintien d'un gouvernement paisible. Les habitans de cette partie de l'Ecosse qui touche à l'Angleterre ressemblaient beaucoup aux montagnards. Ils étaient comme eux divisés par clans, et avaient aussi des Chefs auxquels ils obéissaient de préférence au roi ou aux officiers qui le représentaient. Il n'est pas aisé d'expliquer comment ces divisions par clans s'établirent aux deux extrémités de l'Ecosse et n'eurent jamais lieu dans les provinces qui les séparaient.

Les provinces frontières ne sont pas, il est vrai, aussi montagneuses et aussi inabordables que les Highlands; mais elles sont pourtant remplies de hautes collines, surtout dans la partie de l'ouest, et elles étaient dans le principe couvertes de forêts et divisées par une foule de petites rivières et de marais en autant de vallées où habitaient les différens clans, toujours en guerre soit entre eux, soit avec les Anglais, soit avec les provinces plus civilisées qui se trouvaient dans leur voisinage.

Cependant, quoique les habitans des frontières ressemblassent aux montagnards par leur gouvernement et leurs habitudes de pillage, et nous pouvons ajouter par leur état de révolte presque continuel contre le roi d'Ecosse, il y avait entre eux plusieurs points de différence. Les montagnards combattaient toujours à pied, et les habitans des frontières toujours à cheval. Ceux-ci parlaient la même langue que les habitans des basses terres, portaient les mêmes vêtemens et se servaient des mêmes armes. A force de guerroyer contre les Anglais, ils avaient acquis aussi une meilleure discipline. Mais sous le rapport de l'obéissance au gouvernement royal, ils ne différaient pas beaucoup des clans du nord.

Des officiers militaires appelés *Wardens* ou gardiens étaient nommés par le roi pour contenir les turbulens habitans des frontières; mais comme ces gardiens étaient presque tous eux-mêmes chefs de clans, ils apportaient peu de remède au mal. Robert Bruce avait confié l'administration d'une grande partie des frontières au lord James de Douglas, qui remplit cette charge avec zèle et fidélité ; mais le pouvoir que la famille des Douglas acquit par là devint plus tard bien dangereux pour la couronne [1].

Vous voyez donc comme cette pauvre Ecosse était déchirée sans cesse par les querelles des nobles, les révoltes des montagnards et les incursions des habitans des frontières. Si Robert Bruce eût vécu, il eût sans doute réussi à rétablir l'ordre dans le pays ; mais la Providence avait décrété que sous le règne de son fils, qui lui succéda, l'Ecosse retomberait dans un état presque aussi misérable que celui dont ce grand prince l'avait tirée.

CHAPITRE XI.

Régence et mort de Randolph.—Bataille de Dupplin.—Avénement d'Edouard Baliol au trône d'Ecosse, et sa fuite en Angleterre.—Bataille d'Halidon-Hill et retour de Baliol.

Robert Bruce, le plus grand roi qui ait jamais occupé le trône d'Ecosse, étant mort, comme je vous l'ai dit, la couronne passa à son fils David [1], qui fut appelé David II, pour le distinguer du roi de ce nom qui avait régné environ cent ans auparavant. Ce David II n'avait que quatre ans à la mort de son père, et quoique nous ayons vu des

---

(1) *Le Lai du dernier Ménestrel* est aux frontières (*borders*) ce qu'est la *Dame du Lac* aux Highlands pour nous faire connaître les habitudes guerrières de ces provinces et l'aspect du pays. *Le Monastère, le Nain*, achèvent le tableau, etc. — Ed.

(2) 1330. — Ed.

enfans de cet âge qui se croyaient bien raisonnables, on n'a pas coutume de leur confier le gouvernement des royaumes. Ce fut pour cette raison que Randolph, comte de Moray, dont je vous ai tant parlé, devint ce qu'on appelle régent du royaume d'Ecosse, c'est-à-dire qu'il exerça l'autorité royale jusqu'à ce que le roi fût assez âgé pour gouverner son peuple. Cette sage disposition avait été faite par Bruce, avec le consentement du Parlement, et fut très-avantageuse pour le royaume.

Le régent était très-sévère dans l'administration de la justice. Si le soc de la charrue d'un laboureur lui était volé sur le champ où il l'avait laissé, Randolph condamnait le sheriff du comté à lui en payer la valeur, parce que le devoir de ce magistrat était de veiller sur tout ce qui était laissé dans les champs à la foi publique. Un fripon essaya de profiter de cette loi : il cacha le soc de sa charrue, prétendit qu'il lui avait été volé, en réclama le prix auprès du sheriff, et en reçut deux shillings d'après sa valeur présumée ; mais la fraude ayant été découverte, le régent condamna cet homme à être pendu.

Dans une autre occasion, un criminel qui, après avoir assassiné un prêtre, s'était enfui à Rome et y avait fait pénitence, fut amené devant le régent. Le coupable avoua son crime, alléguant cependant en sa faveur qu'il avait obtenu le pardon du pape.—Le pape, répondit Randolph, a pu vous pardonner le meurtre d'un prêtre, mais il n'a pu vous absoudre de l'assassinat d'un sujet du roi d'Ecosse. C'était se reconnaître indépendant de l'autorité du pape à un degré qui n'était pas ordinaire parmi les princes de ce temps.

Tandis que le régent était occupé à rendre la justice à Wigton, dans le Galloway, un homme entra précipitamment dans l'assemblée pour se plaindre que, dans le moment même, une troupe de ses ennemis s'était mise en embuscade dans une forêt voisine, et l'attendait pour le mettre à mort. Randolph envoya des soldats pour se saisir

9

de ces misérables, et les fit amener devant lui. — C'est donc vous, dit-il, qui vous cachez pour surprendre et tuer les sujets du roi? Qu'on les pende tous à l'instant même.

Randolph méritait des éloges pour sa justice, mais non pour son excessive sévérité. Le plaisir qu'il paraissait prendre à condamner à mort les criminels montre à la fois la férocité de cette époque et celle de son propre caractère. Il avait envoyé son Coroner [1] au château d'Ellandonan, dans les Highlands, pour faire exécuter plusieurs voleurs et malfaiteurs de toute espèce : cet officier fit attacher leurs têtes, au nombre de soixante, tout le long des murs extérieurs du château. Lorsque Randolph arriva, et que, descendant le lac en bateau, il vit les murailles ornées de ces têtes hideuses et sanglantes, il dit qu'il préférait ce coup-d'œil à celui de toutes les guirlandes de roses qu'il eût jamais vues.

Les efforts du régent pour faire régner partout le bon ordre et la justice furent bientôt interrompus, et il fut forcé de prendre des mesures pour la défense du pays; car Robert Bruce ne fut pas plus tôt dans la tombe que les ennemis de sa famille commencèrent à comploter entre eux pour détruire le gouvernement qu'il avait établi. Le principal auteur de ces machinations était Edouard Baliol, le fils de ce John Baliol qui fut d'abord fait roi d'Ecosse par Edouard Ier, puis détrôné par lui et confiné dans une prison lorsque ce prince voulut régner lui-même sur ce pays. Après avoir été long-temps captif, John Baliol avait obtenu la permission de passer en France, où il était mort dans l'obscurité. Mais son fils Edouard Baliol, trouvant l'occasion favorable, résolut de faire valoir ses droits au trône d'Ecosse. Il arriva en Angleterre dans ce dessein ; et quoique Edouard III, qui régnait alors dans ce pays, se rappelant les derniers succès des Ecossais, ne jugeât pas

---

(1) De *corona*, officier de la couronne dont les fonctions sont aujourd'hui de constater toute mort violente, et qui, à cette époque, avait une juridiction plus étendue, semblable à celle d'un grand prévôt. — ED.

prudent de s'engager dans une guerre contre eux, cependant Baliol trouva un parti considérable de puissans barons anglais bien disposés à l'aider dans son entreprise. Voici la cause qui les détermina à s'unir à lui.

Lorsque l'Ecosse fut affranchie de la domination de l'Angleterre, tous les Anglais à qui Edouard Ier ou ses successeurs avaient donné des terres dans ce royaume en furent naturellement privés. Mais il y avait une autre classe de propriétaires anglais qui réclamaient les biens qui leur appartenaient en Ecosse, non à titre de fiefs concédés par quelque prince anglais, mais comme héritage de familles écossaises auxquelles ils étaient alliés; leurs prétentions furent reconnues justes par Robert Bruce lui-même, au traité de paix conclu à Northampton, en 1328, dans lequel il fut convenu que ces lords anglais seraient réintégrés dans les biens dont ils avaient hérité en Ecosse. Malgré cette convention, Bruce, qui n'aimait pas à voir des Anglais posséder des terres dans son royaume à quelque titre que ce fût, refusa, ou au moins différa de remplir cette partie du traité. De là vint qu'aussitôt après la mort de ce monarque les lords déshérités résolurent de réunir leurs forces et de se joindre à Edouard Baliol pour envahir l'Ecosse et rentrer dans leurs biens. Mais toutes leurs troupes réunies ne montaient qu'à quatre cents hommes d'armes et environ quatre mille archers et autres soldats de toute espèce. C'était une bien petite armée pour envahir une contrée qui s'était si bien défendue contre toutes les forces de l'Angleterre; mais ils supposaient avec raison que la mort du vaillant Robert Bruce avait beaucoup affaibli l'Ecosse.

Une grande infortune vint mettre le deuil dans ce pays; ce fut la mort inattendue du régent Randolph, dont la valeur et l'expérience auraient été si nécessaires pour protéger l'Ecosse. Il avait rassemblé des troupes, et s'occupait des préparatifs de défense à opposer aux efforts de Baliol et des lords déshérités, lorsqu'il fut atteint d'une maladie violente; et mourut à Musselbourg dans le mois de juillet 1332. Les regrets que les Ecossais éprouvèrent de la mort du régent allèrent si loin, que leurs historiens accusent les Anglais de l'avoir empoisonné; mais rien n'a confirmé cette accusation.

Donald, comte de Mar, neveu de Robert Bruce, fut nommé régent par le Parlement d'Ecosse, à la place du comte de Moray; mais comme homme il lui était bien inférieur en talens, et il était sans expérience comme militaire.

Cependant le roi d'Angleterre, affectant encore de vouloir rester en paix avec l'Ecosse, défendit aux lords déshérités d'envahir ce pays par les frontières anglaises; mais il ne mit aucun obstacle à ce qu'ils équipassent une petite flotte dans un port obscur du royaume, afin de parvenir par mer au même but. Ils débarquèrent dans le comté de Fife, ayant Baliol à leur tête, et défirent le comte de Fife, qui s'était hâté de s'opposer à leur passage. Ils s'avancèrent alors du côté du nord, vers la ville de Dupplin, près de laquelle le comte de Mar était campé avec une armée considérable, tandis qu'un autre corps de troupes, sous les ordres du comte de March, arrivait des comtés méridionaux de l'Ecosse pour attaquer en flanc et par derrière la petite armée de Baliol.

Tout devait faire présumer que cette poignée d'hommes serait détruite par les troupes nombreuses rassemblées contre elle; mais Edouard Baliol prit la résolution d'attaquer l'armée du régent pendant la nuit, et de le surprendre dans son camp. Dans ce dessein, il traversa la rivière de l'Earn, dont le cours séparait les deux corps de troupes ennemis. Le comte de Mar n'avait point placé de sentinelles, et avait négligé toutes les précautions nécessaires en cas de surprise: aussi les Anglais arrivèrent-ils sans peine jusqu'au milieu de son camp endormi et sans défense. Ils firent un grand carnage des Ecossais, dont le nombre ne servit qu'à augmenter le désordre. Le régent fut trouvé lui-même parmi les morts, ainsi que les comtes de Carrick, de Moray, de Menteith, et beaucoup d'autres seigneurs de distinction. Plusieurs milliers d'Ecossais furent tués pendant le combat, écrasés dans leur fuite, ou noyés dans la rivière. Les Anglais eux-mêmes étaient étonnés d'avoir remporté, avec un nombre de troupes si inférieur, une victoire si complète.

Je vous ai dit que le comte de March s'avançait avec les forces qu'il avait rassemblées dans les comtés méridionaux pour venir au secours du régent; mais il agit avec tant de lenteur et si peu d'énergie,en apprenant la défaite et la mort du comte de Mar, qu'il fut justement soupçonné de favoriser en secret le parti de Baliol. Ce général victorieux s'arrogea alors la couronne d'Ecosse, qui fut placée sur sa tête à Scoon. Une grande partie du royaume se soumit à son autorité, et cette fatale bataille de Dupplin, livrée le 12 août 1332, parut avoir anéanti tous les avantages que celle de Bannockburn avait assurés à l'Ecosse.

Edouard Baliol fit un indigne usage de sa victoire. Il se hâta de reconnaître le nouveau roi d'Angleterre comme son seigneur et maître, quoique, par le traité de Northampton, l'Angleterre eût renoncé à jamais à élever des prétentions à une pareille suprématie, et qu'elle eût formellement reconnu l'indépendance de l'Ecosse. Il lui céda aussi la ville forte et le château de Berwick, et lui promit de le suivre et de l'aider, aux frais de l'Ecosse, dans toutes les guerres qu'il lui plairait d'entreprendre. Edouard III, de son côté, s'engagea à maintenir la couronne sur la tête de Baliol. Ce fut ainsi que le royaume se vit réduit à peu près au même état de dépendance et d'asservissement à l'Angleterre que lorsque le grand-père d'Edouard avait placé le père de Baliol sur le trône, en 1292, environ quarante ans auparavant.

Mais les succès de Baliol étaient plutôt apparens que réels. Les patriotes écossais étaient maîtres de presque toutes les forteresses du royaume, et le jeune roi David se trouvait en sûreté dans le château de Dumbarton, une des places les plus fortes de l'Ecosse et peut-être du monde entier.

A aucune période de son histoire l'Ecosse ne manqua de braves guerriers ayant la volonté et les talens nécessaires pour défendre ses droits. Dès que le traité honteux par lequel Baliol venait de vendre à Edouard l'indépendance de son pays fut connu en Ecosse, les descendans des compagnons de Bruce se présentèrent naturellement les premiers pour défendre la cause de la liberté. John Randolph, second fils du régent, avait formé une union secrète avec Archibald Douglas, un des plus jeunes frères du Bon Lord James, et ils se préparèrent à imiter les grandes actions de leurs parens. Ils rassemblèrent promptement une armée assez considérable, et attaquant Baliol, qui était à un grand festin près d'Annan, ils taillèrent sa garde en pièces, tuèrent son frère, et le forcèrent à se sauver hors du royaume, dans une telle hâte, qu'il partit sans avoir eu le temps de changer ses habits de fête, et sur un cheval sans selle ni harnois.

Archibald Douglas, qui devint ensuite comte de Douglas, était un brave homme, comme son père; mais il ne fut pas un aussi bon général et n'eut pas autant de bonheur dans ses entreprises.

Il y avait un autre Douglas, nommé sir William, fils naturel du Bon Lord James, qui figura beaucoup à cette époque. Quoique bâtard, il avait acquis une grande fortune en épousant l'héritière des Grahames de Dalkeith; et il possédait le château-fort de ce nom, avec un autre plus important encore nommé l'Hermitage, grande et massive forteresse située dans la contrée sauvage de Liddesdale, à trois ou quatre milles des frontières anglaises. Ce sir William Douglas, appelé communément le Chevalier de Liddesdale, était un vaillant et courageux soldat; mais il se montra fier, cruel et perfide, et, quoiqu'il égalât en talens militaires son père le Bon Lord James, il ne soutint pas la réputation de loyauté et d'honneur qu'il lui avait léguée.

Outre ces champions, tous déclarés contre Baliol, il y avait encore sir André Murray de Bothwell, qui avait épousé Christine, sœur de Robert Bruce et tante du jeune roi David. Il avait une si haute réputation, que le Parlement écossais le nomma régent en remplacement du comte de Mar, tué à Dupplin.

Edouard III, roi d'Angleterre, déclara alors la guerre à l'Ecosse, dans l'intention de soutenir la cause de Baliol, de prendre possession de Berwick, que ce prétendu roi lui avait cédé, et de châtier les Ecossais pour ce qu'il appelait leur rébellion. Il se mit à la tête d'une grande armée, et marcha vers les frontières.

La guerre commença d'une manière inquiétante pour l'Ecosse. Sir André Murray et le chevalier de Liddesdale furent faits prisonniers dans des escarmouches particulières contre les Anglais, et la perte de ces deux chefs fut très-préjudiciable à leur pays.

Archibald Douglas, qui, comme je viens de vous le dire, était le frère du Bon Lord James, fut sur-le-champ nommé régent à la place de sir André Murray, et s'avança avec un corps de troupes considérable pour secourir la ville de Berwick, assiégée alors par Edouard III avec toute son armée. La garnison fit une défense opiniâtre; et le régent, en livrant bataille aux Anglais dans l'espoir de dégager la ville, montra plus de courage que de talens militaires.

Les Ecossais étaient rangés en bataille sur le penchant d'une éminence nommée Halidon-Hill, à deux milles de Berwick. Le roi Edouard vint les y attaquer avec toute son armée. Ce combat, comme celui de Falkirk et beaucoup d'autres, fut décidé par le formidable corps des archers anglais. Ils étaient postés dans un terrain marécageux, d'où ils envoyaient les volées de flèches les plus meurtrières contre les Ecossais, qui, placés sur la pente rapide de la montagne, restaient exposés à ces décharges terribles sans pouvoir y répondre.

Je vous ai déjà dit que ces archers anglais étaient les plus renommés de l'Europe. Dès l'âge de sept ans, on les habituait au maniement de l'arc en leur en donnant un petit, proportionné à leur taille et à leurs forces, et chaque année on en substituait un autre plus grand et plus fort, jusqu'à ce qu'ils fussent en état de se servir de l'arc des hommes faits. Indépendamment de l'avantage qu'ils avaient d'être familiarisés de bonne heure avec leur arme, les archers anglais tenaient leur arc à la hauteur de l'épaule, et en tiraient la corde contre l'oreille droite, tandis que les autres nations de l'Europe la tirent contre la poitrine. Si vous voulez essayer ces deux manières, mon enfant, vous trouverez que les Anglais pouvaient lancer de beaucoup plus longues flèches parce que leur bras avait plus de place et de développement.

Accablés par ces archers adroits et expérimentés dont les flèches tombaient sur eux comme la grêle, rompant leurs rangs, et perçant leurs plus belles armures comme si elles eussent été de carton, les Ecossais firent des efforts désespérés pour gagner le bas de la montagne et sortir d'une position si désavantageuse. Le comte de Ross chargea vigoureusement; et, s'il eût été secondé par un corps suffisant de cavalerie, il aurait pu changer le sort de cette journée; mais, comme il n'en était pas ainsi, les comtes de Ross, de Sutherland et de Menteith furent défaits et tués avec leur suite par la cavalerie anglaise, qui s'était avancée pour protéger les archers. Alors la déroute des Ecossais fut complète : le régent Archibald Douglas resta sur le champ de bataille ainsi qu'une partie de la meilleure et de la plus brave noblesse; un grand nombre furent faits prisonniers, Berwick fut obligé de se rendre, et l'Ecosse parut être de nouveau conquise par les Anglais.

Edouard parcourut encore une fois tout le royaume,

s'empara des places fortes et y mit des garnisons, extorqua d'Edouard Baljol, qui était roi de nom, la cession d'une grande partie des comtés méridionaux, nomma les gouverneurs des châteaux et les sheriffs des comtés, et exerça une autorité absolue comme sur un pays conquis. Baliol, de son côté, reprit possession des provinces du nord et de l'ouest de l'Ecosse, qu'il lui fut permis de conserver à titre de vassal du monarque anglais. Bien des personnes pensaient que les guerres étaient à jamais terminées, et qu'il ne restait plus dans ce malheureux pays un homme qui eût assez d'influence pour lever une armée, ou assez de talent pour la conduire.

CHAPITRE XII.

Siège du château de Loch Leven. — Bataille de Kilblene. — Siège du château de Dunbar. — Sir André Murray. — Etat du pays. — Tournois.

Les Anglais, nation plus riche et plus puissante, en état de lever et d'entretenir des armées plus considérables, remportèrent souvent de grandes victoires sur les Ecossais ; mais en retour, ceux-ci avaient un amour pour l'indépendance et une haine pour la tyrannie étrangère qui les porta toujours à persister dans leur résistance, même dans les circonstances les plus désavantageuses, et à chercher à regagner ce qu'ils avaient perdu, par des efforts lents, mais opiniâtres et continus.

Après la bataille d'Halidon, il ne restait plus dans toute l'Ecosse que quatre châteaux et une petite tour qui fussent restés fidèles à David Bruce, et il est étonnant de voir comment les patriotes réussirent bientôt après à changer un état de choses qui paraissait si désespéré.

Dans les différentes escarmouches et batailles partielles qui eurent lieu dans toute l'étendue du royaume, les Ecossais, connaissant le pays et soutenus par les habitans, étaient presque toujours victorieux : ils surprenaient des châteaux et des forts, coupaient les convois de vivres qui arrivaient aux Anglais, et détruisaient les partis ennemis qu'ils rencontraient dispersés et isolés. Ce fut ainsi que par une lutte longue et continuelle, les patriotes regagnèrent en détail ce qu'ils avaient perdu par plusieurs grands combats. Je vais vous raconter quelques incidens arrivés pendant cette guerre sanglante.

Le château de Loch Leven, situé dans une île, au milieu d'un grand lac, était un des quatre restés fidèles à David Bruce, et qui n'avaient pas voulu se soumettre à Edouard Baliol. Le gouverneur était un loyal Ecossais, nommé Alan Vipont, ayant sous ses ordres Jacques ou James Lamby. Le château fut assiégé par un corps de troupes anglaises commandé par sir John Stirling, partisan de Baliol. Comme les assiégeans n'osaient pas approcher de l'île avec des barques, Stirling imagina un singulier expédient pour obliger la garnison à se rendre. Il y a une petite rivière appelée le Leven, qui prend sa source dans le lac et en sort par l'extrémité orientale. Les Anglais construisirent en cet endroit une forte et haute barrière ou écluse, afin d'empêcher les eaux du Leven de s'écouler. Ils espéraient que celles du lac, grossies par la rivière, s'élèveraient au point d'inonder l'île, et forceraient Vipont à capituler. Mais Vipont envoya pendant la nuit une petite barque montée de quatre hommes qui firent une brèche dans l'écluse, d'où les eaux s'élancèrent avec une telle violence qu'elles entraînèrent les tentes, le bagage, les assiégeans, et détruisirent presque toute leur armée. On montre encore maintenant les restes de l'écluse, quoiqu'il se soit élevé quelques doutes sur la vérité de cette histoire. Ce qu'il y a de certain, c'est que les Anglais furent obligés de lever le siège avec perte.

Tandis que la guerre continuait avec une furie toujours croissante, le chevalier de Liddesdale et sir André Murray de Bothwell revinrent en Ecosse après avoir racheté leur liberté par une forte rançon. Le comte de March embrassa aussi le parti de David Bruce. Un autre brave champion de cette cause était sir Alexandre Ramsay de Dalwolsy, qui, se mettant à la tête d'une troupe de jeunes Ecossais, choisit pour retraite les spacieux souterrains qu'on peut voir encore dans la vallée de Roslyn, d'où il sortait à l'improviste pour tomber sur les Anglais et leurs adhérens. Aucun soldat écossais ne semblait digne de prétendre à quelque renom militaire, à moins qu'il n'eût servi dans la bande de Ramsay.

Une bataille considérable, livrée dans le nord de l'Ecosse, tourna à l'avantage du jeune roi. Le château de Kildrummie était un de ceux qui tenaient pour lui. Il était défendu par la vénérable tante du roi David, Christine Bruce, femme de sir André Murray et sœur du brave roi Robert, car dans ces temps de guerre les femmes commandaient les châteaux, et combattaient quelquefois en bataille rangée. Ce château, qui était une des dernières places de refuge des patriotes, fut assiégé par David Hastings, comte d'Athole, un des lords déshérités, qui, après avoir plusieurs fois changé de parti pendant la guerre, avait fini par embrasser complètement celui de Baliol. Sir André Murray de Bothwell, qui exerçait de nouveau les fonctions de régent, résolut d'assembler toutes les forces que les patriotes pouvaient réunir, et, appelant autour de lui le chevalier de Liddesdale, Ramsay et le comte de March, il marcha contre Athole pour le forcer à lever le siège de Kildrummie et secourir son héroïque défenseur. Mais ces nobles n'avaient pu réunir que mille hommes, tandis qu'Athole en commandait trois mille.

Comme les Ecossais approchaient du territoire de Kildrummie, ils furent joints par un nommé John Craig. Ce gentilhomme appartenait au parti royaliste; mais ayant été fait prisonnier par le comte d'Athole, il en avait obtenu de racheter sa liberté par une forte rançon, et le lendemain était le jour fixé pour le paiement. Il désirait donc ardemment voir la défaite ou la mort d'Athole avant ce moment, et sauver ainsi sa rançon. Dans ce dessein, il guida les Ecossais à travers la forêt de Braemar, où ils trouvèrent une troupe des habitants des environs, qui se joignit à eux; et ils attaquèrent à l'improviste le comte d'Athole, qui était campé dans la forêt. Athole tressaillit de surprise en voyant paraître l'ennemi si inopinément; mais quoique versatile dans sa conduite politique, c'était un homme brave et courageux. Il jeta les yeux sur un énorme roc qui se trouvait près de lui, et il jura qu'il ne fuirait point à moins que ce roc ne lui en donnât l'exemple. Une petite rivière séparait les deux troupes. Le chevalier de Liddesdale, qui conduisait l'avant-garde des Ecossais, descendit de quelques pas seulement sur le penchant de la rive qui était de son côté; alors prenant sa lance par le milieu, il l'opposa horizontalement à sa troupe, qui voulait avancer, et fit faire halte, ce qui occasiona quelques murmures. Le comte d'Athole voyant ce mouvement s'écria : — Ces gens-là sont déjà à demi vaincus! et il s'élança pour les charger, suivi par sa troupe en désordre. Quand ils eurent passé la rivière, et qu'ils voulurent remonter sur l'autre bord, le chevalier de Liddesdale s'écria : — Maintenant c'est notre tour! et profitant de l'avantage du terrain, il se précipita sur les Anglais avec tous les siens et les culbuta dans la rivière. Athole lui-même, dédaignant de demander quartier, fut tué sous un grand chêne. Telle fut la bataille de Kilblenc, livrée le jour de Saint-André, en 1335.

Parmi les exploits guerriers de cette époque nous ne devons pas oublier la défense du château de Dunbar par la célèbre comtesse de March. Son mari, comme nous l'avons vu, avait embrassé le parti de David Bruce, et s'était mis en campagne avec le régent. La comtesse, que son teint basané et ses cheveux d'ébène avaient fait surnommer Agnès la Noire, nom par lequel on la désigne encore, était une femme courageuse et entreprenante, fille de ce Thomas Randolph, comte de Moray, dont je vous ai si souvent parlé, et digne héritière de sa valeur et de son patriotisme. Le château de Dunbar était très-fort par lui-même ; bâti sur une chaîne de rochers qui s'étendaient jusqu'à la mer, il n'avait qu'un seul passage qui conduisît dans l'intérieur des terres, et qui était très-bien fortifié. Ce château fut assiégé par Montague, comte de Salisbury, qui employa pour détruire ses murailles de grands engins de guerre, propres à jeter de grosses pierres, et avec lesquels on attaquait les fortifications avant de se servir du canon.

Agnès la Noire déjoua tous ses efforts, et se montra sur les murs accompagnée de ses femmes, essuyant avec des mouchoirs blancs les endroits où les pierres avaient frappé, comme si elles ne pouvaient faire d'autre dommage à son château que d'y élever un peu de poussière.

Le comte de Salisbury commanda alors à ses gens de faire avancer une machine d'une autre espèce : c'était une sorte de hangar ou de maison de bois montée sur des roues, avec un toit d'une solidité et d'une force remarquables, dont la forme, ressemblant au dos d'un sanglier, lui avait fait donner le nom de *truie*. Cette machine, dans l'ancienne manière de faire la guerre, était roulée contre les murs de la ville ou du château qu'on voulait prendre, et servait de rempart, contre les flèches et les pierres que jetaient les assiégés, à une troupe de soldats qu'on plaçait dans la truie, et qui cherchait à miner les murs ou à pratiquer une brèche avec des pioches et des outils de mineurs. Dès que la comtesse de March vit cet engin avancer contre les murs du château, elle cria au comte de Salisbury, d'un ton moqueur et dans une sorte de prose rimée, digne de l'époque :

> Prends garde à toi, Salisburie,
> Des petits va faire ta truie.

Au même instant elle fit un signal, et un énorme fragment de rocher qu'elle avait fait détacher tout exprès fut précipité du haut des murailles sur la truie, dont le toit fut brisé en mille pièces. Comme les soldats anglais qui y étaient renfermés s'enfuyaient aussi vite qu'ils le pouvaient pour éviter et la chute des débris du toit, et les flèches et les pierres qu'on leur lançait du château, Agnès la Noire s'écria ; « Voyez toute cette portée de petits porcs an- « glais ! »

Le comte de Salisbury savait aussi plaisanter, même dans des circonstances aussi sérieuses. Un jour il faisait, à cheval, une reconnaissance près des murs du château, accompagné d'un chevalier couvert d'une armure à toute épreuve et d'une triple cotte de mailles sur une jaquette de cuir. Malgré cela, un certain William Spens décocha une flèche à ce chevalier avec une telle force, qu'elle pénétra jusqu'à son cœur à travers toutes ces barrières. — C'est un gage d'amour de la comtesse, dit le comte en voyant son compagnon tomber mort de son cheval ; les traits d'Agnès la Noire arrivent toujours jusqu'au cœur.

Dans une autre occasion la comtesse de March fut bien près de faire le comte de Salisbury prisonnier. Elle lui avait envoyé un de ses gens, qui, feignant de la trahir, offrit de le faire entrer dans le château. Se fiant à ses promesses, Salisbury vint à minuit devant la porte, qu'il trouva ouverte ; la herse était levée. Comme le comte était sur le point d'entrer, un nommé John Copland, seigneur du Northumberland, le devança de quelques pas, et à peine eut-il passé le seuil de la porte que la herse fut abaissée. Les Ecossais manquèrent ainsi la proie qu'ils espéraient, et ne firent prisonnier qu'un personnage d'un rang inférieur.

Enfin le château de Dunbar fut secouru par Alexandre Ramsay de Dalwolsy, qui amena par mer à la comtesse des soldats et des provisions. Le comte de Salisbury, apprenant cela, désespéra de réussir, et leva le siège, qui avait duré dix-neuf semaines. Les ménestrels firent des chansons pour célébrer la persévérance et le courage d'Agnès la Noire. Les vers suivans contiennent à peu près le sens de ce qui nous en est resté :

> C'était une fière gaillarde,
> Qui toujours faisait bonne garde ;
> Que l'on vînt tôt, que l'on vînt tard,
> Agnès était sur le rempart.

Le brave sir André Murray de Bothwell, régent de l'Ecosse, mourut en 1338, lorsque la guerre exerçait ses ravages de tous les côtés. C'était un brave patriote, et sa mort fut une grande perte pour son pays, auquel il avait rendu de si grands services. On raconte de lui une anecdote qui montre quel sang-froid il savait conserver, même dans le plus imminent péril. Il était dans les Highlands avec un petit corps de troupes lorsque le roi d'Angleterre y arriva à la tête de vingt mille hommes. Le régent apprit cette nouvelle tandis qu'il entendait la messe, mais il ne voulut point interrompre cet acte de dévotion. Lorsque la messe fut finie, les gens qui l'entouraient l'engageaient vivement à ordonner la retraite. — Rien ne presse, dit Murray avec calme. Enfin on lui amena son cheval : il s'apprêtait à y monter, et sa troupe espérait qu'on allait partir, mais le régent remarqua qu'une courroie de son armure était cassée, et cet accident amena de nouveaux délais. Il envoya chercher un petit coffre qu'il indiqua, et il en tira un morceau de cuir qu'il coupa, et façonna lui-même avec tranquillité la courroie qui lui manquait. Pendant ce temps les Anglais approchaient rapidement, et ils étaient si supérieurs en nombre que plusieurs chevaliers écossais dirent ensuite à l'historien qui raconte cette anecdote, que jamais temps ne leur parut aussi long que celui que sir André employa à couper cette lanière de cuir. S'il avait laissé approcher les ennemis par vanterie et vaine ostentation de bravoure, sa conduite eût été celle d'un fou et d'un fanfaron; mais sir André avait arrêté le plan de sa retraite, il connaissait la confiance que ses soldats avaient en sa prudence, et il savait que plus il montrerait de froideur et de sang-froid, plus, à leur tour, ils seraient calmes et fermes. Il donna enfin l'ordre du départ, et, se mettant à la tête de sa troupe, il fit une retraite si savante, que, malgré leur grand nombre, les Anglais ne purent obtenir sur lui le moindre avantage, tant il sut bien profiter de tous les accidens du terrain.

Vous pouvez facilement imaginer, mon cher enfant, que pendant ces longues et terribles guerres où les châteaux étaient pris et repris, où il se livrait tant de batailles, et où tant d'hommes étaient faits prisonniers, blessés et mis à mort, l'Ecosse était dans un état bien misérable. Il n'y avait plus ni refuge ni protection à trouver dans les lois à une époque où toutes les questions étaient décidées par le bras le plus vigoureux et la plus longue épée. On ne cultivait plus la terre, puisque, d'après toutes les probabilités, l'homme qui l'aurait ensemencée n'aurait pu en recueillir la moisson. Peu de sentimens religieux se conservèrent au milieu d'un ordre de choses si violent, et le peuple devint si familier avec les actes injustes et sanguinaires, que toutes les lois de l'humanité et de la charité étaient transgressées sans scrupule. Des malheureux étaient trouvés morts de faim dans les bois avec leurs familles, et le pays était si dépeuplé et si inculte, que les daims sauvages quittaient les forêts et approchaient des villes et des habitations des hommes. Des familles entières étaient réduites à manger de l'herbe, et d'autres trouvèrent, dit-on, un aliment plus horrible dans la chair de leurs semblables. Un misérable établit des trappes dans lesquelles il prenait les créatures humaines comme des bêtes féroces, et s'en nourrissait. Ce cannibale était appelé Christian du Grappin (*Cleek*), à cause du grappin ou crochet qu'il employait pour ses affreuses trappes.

Au milieu de toutes ces horreurs, les cavaliers anglais et écossais, lorsqu'il y avait quelque trève entre eux, faisaient succéder aux combats des tournois et autres exercices de chevalerie. Le but de ces jeux n'était point de se donner le plaisir de combattre, mais de prouver qui était le meilleur homme d'armes. Au lieu de faire assaut d'adresse, de chercher à qui sauterait le plus haut, ou de disputer le prix d'une course à pied ou à cheval, c'était la mode alors que les gentilshommes joutassent ensemble, c'est-à-dire qu'armés de toutes pièces, tenant leur longue lance, ils courussent l'un contre l'autre jusqu'à ce que l'un d'eux fût enlevé de sa selle et renversé par terre. Quelquefois ils se battaient à pied avec l'épée et la hache; et quoique ce ne fussent que des jeux où présidait la courtoisie, on voyait quelquefois périr plusieurs champions dans ces combats inutiles, comme s'ils eussent combattu sur un champ de bataille véritable. Par la suite on n'employa que des épées émoussées ou des lances sans pointe; mais à l'époque dont nous parlons, on se servait dans les tournois des mêmes armes qu'à la guerre.

Un tournoi très-célèbre fut donné à cette époque aux chevaliers anglais et écossais par Henry de Lancastre, appelé alors le comte de Derby, et depuis Henri IV, roi d'Angleterre. Il invita le chevalier de Liddesdale, le Bon sir Alexandre Ramsay et environ vingt autres Ecossais de distinction, à se rendre à une grande joute près de Berwick. Après avoir fait à ses nobles hôtes l'accueil le plus distingué, le comte de Derby demanda à Ramsay avec quelles armures les chevaliers combattraient.

— Avec des boucliers de métal, répondit Ramsay, tels qu'on en porte ordinairement dans les tournois. — Il est à croire que c'était une espèce d'armure particulièrement solide et pesante dont on ne se servait que pour ce genre de combats.

— Non, non, dit le comte de Derby, nous acquerrions trop peu de renommée si nous combattions ainsi en sûreté ; portons plutôt l'armure plus légère que nous prenons un jour de bataille.

— Nous sommes prêts à combattre avec nos pourpoints de soie, si c'est le bon plaisir de Votre Seigneurie, répondit sir Alexandre Ramsay.

Le chevalier de Liddesdale fut blessé au poignet d'un éclat de lance, et fut obligé de quitter la partie. Un chevalier écossais appelé sir Patrick Graham lutta contre un vaillant baron anglais nommé Talbot, qui ne dut la vie qu'à sa cuirasse, qui était double à l'endroit de la poitrine. La lance écossaise perça les deux plaques de métal, et s'enfonça d'un pouce dans la chair. S'il n'avait eu que l'armure légère ordonnée par les lois du tournois, Talbot était un homme mort. Pendant le souper, un autre chevalier anglais défia Grahame de fournir trois fois la carrière contre lui le lendemain. — Ah! tu veux te mesurer avec moi, dit Grahame ; en ce cas, lève-toi de bonne heure, confesse tes péchés, et fais ta paix avec Dieu, car tu iras souper en paradis. En effet, le lendemain matin, il passa sa lance au travers du corps de son adversaire, qui mourut sur le coup. Un autre chevalier anglais fut aussi tué, et un Ecossais mortellement blessé. William Ramsay eut son casque traversé par une lance dont un éclat lui entra dans le crâne, et lui cloua son casque sur la tête. Comme on croyait qu'il allait mourir sur la place, on envoya chercher un prêtre, qui le confessa sans que ce casque eût été ôté.

— Ah! dit le comte de Derby édifié par ce spectacle, qu'il est beau de voir un chevalier faire, le casque en tête, la confession de ses péchés ! Que Dieu m'accorde une semblable fin !

Dès que ce devoir religieux fut rempli, Alexandre Ramsay, dont le blessé était parent, l'étendit par terre tout de son long, et, se mettant en devoir de faire une opération qui avait quelque chose de la rudesse de leurs jeux, il appliqua son pied contre la tête de son ami, tandis que, réunissant toutes ses forces, il tirait le morceau de lance du casque et en même temps de la blessure. Alors William Ramsay se leva, et dit en se frottant la tête : — Cela ira.

— Voyez un peu jusqu'où peut aller le courage de l'homme ? dit le comte de Derby, admirant la manière dont il avait été traité tant au moral qu'au physique.

On ne dit pas si le patient vécut.

Pour donner les prix, il fut arrêté que les chevaliers anglais décideraient quel était celui des Ecossais qui s'était distingué le plus, et que les Ecossais seraient de même les juges de la valeur des Anglais. Une équité parfaite présida des deux côtés à ces jugemens, et le comte de Derby montra beaucoup de munificence dans la distribution des prix. Ces détails pourront servir à vous donner une idée des amusemens de cette époque remuante et agitée, où la guerre et ses périls se retrouvaient jusque dans les jeux.

CHAPITRE XIII.

Départ d'Edouard Baliol de l'Ecosse. — Retour de David II. — Mort de sir Alexandre Ramsay. — Mort du chevalier de Liddesdale. — Bataille de Neville-Cross. — Mort de Baliol. — Captivité, délivrance et mort du roi David.

MALGRÉ la valeureuse défense des Ecossais, leur pays était réduit à l'état le plus misérable, par la guerre continuelle que lui faisait Edouard III, roi sage et belliqueux s'il en fut jamais. S'il avait pu tourner contre l'Ecosse toutes les forces de son royaume, il en aurait probablement achevé la conquête, qu'il désirait en vain depuis si long-temps; mais au moment où la guerre se poursuivait avec le plus d'acharnement, Edouard éleva des prétentions à la couronne de France, et fut obligé de les soutenir les armes à la main. Il se vit donc forcé de rappeler une partie des troupes qu'il avait en Ecosse, et les patriotes commencèrent à espérer de voir se décider en leur faveur la lutte terrible soutenue avec tant d'obstination par les deux partis.

Les Ecossais envoyèrent une ambassade en France pour en obtenir des soldats et de l'argent. Ils obtinrent l'un et l'autre, et ce secours les mit en état de reprendre aux Anglais leurs îles et leurs villes [1].

Ils rentrèrent en possession du château d'Edimbourg par un stratagème. Le chevalier de Liddesdale s'embarqua à Dundee, avec deux cents hommes choisis, sur un vaisseau marchand, commandé par un certain William Curry. Dès qu'ils furent arrivés à Leith, le patron du navire se rendit au château, suivi d'une partie de ses matelots portant des barils de vin et de grands paniers de provisions qu'il disait vouloir vendre au gouverneur anglais et à la garnison. Ayant obtenu sous ce prétexte qu'on leur ouvrît la porte, ils poussèrent tous ensemble le cri de guerre des Douglas, et le chevalier de Liddesdale, se précipitant sur leurs pas suivi de sa troupe, se rendit maître du château. Perth et plusieurs autres places importantes retombèrent aussi au pouvoir des Ecossais, et Edouard Baliol quitta le pays, désespérant de faire reconnaître ses prétentions à la couronne.

Les nobles d'Ecosse, trouvant les affaires du royaume

(1) *Town*. On appelle *town* généralement toute réunion de maisons plus considérable qu'un village, et où il y a un marché régulier. On appelle proprement *city* toute ville à corporation avec résidence d'un évêque. En France, au moyen âge, on appelait *villes* les gros bourgs et même les villages fortifiés; d'où vient qu'alors on comptait déjà plus de deux mille *villes*. — ED.

dans un état plus prospère, résolurent d'engager le jeune roi David II à revenir de France, où il avait cherché un asile avec sa femme, la reine Jeanne. Ils arrivèrent en 1341.

David II était encore fort jeune, et même dans un âge plus avancé il n'eut jamais les talens ni la sagesse de son père, le grand roi Robert. Chaque noble Ecossais était devenu un petit prince dans ses domaines ; ils faisaient tous la guerre à leurs voisins comme ils l'avaient faite à l'Angleterre, et le pauvre roi n'avait pas assez de pouvoir sur eux pour les retenir dans le devoir. Un triste exemple de cet esprit de discorde arriva peu de temps après le retour du jeune roi.

Je vous ai dit comment sir Alexandre Ramsay et le chevalier de Liddesdale s'aidaient réciproquement à repousser l'invasion des Anglais ; c'étaient de vieux amis et des compagnons d'armes. Mais Ramsay ayant réussi à prendre d'assaut le château-fort de Roxburgh, le roi le nomma sheriff de ce comté, emploi qui était rempli auparavant par le chevalier de Liddesdale. En le voyant occuper sa place, Liddesdale oublia sa vieille amitié pour Ramsay, et résolut de le faire périr. Il tomba tout à coup sur lui avec une troupe nombreuse de gens armés, tandis qu'il rendait la justice à Hawick. Ramsay, qui avait peu de monde avec lui, et qui ne pouvait soupçonner son ancien camarade de vouloir lui faire aucun mal, fut aisément vaincu, et, tout blessé qu'il était, il fut transporté en toute hâte dans le château solitaire de l'Hermitage, situé au milieu des marais de Liddesdale. Là il fut jeté dans un cachot, n'ayant pour toute subsistance que quelques grains qui tombaient par les fentes du plancher d'un grenier ; et après avoir langui quelques jours dans cette affreuse situation, le brave sir Alexandre Ramsay mourut, en 1341. Plus de quatre cents ans après ; c'est-à-dire il y a environ quarante ans, un maçon creusant dans les ruines du château de l'Hermitage arriva à un caveau où se trouvait une quantité de paille, des ossemens humains et un morceau de bride, ce qui fit supposer que Ramsay y était mort. Ce morceau de bride fut donné à votre grand-père [1], qui en fit hommage au noble comte de Dalhousie, brave militaire comme sir Alexandre Ramsay dont il descend en ligne directe.

Le roi fut très-affligé en apprenant le crime qui avait été commis sur la personne d'un sujet si fidèle ; il fit plusieurs tentatives pour le venger ; mais le chevalier de Liddesdale était trop puissant pour être puni, et le roi fut obligé de lui rendre sa faveur et sa confiance. Enfin Dieu dans sa justice fit tomber le châtiment sur la tête du meurtrier. Environ cinq ans après qu'il eut commis ce crime, le chevalier de Liddesdale fut fait prisonnier par les Anglais à la bataille de Neville-Cross, près de Durham, et on le soupçonne d'avoir racheté sa liberté en entrant dans une ligue coupable avec le monarque anglais. Mais il n'eut pas le temps d'effectuer sa trahison, car peu de jours après il fut tué à la chasse dans la forêt d'Ettrick, par son proche parent et son filleul, lord William Douglas. Depuis ce moment la place où il périt fut appelée William-Hope. C'est grand dommage que le chevalier de Liddesdale ait souillé sa gloire en faisant mourir lâchement son ami et en se liguant avec les ennemis de l'Ecosse. Sous tous les autres rapports, il tenait un si haut rang dans l'estime publique, qu'il était appelé la fleur de la chevalerie, — et qu'un ancien historien dit de lui : — Terrible dans la guerre, doux et modeste dans la paix, il était le fléau de l'Angleterre et le bouclier et le rempart de l'Ecosse. Jamais les succès ne le rendirent présomptueux, et jamais la mauvaise fortune ne le découragea.

Revenons maintenant à l'état de l'Ecosse au moment où son jeune roi lui fut rendu. La guerre exerçait encore ses ravages de tous côtés, mais, les Ecossais ayant recon-

---

[1] Sir Walter Scott est, comme on sait, grand amateur de ces reliques d'antiquités.
— Ed.

quis tout leur territoire, elle devint bientôt moins opiniâtre, et quoiqu'il n'y eût point de traité de paix en forme, des trèves de plusieurs mois, et même de plusieurs années, étaient conclues de temps en temps ; trèves que les historiens anglais prétendent que les Ecossais étaient toujours prêts à rompre lorsqu'ils en trouvaient l'occasion favorable.

Vers l'an 1346, pendant une de ces trèves, et tandis qu'Edouard III était en France assiégeant Calais, David fut vivement pressé par le roi de ce pays de recommencer la guerre, et de profiter de l'occasion que lui offrait l'absence d'Edouard. En conséquence le jeune roi d'Ecosse leva une armée considérable, et entrant en Angleterre par les frontières occidentales, il marcha vers Durham, ravageant et dévastant tout le pays qu'il parcourait. Les Ecossais se flattaient que puisque le roi et les nobles étaient absens, il n'y avait personne en Angleterre qui pût s'opposer à leur passage, excepté des prêtres et de simples artisans.

Mais ils furent bien trompés dans leur attente. Les lords des comtés septentrionaux de l'Angleterre et l'archevêque d'York rassemblèrent une armée nombreuse ; ils défirent l'avant-garde des Ecossais, et tombèrent à l'improviste sur le corps d'armée principal. L'armée anglaise, dans laquelle il y avait beaucoup d'ecclésiastiques, portait pour étendard un crucifix qui s'élevait parmi les bannières de la noblesse. Les Ecossais avaient pris position au milieu de quelques haies de clôture qui gênaient leurs mouvemens, et où leurs rangs immobiles étaient moissonnés, comme dans les batailles précédentes, par les flèches anglaises. Sir John Grahame offrit de disperser les archers si on voulait lui confier un corps de cavalerie ; mais quoique le succès d'une tentative semblable eût décidé le gain de la bataille de Bannockburn, il ne put obtenir les moyens de l'essayer. Dès ce moment le désordre se mit dans l'armée écossaise. Le roi lui-même combattit bravement au milieu de ses nobles, et fut blessé deux fois par des flèches. Enfin il fut fait prisonnier par John Copland, gentilhomme du Northumberland, le même qui avait été pris à Dunbar, à la place de Salisbury. Il ne s'empara pas sans peine de son illustre captif; car dans la lutte le roi fit sauter deux dents de Copland avec son poignard. L'aile gauche de l'armée écossaise continua de combattre long-temps après que le reste fut en déroute, et réussit enfin à effectuer sa retraite; elle était commandée par le comte de March. Un grand nombre de seigneurs furent tués, et beaucoup d'autres furent faits prisonniers. Le roi lui-même fut conduit en triomphe à travers les rues de Londres, et étroitement renfermé à la Tour. Cette bataille fut livrée à Neville-Cross près de Durham, le 17 octobre 1346.

Telle fut la seconde grande victoire remportée par les Anglais sur les Ecossais. Elle fut suivie de nouveaux avantages qui assurèrent pour quelque temps aux vainqueurs tout le pays qui s'étend depuis les frontières de l'Ecosse jusqu'au Lothian. Mais, comme d'ordinaire, les Ecossais ne se virent pas plus tôt forcés à une soumission momentanée, qu'ils commencèrent à chercher les moyens de s'y soustraire.

William Douglas, fils de ce Douglas qui avait été tué à Halidon-Hill, près de Berwick, déploya alors sa part de ce courage et de cette prudence qui semblaient innés dans cette famille extraordinaire. Il reconquit ses propres domaines de Douglasdale, chassa les Anglais de la forêt d'Ettrick, et aida les habitants de Teviotdale à recouvrer leur indépendance.

Du reste, dans cette occasion, l'invasion des Anglais n'eut pas des conséquences aussi fâcheuses que les premières victoires qu'ils avaient remportées. La royauté de Baliol ne fut pas de nouveau proclamée, et ce souverain de nom céda au monarque anglais tous ses droits sur le royaume d'Ecosse, en foi de quoi il lui présenta une poignée de terre écossaise et une couronne d'or. Edouard, en reconnaissance de cet abandon, assura un riche revenu à Baliol, qui se retira des affaires publiques, et passa le reste de sa vie dans une telle obscurité, que les historiens n'indiquent même pas l'époque de sa mort. Depuis qu'il était entré en Ecosse à la tête des lords déshérités, rien de ce qu'il entreprit ne porta l'empreinte du courage et des talens qu'il avait montrés en cette occasion, et auxquels il dut le gain de la bataille de Dupplin, ce qui fait présumer qu'il était alors guidé par des conseils qui lui manquèrent ensuite.

Edouard III ne fut pas plus heureux en faisant la guerre en Ecosse pour son propre compte que lorsqu'il semblait n'avoir d'autre but que de soutenir la cause de Baliol. Il s'avança dans l'East-Lothian (le Lothian oriental), au printemps de 1355, et y exerça tant de ravages, que cette époque fut long-temps appelée *la chandeleur ardente*, à cause du grand nombre de villes et de villages qui furent brûlés. Mais les Ecossais avaient emporté toutes les provisions qui auraient pu être utiles à leurs ennemis, et tout en évitant une bataille générale ils ne cessaient de les harceler par des escarmouches partielles. Ce fut de cette manière qu'Edouard fut obligé de battre en retraite et de quitter l'Ecosse avec beaucoup de perte.

Après avoir échoué dans cette tentative, Edouard paraît avoir désespéré de conquérir l'Ecosse; il entra en pourparlers pour conclure une trève et remettre le roi en liberté.

Enfin David II obtint de retourner en Ecosse, après avoir été prisonnier pendant onze ans. Les Ecossais convinrent de payer une rançon de cent mille marcs, somme bien considérable pour un pays toujours pauvre et épuisé par les dernières guerres. Le peuple fut si enchanté de revoir son roi, qu'il le suivait partout, et ce qui montre la grossièreté de ces temps, c'est qu'il s'introduisait sans façon jusque dans sa chambre à coucher. Irrité à la fin de marques d'attachement si fatigantes et si importunes, le roi arracha la masse d'armes d'un de ses officiers, et de sa royale main il cassa la tête du sujet impertinent qui se trouvait le plus près de lui. — Après cette rebuffade, dit l'historien, il lui fut permis d'être tranquille chez lui.

Les dernières années de la vie de ce roi n'offrent rien de remarquable, si ce n'est qu'après la mort de Jeanne, sa première femme, il contracta un mariage imprudent avec une Marguerite Lagie, femme d'une grande beauté, mais d'une naissance obscure, dont il se sépara ensuite. Il n'eut d'enfans ni de sa première ni de sa seconde femme. David II mourut à l'âge de quarante-sept ans, dans le château d'Edimbourg, le 22 février 1370. Il avait régné quarante-deux ans, dont il en passa onze prisonnier en Angleterre.

CHAPITRE XIV.

Avénement de Robert Stuart. — Guerre de 1385, et arrivée de Jean de Vienne en Ecosse. — Bataille d'Otterburn. — Mort de Robert II.

David II étant mort sans enfans, la branche masculine de la famille du grand Robert Bruce se trouvait éteinte. Mais tel était l'attachement que les Ecossais portaient aux descendans de ce prince héroïque, qu'ils résolurent de décerner la couronne à un de ses petits-fils du côté maternel. Marjorie, fille de Robert Bruce, avait épousé Walter, lord High-Steward [1] de l'Ecosse, et le sixième de sa famille qui eût exercé ces hautes fonctions, d'où lui était venu le surnom de Stewart. Ce Walter Stewart ou Stuart, et sa

---

(1) C'est-à-dire lord grand-intendant. — Ed.

femme Marjorie, furent les ancêtres de cette longue dynastie des Stuarts qui, par la suite, gouvernèrent l'Ecosse et finirent par régner aussi sur l'Angleterre. Le dernier roi de la famille des Stuarts perdit sa double couronne à la grande révolution nationale de 1688, et son fils et ses petits-fils moururent en exil. La branche féminine possède actuellement le trône dans la personne de George IV, notre souverain. Lors donc que vous entendrez parler de la branche des Stuarts, vous saurez que ce sont les descendans de Walter Stuart et de Marjorie Bruce que l'on désigne ainsi. On dit que les Stuarts descendaient de Fleance, fils de Banquo, celui à qui les vieilles sorcières prédirent que ses descendans deviendraient rois d'Ecosse, et qui fut tué par Macbeth; mais c'est une tradition qui paraît plus que douteuse.

Walter, l'intendant d'Ecosse, qui avait épousé la fille de Bruce, était un guerrier plein de courage, qui se distingua à la bataille de Bannockburn, où il avait un commandement supérieur. Mais il mourut jeune, et fut très-regretté. Robert Stuart, son fils, qu'il avait eu de Marjorie Bruce, et par conséquent petit-fils du roi Robert, fut appelé après lui sur le trône. C'était un prince doux et affable, qui avait été dans son temps un brave guerrier; mais il avait alors cinquante-cinq ans, et il était sujet à une violente inflammation d'yeux qui les rendait rouges comme le sang. Aussi passa-t-il presque tout le reste de sa vie dans la retraite; et il n'avait pas l'activité nécessaire pour être à la tête d'un peuple aussi remuant et aussi difficile à conduire que les Ecossais.

La couronne ne fut pas décernée à Robert Stuart sans opposition. Un compétiteur formidable se présenta dans la personne de William, comte de Douglas. Cette famille, de laquelle étaient sortis tant de grands hommes, avait alors atteint un haut degré de pouvoir et de prospérité, et elle exerçait une autorité presque souveraine dans les provinces méridionales de l'Ecosse. Le comte de Douglas consentit à se désister de ses prétentions, à condition que son fils épouserait Euphémie, fille de Robert II. Ce mariage ayant levé tous les obstacles, Stuart fut couronné roi; mais l'extrême pouvoir des Douglas, qui les faisait marcher presque de pair avec le souverain, fut cause par la suite de grandes commotions nationales et de nouveaux malheurs pour l'Ecosse.

Il ne se passa rien de bien important sous le règne de Robert II. Les guerres avec les Anglais furent moins fréquentes; mais les Ecossais avaient fait de grands progrès dans la tactique militaire. En voici quelques exemples :

En 1385, les Français se voyant pressés vivement par les Anglais sur leur propre territoire, résolurent d'envoyer une armée en Ecosse pour aider cette nation à faire la guerre aux Anglais, et forcer ainsi ces derniers à rester dans leurs foyers pour les défendre. Ils choisirent donc mille hommes d'armes, c'est-à-dire armés de toutes pièces, tant chevaliers qu'écuyers, et comme chacun de ces hommes d'armes avaient quatre ou cinq soldats sous ses ordres, cela formait des forces très-considérables. Ils envoyèrent aussi douze cents armures complètes aux Ecossais, ainsi qu'une grande somme d'argent, pour leur fournir les moyens de soutenir la guerre. Les troupes étaient commandées par Jean de Vienne, grand-amiral de France, général brave et habile.

Pendant ce temps, Richard II rassembla de son côté l'armée la plus nombreuse peut-être que jamais roi d'Angleterre eût commandée, et il se dirigea vers les frontières de l'Ecosse. Les Ecossais avaient aussi réuni des forces considérables, et l'amiral français s'attendait qu'il allait y avoir une grande bataille rangée. Il dit aux seigneurs écossais : — Vous avez soujours déclaré que si vous aviez quelques centaines d'hommes d'armes de France pour vous seconder, vous livreriez bataille aux Anglais; hé bien! nous voici prêts à vous soutenir. Livrons bataille.

Les seigneurs écossais répondirent qu'il était trop dangereux de risquer les destinées de l'Ecosse dans un seul combat; et l'un d'eux, probablement Douglas, conduisit Jean de Vienne dans un étroit passage, où, sans être aperçus, ils pouvaient voir défiler toute l'armée anglaise. L'Ecossais fit remarquer à l'amiral la multitude innombrable d'archers, le nombre et la discipline des hommes d'armes qui s'y trouvaient, et il lui demanda alors s'il conseillerait encore aux Ecossais d'attaquer cette foule d'archers avec quelques tireurs d'arc des Highlands mal exercés, ou de soutenir sur leurs petits bidets le choc de toute la cavalerie anglaise.

L'amiral ne put s'empêcher de convenir que la partie ne serait pas égale.—Mais en ce cas, dit-il, que comptez-vous faire? car si vous ne cherchez point à arrêter ce torrent, il va ravager tout votre pays.

— Qu'ils fassent ce qu'ils voudront, répondit Douglas en souriant, ils ne trouveront pas grand'chose à ravager. Les habitans sont tous retirés dans les bois, sur les montagnes, dans les marécages, et ils ont emmené avec eux leurs troupeaux qui forment tout leur bien. Les Anglais ne trouveront rien à prendre ni à manger. Les maisons des grands propriétaires sont de petites tours qui ont d'épaisses murailles que le fer même ne pourra détruire. Quant au peuple, il n'habite que de simples cabanes, et s'il prend fantaisie aux Anglais de les brûler, quelques arbres de la forêt suffiront pour les reconstruire.

— Mais que ferez-vous de votre armée si vous ne vous battez point? demanda le Français, et comment le peuple supportera-t-il la famine, le pillage, tous les maux enfin qui seront les conséquences de l'invasion?

— Vous verrez que notre armée ne restera pas oisive, dit Douglas; et quant aux habitans, ils peuvent souffrir la faim et tous les maux de la guerre, mais jamais ils ne souffriront un Anglais pour maître.

L'événement prouva la vérité de ce que Douglas avait

dit. La grande armée anglaise entra en Ecosse par les frontières de l'est, et dévasta tout ce qu'elle rencontrait sur son passage; mais bientôt elle manqua de provisions, et ne pût en trouver nulle part. D'un autre côté, les seigneurs écossais n'eurent pas plus tôt appris que les Anglais étaient engagés dans le cœur de l'Ecosse, qu'avec une armée nombreuse, composée principalement de cavalerie légère, comme celle que conduisaient Douglas et Randolph en 1327, ils se jetèrent sur les provinces de l'ouest de l'Angleterre, où, en un jour ou deux, ils enlevèrent plus de butin et causèrent plus de ravages que les Anglais n'auraient pu en faire en Ecosse quand même ils auraient brûlé toute la contrée depuis la frontière jusqu'à Aberdeen.

Les Anglais furent rappelés promptement à la défense de leur pays, et quoiqu'il n'y eût pas eu de bataille, cependant le mauvais état des routes, le manque de fourrages et de provisions, et d'autres causes semblables, leur avaient fait perdre beaucoup d'hommes et de chevaux; tandis qu'au contraire l'armée écossaise avait trouvé tout en abondance dans un pays beaucoup plus fertile que le sien, et s'était enrichie par le pillage. Ce sage système de défense avait été recommandé par Bruce aux Ecossais, comme le seul moyen de protéger efficacement leurs frontières.

Quant aux troupes françaises, elles furent très-mécontentes de la réception qui leur fut faite. Elles se plaignirent que la nation qu'elles étaient venues secourir n'avait pour elles ni soins, ni attentions d'aucune espèce, et qu'on ne leur fournissait ni fourrages, ni provisions, ni rien de ce qui leur était nécessaire. A cela les Ecossais répondaient que leurs alliés leur coûtaient beaucoup, et ne leur servaient à rien; qu'il leur fallait une foule de choses qu'il était impossible de leur fournir dans un pays aussi pauvre que l'Ecosse; et enfin qu'ils insultaient les habitans, et mettaient tout au pillage dès qu'ils croyaient pouvoir le faire impunément. Les choses en vinrent au point que les Ecossais ne permirent aux Français de quitter l'Ecosse qu'après leur avoir fait promettre de payer les frais de leur séjour, et les chevaliers français partirent très-mécontens d'un pays dont les habitans étaient si sauvages et si peu civilisés, où les terres cultivées n'étaient en nulle proportion avec les déserts incultes, où il ne se trouvait que des marais et des montagnes, et où les animaux sauvages étaient beaucoup plus nombreux que ceux qui étaient dressés au service de l'homme.

C'était par prudence, et non par manque de bravoure, que les Ecossais évitaient les grandes batailles avec les Anglais. Il se livrait souvent des engagemens partiels; alors on faisait des prodiges de valeur des deux côtés, et on ne cessait de se battre, dit un vieil historien, que lorsque l'épée et la lance refusaient leur service, et alors on se retirait en se disant : — Au revoir, merci de l'amusement que vous m'avez procuré. Un exemple très-remarquable de ces combats à outrance se présenta dans l'année 1388.

Les seigneurs écossais avaient formé le projet de faire une invasion formidable en Angleterre, et ils avaient, dans cette intention, rassemblé de nombreuses forces; mais apprenant que les habitans du Northumberland réunissaient une armée sur les frontières de l'est, ils résolurent de borner leurs incursions à celles que le comte de Douglas pourrait faire avec une troupe d'élite de quatre à cinq mille hommes. Le comte pénétra en Angleterre par les montagnes qui sont sur les frontières, côté où l'on s'attendait le moins à une attaque, et se montrant tout à coup près de Newcastle, il tomba sur les riches plaines des environs, mettant tout à feu et à sang, et chargeant son armée de butin.

Percy, comte de Northumberland, seigneur anglais des plus puissans, et avec lequel les Douglas avaient eu plusieurs rencontres, envoya ses deux fils, sir Henry et sir Ralph Percy, pour arrêter les progrès de cette invasion. C'étaient l'un et l'autre de braves chevaliers; mais le premier surtout, qui, à cause de son impétuosité, avait été surnommé Hotspur [1], était l'un des meilleurs guerriers d'Angleterre, comme Douglas l'était de l'Ecosse. Les deux frères se jetèrent à la hâte dans Newcastle, pour défendre cette ville importante; et Douglas étant venu ranger sa troupe devant les murailles comme pour les braver, ils se décidèrent à faire une sortie, et les deux partis escarmouchèrent pendant quelque temps. Douglas et Henry Percy en vinrent personnellement aux mains, et il arriva que dans la mêlée Douglas s'empara de la lance d'Hotspur, au bout de laquelle était attaché un petit ornement en soie, brodé en perles, sur lequel était peint un lion; c'était le cimier des Percy. Douglas agita en l'air ce trophée, et déclara qu'il l'emporterait en Ecosse, et qu'il le planterait sur son château de Dalkeith.

— C'est ce que tu ne feras jamais, dit Percy : je saurai bien reprendre ma lance avant que tu regagnes ton Ecosse.

— Alors viens la chercher, répondit Douglas; tu la trouveras devant ma tente.

Les Ecossais, ayant rempli le but de leur expédition, commencèrent à se retirer le long de la vallée qu'arrose la petite rivière Reed, et ils campèrent à Otterburn, à environ vingt milles des frontières, le 17 août 1388.

Au milieu de la nuit, l'alarme se répandit dans le camp des Ecossais; on disait que l'armée anglaise était près de les atteindre, et en effet la lune en se levant montra sir Henry Percy qui s'avançait à la tête d'un corps de troupes au moins égal en nombre à celui de Douglas. Il avait déjà traversé la Reed, et se dirigeait vers le flanc gauche de l'armée écossaise. Douglas, sentant le désavantage de sa position, se retira du camp avec toutes ses troupes, et par une manœuvre aussi habile que savante, qu'on n'aurait jamais cru de pareils soldats en état d'exécuter, il changea entièrement la position de son armée et fit face à l'ennemi.

(1) Littéralement *éperon brûlant*. — Tr.

Pendant ce temps, Hotspur traversait le camp désert, où il ne restait que quelques traînards et quelques valets d'armée. Les obstacles qu'il présenta à la marche des troupes anglaises mirent quelque désordre dans leurs rangs, et ce fut au moment où elles croyaient les Ecossais en pleine retraite qu'à la clarté de la lune elles les virent rangés en ordre de bataille, et les attendant de pied ferme. Le combat s'engagea avec la plus grande furie ; car Percy et Douglas étaient les deux plus célèbres capitaines de leur temps, et les deux armées comptaient sur le courage et le talent de leurs chefs, dont les noms étaient répétés à grands cris de chaque côté. Les Ecossais, qui étaient inférieurs en nombre, allaient enfin céder, quand Douglas, leur chef, fit avancer sa bannière, sous l'escorte de ses meilleurs guerriers. Alors, poussant son cri de guerre de Douglas, il se précipita lui-même dans le plus fort de la mêlée, se frayant un passage avec sa hache d'armes ; mais bientôt il tomba percé de trois coups mortels. Si cet événement eût été connu, il est probable qu'il aurait décidé la bataille en faveur des Anglais ; mais tout ce qu'ils surent, c'est que quelque brave chevalier venait de mordre la poussière. Cependant les autres seigneurs écossais s'étaient élancés sur les pas de leur général qu'ils trouvèrent mourant au milieu de ses pages et de ses fidèles écuyers massacrés autour de lui. Un prêtre robuste, appelé William de North-Berwick, aumônier de Douglas, protégeait le corps de son maître, armé d'une lance.

— Comment cela va-t-il, cousin ? demanda Sinclair, le premier des chevaliers écossais qui pénétra jusqu'au chef expirant.

—Pas trop bien, répondit Douglas ; mais, grace à Dieu, mes ancêtres sont morts sur des champs de bataille, et non sur des lits de plumes. Je sens que je m'en vais ; mais que l'on n'en continue pas moins à pousser mon cri de guerre, et que l'on cache ma mort aux soldats. Il y a une tradition dans notre famille qui dit qu'un Douglas gagnera une bataille après sa mort, et j'espère qu'elle s'accomplira aujourd'hui.

Les nobles firent ce qui leur avait été prescrit; ils cachèrent le corps du comte, et se précipitèrent de nouveau au combat en criant plus fort que jamais : Douglas! Douglas! Les Anglais ne purent résister à cette nouvelle attaque ; Henry et Ralph Percy furent faits tous deux prisonniers après des prodiges de valeur, et presque aucun Anglais de distinction n'échappa à la mort ou à l'esclavage ; c'est ce qui a fait dire à un poète écossais :

> Douglas! à ce seul nom des milliers de soldats
> Souvent ont pris la fuite ; et l'on vit un Douglas,
> Même après son trépas, remporter la victoire.

Sir Henry Percy tomba au pouvoir de sir Hugh Montgomery, qui l'obligea pour sa rançon à lui bâtir un château à Penorn, dans le comté d'Ayr. La bataille d'Otterburn fut fatale aux Chefs des deux armées, puisque Percy fut fait prisonnier, et que Douglas périt dans le combat. Elle a fourni le sujet d'une foule de chants et de poëmes [1], et le grand historien Froissart dit que, à l'exception d'une seule bataille, ce fut celle où l'on se battit le mieux de part et d'autre dans ces temps de guerres.

Robert II mourut le 19 avril 1390. Son règne fut loin d'être aussi glorieux que celui de son aïeul maternel, Robert Bruce ; mais il fut beaucoup plus heureux que celui de David II. Il ne fut plus question des prétentions de Baliol à la couronne, et, quoique les Anglais aient fait encore plus d'une incursion en Ecosse, ils ne purent jamais rester long-temps maîtres du pays.

---

(1) La plus ancienne ballade de la bataille d'Otterburn est peut-être celle qu'on trouve dans le recueil de l'évêque Percy, tome Ier, pag. 21 :

> Yt felle abowght the Lamass tide, etc.

A l'époque de la Pentecôte, etc. — ED.

CHAPITRE XV.

Règne de Robert III. — Troubles dans les Highlands. — Combat entre le clan Chattan et le clan Kay, sur le North Inch de Perth — Caractère du duc de Rothsay, héritier présomptif, et sa mort. — Le prince Jacques, prisonnier des Anglais. — Mort de Robert III.

Le fils aîné de Robert II s'appelait primitivement John. Mais il avait été remarqué que les rois qui avaient porté le nom de John (Jean), tant en France qu'en Angleterre, avaient toujours été malheureux, et les Ecossais avaient une prédilection toute particulière pour le nom de Robert, parce qu'il avait été porté par le grand roi Bruce. John Stuart, en montant sur le trône, changea donc de nom, et prit celui de Robert III. Mais nous verrons que ce pauvre roi ne fut pas plus heureux que s'il eût continué à se nommer John.

Les troubles qui éclatèrent dans les Highlands furent un des fléaux de son règne. Vous devez vous souvenir que cette vaste chaîne de montagnes était habitée par un peuple qui différait, par les mœurs et le langage, des habitans des basses terres, et qui était divisé par familles appelées clans. Les Anglais les appelaient les Ecossais barbares, et les Français, les Sauvages de l'Ecosse; et ils ne méritaient que trop, en effet, les épithètes de sauvages et de barbares [1]. Les pertes que les habitans des plaines avaient essuyées dans les guerres contre les Anglais avaient affaibli à un tel point les provinces voisines des Highlands, qu'elles se trouvaient hors d'état de repousser les incursions des montagnards, qui descendaient de leurs montagnes, pil-

---

(1) Sous Édouard VI le vidame de Chartres appelait encore l'Écosse *le fin fond des sauvages*. Voyez les notes de *la Dame du Lac*. — Ed.

laient, ravageaient et brûlaient tout, comme s'ils eussent été sur un pays ennemi.

En 1392, une troupe nombreuse de ces montagnards, s'élançant des monts Grampiens, fondit tout à coup sur la plaine. Les Chefs s'appelaient Clan-Donnochy, ou fils de Duncan ; c'est le même clan qui s'appelle aujourd'hui Robertson. Les Ogilvys et les Lyndsays se rassemblèrent à la hâte sous le commandement de sir Walter Ogilvy, sheriff d'Angus, marchèrent contre eux, et les chargèrent avec leurs lances. Mais, quoiqu'ils eussent l'avantage d'être à cheval et armés de pied en cap, les montagnards se défendirent avec un tel acharnement, qu'ils tuèrent le sheriff et soixante des hommes de sa troupe, et qu'ils repoussèrent les gentilshommes des basses terres.

Pour donner une idée de leur férocité, on rapporte que sir David Lyndsay, ayant du premier choc passé sa lance au travers du corps d'un montagnard, le renversa par la force du coup, et le cloua à la terre. Dans cette position, et malgré les souffrances d'une cruelle agonie, le montagnard réussit à se redresser sur la lance, et, faisant un dernier effort, il saisit à deux mains sa redoutable claymore, et en porta un coup terrible au chevalier. Ce coup, asséné avec toute l'énergie du désespoir, perça l'étrier et la botte d'acier de Lyndsay, et, s'il ne sépara pas sa jambe de son corps, il le blessa du moins assez grièvement pour l'obliger à quitter le champ de bataille.

Heureusement peut-être pour les habitans des Lowlands, les montagnards sauvages ne vivaient pas plus en paix entre eux qu'avec leurs voisins. Deux clans, ou plutôt deux partis, composés chacun de plusieurs clans séparés, conçurent l'un contre l'autre une telle animosité, que les montagnes n'offraient plus partout que des scènes de discorde et de carnage.

Ne voyant aucun autre moyen de mettre fin à cette querelle, le roi d'Ecosse décida que trente hommes seraient choisis dans le clan Chattan, et trente autres dans le clan

Kay, pour vider entre eux le différend par un combat à outrance; que ce combat aurait lieu sur le North Inch de Perth, belle et grande prairie entourée en partie par la rivière Tay, et qu'il y assisterait avec toute sa cour. Une politique cruelle semblait avoir dicté cet arrangement; car il était à croire que les Chefs les plus braves et les plus renommés de chaque clan voudraient être du nombre des trente chargés de soutenir la querelle, et il n'était pas moins présumable que le combat serait sanglant et terrible. Il en résulterait donc, selon toute apparence, que les deux clans, ayant perdu l'élite de leurs guerriers, seraient plus faciles à gouverner à l'avenir. Tels furent probablement les motifs qui décidèrent le roi et ses conseillers à autoriser ce combat à outrance, qui du reste était tout-à-fait dans l'esprit du temps.

Les combattans étaient rangés de chaque côté, armés chacun d'une épée et d'un bouclier, d'une hache et d'un poignard, et ils se lançaient l'un à l'autre des regards farouches et menaçans, lorsque, au moment où le signal du combat allait être donné, le Chef du clan Chattan s'aperçut qu'un de ses hommes, que son courage avait abandonné, venait de déserter sa bannière. Il n'avait plus le temps d'aller jusqu'au clan pour en chercher un autre, de sorte qu'il ne lui resta d'autre ressource que d'offrir une récompense à quiconque voudrait se battre à la place du fugitif. Vous vous imaginez peut-être qu'il dut être assez difficile de trouver un homme qui, pour un modique salaire, voulût s'exposer aux risques d'un combat que tout annonçait devoir être acharné; mais dans ce siècle guerrier les hommes estimaient peu leur vie. Un nommé Henry Wynd, habitant de Perth et sellier de son métier, petit homme aux jambes tortues, mais plein de force et d'activité, et qui savait manier à merveille la claymore, offrit pour un petit écu de France de prendre la place vacante et de se battre pour le clan Chattan.

Le signal fut alors donné par le son des trompettes royales

et des grandes cornemuses de guerre des Highlands, et les deux troupes tombèrent l'une sur l'autre avec la plus grande furie ; leur férocité naturelle était encore excitée par la *haine à mort* que se portaient les deux clans ainsi que par l'idée qu'ils se battaient en présence du roi et de la noblesse d'Ecosse, et par le désir de se signaler en soutenant l'honneur de leur clan. Comme ils avaient pour arme la hache et la redoutable claymore, les coups qu'ils se portaient l'un à l'autre étaient terribles, et les blessures véritablement effrayantes. Bientôt la prairie fut inondée de sang ; on ne voyait que des têtes abattues, des membres séparés du reste du corps, et il y avait plus de morts et de blessés qu'il ne restait de combattans.

Au milieu de cette affreuse boucherie, le chef du clan Chattan aperçut Henry Wynd qui, après avoir tué un des hommes du clan Kay, s'était retiré à l'écart, et ne semblait plus vouloir se battre.

— Qu'est-ce que c'est ? lui dit-il ; as-tu peur ?

— Non, non, répondit Henry ; mais j'ai fait assez de besogne pour un petit écu.

— Allons, allons, donne-nous encore un coup de main, dit le Chef ; si tu ne regardes pas à l'ouvrage, je ne regarderai pas au salaire.

Après cette assurance, Henry Wynd se plongea de nouveau dans la mêlée, et par son adresse à manier l'épée il contribua beaucoup au gain de la victoire, qui finit par se déclarer pour le clan Chattan. Il ne restait que dix hommes du parti vainqueur, avec Henry Wynd, que les montagnards appelaient le *Cow Chrom*, c'est-à-dire le serrurier bancal, quoiqu'il fût sellier, parce qu'alors les selles de guerre étaient faites en acier ; encore tous les dix étaient-ils blessés. Un seul guerrier du clan ennemi survivait, et il n'avait reçu aucune blessure. Mais, se voyant seul, il n'osa pas lutter contre onze hommes, quoique tous plus ou moins hors de combat, et se jetant dans le Tay, il gagna l'autre rive à la nage, et courut porter dans les Highlands

la nouvelle de la défaite de son clan. On dit qu'il y fut si mal reçu par ses amis, qu'il se donna la mort.

Quelques parties de cette histoire ont pu être altérées par la tradition; mais le fond en est authentique. Henry Wynd fut récompensé du mieux qu'il fut possible au Chef montagnard; mais on remarqua qu'après le combat il ne pouvait pas dire le nom du clan dont il avait soutenu la querelle; et, lorsqu'on lui demandait pour qui il s'était battu, il répondait qu'il s'était battu pour son propre compte. De là le proverbe : — Chacun pour son compte, comme Henry Wynd se battait.

Pendant ce temps, des troubles auxquels nous avons déjà fait allusion éclataient dans la famille de Robert III. Le roi avait été blessé dans sa première jeunesse par un coup de pied de cheval, ce qui l'avait empêché de se livrer à la guerre. Il était naturellement doux, pieux et juste; mais il manquait de fermeté, et il se laissait trop dominer par ceux qui l'entouraient, et notamment par son frère le duc d'Albany, homme d'un caractère entreprenant, et tout à la fois rusé, ambitieux et cruel.

Ce prince, le plus proche héritier de la couronne s'il pouvait écarter les enfans du roi, chercha à jeter des semences de discorde et de désunion entre son frère et le duc de Rothsay, fils aîné de Robert III et son héritier présomptif. Rothsay était jeune, frivole, adonné aux plaisirs; son père était vieux, sévère dans ses principes : on juge bien que les sujets de querelles ne manquaient point, et Albany avait soin de présenter la conduite du fils sous le jour le plus défavorable.

Le roi et la reine s'imaginèrent que le meilleur moyen de corriger le prince, et de le forcer à mener une vie plus régulière, était de le marier. Albany, qu'ils consultèrent, se chargea de ce soin, et la manière dont il s'y prit était vraiment une honte pour la couronne. Il fit annoncer que le prince épouserait la fille du seigneur écossais disposé à payer le plus cher l'honneur de s'allier à la famille royale. Le puissant George, comte de March, fit d'abord l'offre la plus considérable; mais lorsque le prince était déjà fiancé à la fille de ce seigneur, le marché fut rompu par Albany, attendu qu'une somme encore plus forte venait d'être offerte par le comte de Douglas, qui, ayant épousé lui-même la fille du roi, désirait alors que leur fille fût unie à l'héritier du trône. Effectivement ils furent mariés, mais ce fut dans une heure fatale.

Le prince continua à mener une conduite déréglée; Albany continua à instruire fidèlement le roi de ses désordres, et Douglas finit lui-même par devenir l'ennemi de son gendre.

L'histoire de ce règne étant imparfaite, nous ne savons pas exactement ce dont le duc de Rothsay fut accusé, ni jusqu'à quel point ce fut à tort ou à raison. Ce qui paraît certain, c'est qu'il fut remis par son père entre les mains du duc d'Albany, son oncle, et du comte de Douglas, son beau-père, qui le traitèrent avec la plus grande cruauté.

Un décret de prise de corps contre l'héritier présomptif de l'Ecosse fut remis à un scélérat nommé Ramorgny, qui, aidé de sir William Lindsay, se chargea de l'exécuter. Le prince, sans défiance, voyageait dans le comté de Fife, lorsqu'ils se saisirent de sa personne, le placèrent sur un méchant cheval de bât, et le conduisirent au château-fort de Falkland, qui appartenait à Albany. La pluie tombait par torrens, mais le pauvre prince ne put obtenir la permission de se mettre à l'abri, et toute la grace qu'on lui fit, ce fut de lui jeter sur les épaules un manteau de paysan.

Arrivé dans cette sombre forteresse, il fut plongé dans un donjon et privé de nourriture. On dit qu'une femme, touchée de ses lamentations, trouva le moyen de lui apporter de temps en temps des gâteaux d'orge bien minces, qu'elle lui passait à travers les barreaux de sa prison, et qu'une autre femme le nourrit de son propre lait. L'une et l'autre furent découvertes, les faibles secours que leur charité ingénieuse lui procurait furent interceptés, et le malheureux prince, dans le mois de mars 1402, mourut de faim, la plus douloureuse et la plus lente de toutes les manières dont la vie puisse finir.

Rien n'indique que le vieux roi, infirme comme il l'était et presque tombé en enfance, ait eu jamais connaissance de l'indigne traitement fait à son fils ; mais la vengeance de Dieu parut se déclarer contre le pays où s'était commis un pareil attentat. Furieux de la rupture du mariage projeté entre le prince et sa fille, le comte de March abandonna la cause des Ecossais pour embrasser le parti de l'Angleterre. Il s'enfuit dans le Northumberland, et de là il fit des incursions réitérées sur le territoire de l'Ecosse.

Le comte de Douglas, se mettant à la tête de dix mille hommes, entra en Angleterre, bannières déployées, y fit un grand butin, et reprit la route des frontières. Mais le célèbre Hotspur l'attendait à la tête d'une nombreuse armée qu'il avait rassemblée avec George de March et d'autres seigneurs. Douglas, par la même faute qui avait fait perdre tant d'autres batailles, prit position sur une hauteur appelée Homildon, où ses rangs nombreux étaient exposés aux flèches des Anglais, de sorte qu'il voyait tomber autour de lui ses meilleurs soldats, sans pouvoir même venger leur mort. Pendant qu'ils soutenaient ce combat inégal, un brave chevalier, nommé sir John Swinton, s'écria : — Pourquoi rester sur le penchant de cette colline, pour servir de but à leurs flèches et nous laisser massacrer comme des cerfs, quand nous pourrions fondre sur eux et disputer le combat corps à corps?

Ces paroles furent entendues d'un jeune seigneur qui se nommait le lord de Gordon. La personne au monde qu'il détestait le plus était ce même sir John Swinton, parce que dans une querelle particulière il avait tué son père. Mais lorsque, dans cette extrémité terrible, il l'entendit donner un conseil aussi hardi, aussi intrépide, il demanda à être fait chevalier de la main de Swinton : — Car, dit-il, jamais je ne pourrai l'être de la main d'un plus sage ni d'un plus brave capitaine. Swinton lui accorda sa demande, et après cette cérémonie Gordon et lui, suivis de leurs partisans, se précipitèrent ensemble au milieu des Anglais et en firent un grand carnage; mais n'étant pas soutenus par les autres chefs, ils furent accablés par le nombre et taillés en pièces. Les Ecossais perdirent la bataille et furent mis en pleine déroute; et Douglas, blessé, ayant perdu un œil en combattant, fut fait prisonnier par les Anglais.

Les événemens qui suivirent sont assez remarquables, et, quoiqu'ils appartiennent plutôt à l'histoire d'Angleterre qu'à celle d'Ecosse, il est bon que vous les connaissiez. Le comte de Northumberland, père d'Hotspur, avait formé avec lui le projet de se révolter contre Henry IV, alors roi d'Angleterre. Pour fortifier leur parti, ils rendirent à Douglas sa liberté, et l'engagèrent à les seconder dans la guerre civile qu'ils méditaient. Douglas y consentit, alla réunir une bande nombreuse de ses compatriotes, et se joignit à Henry Percy, surnommé Hotspur. Ils marchèrent ensemble contre les Anglais, et livrèrent une bataille mémorable à l'armée royale, près de Shrewsbury. Comme Henry IV assistait en personne au combat, Douglas résolut de le chercher et de décider sur-le-champ la question en le tuant ou en le faisant prisonnier. Il se trouvait dans l'armée du roi plusieurs autres guerriers absolument armés et montés comme Henry. Douglas en tua jusqu'à trois, poussant des cris de surprise à chaque fois qu'il en découvrait un nouveau. Lorsque enfin il rencontra le véritable roi, il s'écria ; —D'où diable tous ces rois sortent-ils ? Il courut sur Henry avec la même fureur dont il avait été animé en attaquant ceux qui le représentaient, renversa la bannière royale, fit mordre la poussière à sir Thomas Blunt, brave chevalier qui la portait, et il allait parvenir jusqu'au roi et lui porter le coup fatal ; lorsque le vaillant prince de Galles, avec une foule de guerriers, accourut au secours de son père. Hotspur venait d'être tué d'un coup de flèche, et sa troupe s'était mise à fuir. Il fallut bien que Douglas se décidât à en faire autant ; mais son cheval s'étant abattu en gravissant une colline, il tomba pour la seconde fois au pouvoir de ses ennemis.

Revenons au pauvre roi Robert, qui était alors accablé sous le poids de l'âge, des infirmités et des malheurs domestiques. Il lui restait encore un fils nommé Jacques, qui pouvait avoir onze ans. Craignant sans doute de le confier au duc d'Albany, que sa mort aurait rendu le plus proche héritier du trône, il résolut d'envoyer le jeune prince en France, sous prétexte qu'il recevrait une meilleure éducation qu'en Ecosse; mais le vaisseau qui conduisait Jacques en France fut pris par les Anglais, et le prince fut envoyé à Londres. Lorsque Henry apprit que le prince héréditaire d'Ecosse était en son pouvoir, il résolut de le retenir prisonnier. C'était une injustice criante ; car l'Ecosse et l'Angleterre étaient alors en paix ; mais le roi ne l'en envoya pas moins en prison, disant qu'il serait tout aussi bien élevé à sa cour qu'à celle de France, attendu qu'il savait le français. C'était par dérision qu'il disait cela ; mais Henry tint effectivement parole, et quoique la détention du prince fût injuste, il reçut une excellente éducation aux frais du roi d'Angleterre.

Cette nouvelle infortune, qui plaçait le seul et dernier fils du pauvre vieux roi entre les mains des Anglais, brisa le cœur de Robert III, qui mourut un an après, accablé de douleur et de souffrances.

CHAPITRE XVI.

Régence de Robert, duc d'Albany.— Bataille d'Harlaw. — Régence de Murdac, duc d'Albany. — Exploits des Ecossais en France. — Retour de Jacques Ier en Ecosse.

Albany, frère de Robert III, fut alors régent de ce royaume, dans lequel il exerçait depuis long-temps le pouvoir suprême. On suppose aisément qu'il ne se donna pas beaucoup de peine pour obtenir la délivrance du prince Jacques, son neveu, dont le retour en Ecosse aurait mis fin à son pouvoir. C'était, comme nous l'avons vu, un méchant homme, aussi cruel qu'ambitieux, mais qui rendait exactement la justice, et qui prenait grand soin de ne pas mettre de taxes sur le peuple.

Le château de Jedburgh, que les Anglais avaient toujours occupé depuis la bataille de Durham, venait d'être repris par les habitans des frontières où coule le Teviot, et il fut décidé qu'on le raserait, afin qu'il n'offrît plus à l'ennemi un retranchement à l'abri duquel il pût faire des incursions en Ecosse. Pour payer les hommes employés à la démolition de cette grande et redoutable forteresse, on proposa d'établir une petite taxe de deux *pence* (quatre sous) sur chaque feu. Mais le régent déclara qu'il paierait cette somme tant sur ses propres revenus que sur ceux de la couronne, ne voulant pas, dit-il, commencer son règne par une mesure qui pèserait sur les pauvres.

Sous d'autres rapports, Albany était un être souverainement méprisable. Il n'avait pas même le mérite d'être brave, qualité si commune dans son siècle et dans sa famille; et, quoiqu'il ait eu plusieurs guerres à soutenir contre l'Angleterre, il n'y obtint jamais ni gloire, ni succès.

L'un des événemens les plus remarquables de sa régence fut la bataille d'Harlaw. Elle fut livrée par un prince nommé Donald des Iles, qui possédait toutes les îles situées dans la partie occidentale de l'Ecosse. Il avait aussi de grandes propriétés sur la terre ferme, et il avait la prétention d'être un souverain indépendant.

En 1411, ce Donald prétendit avoir des droits au comté de Ross, alors vacant, que le régent avait résolu de donner à un membre de sa propre famille. Donald des Iles leva dix mille hommes, tous montagnards comme lui, et se jetant dans le nord de l'Ecosse, il pénétra jusqu'à un endroit nommé Harlaw, à environ dix milles d'Aberdeen. Il y trouva le comte de Mar, à la tête d'une armée inférieure en nombre, mais composée de gentilshommes des basses terres, mieux armés et mieux disciplinés que les soldats de Donald. Il s'ensuivit une bataille terrible, dans laquelle les deux partis essuyèrent de grandes pertes. Du côté de Donald, mille hommes restèrent sur le champ de bataille, et les Chefs des clans Mac-Intosh et Mac-Lean furent au nombre des morts. Mar perdit environ cinq cents braves gentilshommes, entre autres Ogilvy, Serymgeour, Irvin de Drum et d'autres guerriers célèbres. Mais les montagnards eurent le dessous, et furent obligés de battre en retraite; ce qui fut fort heureux pour l'Ecosse; car autrement ce peuple, alors sauvage et barbare, en eût probablement fait la conquête. On parla long-temps de la bataille d'Harlaw, à cause du courage qui y fut déployé de part et d'autre.

Le régent Albany mourut en 1419. Il fut remplacé dans ses hautes fonctions par son fils Murdac, qui n'avait ni les vices ni les qualités de son père. Le feu duc était actif, rusé, soupçonneux, et, du moins sous un rapport, il suivait une sage politique. Le fils était mou et indolent, d'une simplicité et d'une apathie extrêmes, et se laissant aisément tromper. Il éclata dans le pays et au sein même de sa famille une foule de troubles et de discussions qui avaient été comprimés par la main puissante de son père. Il ne se passa rien de bien mémorable sous la régence de Murdac; mais elle devint célèbre par la gloire dont les Ecossais se couvrirent dans les guerres de France.

Vous vous rappelez qu'un corps de chevaliers français était venu en Ecosse pour servir d'auxiliaire aux Ecossais contre l'Angleterre. Les Ecossais, pour reconnaître ce service, envoyèrent à leur tour un corps de troupes en France pour aider le roi de ce pays à repousser Henry V, roi d'Angleterre, qui semblait sur le point de l'expulser du royaume et de s'emparer de sa couronne. Ce corps, composé de six à sept mille hommes d'élite, était commandé par John Stewart, comte de Buchan, second fils du régent Robert, qui avait sous ses ordres Lindsay, Swinton, et d'autres guerriers non moins célèbres. Ils remportèrent une grande victoire sur les Anglais, qui étaient alors commandés par le duc de Clarence, frère de Henry V. Ce prince, apprenant qu'il y avait un corps d'Ecossais campé près d'une ville nommée Baugé, et furieux que les Ecossais, non contens de défendre leurs frontières contre les Anglais, vinssent encore les inquiéter en France, s'y rendit en toute hâte pour les surprendre. Il laissa derrière lui ces célèbres archers qui avaient si souvent décidé la victoire, parce qu'il comptait sur la rapidité de sa marche, ayant entendu dire que les Ecossais observaient peu de discipline et n'étaient point sur leurs gardes. Il arriva à Baugé, suivi seulement de ses chevaliers et de ses hommes d'armes à cheval. Le duc, qu'on reconnaissait à la richesse de son armure et à une couronne d'or qu'il portait sur son casque, força le passage d'un pont à la tête de sa cavalerie, et il s'élançait en avant, lorsque les chevaliers écossais parurent tout à coup. Sir John Swinton courut au duc de Clarence, le précipita de son cheval avec sa lance, et le comte de Buchan lui fit sauter le cervelle avec sa hache d'armes. Un grand nombre de nobles et de chevaliers anglais furent tués dans cette rencontre, qui eut lieu le 22 mars 1421. Le roi de France, pour récompenser la valeur des Ecossais, créa le comte de Buchan connétable de France (l'une des plus hautes dignités du royaume) et comte d'Aubigny.

Les Écossais, excités par la gloire et par la fortune que leurs compatriotes avaient acquises en France, y accoururent en plus grand nombre encore, et le comte de Douglas lui-même fut tenté d'y conduire une petite armée, dans laquelle l'élite de la noblesse du sud de l'Écosse s'empressa de s'enrôler. Les seigneurs qui ne pouvaient partir eux-mêmes envoyaient leurs frères et leurs fils. Sir Alexandre Home de Home avait d'abord eu le projet de prendre ce parti, et son frère, David Home de Wedderburn, s'était équipé pour cette expédition. Le Chef se rendit lui-même jusqu'au vaisseau pour voir partir le comte de Douglas et son frère; mais, lorsqu'il fut au moment de prendre congé de son vieux compagnon d'armes, le comte lui dit :

— Ah ! sir Alexandre, qui aurait dit que vous et moi nous nous serions jamais quittés ?

— Et cela ne sera pas dit non plus, milord, s'écria sir Alexandre : et, changeant tout à coup d'idée, il renvoya son frère David pour veiller sur son château, sur ses biens, sur sa famille, partit pour la France avec son vieil ami, et mourut avec lui à la bataille de Verneuil.

Le comte de Douglas, dont la réputation était si grande, fut comblé d'honneurs par le roi de France, qui le créa duc de Touraine. Le comte avait coutume de tourner en ridicule le duc de Bedford, qui agissait alors en France en qualité de régent pour Henry VI, et il ne l'appelait que *Jean à l'épée de plomb*. Le 17 août 1424, Douglas reçut un message du duc de Bedford, lui annonçant qu'il était dans l'intention de venir lui demander à dîner. Douglas comprit sans peine la nature de la visite qu'il allait recevoir, et il lui fit répondre qu'il serait le bienvenu. Les Ecossais et les Français se préparèrent au combat, mais le comte de Douglas, qui trouvait leur position favorable, était d'avis d'attendre les Anglais, au lieu d'aller à leur rencontre. Cependant le général français, le comte de Narbonne, insista pour qu'ils attaquassent les premiers, au lieu de conserver leur position ; et mettant son corps d'armée en mouvement, il déclara que les Écossais feraient ce qu'ils voudraient, mais que pour lui il courait au combat.

Douglas se vit forcé de suivre son exemple; mais ses troupes n'étaient pas en bon ordre. Pendant ce temps les archers anglais décochèrent leurs flèches contre les Français; leurs hommes d'armes chargèrent, et la déroute de l'armée alliée fut complète. Douglas et Buchan défendirent le terrain pied à pied, firent des prodiges de valeur, et périrent noblement. Home, Lindsay, Swinton et la plus grande partie des Écossais auxiliaires partagèrent leur sort.

Le grand comte de Douglas qui périt à Verneuil fut distingué du reste de sa famille par le surnom de *Tin-Man*, *l'homme aux défaites*, attendu qu'il avait été vaincu dans les grandes batailles d'Homildon, de Shrewsbury, et en dernier lieu dans celle de Verneuil où il perdit la vie. George, comte de March, son contemporain et son rival, jouit au contraire d'un bonheur soutenu; soit qu'il se battît du côté des Anglais ou du côté des Écossais, son parti était toujours vainqueur. Les faibles débris de l'armée écossaise furent réunis par Charles de France; il en forma un régiment de ses gardes, qui fut conservé pendant un bien grand nombre d'années.

Revenons maintenant à l'Écosse, où le régent Murdac, bien loin de pouvoir régir l'État, ne pouvait parvenir à gouverner ses deux fils. C'étaient deux jeunes libertins, fiers et insolens, qui ne respectaient ni Dieu ni les hommes, ni surtout leur père. Leur inconduite était si grande, que Murdac commença à penser qu'il n'avait d'autre moyen de mettre un terme à leurs excès que d'obtenir de l'Angleterre la délivrance de Jacques, et de se démettre de son autorité entre les mains de son roi légitime. On dit que ce fut un acte d'effronterie extraordinaire de son fils aîné qui le détermina à prendre ce parti.

A cette époque, la chasse aux faucons était l'amusement favori de la noblesse. Le régent Murdac avait un faucon parfaitement dressé, dont il faisait le plus grand cas. Son fils aîné, Walter Stewart, le lui avait demandé plusieurs fois, et toujours son père le lui avait refusé. A la fin, un jour que le régent portait son oiseau favori sur le poing, ce qui est la manière de porter les faucons, Walter renouvela ses importunités, et ayant essuyé un nouveau refus, il lui arracha le faucon du poing, et lui tordit le cou. Son père, grandement offensé d'une insulte aussi grossière, lui dit dans un accès de colère : — Puisque tu ne veux m'accorder ni respect ni obéissance, je ferai venir quelqu'un à qui il faudra que nous obéissions tous. Depuis ce moment, il entra en négociations avec les Anglais pour qu'ils missent en liberté Jacques, alors roi d'Écosse.

Le gouvernement anglais se montra disposé à seconder ses vues, d'autant plus que Jacques était devenu amoureux de Jeanne, fille du comte de Somerset, qui était alliée de près à la famille royale d'Angleterre. Il considéra que cette union disposerait le jeune prince à vivre en paix avec l'Angleterre, et que l'éducation qu'il avait reçue et les liaisons qu'il avait formées dans ce pays contribueraient à maintenir la bonne intelligence entre les deux royaumes. Les Écossais consentirent à payer une rançon considérable, et à ces conditions Jacques, premier du nom, fut mis en liberté, et vint prendre possession du trône après une captivité de dix-huit ans.

CHAPITRE XVII.

Règne de Jacques Ier. — Exécution de Murdac, duc d'Albany. — Etat des Highlands. — Conspiration contre Jacques Ier. — Assassinat de ce prince. — Châtiment des conspirateurs.

JACQUES Ier fut aussi le premier de sa malheureuse famille qui montra de grands talens. Robert II et Robert III, son père et son grand-père, avaient plutôt les vertus d'un particulier que celles d'un roi. Mais Jacques avait reçu de la nature des qualités brillantes qu'une excellente éducation avait développées encore. Aussi prudent que juste, il s'occupa des intérêts de son peuple, et fit tous ses efforts pour réparer les maux que le gouvernement cruel de Robert, duc d'Albany, l'administration faible et molle de Murdac et la conduite violente et licencieuse de ses fils avaient attirés sur l'Écosse.

La première vengeance des lois tomba sur Murdac qui, avec ses deux fils, fut jugé et condamné à Stirling, pour avoir abusé de l'autorité du roi pendant sa régence. Il fut décapité sur une petite éminence, près du château, qu'on montre encore aujourd'hui. Le régent put voir de là le magnifique château de Doune, qu'il avait construit pour sa résidence; et ses fils eurent tout lieu de déplorer l'esprit de vertige qui leur avait fait braver l'autorité de leur père, et de reconnaître qu'il ne les avait point trompés en leur disant qu'il ferait venir quelqu'un qui les maîtriserait tous.

Jacques tourna ensuite ses pensées vers les Highlands, qui étaient dans un état complet d'anarchie. Il pénétra dans ces districts turbulens à la tête d'une forte armée, s'empara de plus de quarante des principaux Chefs qui entretenaient la discorde, en mit plusieurs à mort, et força les autres à fournir caution qu'ils resteraient tranquilles à l'avenir. Alaster Mac-Donald, lord des Iles, tenta de résister à l'autorité royale; mais les mesures que Jacques prit contre lui réduisirent tellement sa puissance, qu'il fut enfin obligé de se soumettre à sa merci. Dans cette intention, le Chef humilié se rendit secrètement à Édimbourg, et parut tout à coup dans la cathédrale, où le roi était occupé à remplir ses actes de dévotion le jour de Pâques. Il était sans toque, sans armure, sans ornemens, ayant les jambes et les bras nus, et le corps couvert seulement d'un plaid. Dans cet état, il se remit à la discrétion du roi, et tenant à la main, par la pointe, une épée nue, il en présenta la poignée à Jacques, en gage de sa soumission sans réserve. Le roi lui pardonna ses offenses réitérées, à la demande de la reine et des seigneurs de sa cour; mais il le confina dans le château-fort de Tantallon dans l'East-Lothian.

Cependant, malgré la soumission de leur principal Chef, les montagnards de l'ouest et les habitans des îles se révoltèrent de nouveau sous le commandement de Donald Balloch, parent d'Alaster, qui débarqua avec des forces considérables, et tailla en pièces les troupes que les comtes de Mar et de Caithness voulurent lui opposer; mais lorsqu'il apprit que Jacques s'avançait contre lui, Donald jugea prudent de se retirer en Irlande. Jacques fit périr un assez grand nombre de ses partisans. Donald lui-même fut tué par la suite en Irlande, et sa tête fut envoyée au roi.

Voici un autre trait qui montre la cruauté et la férocité de ces brigands des Highlands. Un autre Mac-Donald, chef de bandes dans le comté de Ross, avait pillé une pauvre veuve, qui, dans son désespoir, s'était écriée à plusieurs reprises qu'elle irait demander justice au roi, dût-elle aller à pied jusqu'à Édimbourg pour l'obtenir. — C'est un long voyage, lui dit le barbare, et pour que vous puissiez le faire plus commodément, il faut que je vous fasse ferrer. En effet, il fit venir un forgeron, qui, sur son ordre, cloua des souliers aux pieds de la pauvre femme, comme on met des fers à un cheval. Mais la veuve était une femme de tête, et elle était bien décidée à lui tenir parole. Effectivement, dès que ses blessures lui permirent de marcher, elle partit à pied pour Edimbourg, comme elle l'avait dit, et, se jetant aux pieds de Jacques, elle lui apprit l'indigne traitement qu'elle avait souffert. Jacques indigné fit saisir Mac-Donald et douze de ses principaux affidés, et leur fit clouer aux pieds des semelles de fer. Ils furent exposés dans cet état sur la place publique pendant trois jours, et ensuite exécutés.

Ce fut ainsi que Jacques Ier réussit à rétablir en grande

partie la tranquillité dans un pays qu'il avait trouvé dans un tel état d'anarchie. Il fit des réglemens sages pour le commerce tant intérieur qu'extérieur, et établit des lois pour l'administration de la justice entre ceux qui avaient des plaintes à former l'un contre l'autre.

Mais ce qui était le but de tous ses efforts, et ce qui présentait de bien grandes difficultés, c'était de diminuer le pouvoir des grands seigneurs, qui gouvernaient comme autant de monarques, chacun dans leurs domaines, et qui attaquaient le roi, ou s'attaquaient l'un l'autre, toutes les fois qu'il leur plaisait de le faire. Il fit mettre en jugement plusieurs de ces puissans personnages, et comme ils se trouvèrent coupables, il confisqua leurs biens. Les nobles poussèrent les hauts cris, disant que le roi leur en voulait, et que c'était pour cette raison qu'il les traitait avec tant de rigueur et d'injustice. On commença donc à murmurer contre ce bon prince. Une autre cause de mécontentement fut que pour faire face aux frais de la justice, et pour maintenir l'autorité du trône, il fut jugé nécessaire d'établir quelques taxes sur le peuple. Les Ecossais, qui étaient pauvres et qui n'étaient nullement accoutumés à payer des impôts, imputèrent cette mesure odieuse à l'avarice du roi. Voilà comment, quoique Jacques eût les meilleures intentions, et fût assurément le meilleur roi qui eût gouverné l'Ecosse depuis Robert Bruce, les grands et le peuple furent également mécontens, ce qui encouragea quelques hommes méchans de la noblesse à conspirer sa mort.

Le chef du complot fut un nommé sir Robert Grahame, oncle du comte de Stratherne. Il était hardi, ambitieux, et conservait un profond ressentiment contre le roi, qui lui avait fait subir un assez long emprisonnement. Il attira dans la conspiration le comte d'Athol, vieillard de peu de talens, en lui promettant de proclamer sir Robert Stewart, son fils, roi d'Ecosse, à la place de Jacques. A chacun il faisait valoir un motif différent. Les conjurés plus subalternes croyaient qu'il s'agissait seulement d'enlever une dame de la cour.

Pour préparer ses batteries, Grahame se retira dans le fond des Highlands, et de là il envoya défier le roi, déclara formellement qu'il abjurait son serment d'allégeance, et menaça de le tuer de sa propre main. Sa tête fut mise à prix, et une forte récompense promise à quiconque le livrerait à la justice; mais il resta caché au milieu des montagnes, d'où il poursuivit ses projets de vengeance contre Jacques.

Le jour de Noël avait été choisi par le roi pour donner une grande fête dans la ville de Perth. Pendant qu'il s'y rendait, il rencontra sur la route une femme des Highlands qui se donnait pour prophétesse. Elle était debout près du bac sur lequel le roi devait passer pour continuer son voyage vers le nord, et elle s'écria dès qu'elle l'aperçut : — Milord le roi, si vous passez cette rivière, vous ne reviendrez jamais vivant. Dans le moment, le roi fut frappé de ces paroles, parce qu'il avait lu dans un livre qu'un roi serait tué en Ecosse cette année-là; car il arrive souvent que lorsqu'il se prépare quelque grand événement, il s'en répand d'avance quelques bruits, qui sont répétés ensuite comme des prophéties, mais qui, dans le fait, ne sont que des conjectures de ce qui paraît devoir arriver. Il y avait à la cour un chevalier que Jacques avait surnommé le Roi de l'Amour. — Eh bien! sir Alexandre, lui dit-il en riant, il y a une prophétie qui annonce qu'un roi sera tué cette année en Ecosse; il faut qu'elle nous concerne l'un ou l'autre, car nous sommes les deux seuls rois qu'il y ait en Ecosse. D'autres circonstances encore auraient pu prévenir le meurtre du bon roi, mais aucune ne fut remarquée.

Arrivé à Perth, le roi établit sa résidence dans l'abbaye des Black-Friars (moines noirs), parce qu'il n'y avait pas dans la ville de château convenable, et ses gardes furent logés chez les habitans, ce qui rendit l'exécution du complot encore plus facile.

La journée avait été passée par le roi en fêtes et en plaisirs, et par les conspirateurs en apprêts pour l'attentat qu'ils méditaient. Ils avaient forcé les serrures des portes de l'appartement du roi, de manière à ce qu'il fût impossible de tourner les clefs, et ils avaient enlevé les barreaux qui servaient à fermer les portes d'entrée. En même temps ils avaient préparé des planches, en guise de ponts, pour traverser le fossé qui entourait le monastère. Enfin, le 20 février 1437, tout fut prêt pour mettre leur infame projet à exécution, et Grahame sortit de sa retraite au milieu des montagnes voisines, avec une troupe de près de trois cents hommes, et entra dans les jardins du couvent.

Le roi était en pantoufles et en robe de chambre. Il avait passé gaiement la soirée, avec les dames et les seigneurs de sa cour, à lire des romans, à chanter, à faire de la musique ou à jouer aux échecs et au trictrac. Le comte d'Athole et son fils sir Robert Stewart, qui s'attendait à remplacer Jacques sur le trône, furent des derniers à se retirer. Alors Jacques resta debout devant le feu, causant gaiement avec la reine et ses dames avant de se mettre au lit. La femme des Highlands qui avait arrêté le roi sur la route demanda de nouveau la permission de lui parler; mais elle lui fut refusée à cause de l'heure avancée, et tout le monde se retira.

Dans ce moment on entendit un grand bruit et comme un cliquetis d'armes, et les torches que portaient les conjurés dans le jardin lançaient de grands jets de lumière qui se réfléchissaient contre les fenêtres. Le roi se souvint alors de son ennemi mortel, sir Robert Grahame, et devina qu'il venait pour l'assassiner. Il appela les dames de la reine, qui restèrent dans la chambre pour garder la porte du mieux qu'elles le pourraient, afin de lui donner le temps de s'échapper. Il essaya d'abord de sortir par les fenêtres ; mais elles étaient fortement barricadées, et résistèrent à tous ses efforts. A l'aide des pincettes qui étaient dans la cheminée, il réussit à lever une planche, et se laissa tomber dans un caveau étroit où l'on jetait toutes les immondices du couvent. Ce caveau avait une ouverture qui donnait sur la cour, et par laquelle il aurait pu s'échapper. Mais tout tourna contre le malheureux Jacques ; car deux ou trois jours auparavant il l'avait fait boucher, parce qu'en jouant à la balle, la balle roulait toujours par ce trou dans le caveau.

Pendant que le roi était ainsi caché, les conspirateurs le cherchaient dans tout le couvent, et ils arrivèrent enfin à la chambre où les dames étaient renfermées. La reine et ses femmes s'efforcèrent de tenir la porte fermée, et l'une d'elles, Catherine Douglas, plaça hardiment son bras en travers, en place de la barre qui avait été soustraite. Mais le bras de cette noble dame fut bientôt cassé, et les traîtres se précipitèrent dans l'appartement, armés de poignards et l'épée nue, blessant et renversant celles des femmes qui voulaient s'opposer à leur passage. La pauvre reine, à demi déshabillée, poussait des cris affreux, et l'un des assassins allait l'immoler, lorsqu'un fils de sir Robert Grahame arrêta son bras en lui disant :
— Que voulez-vous faire à la reine? ce n'est qu'une femme. Cherchons le roi.

Ils commencèrent alors une recherche minutieuse, mais sans rien découvrir, et ils sortirent de la chambre pour continuer leurs perquisitions dans les autres parties du monastère. Cependant le roi, prenant de l'impatience, cria aux dames de l'aider à sortir de sa retraite incommode. Dans ce malheureux moment les conspirateurs revinrent, l'un d'eux s'étant souvenu qu'il existait un caveau qu'ils n'avaient point cherché. Lorsqu'en levant la planche ils aperçurent le roi debout sous leurs pieds, l'un d'eux cria aux autres : — Messieurs, j'ai trouvé la mariée que nous cherchons depuis le commencement de la nuit. Alors deux de ces scélérats (c'étaient deux frères du nom de Hall) descendirent l'un après l'autre dans le caveau, le poignard à la main, pour massacrer l'infortuné Jacques, qui, en chemise, n'avait aucune arme pour se défendre. Mais le roi, qui était un homme robuste et actif, les terrassa tous deux, et en s'efforçant de leur arracher un poignard, il se coupa les mains de la manière la plus affreuse. Alors sir Robert Grahame s'élança lui-même sur le roi, qui voyant que la résistance était impossible, lui demanda grace, ou du moins le temps de confesser ses péchés à un prêtre. Mais Grahame lui répondit fièrement : — As-tu jamais fait grace à ceux de ton sang, ni à tout autre? n'espère donc pas trouver grace ici; et quant à un confesseur, tu n'en auras pas d'autre que cette épée. En disant ces mots, il lui plongea son épée à travers le corps. On dit pourtant que lorsqu'il vit son prince étendu à ses pieds et nageant dans son sang, il eût voulu ne point consommer le crime ; mais les autres conspirateurs lui ayant crié d'achever sa victime, ou qu'autrement ils le tueraient lui-même, Grahame, avec les deux frères qui étaient descendus avant lui dans le caveau, tomba sur le malheureux prince, et ils l'achevèrent à coups de poignard. On compta seize blessures rien que sur sa poitrine.

La nouvelle de la conspiration s'était alors répandue, mais trop tard, dans la ville, et les gardes du roi ainsi que les habitans de Perth accoururent à son secours. Les traîtres prirent l'alarme, et se retirèrent dans les Highlands, laissant derrière eux un ou deux de leurs complices, qui furent pris et massacrés par les habitans. Lorsqu'ils parlèrent entre eux de leur entreprise, ils regrettèrent vivement d'avoir épargné la reine, craignant qu'elle ne mît le plus grand acharnement à les poursuivre, et qu'elle ne fût inexorable dans sa vengeance.

L'événement justifia leurs appréhensions. La reine

Jeanne fit faire des perquisitions si exactes, que la plupart des assassins furent pris, jugés et condamnés, et expirèrent au milieu des plus affreuses tortures. La chair de Robert Stewart et d'un chambellan particulier du roi fut arrachée de leurs corps avec des tenailles, tandis qu'au milieu même de la plus horrible agonie, ils avouaient qu'ils avaient mérité leur sort. Le comte d'Athole fut décapité ; il nia jusqu'au dernier moment qu'il eût trempé dans la conspiration, quoiqu'il convînt que son fils l'en avait instruit, sur quoi il lui avait enjoint de ne prendre aucune part à un si grand crime.

Sir Robert Grahame, le premier auteur de cette infame trahison, ne cessa pas un instant de chercher à la justifier. Il avait, dit-il, le droit de tuer le roi, puisqu'il avait abjuré son serment d'allégeance et qu'il lui avait déclaré la guerre, et il exprima sa conviction que sa mémoire serait en honneur pour avoir mis à mort un tyran aussi cruel. Il subit les tortures les plus terribles avant d'être décapité, et son fils fut égorgé sous ses yeux pendant qu'il vivait encore.

Malgré l'énormité de leur crime, il y avait de la barbarie à torturer ces misérables de la manière que nous avons rapportée. Mais le peuple était exaspéré contre eux; car bien qu'il eût murmuré contre le roi Jacques pendant sa vie, cependant sa fin déplorable et la justice que ses sujets lui rendaient intérieurement de n'avoir jamais eu en vue que leur bien, firent qu'il fut regretté généralement. Il avait aussi beaucoup de ces qualités qui plaisent à la multitude. Sa figure était agréable ; tout son extérieur annonçait la force et l'activité ; son esprit avait été cultivé avec soin, et il possédait une foule de connaissances utiles et de talens agréables. Il savait la musique, et faisait des vers, tant sérieux que badins, qui sont parvenus jusqu'à nous, et que ceux qui connaissent l'ancien langage dans lequel ils ont été composés lisent avec autant d'intérêt que de plaisir.

Quant au meurtrier Grahame, sa mémoire, bien loin d'être honorée pour l'assassinat qu'il avait commis, fut livrée au mépris et à l'exécration dans une ballade populaire qui courut alors toute l'Ecosse.

> Honni soit Robert Grahame,
> Du roi l'assassin infame;
> Robert Grahame honni soit,
> L'assassin de notre roi.

CHAPITRE XVIII.

Règne de Jacques II. — Guerres avec les Douglas. — Mort du roi.

Lorsque Jacques Ier fut assassiné, son fils et son héritier présomptif, Jacques II, n'avait encore que six ans, de sorte que l'Ecosse se vit replongée de nouveau dans les discordes et la confusion d'une régence, malheurs qu'on pouvait être sûr de voir arriver à leur plus haut période dans un pays où l'autorité même d'un souverain légitime et d'un âge mûr n'était point respectée, et se voyait souvent menacée par la révolte et la trahison.

Pendant la minorité de Jacques II, les affaires du royaume furent principalement conduites par deux hommes d'Etat qui paraissent avoir eu beaucoup de talens et très-peu de loyauté; sir Alexandre de Livingston était tuteur du roi, et sir William Crichton chancelier du royaume. Ils se disputaient réciproquement l'autorité attachée à leurs places respectives, et, non contens de chercher à se nuire l'un à l'autre, ils attaquèrent un homme plus puissant que tous deux, le grand comte de Douglas.

Cette illustre maison était alors au plus haut degré de sa puissance. Le comte possédait Galloway, Annandale, et d'autres propriétés étendues dans le midi de l'Ecosse, où presque toute la noblesse d'un rang inférieur le reconnaissait pour son seigneur et maître. Ainsi les Douglas commandaient à toute cette partie de l'Ecosse que ses guerres continuelles avec l'Angleterre avaient le mieux disciplinée et habituée au métier des armes. Ils possédaient en France le duché de Touraine et la seigneurie de Longueville, et ils étaient alliés à la famille royale d'Ecosse par un double mariage.

Non-seulement les Douglas étaient très-puissans par l'étendue de leurs domaines et de leurs possessions, mais ils l'étaient encore plus par les grands talens militaires qui dans cette famille semblaient être héréditaires, et qui donnèrent lieu à un proverbe encore connu en Ecosse :

> Oncque ici l'on n'a vu tant de braves soldats
> D'un seul et même nom, que du nom de Douglas.

Malheureusement leur pouvoir, leur courage et leur habileté dans le métier des armes étaient accompagnés d'arrogance et d'ambition. Se croyant au-dessus des lois du pays et du serment d'allégeance au roi, ils semblaient s'arroger le rang et l'autorité de princes souverains. C'était une chose commune que de les rencontrer se promenant à cheval avec une suite de mille cavaliers ; et comme Archibald, le comte de Douglas qui existait à cette époque, ne s'était jamais soumis qu'imparfaitement, même au gouvernement sévère de Jacques Ier, il est facile d'imaginer que sa puissance ne pouvait être aisément réprimée par des hommes tels que Crichton et Livingston, grands, il est vrai, par les hautes fonctions qu'ils remplissaient, mais à tous autres égards bien inférieurs à Douglas.

Ce seigneur puissant étant mort en 1438, et son fils, âgé seulement de seize ans, lui ayant succédé, le rusé Crichton commença à épier l'occasion de détruire à jamais le nom de Douglas, en faisant périr le jeune comte et son frère, et d'abaisser l'orgueil et le pouvoir de cette grande famille par une si cruelle et si injuste violence. Crichton proposa à Livingston d'unir leurs efforts pour accomplir cette trahison ; et quoiqu'ils fussent ennemis, le tuteur du roi et le chancelier du royaume se réunirent dans le vil dessein d'assassiner deux enfans dont l'âge seul attestait l'innocence. Pour en venir à leurs fins, ils employèrent la flatterie et les belles paroles pour engager William, le jeune comte de Douglas, à venir à la cour avec son frère David, leur faisant entrevoir qu'ils allaient devenir les compagnons et les favoris du jeune roi. Un vieil ami des Douglas chercha à dissuader le comte d'accepter cette invitation, et l'exhorta, s'il persistait à se rendre à Edimbourg, à ne point emmener son jeune frère David. Mais le comte, ne soupçonnant aucune trahison, ne put être détourné de ce fatal voyage.

Le chancelier Crichton reçut le comte de Douglas et son frère dans son château de Crichton, qui se trouvait sur la route, et leur en fit les honneurs avec toutes les démonstrations de la plus grande bienveillance. Après y être restés quelques jours, les deux frères cruellement abusés furent conduits au château d'Edimbourg et introduits près du jeune roi, qui, ne connaissant pas les projets perfides de ses ministres, les reçut avec affabilité, et parut enchanté de l'espoir de jouir de leur société.

Tout à coup la scène changea. A un repas qui fut servi au comte et à son frère, la tête d'un taureau noir fut placée sur la table. Sachant que, d'après une coutume établie en Ecosse, ce mets était un signe de mort, les Douglas quittèrent la table avec épouvante, mais ils furent saisis par des gens armés qui entrèrent dans l'appartement. On leur fit subir un procès dérisoire, dans lequel on leur imputa tous les torts accumulés de leurs ancêtres, et ils furent condamnés à avoir la tête tranchée. Le jeune roi pleura, et supplia Livingston et Crichton de leur faire grace, mais ce fut en vain. Ils furent conduits dans la cour du château, et exécutés sans délai. Malcolm Fleming de Cumbernauld, ami dévoué de leur famille, partagea leur sort.

Cette action barbare était aussi impolitique qu'injuste. Elle ne diminua rien du pouvoir des Douglas, et ne servit qu'à allumer une haine générale contre ceux qui étaient à la tête des affaires. Un homme doux, paisible, et d'un embonpoint remarquable, appelé Jacques-le-Gros, indolent par habitude et par caractère, devint comte de Douglas, et c'est à cette circonstance qu'on doit attribuer qu'il n'y eut point de commotion publique aussitôt après le meurtre des deux frères. Mais cet épais dignitaire ne vécut que deux ans, et fut remplacé par son fils Archibald, qui était aussi actif et aussi turbulent qu'aucun de ses ambitieux prédécesseurs, et qui fomenta plusieurs émeutes pour venger la mort de ses jeunes parens.

Dans le même temps, Jacques II, arrivé à l'âge d'homme, se mit à la tête des affaires publiques. C'était un homme de belle taille, mais il avait sur la joue une grande tache rouge qui le fit surnommer Jacques à la figure de feu. On aurait pu l'appeler avec autant de raison Jacques au caractère de feu; car, avec beaucoup de bonnes qualités, il était vif et impétueux, et nous ne tarderons pas à en voir un exemple remarquable.

Dans le commencement de son administration, Jacques avait nommé le comte de Douglas lieutenant-général du royaume. Mais cet ambitieux se montra bientôt disposé à étendre son autorité jusqu'à l'indépendance absolue, et le roi jugea nécessaire de lui retirer l'emploi important qu'il lui avait confié. Douglas se retira dans son château ne rêvant que vengeance, tandis que le roi ne cherchait qu'une occasion favorable pour diminuer le pouvoir d'un rival si formidable.

Douglas ne tarda pas à montrer qu'il ne tenait nul compte de l'autorité du roi, et qu'il était décidé à agir de son propre chef. Un de ses amis et partisans, nommé Auchinleck, avait été tué par le lord Colville. Le criminel méritait certainement d'être puni, mais son châtiment aurait dû lui être infligé par les magistrats compétens de la couronne, et non par le pouvoir arbitraire d'un simple baron, quelque grand, quelque puissant qu'il fût d'ailleurs. Douglas cependant parut regarder cette insulte comme lui étant personnelle, et s'en vengea de son autorité privée. Il marcha avec un corps de troupes considérable contre le lord Colville, attaqua son château, et passa au fil de l'épée toutes les personnes qui s'y trouvaient. Le roi ne put parvenir à venger cette insulte faite à sa justice.

De la même manière, Douglas permit, insinua même à quelques-uns de ses partisans près d'Annandale, de piller et de ravager les terres de sir John Herries, gentilhomme de ce pays, connu par son dévouement au roi. Herries, homme fier et puissant, dévasta par représailles les domaines de ceux qui lui avaient fait cette insulte. Il fut vaincu et pris par Douglas, qui lui fit trancher la tête, quoique le roi lui eût envoyé l'ordre positif de ne point toucher à la personne d'Herries.

Mais ce fut surtout dans l'affaire de Maclellan, le tuteur du jeune lord de Bomby, d'où descendent les comtes de Kircudbright, qu'il viola le plus ouvertement les lois et le respect qu'il devait à l'autorité du souverain. Maclellan faisait partie du petit nombre d'hommes puissans du Galloway qui, méprisant les menaces de Douglas, avaient refusé de s'unir à lui contre leur roi. Le comte, irrité de sa résistance, attaqua tout à coup son château, le fit prisonnier, et l'emmena dans le château-fort de Thrieve dans le Galloway, situé sur une île de la rivière de Dee. Le roi prit un intérêt tout particulier au sort de Maclellan, d'autant plus qu'il fut supplié d'intervenir en sa faveur par sir Patrick Gray, commandant de la garde royale, gentilhomme qui possédait tout la confiance de Jacques, qui ne le quittait jamais, et qui était l'oncle maternel de Maclellan. Afin d'empêcher que le prisonnier ne partageât le sort de Colville et d'Herries, le roi écrivit au comte de

Douglas, lui demandant comme une faveur, plutôt que lui intimant comme un ordre, de remettre la personne du tuteur de Bomby (c'était ainsi qu'on nommait ordinairement Maclellan) entre les mains de sir Patrick Gray, son parent.

Sir Patrick se rendit avec la lettre du roi au château de Thrieve. Douglas le reçut au moment où il sortait de table, et, affectant de lui témoigner les plus grands égards, il refusa d'apprendre de lord Gray l'objet de son message avant que celui-ci eût accepté le repas qu'il lui fit servir, disant que les affaires ne pouvaient se traiter entre un homme après dîner et un homme à jeun. Mais cette courtoisie affectée n'était qu'un prétexte pour gagner du temps et accomplir le plus cruel dessein. Soupçonnant que le but de la visite de sir Patrick Gray était de lui demander la vie de Maclellan, il résolut de hâter sa mort avant d'ouvrir la lettre du roi. Ainsi, tandis qu'il recevait sir Patrick avec toutes les apparences de l'hospitalité, il faisait conduire son malheureux parent dans la cour du château, où il eut la tête tranchée.

Dès que le dîner fut fini, Gray présenta à Douglas la lettre du roi, qu'il reçut et dont il prit connaissance avec toutes les marques du plus profond respect. Il remercia ensuite sir Patrick de la peine qu'il avait prise de lui apporter une lettre si gracieuse de son souverain, surtout dans un moment où il n'était pas en faveur près de Sa Majesté. — Venez, ajouta-t-il; les désirs du roi vont être remplis à l'instant même, et cela en même temps par considération pour vous. Le comte prit alors sir Patrick par la main, et le conduisit dans la cour du château, où le corps de Maclellan était encore étendu.

— Sir Patrick, dit-il au moment où ses domestiques soulevaient le drap sanglant qui couvrait le cadavre, vous êtes venu un peu trop tard. Voilà le fils de votre sœur; il lui manque la tête, mais le corps est à votre service. — Milord, dit Gray en retenant avec peine son indignation, si vous avez pris sa tête, vous pouvez disposer du corps comme vous voudrez.

Mais dès qu'il fut sur son cheval, qu'il avait demandé au même instant, son ressentiment éclata en dépit de la situation dangereuse dans laquelle il se trouvait.

— Milord, dit-il, si je vis, vous paierez cher une action si barbare. Et à l'instant il partit au grand galop.

— A cheval, et qu'on me le ramène! s'écria Douglas; et si Gray n'avait pas été bien monté, il est probable qu'il aurait partagé le sort de son neveu. Il fut poursuivi de près jusqu'aux portes d'Edimbourg, distance de cinquante à soixante milles.

Outre ces exemples de révolte ouverte et déclarée contre l'autorité du roi, Douglas entra dans plusieurs complots qui prouvent clairement qu'il voulait renverser le gouvernement. Il se ligua avec le comte de Crawford, appelé comte Beardie, qui était tout-puissant dans les comtés d'Angus, de Perth et de Kincardine, et avec le comte de Ross, qui exerçait une autorité presque souveraine dans le nord de l'Ecosse. Ces trois comtes se promirent de se soutenir mutuellement en toute occasion, dans toutes les querelles qu'ils pourraient avoir à soutenir, et contre quelque personne que ce fût, sans même en excepter le roi.

Jacques voyait clairement qu'il était nécessaire de prendre une mesure vigoureuse; cependant il n'était pas facile de décider ce qu'il fallait faire. La ligue entre les trois comtes les rendait capables, si une guerre ouverte était déclarée, de rassembler des forces supérieures à celles de la couronne. Le roi dissimula donc son ressentiment, et, sous prétexte qu'il désirait avoir avec Douglas une conférence amicale et se réconcilier avec lui, il l'engagea à venir à sa cour, qui se tenait alors à Stirling. Douglas hésita s'il accepterait cette invitation, et avant de s'y rendre il demanda et obtint un passe-port ou sauf-conduit, scellé du grand sceau, par lequel le roi lui donnait sa parole qu'il lui serait permis de venir à la cour et de s'en retourner sain et sauf. Alors le comte se décida d'autant plus à se rendre aux désirs du roi, qu'on lui donna à entendre qu'une disgrace venait d'éloigner de la cour le chancelier Crichton, et qu'il se croyait à l'abri des complots de ce dangereux ennemi de sa famille.

Ainsi protégé, à ce qu'il croyait, contre tout danger personnel, Douglas, à la fin de février 1452, arriva à Stirling, où il trouva le roi logé dans le château situé sur un rocher à pic qui s'élève perpendiculairement du fond d'une vallée, à l'extrémité de la partie haute de la ville, et où l'on ne peut arriver que d'un côté par une porte très-bien défendue. La suite nombreuse de Douglas fut logée dans la ville, et le comte fut admis dans le château. Un de ses confidens les plus intimes et de ses alliés les plus puissans était James Hamilton de Cadyow, chef de la grande maison d'Hamilton. A peine Douglas fut-il passé, que ce seigneur, qui ne le quittait jamais, voulut entrer après lui. Mais Livingston, qui se trouvait dans le château avec le roi, et qui était proche parent d'Hamilton, le frappa à la figure; et lorsque celui-ci, outré de fureur, voulut s'élancer sur lui l'épée à la main, il le repoussa avec une longue lance, jusqu'à ce que les portes fussent fermées sur lui. D'abord sir James Hamilton fut très-irrité d'une pareille conduite, mais il reconnut ensuite que Livingston avait agi en ami en l'éloignant du danger dans lequel Douglas se jetait aveuglément.

Le roi reçut le comte avec bonté, et, après quelques explications amicales sur le passé, l'amitié et la cordialité parurent régner entre Jacques et son trop puissant sujet. Le souper fut servi à sept heures, et lorsqu'il fut terminé le roi conduisit Douglas dans l'embrasure d'une croisée, fit tomber l'entretien sur la ligue que le comte avait formée avec Ross et Crawford, et l'exhorta à la rompre, comme contraire à la fidélité qu'il lui devait et à la tranquillité du royaume. Douglas refusa fièrement; le roi renouvela ses instances d'une manière plus impérieuse, et le comte n'y répondit que par un nouveau refus plus hautain et plus positif encore que le premier, reprochant en même temps au roi de mal administrer les affaires publiques. En voyant tant d'obstination, le roi ne put contenir sa rage, et il s'écria : — De par le ciel, milord, si vous ne voulez point rompre la ligue, voilà qui la rompra. En finissant ces mots il lui enfonça son poignard dans la poitrine. Sir Patrick Gray, qui avait juré de venger sur Douglas le meurtre de Maclellan, le frappa alors sur la tête avec sa hache d'armes, et les autres seigneurs de la suite du roi lui prouvèrent leur zèle en criblant de coups ce qui n'était plus qu'un cadavre inanimé [1]. Le comte ne reçut point la sépulture chrétienne; du moins on trouva, il y a environ quarante ans, un squelette enterré dans le jardin, précisément sous la fatale croisée, qu'on supposa, avec assez de probabilité, devoir être les restes du comte de Douglas, si singulièrement et si malheureusement mis à mort par son souverain.

Ce fut une mauvaise et une cruelle action de la part du roi : mauvaise, si elle fut commise dans un mouvement de colère, et plus mauvaise encore s'il avait médité cette violence dès le commencement, et s'il était décidé à employer la force au cas où Douglas ne céderait point à la persuasion. Le comte avait mérité un châtiment, peut-être même la mort, pour tant de crimes commis contre l'Etat; mais le roi n'aurait pas dû le tuer sans forme de procès, dans sa propre chambre, après l'avoir attiré dans le piège par l'assurance que sa personne ne courrait aucun danger. Cependant cet assassinat, comme celui de Comyn-le-Roux à Dumfries, tourna au profit de l'Ecosse; car Dieu, mon cher enfant, qui se plaît souvent à faire ressortir le bien des folies et même des crimes des hommes, permit que la mort de Comyn préparât la liberté de l'E-

---

[1] C'est à cet événement que fait allusion le Douglas de *la Dame du Lac* dans son apostrophe au château de Stirling, chap. IV. — Ed.

cosse, et que celle de Douglas amenât la chute de sa famille, qui était devenue trop puissante pour la tranquillité du royaume.

Rien ne parut d'abord devoir faire présumer un pareil résultat. Il y avait dans la ville de Stirling quatre frères de Douglas, qui l'avaient accompagné à la cour. Dès qu'ils apprirent que le chef de la famille était mort, comme je vous l'ai raconté, ils reconnurent immédiatement Jacques, l'aîné des quatre, pour son successeur. Ils se hâtèrent de se rendre alors dans les comtés où ils avaient le plus d'influence, car ils étaient tous de puissans seigneurs, et, rassemblant leurs amis et leurs vassaux, ils revinrent à Stirling, traînant à la queue du cheval d'un de leurs valets le sauf-conduit qui avait été accordé au comte de Douglas, afin de montrer tout leur mépris pour le roi. Dès qu'ils y furent arrivés, ils proclamèrent, au son de cinq cents cors et trompettes, que le roi Jacques était un homme faux et parjure. Ils pillèrent ensuite la ville de Stirling; et pensant que ce n'était pas encore assez, ils y renvoyèrent Hamilton de Cadyow avec ordre de la réduire en cendres. Mais la force du château les empêcha d'accomplir leur funeste projet, et après cette bravade les Douglas se dispersèrent pour rassembler une armée plus considérable.

Tant de puissans barons étaient alliés aux Douglas, qu'on assure que le roi balança quelque temps s'il soutiendrait la lutte qui se préparait, ou s'il fuirait en France et abandonnerait le trône au comte. Dans ce moment difficile Jacques trouva un conseiller fidèle dans son cousin germain, Kennedy, archevêque de Saint-André, un des hommes les plus sages de cette époque. L'archevêque lui développa son avis par une sorte d'emblème ou de parabole. Il présenta au roi un faisceau de flèches attachées ensemble par une courroie de cuir et le pria de le briser. Le roi lui dit que cette tâche était au-dessus de ses forces.
— Cela est possible, répondit l'archevêque, tant que ces flèches seront ainsi réunies, mais si vous dénouez la cour-

roie et que vous les preniez une à une, vous les romprez facilement l'une après l'autre. Et c'est ainsi, ô mon roi! que, dans votre sagesse, vous devez en agir avec les seigneurs insurgés. Si vous les attaquez tandis que le même motif et le même esprit les animent, ils seront trop forts pour vous; mais si vous pouvez, en négociant séparément avec chacun d'eux, les engager à se séparer, vous en viendrez à bout aussi facilement que vous briseriez ces flèches en les prenant une à une.

Agissant d'après ce principe, le roi fit des représentations particulières à plusieurs des nobles près desquels ses agens purent trouver accès, leur faisant entrevoir que, si les Douglas triomphaient, cette famille deviendrait supérieure à toutes les autres de l'Ecosse, et éclipserait le reste des pairs, qui n'auraient plus aucune espèce d'influence. Des domaines considérables, de riches trésors, de grands honneurs furent promis à ceux qui, dans ce moment de détresse, quitteraient les Douglas pour se joindre au parti du roi. Ces belles promesses, jointes à la crainte secrète de se voir dominer par les Donglas, attirèrent près du roi tous ceux qui jusqu'alors hésitaient entre la fidélité qu'ils lui devaient et la crainte que leur inspirait le comte.

De toutes ces conquêtes, la plus éclatante fut celle du comte d'Angus, qui, quoiqu'il descendît d'une branche cadette de la famille des Douglas, se joignit au roi contre son parent dans cette occasion mémorable, ce qui fit dire que—Douglas-le-Roux (les Angus étaient roux) avait écrasé Douglas-le-Noir.

La grande famille des Gordon se déclara aussi pour le roi. Leur chef, le comte de Huntly, rassembla une armée dans le nord, et marcha vers le sud jusqu'à Bréchin pour soutenir la cause royale. Là il rencontra le comte de Crawford, qui avait pris les armes pour les Douglas d'après le pacte fatal qui avait coûté la vie au comte William. Un des chefs de l'armée de Crawford était John Collasse de

Bonnymoon ou Balnamoon, qui commandait un beau corps de soldats courageux, armés de hallebardes et de haches d'armes sur lequel Crawford comptait beaucoup. Mais, avant l'action, John Collasse lui avait demandé de lui accorder quelques terres qui étaient à sa convenance près de sa maison, et le comte les lui avait refusées. Irrité de ce procédé, Collasse choisit pour se retirer le moment où la bataille était engagée avec le plus d'ardeur, et les troupes de Crawford, qui avaient été sur le point de remporter la victoire, perdirent courage et furent taillées en pièces.

D'autres engagemens eurent lieu sur différens points de l'Ecosse, entre les Douglas et leurs alliés et les nobles qui soutenaient l'autorité royale. Beaucoup de sang fut répandu, et le pays eut beaucoup à souffrir. Parmi beaucoup d'autres exemples des malheurs qu'amenèrent ces guerres civiles, on rapporte que le comte de Huntly brûla la moitié de la ville d'Elgin qu'habitaient les partisans de Douglas, tandis qu'il laissa subsister l'autre moitié, qui était occupée par des citoyens attachés à sa famille et à son parti. De là vient le proverbe qui fait dire lorsqu'une chose n'est faite qu'imparfaitement : — Cela n'est fait qu'à moitié, comme Elgin fut brûlée. — La famine et la peste vinrent encore ajouter aux malheurs d'un pays dévasté par une guerre civile qui occasionait des soulèvemens, des incendies et des massacres dans presque toutes les provinces de l'Ecosse.

Le parti royaliste commença enfin à gagner un peu de terrain, ce qu'on peut attribuer entre autres causes à ce que le comte de Douglas d'alors était un homme moins déterminé et moins actif que n'étaient d'ordinaire ceux de sa race. Le comte de Crawford fut un de ceux qui déserta le premier sa cause, et qui supplia le roi de lui accorder son pardon et de lui rendre ses bonnes grâces. Malgré tous les sujets de plainte que le roi avait contre ce lord, et quoiqu'il eût fait le vœu de détruire le château de Finhaven qui lui appartenait, et de telle manière que la plus haute pierre en devînt la plus basse, il lui accorda un entier pardon, et lui fit une visite à Finhaven, où, pour accomplir son vœu, il monta au haut des créneaux, et, y trouvant une petite pierre qui s'en était détachée, il la jeta dans les fossés, de sorte que, dans un sens, la plus haute pierre du château en devint effectivement la plus basse, sans qu'il eût été nécessaire de le démolir. Ce trait de clémence du roi lui concilia les esprits des nobles révoltés, et plusieurs d'entre eux commencèrent à faire des actes de soumission.

Mais le pouvoir des Douglas subsistait toujours, et il était encore si étendu qu'il y avait peu d'espoir que la lutte se terminât sans une bataille sanglante. Enfin ce moment décisif parut être arrivé. Les comtes d'Orkney et d'Angus, du parti royaliste, avaient assiégé Abercorn, château-fort sur le Forth, qui appartenait à Douglas. Celui-ci rassembla toutes les troupes que sa famille et ses alliés purent lever, montant, dit-on, à près de quarante mille hommes, et s'avança pour faire lever le siège. Le roi, de son côté, ayant réuni toutes les forces du nord de l'Ecosse, marcha à la rencontre de Douglas à la tête d'une armée un peu supérieure en nombre à celle du comte, mais inférieure en discipline militaire. Tout semblait rendre inévitable un combat dont l'issue devait décider lequel de Jacques Stuart ou de Jacques Douglas porterait la couronne d'Ecosse. La petite rivière de Carron séparait les deux armées.

Mais les intrigues de l'archevêque de Saint-André avaient fait une impression profonde sur plusieurs des nobles qui agissaient de concert avec Douglas, et une partie de ses partisans lui obéissaient par crainte plutôt que par affection. Les autres, voyant l'incertitude qui régnait dans les résolutions que prenait Douglas, et le manque de fermeté de son caractère, commencèrent à douter qu'il fût un chef capable de conduire une entreprise si périlleuse. Parmi ces derniers était sir James Hamilton de Cadyow, dont je vous ai déjà parlé, qui commandait dans l'armée de Douglas trois cents cavaliers et trois cents fantassins, tous d'une discipline parfaite et d'un courage éprouvé. L'archevêque Kennedy était parent d'Hamilton, et il se prévalut de cette parenté pour l'informer par un message secret que le roi était disposé à lui pardonner sa rébellion et à lui rendre sa faveur, si, dans ce moment critique, il abandonnait la cause des Douglas pour soutenir la sienne. Ces argumens firent beaucoup d'impression sur Hamilton, et cependant il avait été si long-temps l'ami et le partisan du comte de Douglas, qu'il se sentait la plus vive répugnance à quitter un ancien compagnon d'armes au moment du péril.

Dans la matinée qui suivit ce secret message, le roi envoya un héraut au camp de Douglas, lui ordonnant de disperser son armée, sous peine d'être déclaré traître, lui et ses complices, et promettant au contraire le pardon et des récompenses à tous ceux qui quitteraient l'étendard du rebelle Douglas. Le comte se moqua de ces sommations, et, faisant sonner les trompettes, il disposa ses troupes en ordre de bataille, et marcha fièrement vers l'armée du roi, qui, de son côté, quittait son camp et s'avançait bannières déployées, comme pour livrer sur-le-champ le combat. Il paraît toutefois que le message du héraut avait produit quelque effet sur les partisans de Douglas, et peut-être sur Douglas lui-même, en le faisant douter de leur attachement. Il vit ou il crut voir que ses troupes étaient découragées, et il les reconduisit dans son camp, espérant leur inspirer plus de confiance et de zèle. Mais ce mouvement eut un effet tout différent, car le comte ne fut pas plus tôt rentré sous sa tente, que sir James Hamilton vint lui faire des reproches, et le presser de lui dire s'il avait ou non l'intention de combattre, l'assurant que chaque jour de délai était tout en faveur du roi, et que plus il différerait la bataille, moins il aurait de soldats. Douglas lui répondit avec mépris que, s'il avait peur de rester, il était libre de s'en retourner chez lui. Hamilton le prit au mot, et, quittant son camp la nuit même, se rendit à celui du roi. Son exemple fut si généralement suivi, que l'armée du comte parut s'être débandée tout à coup, et que le lendemain matin il ne restait pas cent hommes dans le camp désert et silencieux de Douglas, excepté ses propres vassaux. Il fut obligé de fuir à Annandale, où ses frères et les hommes qui lui restaient furent complètement battus par les Scotts et autres habitans des frontières, près d'un endroit nommé Arkinholme. Un des frères du comte fut tué dans la bataille, le second fut blessé, fait prisonnier et exécuté à l'instant même. Le troisième s'enfuit en Angleterre, où le comte trouva aussi un asile. Ainsi le pouvoir de cette famille illustre et influente, qui paraissait sur le chemin du trône, s'évanouit enfin sans commotion violente, et sa grandeur, qui avait été fondée par la bravoure et la loyauté du Bon Lord James, fut détruite par la rébellion et la conduite irrésolue du dernier comte.

Cet infortuné resta près de vingt ans proscrit en Angleterre, et il était presque oublié dans son pays, lorsque, sous le règne suivant, en 1484, il fut vaincu et fait prisonnier, dans une petite excursion qu'il tenta sur les frontières d'Annandale. Il fut obligé de se rendre à un frère de Kirkpatrick de Closeburn, qui avait été vassal du comte dans le temps de sa gloire, et qui versa des larmes en voyant son vieux maître dans une situation si déplorable. Il lui proposa même de lui rendre la liberté, et de fuir avec lui en Angleterre, mais Douglas rejeta son offre. — Je suis fatigué de l'exil, lui dit-il, et, puisque le roi a promis une récompense à celui qui livrerait ma tête, j'aime mieux que vous la gagniez que tout autre, vous qui m'avez été fidèle aussi long-temps que je l'ai été à mon caractère. La conduite de Kirkpatrick n'en fut pas moins noble et généreuse. Il cacha le comte dans un asile secret, et ne le livra au roi qu'après avoir obtenu la promesse que les jours de son prisonnier ne seraient point menacés. Douglas fut alors condamné à se retirer dans l'abbaye de Lindores, sentence à laquelle il se soumit avec calme, en rappelant le proverbe populaire : — Celui qui ne peut faire mieux doit se faire moine. — Il vécut quatre ans dans ce couvent, et, comme il était le dernier de sa famille, en lui s'éteignit la branche principale des redoutables comtes de Douglas.

D'autres familles écossaises s'élevèrent sur leurs ruines, par la confiscation de leurs grands biens, qui furent distribués à ceux qui avaient aidé le roi à anéantir leur puissance. Le comte d'Angus, qui, quoique parent du comte de Douglas, s'était rangé sous la bannière royale, en reçut la plus grande part, et elle fut si considérable que, comme nous le verrons bientôt, elle mit les Angus en état de se lancer dans la carrière ambitieuse qui avait perdu la branche aînée de la famille, mais ils ne s'élevèrent jamais aussi haut, et ne furent point entraînés dans un abîme aussi terrible que celui qui avait englouti les Douglas.

Le pouvoir d'Hamilton s'accrut aussi par la chute de cette famille. Sa désertion du camp de son parent à Abercorn, dans un moment si décisif, avait été très-utile ; ce service fut récompensé par le don de terres considérables, et par la main de la fille aînée du roi.

Sir David Scott de Kirkurd et de Buccleuch obtint aussi de riches récompenses pour ses services et ceux de son clan à la bataille d'Arkinholme, et vit commencer pour lui cette suite de prospérités qui élevèrent sa famille jusqu'à la couronne ducale.

Ainsi va le monde, mon cher enfant ; la chute d'un grand homme ou d'une famille illustre devient la cause de l'élévation des autres, comme un arbre qui tombe jette ses semences sur la terre, et donne naissance aux jeunes rejetons qui doivent s'élever à sa place.

Les Anglais, retenus dans leur pays par les terribles guerres civiles d'York et de Lancastre, laissèrent l'Ecosse un peu plus tranquille pendant le règne de Jacques II. C'est peut-être pour la même raison que les Ecossais obtinrent l'avantage dans la bataille de Sark et dans deux autres affaires.

Délivré de la rivalité des Douglas et de la guerre opiniâtre que lui avait faite l'Angleterre, Jacques II gouverna l'Ecosse avec fermeté. Le royaume jouit d'une grande tranquillité pendant son règne ; et son dernier parlement crut pouvoir lui recommander l'exécution ferme et régulière des lois, comme à un prince qui possédait tous les moyens de s'acquitter de son devoir de roi sans avoir à craindre aucune résistance de la part des factieux ni des infracteurs de la justice. C'était en 1458. Mais, hélas! deux ans après, toutes ces belles espérances étaient évanouies.

Le château-fort de Roxburgh, situé sur les frontières, était toujours resté au pouvoir des Anglais depuis la fatale bataille de Durham. Le roi résolut de reprendre ce boulevard du royaume. Rompant une trêve qui existait alors avec l'Angleterre, Jacques convoqua toutes les forces de l'Ecosse pour exécuter ce grand projet. A l'appel d'un prince respecté et qui était généralement heureux dans ses entreprises militaires, les nobles, accompagnés de leurs vassaux, accoururent en foule. Donald des Iles lui-même se conduisit en vassal fidèle et soumis, et vint se mettre à la disposition du roi avec une troupe nombreuse qui prouvait l'étendue de son autorité. Ses soldats étaient armés à la manière des Highlands, ayant des chemises ou cottes de mailles, des claymores, des haches, des arcs et des flèches ; et Donald offrit de marcher un mille en avant de l'armée du roi lorsque les Ecossais entreraient en Angleterre, et de s'exposer au danger de la première attaque. Mais le principal but de Jacques était le siège de Roxburgh. Ce château était situé sur une éminence près du confluent de la Tweed et du Teviot ; les eaux du Teviot, élevées par une écluse, entouraient la forteresse, et ses murs étaient aussi forts que les ingénieurs de cette époque étaient capables d'en élever. Il avait été pris jadis par stratagème, mais Jacques se disposa à l'attaquer dans les règles.

Dans ce dessein, il établit sur la rive septentrionale de la Tweed une batterie de gros canons, tels qu'on les construisait à cette époque. Le siège durait depuis quelque temps, et l'armée commençait à se fatiguer, lorsqu'elle reprit un nouveau courage par l'arrivée du comte de Huntly, qui amenait un corps de troupes fraîches. Le roi, enchanté de ce secours, commanda à son artillerie de faire une décharge générale contre le château, et resta lui-même près des pièces pour voir l'effet qu'elles produiraient. Les canons d'alors étaient grossièrement formés de barres de fer, attachées ensemble par des cercles du même métal, à peu près comme les tonneaux sont faits maintenant. Vous concevez qu'ils étaient bien plus sujets à se fendre que les canons modernes, qui sont coulés d'une seule pièce et creusés ensuite. Une de ces pièces mal fabriquées creva en tirant; un éclat de fer cassa l'os de la cuisse de Jacques et le tua sur la place; un autre blessa le comte d'Angus. Aucune autre personne ne fut atteinte, quoiqu'il y eût beaucoup de monde à l'entour. Ainsi mourut Jacques II, à l'âge de vingt-neuf ans, après en avoir régné vingt-quatre.

Ce roi ne possédait pas les brillantes qualités de son père; et la manière dont il tua Douglas est une tache pour sa mémoire. Cependant, à tout prendre, c'était un bon roi, et il fut très-regretté de ses sujets. Un églantier marque encore la place où il mourut, dans le parc du duc de Roxburgh, à Fleurs [1].

---

(1) Roxburgh est situé à peu de milles de distance d'Abbotsford. — Ed.

CHAPITRE XIX.

Règne de Jacques III. — Insurrection des Homes et des Hepburns. — Meurtre du roi.

Après la mort déplorable de Jacques II, l'armée qui était devant Roxburgh perdit courage, et parut vouloir lever le siège. Mais la reine Marguerite arriva au milieu du conseil de guerre, conduisant par la main son fils aîné, l'héritier de la couronne, enfant âgé de huit ans, et prononça ces paroles énergiques : — Fi, mes nobles lords, n'auriez-vous point de honte d'abandonner une expédition commencée avec tant de bravoure, et de ne point venger sur ce château fatal le malheureux événement arrivé sous ses murs ! En avant, mes braves lords, persévérez dans votre entreprise, et ne quittez ces lieux qu'après avoir victorieusement enlevé la place. Qu'il ne soit pas dit que des champions aussi braves ont eu besoin de recevoir d'une femme, et d'une pauvre veuve, les encouragemens et les consolations qu'elle avait plutôt droit d'attendre d'eux.

Les nobles écossais répondirent à cet appel héroïque par des acclamations unanimes, et ils continuèrent le siège du château de Roxburgh, jusqu'à ce que la garnison, prise par famine et ne recevant aucun secours, fût obligée de se rendre. On dit que le gouverneur fut mis à mort, et que les Ecossais, dans l'animosité qui les excitait contre tout ce qui avait rapport à la mort de leur roi, nivelèrent jusqu'au sol les murs du château. L'armée écossaise revint victorieuse d'une expédition qui lui avait coûté si cher.

La minorité de Jacques III fut plus heureuse que celle

de son père et de son grand-père. Les affaires du royaume furent dirigées par la sage expérience de l'archevêque Kennedy. Roxburgh, comme je vous l'ai dit, avait été pris et détruit. Berwick, pendant les guerres civiles d'Angleterre, s'était rendu aux Ecossais, et les îles d'Orkney et de Zetland, qui jusqu'alors avaient appartenu aux rois de Norwège, furent réunies à la couronne d'Ecosse par le mariage du jeune roi avec une princesse de Danemark et de Norwège qui les lui apporta en dot.

Ces circonstances favorables furent troublées par la mort de l'archevêque Kennedy; et bientôt après la famille des Boyds chercha à augmenter son pouvoir d'une manière qui parut menacer la tranquillité publique. Le tuteur de Jacques III était Gilbert Kennedy, homme sage et grave qui continua à diriger l'éducation du roi après la mort du prélat son frère, mais qui malheureusement désigna, pour partager ses soins, sir Alexandre, frère de lord Boyd, comme étant plus jeune et plus capable que lui d'apprendre à Jacques les élémens de la guerre. Par cet arrangement, sir Alexandre, son frère lord Boyd, et ses deux fils, devinrent si intimes avec le roi, qu'ils résolurent de le soustraire entièrement à l'autorité de Kennedy. La cour résidait alors à Linlithgow, et le roi, pendant une partie de chasse, se laissa persuader de n'y pas retourner et de se rendre à Edimbourg. Kennedy se hâta de s'opposer au projet du roi, et saisissant son cheval par la bride, il le supplia de revenir à Linlithgow. Alexandre Boyd piqua des deux, et frappant avec un épieu de chasse le vieillard, qui méritait de sa part un meilleur traitement, il le força à quitter les rênes du cheval du roi, et réussit dans son dessein d'entraîner Jacques à Edimbourg. De ce moment, le roi commença à s'occuper de l'administration des affaires, et ayant accordé aux Boyds un pardon solennel pour la violence dont ils s'étaient rendus coupables, il se laissa pendant quelque temps diriger par leurs conseils. Sir Thomas, un des fils de lord

Boyd, fut honoré de la main de la princesse Marguerite, sœur aînée du roi, et créé comte d'Arran. Il méritait cette élévation par ses qualités personnelles, s'il ressemblait au portrait que fait de lui un gentilhomme anglais. Il le dépeint comme — le très-courtois, le très-aimable, le très-sage, le très-bon et le très-libéral comte d'Arran. — Et plus loin comme un homme — à la taille légère, mais robuste, beau parleur, bon archer, et chevalier très-dévoué, très-parfait, et très-fidèle à sa dame. —

Malgré ces rares perfections, l'élévation subite de cette famille fut suivie d'une chute non moins subite. Le roi priva les Boyds de leurs emplois, et les fit mettre en jugement pour la violence dont ils avaient usé à Linlithgow, malgré le pardon qu'il leur avait accordé. Sir Alexandre Boyd fut condamné à mort et exécuté. Lord Boyd et ses fils parvinrent à s'échapper, et moururent en exil. Après la mort de sir Thomas, comte d'Arran, la princesse Marguerite fut mariée à lord Hamilton, à qui elle apporta le domaine et le nom d'Arran.

Ce fut après la chute des Boyds que le roi se mit à la tête du gouvernement et que les imperfections de son caractère commencèrent à se manifester. Il était craintif, grand défaut dans un siècle belliqueux, et sa poltronnerie lui faisait soupçonner sans cesse tous ceux qui l'entouraient, et particulièrement ses deux frères. Il tenait beaucoup à l'argent, ce qui l'empêchait de se montrer généreux à l'égard des grands de sa cour, seul moyen de s'assurer leur attachement; il cherchait, au contraire, à augmenter ses richesses en empiétant sur les droits des prêtres et des laïques, ce qui lui attira tout à la fois la haine et le mépris. Il aimait passionnément les beaux-arts, goût heureux et digne d'un roi, s'il l'avait manifesté d'une manière convenable à sa dignité. Mais les architectes et les musiciens étaient ses compagnons favoris, et il excluait la noblesse de sa société intime, pour y admettre ceux que les hautains barons écossais appelaient des maçons et des ménétriers. Cochran, architecte, Rogers, musicien, Léonard, forgeron, Hommel, tailleur, et Torphichen, maître d'armes, étaient ses amis et ses conseillers. Les habitudes de basse société qu'il prenait avec ces sortes de gens excitèrent la haine de la noblesse, qui commença à faire des comparaisons toutes au désavantage du roi entre lui et ses deux frères, les ducs d'Albany et de Mar.

Ces deux princes avaient la tournure et les manières qui semblaient alors convenir le mieux à leur naissance royale. Voilà le portrait qu'un ancien auteur écossais nous donne du duc d'Albany. — Il était d'une haute stature, bien fait dans sa personne, d'une figure avenante, c'est-à-dire qu'il avait les joues larges, le nez rouge et de grandes oreilles, et sachant prendre une physionomie sombre et redoutable lorsqu'il lui *plaisait* de parler à quelqu'un qui lui avait *déplu*. — Le comte de Mar était d'un caractère moins sévère, et s'attirait l'affection de tous ceux qui l'approchaient, par la douceur et l'aménité de ses manières. Ces deux princes excellaient dans tous les exercices militaires, dans l'escrime, la joute, la chasse au tir ou au faucon, talens que le roi leur frère avait négligé d'acquérir, soit par goût, soit par timidité, quoiqu'à cette époque ils fussent regardés comme indispensables pour un homme d'une haute naissance.

Peut-être doit-on excuser jusqu'à un certain point les craintes pusillanimes de Jacques en réfléchissant aux dispositions turbulentes des nobles écossais, qui, comme les Douglas et les Boyds, nourrissaient souvent d'ambitieux projets qu'ils cherchaient à faire réussir en contrôlant sévèrement toutes les actions du roi. L'incident suivant pourra vous amuser un moment, au milieu de tant d'histoires tristes, et vous montrera en même temps les mœurs des rois d'Ecosse et les craintes que Jacques entretenait contre sa noblesse.

Vers l'année 1474, lord Somerville étant de service à la cour, Jacques III lui annonça qu'il avait l'intention d'aller lui rendre visite à son château de Cowthally, près de la ville de Carnwhath, où il vivait alors, et où il exerçait l'hospitalité de cette grossière époque d'une manière qui lui était toute particulière. Lorsque étant hors de chez lui il avait intention d'y revenir avec plusieurs amis, lord Somerville avait coutume de n'écrire que ces mots, *Speates and raxes*, c'est-à-dire grils et tournebroches, croyant exprimer suffisamment qu'il fallait préparer une grande quantité de provisions et mettre en mouvement les grils et les tournebroches. La visite du roi en personne ne put même engager lord Somerville à donner des ordres plus précis; seulement il écrivit trois fois de suite sa recommandation ordinaire, et envoya la lettre par un exprès. Ce message fut remis à lady Somerville, qui, mariée depuis peu, n'était pas encore habituée à lire l'écriture de son mari, probablement assez mauvaise, à une époque où les nobles se servaient plus souvent de l'épée que de la plume. Elle fit venir l'intendant; et, après avoir étudié long-temps ensemble le billet de milord, au lieu de lire *speates and raxes*, grils et tournebroches, trois fois répétés, ils crurent voir *spears and jacks, spears and jacks, spears and jacks*, c'est-à-dire *lances et jaquettes*. Les jaquettes étaient une sorte de pourpoint de cuir, couvert de plaques de fer, qui servait d'armure aux cavaliers d'un rang inférieur. Ils conclurent de ces terribles paroles que lord Somerville était menacé de quelque danger, ou qu'engagé dans une querelle à Edimbourg il demandait du secours; de sorte qu'au lieu de mettre les broches en activité et de tout préparer pour un festin, ils rassemblèrent des hommes armés et disposèrent tout pour un combat.

Une troupe de deux cents cavaliers réunie à la hâte galopaient à travers les marais qui conduisent à Edimbourg, lorsqu'ils aperçurent une nombreuse compagnie de gentilshommes qui s'amusaient à chasser au faucon sur le penchant de Corsett-Hill. C'était le roi et lord Somerville qui se rendaient à Cowthally, et qui charmaient en chassant les ennuis de la route. A la vue d'un corps nombreux de gens armés, ils se hâtèrent de cesser leur jeu, et le roi, voyant flotter aux premiers rangs la bannière de lord Somerville, en conclut qu'il s'agissait de quelque entreprise rebelle et coupable contre sa personne, et accusa le baron de trahison. Lord Somerville protesta de son innocence.

— Je dois avouer, dit-il, que ce sont mes gens et ma bannière, mais j'ignore absolument ce qui peut les amener ici. Si Votre Grace veut me permettre de prendre les devans, je saurai bientôt la cause de tout ce tumulte. Pendant ce temps, je laisserai mon fils aîné en ôtage auprès de vous, et je consens qu'il soit mis à mort si j'ai forfait en rien mon devoir.

Le roi permit à lord Somerville d'aller interroger ses vassaux, et le chef de la troupe lui expliqua la cause de leur course précipitée. Cette erreur ne fut plus alors qu'un sujet de gaieté, car le roi, après avoir regardé la lettre, protesta que lui-même aurait lu *lances et jaquettes*, plutôt que *grils et tournebroches*. Lorsqu'ils arrivèrent à Cowthally, lady Somerville fut très-confuse de sa méprise ; mais le roi la loua beaucoup de la célérité qu'elle avait mise à envoyer du secours à son mari, et lui dit qu'il espérait qu'elle aurait toujours une troupe aussi brave à son service lorsque l'intérêt du roi ou du royaume l'exigerait. Ainsi se termina cette burlesque aventure.

Il était naturel qu'un prince d'un caractère à la fois aussi timide et aussi sévère que paraît l'avoir été Jacques III vît avec anxiété l'ascendant que ses frères avaient acquis sur les cœurs de ses sujets ; et les insinuations des hommes vils et obscurs dont le roi faisait sa société intime changèrent bientôt cette anxiété et ces soupçons en une haine mortelle et implacable. Différentes causes se réunissaient pour engager ces indignes favoris à semer la discorde entre ses frères et lui. Les Homes et les Hepburns, familles dont la chute des Douglas avait beaucoup augmenté le pouvoir, avaient plusieurs démêlés avec le duc d'Albany, au sujet de privilèges et de propriétés appartenant au comté de March, dont il avait été investi par son père. Albany était aussi lord Gardien (lord Warden) des marches de l'est, et en cette qualité il avait mécontenté ces deux clans en mettant des bornes à leur pouvoir. Pour se venger ils traitèrent avec Robert Cochran, le principal conseiller du roi, et lui firent, dit-on, des présens considérables pour qu'il noircît le duc d'Albany dans l'esprit de son frère. L'intérêt personnel de Cochran s'accordait avec ces vils projets; car il savait que Mar et Albany désapprouvaient l'intimité du roi avec lui et ses compagnons.

Ces indignes favoris se mirent donc à remplir l'esprit du roi de terreurs et d'appréhensions sur les dangers qu'ils prétendaient que lui préparaient ses frères. Ils lui racontèrent que le comte de Mar avait consulté des sorcières, pour savoir quand et comment le roi mourrait, et qu'elles lui avaient répondu que ce serait de la main de ses plus proches parens. Ils amenèrent aussi à Jacques un astrologue, c'est-à-dire un homme qui prétendait lire l'avenir dans le mouvement des astres, qui lui dit qu'il y avait un lion en Ecosse qui serait mis à mort par ses lionceaux. Tout cela fit une telle impression sur l'esprit timide et jaloux du roi, qu'il fit arrêter ses frères. Albany fut enfermé dans le château d'Edimbourg; mais le sort de Mar fut décidé sur-le-champ. Le roi le fit étouffer dans le bain, où, selon d'autres historiens, lui fit tirer jusqu'à la dernière goutte de son sang. Jacques III commit cet horrible crime pour éviter des dangers en grande partie imaginaires; mais nous verrons bientôt que la mort de son frère Mar compromit sa sûreté plutôt qu'elle ne l'assura.

Albany courait grand risque de partager le même sort; mais quelques-uns de ses amis de France ou d'Ecosse avaient dressé leur plan pour le délivrer. Un petit sloop entra dans la rade de Leith, chargé de vins de Gascogne, et deux feuillettes furent envoyées en présent au prince captif. La garde du château ayant permis qu'elles fussent portées dans la chambre d'Albany, le duc, en les examinant en secret, trouva dans l'une une grosse boule de cire renfermant une lettre, qui l'exhortait à s'échapper, et lui promettait que le petit bâtiment qui avait apporté le vin serait prêt à le recevoir s'il pouvait gagner le bord de l'eau. On le conjurait en outre de se hâter, parce qu'il devait avoir la tête tranchée le jour suivant. Un gros rouleau de cordes était aussi renfermé dans le même tonneau, pour qu'il pût descendre du haut des murs du château jusqu'au pied du rocher sur lequel il est bâti. Son chambellan, serviteur fidèle, partageait la prison de son maître, et promit de l'aider dans sa périlleuse entreprise.

Le point principal était de s'assurer du capitaine des gardes. Dans ce dessein, Albany l'invita à venir souper avec lui, sous prétexte de goûter le bon vin dont on lui avait fait présent. Le capitaine, après avoir posé des gardes où il croyait qu'il pouvait y avoir du danger, se rendit dans la chambre du duc, accompagné de trois soldats, et partagea la collation qui lui fut offerte. Après le souper, le duc l'engagea à jouer au trictrac, et le capitaine, assis à côté d'un grand feu, et travaillé par le vin que le chambellan ne cessait de lui verser, commença à s'assoupir ainsi que ses soldats, à qui le vin n'avait pas été épargné davantage. Alors le duc d'Albany, homme vigoureux, dont le désespoir doublait encore les forces, s'élança de la table, et frappa de son poignard le capitaine, qui tomba roide mort. Il se défit de la même manière de deux des soldats, pendant que le chambellan expédiait le troisième, et ils jetèrent leurs corps dans le feu. Ils vinrent d'autant plus facilement à bout de ces pauvres diables, que l'ivresse et la surprise les avaient presque hébétés. Ils prirent alors les clefs dans la poche du capitaine, et montant sur les murs, choisirent un coin reculé hors de la vue des gardes, pour effectuer leur périlleuse descente.

Le chambellan voulut essayer la corde en descendant

le premier; mais elle était trop courte; il tomba, et se cassa la cuisse. Il cria alors à son maître d'allonger la corde. Albany retourna dans sa chambre, prit les draps de son lit, les attacha à la corde, et se trouva bientôt sain et sauf au pied du rocher. Alors il prit son chambellan sur ses épaules, le porta dans un lieu sûr, où il pût rester caché jusqu'à ce que sa blessure fût guérie, et se rendit sur le bord de la mer, où, au signal convenu, une barque vint le prendre, et le conduisit à bord du sloop, qui fit voile à l'instant pour la France.

Pendant la nuit, les gardes, qui savaient que leur officier était avec trois hommes dans l'appartement du duc, n'eurent aucun soupçon de ce qui se passait; mais lorsqu'au point du jour ils aperçurent la corde qui pendait le long des murs, ils prirent l'alarme, et se précipitèrent dans la chambre du duc; ils y trouvèrent le corps d'un des soldats en travers devant la porte, et ceux du capitaine et des deux autres étendus dans le feu. Le roi fut très-surpris d'une évasion si extraordinaire, et il ne voulut y ajouter foi qu'après avoir examiné la place de ses propres yeux.

La mort de Mar et la fuite d'Albany augmentèrent l'insolence des indignes favoris du roi. Robert Cochran, l'architecte, devint si puissant qu'aucune pétition ne parvenait jusqu'au roi que par son entremise, et qu'il se faisait donner des sommes considérables pour les appuyer. Enfin il amassa tant de richesses qu'il fut à son tour en état de séduire le roi, et qu'il en obtint à prix d'argent le comté de Mar avec les terres et les revenus du prince assassiné. Tout le monde fut transporté d'indignation en voyant l'héritage de l'infortuné duc de Mar, du fils d'un roi d'Ecosse, passer entre les mains d'un vil parvenu comme ce Cochran. Il se rendit coupable d'une autre espèce de malversation, en faisant mêler dans l'argent monnoyé du cuivre et du plomb, ce qui diminuait la valeur de chaque pièce, tandis qu'une ordonnance royale prescrivait de les recevoir pour la même valeur que si elles eussent été d'argent pur. Les paysans refusèrent de vendre leur blé et leurs autres denrées pour cette monnaie falsifiée, ce qui occasiona de grands troubles et une grande disette. Un ami de Cochran lui conseilla de retirer cette monnaie de la circulation, et de faire frapper des pièces de bon aloi; mais il avait tant de confiance dans la durée des *Cochran-placks*[1], comme le peuple les appelait, qu'il répondit : — Le jour où je serai pendu ils pourront être supprimés, mais pas avant. Il était loin de prévoir alors que ces paroles, dites en plaisantant, devaient s'accomplir un jour à la lettre.

En 1482, les différends avec l'Angleterre prirent un caractère plus grave, et Édouard IV fit des préparatifs pour envahir l'Ecosse, principalement dans l'espoir de reprendre Berwick. Il engagea le duc d'Albany à venir de France pour se joindre à son entreprise, lui promettant de le placer sur le trône d'Ecosse au lieu de son frère. Ce bruit fut répandu dans l'espoir de tirer avantage de la haine portée au roi Jacques et de la disposition générale des esprits en faveur du duc d'Albany.

Mais, quelque mécontens qu'ils fussent de leur souverain, les Ecossais ne se montrèrent nullement disposés à recevoir un autre roi de la main des Anglais. Le parlement s'assembla, et d'une voix unanime déclara la guerre à Edouard-le-Voleur, comme ils appelaient Edouard IV. Pour joindre les faits aux paroles, Jacques convoqua le ban et l'arrière-ban de son royaume, c'est-à-dire tous les hommes qui étaient tenus de le suivre à la guerre; il leur donna rendez-vous au Borough-Moor d'Edimbourg, d'où ils se dirigèrent sur Lauder, et campèrent entre la rivière de Leader et la ville, au nombre de cinquante mille hommes.

Mais les grands barons, qui avaient amené leurs vas-

---

[1] Le *plack* est la plus petite monnaie de cuivre d'Ecosse. — TR.

saux, étaient moins disposés à marcher contre les Anglais qu'à redresser les abus de l'administration du roi Jacques.

Ils s'assemblèrent en grand nombre et tinrent un conseil secret dans l'église de Lauder. Tandis qu'ils s'étendaient sur les maux que l'insolence et la corruption de Cochran et de ses créatures avaient fait souffrir à l'Ecosse, lord Gray les pria de lui permettre de leur raconter une petite fable. « Les rats, dit-il, ayant tenu conseil pour aviser aux moyens d'échapper à la dent meurtrière du chat, résolurent de lui attacher au cou un grelot qui les avertirait de son arrivée et leur donnerait le temps de gagner leur trou. Mais quoique cette mesure fût adoptée d'une voix unanime, il devint impossible de l'exécuter, car aucun rat ne se sentit le courage d'attacher le grelot au cou de leur formidable ennemi. » C'était assez leur dire que quelques résolutions vigoureuses qu'ils prissent contre les favoris du roi, il serait difficile de trouver quelqu'un d'assez courageux pour les exécuter.

Archibald, comte d'Angus, homme d'une force athlétique et d'un courage intrépide, et chef de la seconde branche des Douglas dont je vous ai déjà parlé, s'élança de sa place dès que Gray eut fini son apologue, en s'écriant : « C'est moi qui attacherai le grelot. » Exclamation qui lui valut le surnom d'*Attache-grelot-au-chat* (*Bell-the-cat*) jusqu'à sa mort.

Pendant qu'ils s'occupaient de la sorte, un coup bruyant, qui annonçait l'autorité de celui qui frappait, se fit entendre à la porte. Il annonçait l'arrivée de Cochran, suivi d'une garde de trois cents hommes attachés à sa personne, portant sa livrée blanche avec des paremens noirs, et armés de pertuisanes. Sa parure répondait à ce magnifique cortège. Il avait un habillement complet de velours noir ; une belle chaîne d'or entourait son cou, et un cor de chasse, monté aussi en or, pendait à son côté. Son casque, orné de riches dorures, était porté devant lui ; et sa tente ainsi que les cordes qui servaient à la dresser étaient de la plus belle soie. Ayant appris que les nobles tenaient un conseil secret, il était venu dans ce superbe équipage, pour voir ce qui se passait, et c'était dans ce dessein qu'il frappait à coups redoublés à la porte de l'église. Sir Robert Douglas de Lochleven, qui avait été chargé de la garder, demanda qui était là. Cochran répondit : « le comte de Mar ; » et les nobles furent charmés de voir qu'il venait pour ainsi dire se livrer lui-même entre leurs mains.

Comme Cochran entrait dans l'église, Angus, pour tenir la promesse qu'il avait faite d'attacher le grelot, tira brusquement la chaîne d'or qui ornait le cou du favori, en disant « qu'une corde lui conviendrait mieux. » En même temps sir Robert Douglas lui arrachait son cor de chasse, sous prétexte qu'il s'en était servi trop long-temps pour appeler sur l'Ecosse toutes sortes de calamités.

— Est-ce une plaisanterie, ou cela est-il sérieux milords ? demanda Cochran plus étonné qu'alarmé de cette brusque réception.

— Très-sérieux, comme vous ne l'éprouverez que trop, vous et vos complices, lui répondirent-ils ; car vous avez abusé de la faveur du roi, et maintenant vous allez recevoir la récompense que vous méritez.

Il ne paraît pas que Cochran ou ses gardes aient fait la moindre résistance. Une partie de la noblesse se rendit au pavillon du roi, et tandis que les uns l'empêchaient de s'apercevoir de ce qui se passait en causant avec lui, les autres s'emparaient de Léonard, d'Hommel, de Torphichen et des autres favoris, sans oublier Preston, un des deux seuls gentilshommes qui partageassent la faveur du roi avec de tels personnages. Ils furent tous à l'instant condamnés à mort pour avoir égaré le roi et mal gouverné le royaume. Le seul qui échappa au sort de ses associés fut John Ramsay de Balmain, jeune homme de bonne famille, qui s'attacha fortement à la ceinture du roi lorsqu'il vit qu'on arrêtait les autres. Les nobles l'épargnèrent par égard pour son âge, car il n'avait que seize ans, et pour les vives instances que le roi leur fit en sa faveur. Les troupes faisaient retentir l'air de bruyantes exclamations de joie, et elles s'empressaient d'offrir les cordes de leurs tentes et les licous de leurs chevaux pour exécuter ces coupables ministres. Cochran, qui était très-audacieux, et qui avait attiré pour la première fois sur lui l'attention du roi par sa conduite ferme dans un duel, conserva tout son courage, quoiqu'il le montrât d'une manière bien absurde. Il eut la vanité de demander que ses mains ne fussent point liées avec une corde de chanvre, mais avec une corde de soie, et pria qu'on allât chercher celles de sa tente; mais cette demande ne servit qu'à indiquer à ses ennemis un moyen de lui infliger une peine de plus. Ils lui dirent qu'il n'était qu'un misérable fripon, et qu'aucune espèce de honte ne lui serait épargnée, et ils firent chercher un licou de crin, comme plus ignominieux encore qu'une corde de chanvre. Ils s'en servirent pour pendre Cochran au milieu du pont de Lauder (qui n'existe plus), entouré de tous ses compagnons, qui partagèrent le même sort. Lorsque l'exécution fut terminée, les lords retournèrent à Edimbourg, et ils décidèrent que le roi resterait dans le château sous une surveillance exacte, mais respectueuse [1].

Pendant ce temps, les Anglais reprenaient Berwick, place importante que les Ecossais ne parvinrent jamais à recouvrer, quoiqu'ils aient continué à soutenir leurs prétentions sur ce boulevard des marches de l'est. Les Anglais paraissaient disposés à poursuivre leurs avantages; mais l'armée écossaise s'étant portée à Haddington pour les combattre, la paix fut conclue en partie par la médiation du duc d'Albany, qui avait reconnu la vanité des espérances que les Anglais lui avaient données, et qui,

---

(1) Il est fait plus d'une fois allusion à cet événement dans le poëme de *Marmion* et les notes. — Ed.

renonçant à tous ses rêves d'ambition, n'employa son influence que pour obtenir la cessation des hostilités.

On dit que le duc d'Albany et le célèbre Richard, duc de Glocester, qui devint ensuite roi d'Angleterre sous le nom de Richard III, négocièrent les conditions de la paix, non-seulement entre la France et l'Angleterre, mais même entre le roi et la noblesse. Ils eurent une entrevue à Edimbourg avec les lords écossais qui avaient dirigé les affaires du royaume depuis la captivité du roi. Le conseil ne voulut point écouter le duc de Glocester, pensant avec raison qu'un Anglais n'avait pas le droit d'intervenir dans les affaires de l'Ecosse ; mais ils montrèrent toute la déférence possible pour le duc d'Albany, le priant de leur faire connaître ce qu'il désirait d'eux.

— D'abord, et avant tout, dit-il, je désire que le roi mon frère soit mis en liberté.

— Milord, dit Archibald l'Attache-grelot, qui était leur chancelier, ce que vous demandez va être fait, et cela parce que c'est vous qui le demandez. Quant à la personne qui vous accompagne (voulant parler du duc de Glocester), nous ne la connaissons pas, et nous ne ferons rien à son intercession. Mais nous savons que vous êtes le frère du roi, et son plus proche héritier après son fils. Nous vous confions donc la personne de Jacques III, espérant qu'à l'avenir il se conduira d'après vos conseils, et gouvernera le royaume de manière à ne pas exciter le mécontentement du peuple et à ne pas nous forcer, nous nobles écossais, à agir contre sa volonté.

Jacques, ayant été mis en liberté, se réconcilia si parfaitement en apparence avec le duc d'Albany, que les deux frères partageaient la même chambre, mangeaient à la même table et couchaient dans le même lit. Tandis que le roi surveillait les bâtimens qu'il se plaisait à élever, et se livrait à des amusemens frivoles, Albany administrait les affaires du royaume, et il le fit quelque temps avec succès. Mais son ambition ne tarda pas à se montrer de nouveau. La nation prit ombrage de ses liaisons intimes avec les Anglais, et conçut de justes craintes que le duc ne cherchât à s'emparer de la couronne à l'aide de Richard III, alors roi d'Angleterre. Le duc fut donc encore une fois obligé de fuir en Angleterre, où il resta quelque temps, combattant dans les rangs des Anglais contre ses compatriotes. Il était à cette affaire où le vieux comte de Douglas fut fait prisonnier en 1483, et ne s'échappa que grace à la vitesse de son cheval. Bientôt après, Albany se retira en France, où il épousa une fille du comte de Boulogne, dont il eut un fils, John, qui devint ensuite régent d'Ecosse sous le règne de Jacques V. Albany fut grièvement blessé d'un éclat de lance à un des tournois dont je vous ai donné la description, et il en mourut. La versatilité avec laquelle il changea d'opinion et de parti détruisit la haute idée que, dans sa jeunesse, on avait conçue de son caractère.

Affranchi de la tutelle de son frère, le roi retomba graduellement dans les habitudes avilissantes qui lui avaient déjà coûté si cher. Pour empêcher qu'on ne pût encore s'assurer de sa personne par la violence, il défendit qu'aucun de ses sujets se présentât jamais armé en sa présence, à l'exception de ses gardes, qui furent placés sous le commandement de ce même John Ramsay de Balmain, le seul de ses premiers favoris qui eût été épargné par ATTACHE-GRELOT et les nobles lords, dans l'insurrection de Lauder. Cette mesure fut regardée comme très-offensante dans un pays où l'on regardait comme dangereux et comme une sorte de déshonneur d'être sans armes.

Comme cela arrive souvent, l'amour du roi pour l'argent augmentait à mesure qu'il avançait en âge. A peine accordait-il quelque faveur, ou faisait-il droit à quelque réclamation sans recevoir un présent. Par ce moyen il accumula des trésors, qui, si l'on considère la pauvreté de son royaume, tiennent presque du prodige. Sa caisse noire (c'était ainsi que le peuple appelait son coffre-fort) était pleine jusqu'aux bords de pièces d'or et d'argent, indépendamment d'une grande quantité de joyaux et de vaisselle plate. Mais tandis qu'il accumulait ces trésors, il augmentait le mécontentement du peuple et de la noblesse; et la haine et le mépris qu'inspiraient son avarice et sa faiblesse excitèrent enfin une rébellion générale contre lui.

Parmi beaucoup d'édifices magnifiques, le roi avait fait bâtir dans le château de Stirling une grande salle et une chapelle dans le plus beau style d'architecture gothique fleurie. Il avait aussi formé deux bandes complètes de musiciens et de choristes pour la chapelle, voulant qu'une des deux troupes le suivît partout où il irait, pour célébrer le service divin en sa présence, tandis que l'autre resterait chargée du service journalier de la chapelle.

Comme cet établissement nécessitait des dépenses considérables, Jacques résolut d'y assigner les revenus du prieuré de Coldingham, dans le comté de Berwick. Les terres de ce riche prieuré étaient situées au milieu des possessions des Homes et des Hepburns, qui avaient établi la coutume, coutume devenue presque un droit avec le temps, de choisir le prieur dans l'une ou l'autre des deux familles, afin d'être sûrs d'en être favorablement traités dans les négociations qu'ils pourraient avoir à faire avec l'Eglise. Lors donc que ces deux clans puissans virent qu'au lieu de nommer un Home ou un Hepburn pour remplir la place de prieur, le roi avait l'intention de consacrer les revenus de Coldingham à l'entretien de sa chapelle de Stirling, ils furent indignés, commencèrent à entretenir une correspondance secrète et à se liguer avec tous les mécontens de l'Ecosse, particulièrement avec Angus et les autres lords qui avaient figuré dans l'affaire du pont de Lauder, et qui craignaient naturellement que le roi ne trouvât un jour ou l'autre le moyen de se venger de la mort de ses favoris et de l'espèce de captivité dans laquelle on l'avait tenu lui-même.

Lorsque le roi entendit parler pour la première fois de

la ligue formée contre lui, elle avait pris tant d'extension que tout semblait prêt pour commencer la guerre. Tous les lords du midi de l'Ecosse, qui pouvaient rassembler leurs forces avec une rapidité inconnue partout ailleurs, étaient en campagne et prêts à agir. Le roi, naturellement timide, prit le parti de fuir vers le nord. Il fortifia le château de Stirling, commandé par Shaw de Fintrie, à qui il confia la garde du prince son fils et son héritier ; lui défendant sur son honneur et sur sa vie de laisser entrer personne dans le château, ni d'en laisser sortir qui que ce fût. Il lui recommanda surtout que personne au monde ne pût parvenir jusqu'à son fils. Il déposa ses trésors dans le château d'Edimbourg, et ayant ainsi pourvu à la sûreté, du moins à ce qu'il croyait, des deux choses qu'il aimait le plus au monde, il se hâta de se rendre dans le nord, où les grands seigneurs et les gentilshommes se réunirent à lui ; ainsi le nord et le midi de l'Ecosse paraissaient au moment d'en venir aux mains.

Le roi, en passant par Fife, alla rendre visite au dernier comte de Douglas, qui, comme je vous l'ai dit, avait été forcé de se faire moine dans l'abbaye de Lindores. Il lui offrit de lui pardonner et de se réconcilier sincèrement avec lui s'il voulait reparaître dans le monde, se mettre à la tête de ses vassaux, et, par la terreur attachée à son nom, retirer des rangs des pairs rebelles tous ceux des habitans du sud qui n'avaient pas oublié la renommée des Douglas. Mais les pensées du vieux comte s'étaient tournées vers un autre monde, et il répondit au roi : — Ah! sire, votre grace m'a tenu si long-temps sous clef ainsi que sa caisse noire, que le temps où nous aurions pu lui être utile est passé pour jamais. — Il voulait parler du riche trésor que le roi avait amassé, et qui, distribué à propos, aurait pu lui faire beaucoup de partisans, de même que Douglas, lorsqu'il était jeune, aurait pu lever en sa faveur une armée considérable. Mais il était trop tard pour tirer parti de l'un ou de l'autre.

Pendant ce temps, Angus, Home, Bothwell, et les autres nobles insurgés, résolurent de s'emparer, s'il était possible, de la personne du jeune prince, espérant, quoiqu'il ne fût encore qu'un enfant, se prévaloir de son autorité pour l'opposer à celle de son père. En conséquence, ils corrompirent, à l'aide d'une somme considérable, Shaw, le gouverneur du château de Stirling, qui fit ce qu'ils désiraient. Dès qu'ils furent en possession de la personne du prince Jacques, ils publièrent sous son nom des proclamations, portant que le roi Jacques III appelait les Anglais en Ecosse pour l'aider à renverser leurs libertés; qu'il avait vendu les frontières de son royaume au comte de Northumberland et au gouverneur de Berwick; déclarant, sous ce prétexte, qu'ils s'étaient réunis pour détrôner un roi dont les intentions étaient si perverses, et pour couronner son fils à sa place. Ces allégations étaient fausses; mais le roi était si détesté, que le peuple ne balança pas à les croire.

En même temps, Jacques arriva devant Stirling à la tête d'une armée considérable, et demanda l'entrée du château. Mais le gouverneur refusa de lui en ouvrir les portes. Le roi demanda vivement son fils; mais le perfide gouverneur répondit que les lords le lui avaient enlevé malgré lui. Alors le pauvre roi vit qu'il était trahi, et s'écria avec indignation : « Infâme imposteur, tu m'as trahi; mais si je vis, tu seras traité comme tu le mérites ! » Si la trahison du gouverneur n'avait pas privé Jacques III du château de Stirling, il aurait pu, en s'enfermant dans cette forteresse, éviter une bataille jusqu'à ce que de nouvelles forces fussent venues à son secours, et réprimer les lords rebelles comme son père avait vaincu les Douglas devant Abercorn. Cependant, se trouvant à la tête d'une armée de près de trente mille hommes, il marcha courageusement vers les insurgés. Lord David Lindsay des Byres fut le premier à encourager le roi à se porter en avant. Il était venu le joindre avec mille cavaliers et trois mille fantassins des comtés de Fife et de Kinross; en voyant la perfidie dont le roi était victime, il s'avança vers lui sur un superbe cheval gris, en descendit légèrement, et le supplia d'accepter ce noble animal, qui, soit qu'il volât à l'ennemi ou qu'il fût forcé de battre en retraite, devancerait tout autre cheval en Ecosse, pourvu que le roi pût se tenir en selle.

Jacques prit alors courage et marcha contre les rebelles, se fiant à ce que son armée était très-supérieure en nombre à la leur. Le champ de bataille n'était éloigné que d'un mille ou deux de celui où Bruce avait battu les Anglais dans la glorieuse journée de Bannockburn; mais le sort de son descendant et de son successeur fut bien différent.

L'armée du roi était divisée en trois grands corps. Dix mille montagnards, sous Huntly et Athole, formaient l'avant-garde. Dix mille des comtés de l'ouest étaient sous les ordres des lords d'Erskine, Graham et Meinteith. Le roi commandait l'arrière-garde, qui était composée des milices envoyées par les différentes villes. Le comte de Crawford et lord David Lindsay soutenaient l'aile droite à la tête des soldats de Fife et d'Angus, et lord Ruthven commandait à la gauche les habitans de Strathearn et de Stormont.

Le roi, après avoir disposé ses troupes en ordre de bataille, demanda le cheval que lord Lindsay lui avait donné, afin de pouvoir se porter en avant et observer les mouvemens de l'ennemi. Il le vit d'une éminence s'avancer en trois divisions d'environ six mille hommes chacune. Les Homes et les Hepburns commandaient la première, formée des habitans des frontières de l'est et du Lothian oriental. La seconde était composée de ceux des frontières de l'ouest, comprenant Liddesdale, Annandale et le Galloway. Les lords rebelles, avec leurs meilleurs soldats, formaient la troisième, ayant au milieu d'eux le jeune prince Jacques et la grande bannière d'Ecosse.

Lorsque le roi vit ses propres enseignes déployées contre lui, il jugea que son fils devait être dans les rangs ennemis, et son courage, qui n'était jamais très-grand, commença à l'abandonner; car il se rappela la prophétie, qu'il mourrait de la main de son plus proche parent; et aussi ce que lui avait dit l'astrologue, qu'un lion d'Ecosse serait étranglé par son lionceau. Ces craintes pusillanimes s'emparèrent tellement de l'esprit de Jacques, que tous ceux qui l'entouraient s'aperçurent de son trouble et le conjurèrent de se retirer. Mais dans ce moment la bataille s'engagea.

Les Homes et les Hepburns attaquèrent l'avant-garde de l'armée royale; mais ils furent repoussés par les flèches des montagnards. Alors les habitans de Liddesdale et d'Annandale, qui portaient des lances plus longues que toutes celles dont on faisait usage dans les autres parties de l'Ecosse, chargèrent avec des cris sauvages et furieux (ce qu'ils appelaient leur *Slogan*), et culbutèrent les troupes royales qui leur étaient opposées.

Au milieu d'un bruit et d'un tumulte auquel il était si peu accoutumé, Jacques perdit le peu de présence d'esprit qui lui restait, et tournant le dos il s'enfuit vers Stirling. Mais il était hors d'état de conduire le cheval gris que lord Lindsay lui avait donné, et qui, prenant le mors aux dents, descendit au grand galop dans un petit hameau où se trouvait un moulin nommé Beaton's Mill. Une femme en sortait pour puiser de l'eau à l'écluse du moulin; mais effrayée en voyant un homme armée de pied en cap accourir à toute bride, elle posa sa cruche à terre et s'enfuit dans la maison. La vue de cette cruche effraya tellement le cheval du roi, qui fit un écart au moment de sauter le ruisseau, et que Jacques, vidant les arçons, tomba sur la terre, où la violence de sa chute et le poids de son armure le firent rester sans mouvement. Les gens du moulin accoururent, le transportèrent dans la maison et le mirent au lit. Lorsqu'il revint à lui, il pria ses hôtes de lui procurer un prêtre. La femme du meunier lui demanda qui il était, et il répondit imprudemment : « Ce matin j'étais votre roi. » Avec une égale imprudence, la pauvre femme courut à la porte, et demanda à grands cris un prêtre pour confesser le roi. — « Je suis prêtre, » dit un inconnu qui venait d'arriver, « conduisez-moi auprès du roi. » Lorsqu'il arriva au pied du lit, il s'agenouilla avec une apparente humilité, et demanda à Jacques s'il était blessé mortellement. Le roi lui répondit que ses blessures ne seraient pas mortelles si elles étaient pansées avec soin, mais qu'avant tout il désirait être confessé et recevoir d'un ecclésiastique le pardon de ses péchés, d'après l'usage de l'église catholique.

— « Voilà qui te donnera l'absolution ! » répondit l'assassin ; et tirant un poignard, il en porta quatre ou cinq coups au roi à l'endroit du cœur. Alors prenant le corps sur son dos, il sortit sans que personne s'y opposât, et l'on ignore ce qu'il fit du cadavre.

On ne découvrit jamais qui était ce meurtrier, et s'il était prêtre ou non ; seulement on avait observé que trois personnes poursuivaient le roi de très-près : lord Gray, Stirling de Keir et un prêtre nommé Borthwick ; et on supposa que l'un d'eux avait commis cet assassinat. Il est assez remarquable que ce Gray était le fils de sir Patrick qui avait aidé Jacques II à se défaire du comte de Douglas dans le château de Stirling. Ce serait une coïncidence singulière, si le fils d'un homme qui avait pris une part aussi active à la mort de Douglas avait été l'assassin du fils de Jacques II.

La bataille ne dura pas long-temps après la fuite du roi ; les troupes royales se retirèrent vers Stirling, et les vainqueurs retournèrent dans leur camp. Cette bataille fut livrée le 18 juin 1488.

Ainsi mourut le roi Jacques III, prince pusillanime et inconsidéré, quoique, en exceptant le meurtre de son frère le comte de Mar, son caractère eût été plutôt celui d'un homme faible et avare que celui d'un roi criminel et sanguinaire. Son goût pour les beaux-arts aurait été convenable dans un particulier ; mais il le portait à un point qui lui faisait négliger ses devoirs comme souverain. Il mourut, comme presque tous les princes de sa famille, à la fleur de l'âge; il n'avait que trente-six ans.

CHAPITRE XX.

Règne de Jacques IV. — Exploits sur mer de sir André Wood. — Procès de lord Lindsay des Byres. — Invasion des Ecossais en Angleterre, en faveur de Perkins Warbeck. — Traité avec l'Angleterre, et mariage de Jacques avec Marguerite, fille de Henry VII.

La triste fin de Jacques III ne fut pas connue sur-le-champ. Il avait protégé constamment la marine de ses Etats, et, lors de la grande révolte dans laquelle il périt, un brave officier de mer, sir André Wood de Largo, avait pris le parti du roi, et était venu se mettre en rade dans le Forth, à peu de distance de la côte où se donnait la bataille. Il avait envoyé ses chaloupes à bord, elles avaient ramené plusieurs blessés du parti de Jacques, et l'on supposait que le roi lui-même était peut-être du nombre.

Pour éclaircir ce point important, les lords envoyèrent dire à sir André Wood de venir à terre, et de comparaître devant leur conseil. Wood y consentit, à condition que deux seigneurs de distinction, les lords Seton et Fleming, se rendraient sur son bord, et y resteraient en ôtages jusqu'à son retour.

Le brave marin se présenta devant le conseil et devant le jeune roi dans la ville de Leith. Dès que le prince aperçut sir André, qui était un homme de bonne mine, et qui portait un bel uniforme, il alla droit à lui, et lui dit : — Monsieur, êtes-vous mon père?

— Je ne suis pas votre père, répondit Wood les larmes aux yeux ; mais je l'ai servi fidèlement tant qu'il a vécu, et je servirai de même l'autorité légitime, jusqu'au jour de ma mort.

Les lords lui demandèrent alors quels étaient les hommes qui étaient venus de ses vaisseaux, et qui y étaient retournés le jour de la bataille de Sauchie.

— C'étaient mon frère et moi, dit sir André d'un ton intrépide, qui aurions voulu verser tout notre sang pour la défense du roi.

Ils lui demandèrent alors formellement si le roi était à bord de ses vaisseaux. — Il n'y est point, répondit sir André avec la même fermeté. Je voudrais qu'il y fût venu ; j'aurais pris soin de le protéger contre les traîtres qui l'ont assassiné, et que j'espère voir pendus comme ils le méritent.

C'étaient des réponses un peu crues ; mais les lords furent obligés de les endurer sans chercher à l'en punir, dans la crainte que son équipage n'usât de représailles sur Fleming et sur Seton. Mais dès que sir André fut retourné à bord de son vaisseau, ils firent venir les meilleurs officiers de marine de la ville de Leith, et leur offrirent de grandes récompenses s'ils voulaient attaquer sir André Wood et ses deux navires, le faire prisonnier, et l'amener devant le conseil pour qu'il eût à répondre de sa conduite insolente à leur égard. Le capitaine Barton, le plus brave de ces marins, répondit à cette proposition en leur déclarant que quoique sir André n'eût que deux bâtimens, ils étaient si bien armés et si bien équipés, et lui-même avait tant de courage et d'expérience, qu'il serait impossible de trouver en Ecosse deux vaisseaux qu'on pût lui opposer.

Sir André Wood fut par la suite en grande faveur auprès de Jacques IV, et il en était digne par ses exploits. En 1490, une escadre de cinq bâtimens anglais entra dans le Forth, et pilla quelques vaisseaux marchands écossais. Sir André courut sur eux avec ses deux navires, les prit tous les cinq, et emmenant les capitaines et les équipages prisonniers, il les présenta au roi à Leith. Henry VII fut si furieux de cette défaite, qu'il fit équiper trois grands vaisseaux, tout exprès pour prendre sir André Wood, et il en confia le commandement à un vaillant capitaine de marine, nommé Stephen Bull. La rencontre eut lieu près de l'embouchure du détroit ; des deux côtés on se battit avec la plus grande bravoure, et toute l'attention se portait si exclusivement sur le combat, que la marée entraîna les vaisseaux, presque sans que les commandans s'en aperçussent, et que l'action, qui avait commencé à la hauteur du promontoire de Saint-Abb, finit dans le golfe de Tay. A la fin Stephen Bull fut pris avec ses trois vaisseaux. Sir André présenta de nouveau les prisonniers au roi, qui les envoya en Angleterre en les chargeant de dire à Henry VII que les Ecossais savaient se battre sur mer aussi bien que sur terre.

Mais revenons aux lords qui avaient remporté la victoire à Sauchie. Ils prirent une résolution qui semble d'une insigne effronterie. Ils résolurent de mettre en jugement les principaux chefs qui avaient embrassé le parti du feu roi, dans les derniers troubles, comme si c'eût été un crime de trahison envers Jacques IV, qui cependant n'était ni ne pouvait être roi qu'après la mort de son père. Ils se décidèrent à commencer par lord David Lindsay des Byres, brave militaire, mais du reste homme borné et sans aucuns moyens ; de sorte qu'ils pensèrent qu'il leur serait facile de l'amener à se remettre à la discrétion du roi, auquel cas ils se proposaient de lui infliger une forte amende, ou peut-être même de confisquer une partie de ses biens. Ils espéraient que cet exemple en déciderait d'autres à faire le même acte de soumission ; et de cette manière les conspirateurs espéraient s'enrichir aux dépens de ceux qui avaient été leurs ennemis.

Ce fut le 10 mai 1489 que lord David Lindsay fut cité devant le parlement, siégeant alors à Edimbourg, pour défendre contre une accusation de trahison, qui portait : — Qu'il était venu armé à Sauchie avec le père du roi contre Sa Majesté elle-même, et qu'il avait donné une épée et un bon cheval au père du roi, lui conseillant d'exterminer Sa très-gracieuse Majesté ici présente.

Lord Lindsay n'entendait rien aux formes de la justice; mais se voyant sommé à plusieurs reprises de répondre à cette accusation, il se leva brusquement, et dit aux nobles membres que c'étaient eux qui étaient tous des traîtres et des scélérats, et qu'il le leur prouverait l'épée à la main. — Le feu roi, s'écria-t-il, avait été cruellement assassiné par d'infames coquins qui s'étaient fait accompagner du prince pour colorer leur entreprise. Et voyez-vous, Votre Grace, dit le vieux lord sans se laisser déconcerter, et en s'adressant personnellement au roi, si votre père vivait encore, je me battrais pour lui jusqu'à la mort, et tous ces vils pendards ne m'intimideraient pas. De même que si Votre Grace avait un fils qui prît les armes contre son père, je prendrais votre parti contre ses adhérens, et je soutiendrais votre cause, fussent-ils six contre trois. Croyez-moi, malgré la mauvaise opinion qu'ils cherchent à vous faire concevoir sur mon compte, Votre Grace reconnaîtra plus tard qu'elle a en moi un serviteur plus fidèle que tous ces gens-là.

Le lord chancelier, qui sentit la force de ces paroles, chercha à en détourner l'effet en disant au roi que lord Lindsay était un vieux gentilhomme, peu au fait des formes de la justice, sans aucun usage, et qui ne savait pas qu'il devait parler avec plus de respect en présence de Sa Grace. — Mais, ajouta-t-il, il se mettra à la discrétion de Sa Grace, et elle ne voudra point montrer trop de sévérité à son égard. Puis se tournant vers lord David, il lui dit: — Le mieux est de vous remettre à la discrétion du roi, qui sera indulgent, n'en doutez pas.

Il faut que vous sachiez que lord David avait un frère nommé Patrick Lindsay, qui était aussi bon jurisconsulte que lord Lindsay était bon militaire. Les deux frères étaient brouillés depuis long-temps; mais lorsque M. Patrick vit où le chancelier en voulait venir avec ses conseils insidieux, il marcha sur le pied de son frère aîné pour lui faire entendre qu'il ne devait pas suivre l'avis qui lui était donné, ni se mettre à la discrétion du roi, ce qui, par le fait, serait s'avouer coupable. Lord David n'était rien moins qu'en état de comprendre à demi-mot, et cet avertissement tacite fut tout-à-fait perdu pour lui. Dans sa simplicité, il n'y vit qu'une insulte, et comme il se trouvait avoir mal au pied, et que son frère en le pressant lui avait causé une vive douleur, il se retourna brusquement vers lui, et s'écria en lui jetant un regard courroucé : — Tu es bien hardi de me marcher ainsi sur le pied ; sans la présence du roi, je te donnerais un bon coup sur la figure.

Mais M. Patrick, sans faire attention au ressentiment de lord David, tomba à genoux devant les nobles assemblés, et supplia qu'on lui permît de plaider la cause de son frère. — Car, dit il, je vois qu'aucun homme de loi n'osera prendre sa défense, de peur d'encourir le mécontentement du roi ; et, milords, quoique mon frère et moi nous ne soyons pas bien ensemble depuis nombre d'années, cependant je ne puis voir périr faute de secours la branche aînée de la famille d'où je suis descendu, sans faire tous mes efforts pour la sauver?

Le roi ayant permis à M. Patrick Lindsay de prendre la parole en faveur de son frère, il commença par demander s'il était convenable que le roi jugeât lui-même une cause dans laquelle il était personnellement intéressé. — C'est ce qui ne s'est jamais vu, dit M. Patrick ; il ne peut être tout à la fois juge et partie. Ainsi donc nous le requérons, au nom de Dieu, de se lever et de quitter la cour, jusqu'à ce que la question ait été résolue, et le jugement prononcé. — Le chancelier et les lords, s'étant consultés, trouvèrent que cette demande était raisonnable ; et le jeune roi fut obligé de se retirer dans une autre salle, ce qu'il regarda comme une espèce d'affront public dont il conserva un vif ressentiment.

M. Patrick chercha ensuite à se concilier la faveur de ses juges, en les suppliant de dépouiller toute prévention, et de juger avec impartialité, et comme ils voudraient être jugés eux-mêmes, s'ils étaient dans le malheur et que leur partie adverse fût au comble du pouvoir.

— Parlez, et répondez à l'accusation, dit le chancelier; justice vous sera rendue.

Alors M. Patrick, abordant la question sous le point de vue légal, dit que l'assignation portait que lord Lindsay devait comparaître dans les quarante jours qui suivraient la remise qui lui en aurait été faite, que ces quarante jours étaient alors expirés, et qu'il ne pouvait plus être légalement forcé de répondre à l'accusation avant d'être assigné de nouveau.

Le texte de la loi était formel; il n'y avait rien à répondre. Lord David Lindsay et les autres accusés furent donc renvoyés provisoirement, et jamais les poursuites ne furent reprises contre eux.

Lord David, qui avait écouté la défense sans y rien comprendre, fut si charmé du résultat inattendu de l'éloquence de son frère, qu'entraîné par l'excès de son ravissement et de sa reconnaissance, il s'écria en lui serrant la main : — Corbleu, frère, vous avez parlé comme une pie ! où diable avez-vous été pêcher toutes ces belles paroles ? Par sainte Marie, je ne vous aurais jamais cru capable d'en dire autant. Vous n'aurez pas perdu votre peine, je vous en réponds, et vous aurez mon domaine de Kirk pour salaire.

Le roi, de son côté, menaça M. Patrick d'une récompense d'un tout autre genre, en lui disant qu'il le mettrait dans un lieu où il ne pourrait voir ses pieds de douze mois, et il tint parole. M. Patrick fut envoyé dans le donjon du château de Rothsay, dans l'île de Bute, où il resta renfermé pendant un an.

Il est assez singulier que l'autorité du roi fût si restreinte sous un rapport, et sous un autre si illimitée. Car il paraît qu'il fut obligé de se soumettre aux remontrances de Patrick Lindsay, et de descendre du siège de la justice, lorsqu'il fut récusé comme partie intéressée; tandis que, d'un autre côté, il avait le droit, ou du moins le pouvoir de faire subir à l'avocat récalcitrant une captivité longue et douloureuse, parce qu'il avait rempli son devoir envers son client.

Jacques IV n'était pas depuis long-temps sur le trône, que ses propres réflexions et les remontrances de quelques membres du clergé lui firent sentir que sa présence au milieu des lords révoltés contre son père avait été une action très-coupable. Ni son extrême jeunesse, ni les pièges qui lui avaient été tendus par les lords pour s'assurer de sa personne, ne lui parurent une excuse suffisante pour avoir trempé, en quelque sorte, dans la mort de son père en prenant les armes contre lui. Il se repentit amèrement de ce crime, et, d'après les doctrines de la religion catholique, il s'efforça de l'expier par différens actes de pénitence. Entre autres gages de repentir, il fit faire une ceinture en fer qu'il portait constamment sous ses habits; tous les ans il y ajoutait un chaînon du poids d'une once ou deux, comme pour montrer que, loin de se relâcher dans ses pratiques expiatoires, il voulait au contraire redoubler d'efforts jusqu'à la fin de sa vie, pour réparer une aussi funeste erreur [1].

Ce fut peut-être par suite de ces sentimens de componction que le roi, non-seulement pardonna à tous ceux d'entre les nobles qui avaient pris la défense de son père, et fit cesser toutes les poursuites contre lord Lindsay et d'autres seigneurs, mais fit même tout son possible pour se concilier leur affection sans s'exposer à perdre celle du parti contraire. Les richesses de son père lui permettaient de combler de biens les chefs des deux partis, et de tenir en même temps une cour plus brillante qu'aucun de ses pré-

---

(1) C'est le roi Jacques de *Marmion*, et cette ceinture ou ceinturon de fer est mentionné dans le poëme. — ED.

décesseurs. Adroit dans tous les exercices qui exigeaient de la force ou de l'adresse, il les encourageait dans les autres, et, non content d'honorer de sa présence les joutes et les tournois, il y prenait souvent part lui-même. Revêtu d'une autorité plus grande qu'aucun des rois qui eût régné depuis Jacques Ier, il l'employait à rendre la justice, et à étendre sa protection à toutes les classes de ses sujets; aussi était-il l'objet de l'amour et de la vénération du peuple. Sous son règne l'Ecosse jouit d'un degré de prospérité qu'elle n'avait jamais connu. Son commerce prit quelques développemens à l'intérieur, et grace aux succès de sir André Wood; et au zèle du roi pour la construction des vaisseaux, elle prit un rang respectable comme puissance maritime.

La longue durée de la paix, ou plutôt de la trève avec les Anglais, contribua beaucoup à lui assurer ces avantages. Henry VII était monté sur le trône après une longue suite de discordes civiles, et comme il était lui-même un prince sage et prudent, il voulait réparer, par un long intervalle de repos et de tranquillité, les grands désastres que les guerres d'York et de Lancastre avaient fait souffrir à l'Angleterre. Il était d'autant plus disposé à rester en paix avec l'Ecosse, que ses droits mêmes à la couronne d'Angleterre étaient vivement contestés, et qu'il en résulta plus d'une émeute et plus d'une invasion qui lui causèrent de grandes inquiétudes.

Dans la plus mémorable de ces contestations, l'Ecosse prit un moment part à la querelle. Un certain personnage qui prétendait être le second fils d'Edouard IV, qu'on croyait avoir été assassiné dans la Tour de Londres, éleva des prétentions à la couronne portée par Henry VII. A entendre les partisans de Henry, ce prétendu prince était un Flamand de basse naissance, nommé Perkin Warbeck à qui la duchesse de Bourgogne avait appris le rôle qu'il jouait alors. Peut-être n'est-il pas même encore bien certain à présent s'il était celui pour qui il se donnait, ou si c'était un imposteur. En 1496, il vint en Ecosse à la tête d'un cortège brillant d'étrangers, et accompagné d'environ quinze cents hommes. Il fit les plus belles offres à Jacques IV, s'il voulait l'aider à soutenir ses prétentions. Il ne paraît pas que Jacques conçut le moindre doute sur les droits de l'aventurier au titre qu'il prenait ; il le reçut avec honneur et distinction, lui donna la main de lady Catherine Gordon, fille du comte de Huntly, la plus belle femme d'Ecosse, et se disposa à lui prêter main-forte pour l'aider à monter sur le trône d'Angleterre.

Jacques entra en effet dans Northumberland, et invita les habitans de cette contrée guerrière à venir se ranger sous la bannière du prince supposé. Mais les Northumbriens ne tinrent aucun compte de cette invitation, et lorsque l'aventurier conjura le monarque écossais d'épargner le pays, Jacques lui répondit en ricanant qu'il était bien bon d'intercéder pour un peuple qui ne semblait nullement disposé à le reconnaître. En 1497, les Anglais se vengèrent de cette incursion en se jetant sur le comté de Berwick, où ils prirent un petit château nommé Ayton. Les hostilités se bornèrent là de part et d'autre, Jacques ayant abandonné la cause de Perkin Warbeck, parce qu'il avait reconnu ou qu'il n'avait aucun droit au trône, ou qu'il ne possédait pas l'affection d'un parti assez considérable pour pouvoir soutenir ses prétentions. Ayant perdu l'appui de Jacques, l'aventurier voulut tenter de Cornouailles une invasion en Angleterre ; mais il fut fait prisonnier, et exécuté à Tyburn. Sa femme, qui l'avait fidèlement suivi dans tous ses malheurs, tomba au pouvoir de Henry VII, qui lui assigna une pension et la mit sous la protection de la reine. Sa grace et sa beauté lui avaient fait donner le surnom de Rose Blanche d'Ecosse.

A cette courte guerre succéda une trève de sept ans, et Henry chercha dans sa sagesse à convertir cette trève en une paix solide et durable qui unît, du moins pour longtemps, deux nations dont l'intérêt mutuel était d'être alliées, quoique des circonstances déplorables les eussent divisées jusqu'alors. Le sujet de l'animosité invétérée qui régnait entre l'Angleterre et l'Ecosse était cette malheureuse prétention à la suprématie élevée par Edouard Ier, et soutenue opiniâtrément par tous ses successeurs. C'était un droit que l'Angleterre ne voulait pas abandonner, et que l'Ecosse avait prouvé, par tant d'exemples d'une résistance héroïque, qu'elle ne reconnaîtrait jamais. Depuis plus de cent ans il n'y avait pas eu de traité de paix entre l'Angleterre et l'Ecosse, si l'on en excepte celui de Northampton qui dura si peu. Pendant cette longue période, les deux nations, ou s'étaient livré des guerres acharnées, ou n'avaient déposé momentanément les armes que sous la protection de trèves courtes et douteuses.

Henry VII s'efforça de trouver un remède à de si grands maux, en essayant ce qu'une influence douce et amicale pourrait produire là où tout ce que la force a de plus énergique avait été employé sans effet. Il négocia le mariage de sa fille Marguerite, princesse accomplie, avec Jacques IV. Il offrit de lui donner une superbe dot, et c'était cette alliance qui devait servir de base à une ligue intime, à une amitié sincère entre l'Angleterre et l'Ecosse, les deux rois s'engageant à se prêter mutuellement aide et assistance contre tout le reste de l'univers. Malheureusement pour les deux pays, mais surtout pour l'Ecosse, cette paix, qui devait être éternelle, ne dura que dix ans. Néanmoins la sage politique de Henry VII porta ses fruits cent ans après; et par suite du mariage de Jacques IV et de la princesse Marguerite, un terme fut mis à toutes les guerres entre les deux nations, leur arrière-petit-fils, Jacques VI d'Ecosse et Ier d'Angleterre, étant devenu roi de toute l'île de la Grande-Bretagne.

Le droit de suprématie, réclamé par l'Angleterre, n'est pas mentionné dans le traité qui fut signé le 4 janvier 1502; mais comme les monarques traitèrent ensemble sur le pied d'une parfaite égalité, on doit regarder cette prétention qui avait coûté tant de flots de sang aux deux peuples, comme ayant été par le fait abandonnée.

Ce mariage important fut célébré avec une grande pompe. Le comte de Surrey, noble seigneur anglais, fut chargé de conduire la princesse Marguerite dans son nouveau royaume d'Ecosse. Le roi vint au-devant d'elle à l'abbaye de Newbattle, à six milles d'Edimbourg. Il avait une jaquette élégante de velours cramoisi, bordée de drap d'or, et son leurre, instrument dont se servent les fauconniers, était suspendu sur son dos. Il était d'une force et d'une agilité remarquables, sautant sur son cheval sans mettre le pied dans l'étrier; et courant toujours au grand galop, le suivait qui pouvait.

Lorsqu'il fut sur le point d'entrer dans Edimbourg avec sa nouvelle épouse, il désira qu'elle montât en croupe derrière lui, et il fit d'abord monter un gentilhomme de sa suite pour voir si son cheval consentirait à porter double charge. Mais comme le superbe et bouillant animal n'avait pas été dressé à cet effet, le roi jugea plus prudent de monter lui-même sur le palefroi de Marguerite, qui était beaucoup plus tranquille, et ils firent ainsi leur entrée solennelle dans la ville d'Edimbourg, à deux sur le même cheval, comme vous voyez aujourd'hui un bon fermier et sa femme se rendre à l'église.

On avait fait de grands apprêts pour les recevoir, et tous dans le goût chevaleresque du siècle. Ainsi ils trouvèrent sur leur chemin une tente toute dressée, d'où sortit un chevalier armé de toutes pièces, avec une dame qui portait son cor de chasse. Puis parut tout à coup un autre chevalier qui enleva la dame. Alors le premier chevalier courut après lui et le défia au combat. Aussitôt ils tirèrent tous deux l'épée, et se battirent pour l'amusement du roi et de la reine jusqu'à ce que l'un d'eux eût fait sauter l'épée des mains de son adversaire, après quoi le roi donna ordre de cesser le combat. Dans ces représentations, tout était simulé, à l'exception des coups, qui n'étaient que trop sérieux. Il y eut beaucoup d'autres spectacles militaires, et surtout des joutes et des tournois. Jacques, sous le nom du Chevalier Sauvage, parut dans un costume approprié au nom qu'il avait pris, accompagné des Chefs farouches des frontières et des Highlands, qui se battirent entre eux avec un tel acharnement, que plusieurs furent blessés et même tués dans ces jeux sanguinaires. On dit que le roi ne fut pas très-fâché de se voir ainsi délivré de ces Chefs turbulens dont les révoltes et les déprédations troublaient si souvent la tranquillité publique.

Les réjouissances qui eurent lieu à l'occasion du mariage de la reine, et du reste toutes les fêtes données sous le règne du roi Jacques, ainsi que le luxe qui régnait à sa cour, prouvent qu'à cette époque les Ecossais étaient plus riches qu'ils ne l'avaient jamais été, et qu'ils avaient fait aussi de grands progrès dans la civilisation. On ne parlait dans les autres pays que de la splendeur de sa cour, et de l'accueil honorable qu'il faisait aux étrangers qui visitaient son royaume. Nous verrons dans le prochain chapitre qu'il ne s'occupait pas seulement de fêtes et de plaisirs, mais qu'il fit aussi de sages lois pour le bien de son royaume.

CHAPITRE XXI.

Améliorations des lois écossaises. — Différends de l'Angleterre et de l'Ecosse. — Invasion en Angleterre. — Bataille de Flodden, et mort de Jacques IV.

PENDANT la période de tranquillité qui suivit le mariage de Jacques et de Marguerite, nous voyons que le roi, de concert avec son parlement, rendit beaucoup de bonnes lois dans l'intérêt du pays. Son attention se porta principalement sur les Iles et les Highlands, parce que, était-il dit dans un des actes du parlement, ils étaient devenus presque sauvages, faute de juges et de sheriffs. Des magistrats furent donc nommés, et un code de lois rédigé pour ces provinces remuantes et presque indomptables.

Un autre acte important du parlement permit au roi, à ses nobles et à ses barons, de louer leurs terres, non-seulement à charge de service militaire, mais pour une redevance en argent ou en grain ; ce qui tendait à substituer insensiblement des fermiers paisibles et laborieux aux tenanciers-soldats, qui laissaient les champs sans culture. Des ordonnances réglèrent aussi la manière dont les différentes classes de la société seraient représentées au parlement, et dont les membres de l'assemblée se réuniraient. Enfin, les propriétaires furent invités à faire des plantations, des enclos, des étangs, et d'autres améliorations semblables.

Tous ces réglemens montrent que le roi voulait sincèrement le bonheur de son peuple, et qu'il avait des vues justes et libérales sur les moyens de l'assurer. Mais la pauvre Ecosse était destinée à ne jamais rester long-temps dans un état de paix et de tranquillité, et sur la fin du règne de Jacques, il survint des événemens qui amenèrent une défaite encore plus désastreuse qu'aucune de celles que le royaume eût jamais éprouvées.

Tant que Henry VII, le beau-père de Jacques, continua de régner, il eut grand soin d'entretenir les relations amicales qui existaient entre les deux pays, et d'amortir tous les petits sujets de querelle qui s'élevaient de temps en temps. Mais à la mort de ce sage et prudent monarque, son fils Henry VIII monta sur le trône. C'était un prince fier, hautain, irascible, qui ne pouvait souffrir la plus légère contradiction, et qui, loin d'être disposé à faire aucune concession pour maintenir la paix, semblait au contraire ne respirer que les combats. Jacques IV et lui se ressemblaient peut-être trop par le caractère, pour pouvoir rester long-temps amis.

Les inclinations guerrières de Henry le portèrent d'abord à préparer une expédition contre la France, et le roi de France, de son côté, désira beaucoup renouer l'ancienne alliance avec l'Ecosse, dans l'espoir que Henry, redoutant une invasion de la part des Ecossais, renoncerait au projet qu'il avait formé de l'attaquer. Il savait que la splendeur dans laquelle vivait le roi Jacques avait épuisé les trésors que son père avait amassés, et il en conclut que le meilleur moyen de s'en faire un ami, était de lui fournir des sommes d'argent, qu'il n'aurait pu lever autrement. L'or fut aussi prodigué généreusement aux conseillers et aux favoris de Jacques. Cette libéralité fit d'autant plus d'effet qu'elle contrastait avec la conduite bien opposée du roi d'Angleterre, qui différait même de restituer un legs fait par son père à la reine d'Ecosse, sa sœur.

D'autres circonstances d'une nature différente contribuèrent à troubler la bonne intelligence entre l'Ecosse et l'Angleterre. Jacques avait donné un grand soin à la marine de son royaume, et l'Ecosse, favorisée par sa position, ayant une grande étendue de côtés, et des havres nombreux, faisait alors un commerce considérable. La marine royale, sans parler d'un beau bâtiment appelé *le Grand-Michel*, qui passait pour le plus grand qu'il y eût au monde, consistait, dit-on, en seize vaisseaux de guerre. Vous voyez que, grace aux soins du roi, elle était dans un état très-florissant.

Un vaisseau appartenant à John Barton, marin écossais, avait été pillé par les Portugais; cette capture remontait déjà à l'année 1476. Le roi de Portugal ayant refusé de lui faire satisfaction, Jacques accorda à la famille de Barton des lettres de représailles, c'est-à-dire un mandat qui les autorisait à prendre tous les bâtimens portugais qu'ils pourraient rencontrer, jusqu'à ce qu'ils fussent indemnisés de leur perte. Ils étaient trois frères, tous trois pleins de résolution; mais surtout l'aîné, qui s'appelait André Barton. Il équipa deux vaisseaux dont le plus grand s'appelait *le Lion*, et l'autre *la Jenny Pirwen*, et il se mit à croiser dans la Manche, arrêtant non-seulement les navires portugais, mais même tous les bâtimens anglais qui se rendaient en Portugal.

Des plaintes fussent portées auprès du roi Henry, qui fit équiper deux vaisseaux qu'il remplit d'hommes d'élite, et dont il confia le commandement à lord Thomas Howard et à sir Edouard Howard, tous deux fils du comte Surrey. Guidés par le capitaine d'un bâtiment marchand que Barton avait pillé la veille, ils le trouvèrent croisant avec ses vaisseaux dans les dunes. En approchant de l'ennemi, au lieu d'arborer un pavillon de guerre, les deux frères mirent une branche de saule à leur mât, emblème d'un vaisseau de commerce. Mais lorsque l'Ecossais voulut les forcer à amener, ils déployèrent leurs étendards et banderoles, et lâchèrent une bordée de toute leur artillerie.

Barton reconnut alors qu'il avait affaire à des vaisseaux de guerre anglais. Mais loin de se laisser abattre, il soutint hardiment l'attaque, et monté sur le gaillard d'arrière, il encourageait sa troupe par ses paroles et par son exemple. On le reconnaissait à la richesse de ses vêtemens, à l'éclat de son armure, ainsi qu'au sifflet d'or qu'il portait autour du cou, et qui était suspendu à une chaîne de même métal. Le combat fut acharné. Si nous en croyons une ballade du temps, Barton avait sur son vaisseau une machine particulière, à l'aide de laquelle des poutres ou d'autres poids énormes, suspendus au bout des vergues, étaient lancés sur l'ennemi lorsqu'il venait bord à bord. Pour l'employer, il fallait que quelqu'un montât sur le grand mât. Comme les Anglais appréhendaient beaucoup l'effet de cette manœuvre, Howard avait placé en faction Hustler, du comté d'York, le meilleur archer de sa troupe, avec la stricte injonction de tirer sur quiconque essaierait de monter au mât pour mettre en jeu la fatale machine. Deux hommes furent tués successivement en voulant le tenter, et André Barton, se fiant à la bonté de son armure, se mit à monter à son tour.

Dès qu'il l'aperçut, lord Thomas Howard cria à l'archer de viser juste, qu'il y allait de sa vie. — Dussé-je en mourir, dit Hustler, il ne me reste que deux flèches. La première qu'il lança rebondit sur l'armure de Barton sans le blesser. Mais le marin écossais ayant levé le bras pour grimper plus haut, l'archer visa à l'endroit où l'armure ne le protégeait pas, et il le blessa mortellement sous l'aisselle droite.

— Continuez à bien vous battre, mes braves camarades, dit Barton en descendant du mât. Je suis blessé, mais je ne suis pas mort; je vais seulement me reposer un moment, et alors je remonterai de plus belle. En attendant, serrez-vous et combattez vaillamment autour de la croix de saint André, voulant dire le pavillon écossais. Tant qu'il lui resta un souffle de vie, il encouragea sa troupe avec son sifflet. Mais enfin le sifflet ne se fit plus entendre, et les Howards, étant montés à l'abordage, trouvèrent leur vaillant ennemi étendu mort sur le tillac. Ils conduisirent *le Lion* dans la Tamise, et il est assez remarquable que le navire de Barton devint le second vaisseau de guerre de la marine anglaise. Jusque-là, lorsqu'un roi voulait équiper une flotte, il louait ou prenait de force des bâtimens marchands, à bord desquels il mettait des soldats. *Le Grand Henri* fut le premier vaisseau qui appartint au roi en toute propriété; *le Lion* fut le second.

Jacques IV, vivement offensé de cette insulte faite, disait-il, au pavillon d'Ecosse, envoya un héraut demander satisfaction. Le roi d'Angleterre justifia sa conduite en disant que Barton était un pirate; allégation que Jacques ne pouvait repousser avec justice; mais il n'en conserva pas moins un vif ressentiment contre son beau-frère. Un autre événement vint l'aggraver encore.

Lorsque Henry VII était sur le trône, sir Robert Ker de Fairnyherst, chef d'une branche du clan de Ker, officier de la maison de Jacques, et favori de ce monarque, remplissait les fonctions de lord Gardien dans les marches du centre. La sévérité extraordinaire qu'il y déploya lui attira la haine de quelques-uns des habitans les plus turbulens des provinces anglaises limitrophes, qui résolurent de l'assassiner. Trois d'entre eux, Heron surnommé le Bâtard, parce qu'il était frère naturel de Heron de Ford, Starhed et Lilburn entourèrent le lord Gardien écossais, dans une entrevue qu'ils eurent avec lui un jour de trêve, et le tuèrent à coups de lance. Henry VII, fidèle au système tout pacifique qu'il avait adopté à l'égard de l'Ecosse, promit de livrer les coupables. Lilburn fut en effet remis entre les mains du roi Jacques, et il mourut en prison. Starhed parvint à s'échapper, et à se cacher dans l'intérieur de l'Angleterre; Heron-le-Bâtard fit courir le bruit qu'il était mort de la peste, et se faisant porter dans un corbillard, il passa au milieu du détachement envoyé pour l'arrêter, sans que personne soupçonnât la ruse, et se tint caché près des frontières, attendant qu'il éclatât quelque querelle entre les deux royaumes. Henry VII, ayant à cœur de satisfaire Jacques, fit arrêter Heron de Ford, et le lui livra à la place du Bâtard.

Mais lorsque tout annonça une rupture prochaine entre Jacques et Henry VIII, Heron-le-Bâtard et Starhed commencèrent à reparaître et à se montrer plus ouvertement. Justice fut bientôt faite de Starhed : deux partisans de sir André, appelé communément Dand Ker, le fils du sir Robert qui avait été assassiné, se chargèrent du soin de la vengeance. Ils surprirent le meurtrier, le mirent à mort, et apportèrent sa tête en triomphe à sir André, qui la fit exposer publiquement à la Croix d'Edimbourg. Mais Heron-le-Bâtard continua à rôder le long des frontières, et Jacques IV se plaignit amèrement que ce criminel osât reparaître, ce dont peut-être il n'était pas juste d'accuser personnellement Henry VIII.

Tandis que Jacques était ainsi en mésintelligence avec son beau-frère, la France ne négligeait rien pour s'attacher l'Ecosse. De grandes sommes d'argent furent envoyées pour gagner les courtisans en qui Jacques avait le plus de confiance. La reine de France, jeune princesse d'une grande beauté, flatta le goût de Jacques pour la galanterie en se donnant elle-même le nom de sa maîtresse, en le nommant son chevalier et en le conjurant de faire trois milles sur le territoire anglais par amour pour elle. Elle lui envoya en même temps une bague qu'elle avait ôtée de son propre doigt. Son intercession fut si puissante, que Jacques ne crut pouvoir en honneur se dispenser d'accéder à sa prière, et cet esprit bizarre de chevalerie causa sa ruine, et, à bien peu de chose près, celle du royaume.

Ce fut au mois de juin ou de juillet 1513 que Henry VIII débarqua en France à la tête d'une vaillante armée, et qu'il alla faire le siège de Therouenne. Jacques IV fit alors un pas décisif : il envoya son premier héraut au camp du roi Henry devant Therouenne, le sommant en termes hautains de s'abstenir de toute agression contre le roi de France, son allié, et lui reprochant en même temps la mort de Barton, l'impunité de Heron-le-Bâtard, et tous les sujets de querelle qui s'étaient élevés depuis la mort de Henry VII. Henry VIII regarda ce message comme une déclaration de guerre; il y répondit avec non moins de hauteur. — Ce n'est pas à un roi d'Ecosse, dit-il, qu'il appartient de jouer le rôle de médiateur entre l'Angleterre et la France. Le héraut écossais revint avec cette réponse; mais lorsqu'il arriva, son maître n'existait plus.

Jacques n'avait pas attendu le retour de son envoyé pour commencer les hostilités. Lord Home, son grand-chambellan, avait fait une incursion en Angleterre avec un corps de trois à quatre mille hommes. Après avoir recueilli un riche butin, il revenait sans observer beaucoup d'ordre, lorsqu'il tomba dans une embuscade préparée par les Anglais du voisinage, qui s'étaient cachés parmi les hautes bruyères dont la plaine de Millfield, près de Wooler, était alors couverte. Les Ecossais furent complètement battus, et perdirent près du tiers de leurs soldats, tant tués que blessés. C'était un triste commencement de guerre.

Cependant Jacques, contre l'avis de ses plus sages conseillers, résolut d'envahir lui-même l'Angleterre à la tête d'une puissante armée. Le parlement n'approuvait pas les projets du roi. Il songeait à la tranquillité dont l'Ecosse n'avait pas cessé de jouir depuis la paix avec l'Angleterre; et puisqu'il n'était plus question des prétentions de leurs voisins à la suprématie, il ne voyait pas de motif suffisant pour réveiller l'ancienne animosité si heureusement assoupie entre les deux royaumes. Mais le roi insista; il était si aimé, que le parlement n'osa refuser son consentement à cette guerre injuste et funeste, et l'ordre fut donné à tous les sujets du royaume de s'assembler à Borough-Moor, grande plaine près d'Edimbourg, au milieu de laquelle la bannière royale fut déployée, du haut d'un fragment de rocher appelé la Pierre du Lièvre (*Hare-Stone*).

Dans cette extrémité, différens stratagèmes furent encore tentés pour empêcher la guerre. Il en est qui semblent avoir été suscités par la connaissance qu'on avait du caractère du roi, qui n'était pas à l'abri d'une sorte de mélancolie superstitieuse, provenant, soit de sa constitution naturelle, soit des remords qu'il conservait toujours d'avoir pris part à la mort de son père. Ce fut sans doute ce qui donna lieu à la scène suivante.

Pendant que le roi entendait la messe dans l'église de Linlithgow, un vieillard, vêtu d'une robe couleur d'azur, nouée par une ceinture, ayant des sandales aux pieds, de longs cheveux dorés sur la tête, et dont l'air était grave et imposant, parut tout à coup devant lui. Sans donner aucun signe de respect en la présence royale, il marcha droit à la chaire que Jacques occupait, posa ses deux bras sur le bord, et lui adressa la parole. Cet étrange personnage déclara qu'il était envoyé par sa mère, pour défendre à Jacques d'entreprendre le voyage qu'il méditait, attendu que ni lui ni aucun de ceux qui l'accompagneraient n'en reviendraient sains et saufs. Il fit aussi des remontrances au roi sur ce qu'il fréquentait la société des femmes, et qu'il n'agissait que d'après leurs conseils. — Si tu continues, lui dit-il, tu seras frappé de honte et de confusion.

A peine eut-il dit ces mots, qu'il s'échappa du milieu des courtisans si subitement, qu'il sembla disparaître. Il n'y a point de doute que cette mascarade n'eût été inventée pour représenter saint Jean, appelé dans l'Ecriture le fils adoptif de la Vierge Marie. On croyait alors qu'il était possible que les ames des saints et des apôtres qui étaient morts, revinssent sur la terre; et l'on voit dans l'histoire beaucoup de traits du même genre que celui que je viens de vous raconter [1].

Une autre tradition, qui n'est pas aussi authentique, dit qu'au milieu des ténèbres on entendit, à la Croix d'Edimbourg, une voix surnaturelle, qui sommait le roi, par son nom et ses titres, ainsi que ses principaux Chefs et seigneurs, de comparaître devant le tribunal de Pluton dans l'espace de quarante jours. Cette prétendue sommation a encore tout l'air d'un stratagème inventé pour détourner le roi de son expédition [2].

Mais ni ces artifices, ni les avis et les prières de la reine Marguerite, ne purent détourner Jacques de son malheureux projet. Aimé comme il l'était, il eut bientôt rassemblé une nombreuse armée, et se mettant à sa tête il entra en Angleterre près du château de Twisell, le 22 août 1513. Il prit rapidement les places frontières de Norham, de Wark, d'Etall, de Ford, et d'autres moins importantes; et fit un grand butin. Mais au lieu de pénétrer dans le cœur de l'Angleterre, lorsqu'il ne se trouvait aucunes troupes pour l'en empêcher, on dit que le roi se laissa captiver par les charmes de lady Heron de Ford [3], dame d'une grande

---

(1) Ce trait est raconté à Marmion par le lord Lindsay, lion-roi d'armes. — ED.
(2) Cette scène solennelle n'a pas été négligée dans *Marmion*, chant v. — ED.
(3) C'est cette même dame à qui sir Walter Scott fait jouer un rôle dans *Marmion*.
— ED.

beauté, qui réussit à le retenir auprès d'elle jusqu'à l'approche d'une armée anglaise.

Tandis que Jacques perdait ainsi son temps sur les frontières, le comte de Surrey, ce même noble et galant chevalier qui avait été chargé, plusieurs années auparavant, d'amener la reine Marguerite auprès de son auguste époux, s'avançait à la tête d'une armée de vingt-six mille hommes. Le comte fut joint par son fils Thomas, lord grand-amiral, qui venait de débarquer à Newcastle, avec un corps de troupes considérable. A mesure que les gentilshommes des comtés du nord accouraient sous l'étendard de Surrey, les Ecossais, au contraire, retournaient en grand nombre dans leur pays, parce que les provisions que, en vertu du système féodal, chaque homme avait apportées avec lui pour quarante jours étant alors presque épuisées, la disette commençait à se faire sentir dans l'armée de Jacques. D'autres allaient chez eux pour déposer leur butin en lieu de sûreté.

Surrey, se sentant le plus fort, résolut alors de provoquer le roi d'Ecosse au combat. Il lui envoya un message pour lui offrir la bataille; et lord Thomas Howard lui fit dire en même temps, que sachant qu'il s'était plaint plusieurs fois de la mort d'André Barton, lui, lord Thomas, qui en était l'auteur, était prêt à lui en rendre raison l'épée à la main devant toute l'armée. Jacques répondit que c'était si fort son désir de se battre avec les Anglais, que, quand même le message du comte l'aurait trouvé à Edimbourg, il aurait laissé là toute autre affaire pour venir répondre à son défi.

Mais les seigneurs écossais avaient une opinion bien différente de celle du roi. Ils tinrent un conseil dont lord Patrick Lindsay fut nommé président ou chancelier. C'était le même qui, au commencement du règne de Jacques, avait si bien défendu son frère, dont le titre et les domaines lui étaient passés à sa mort. Il ouvrit la discussion en proposant au conseil la parabole d'un riche marchand, qui voulait absolument jouer aux dés contre un escroc subalterne, et parier un noble-à-la-rose d'or contre un mauvais *Half-penny*. — Vous, milords, ajouta-t-il, vous ne seriez pas plus sages que le marchand, si vous risquiez votre roi, que je compare à un noble d'or précieux, contre le général anglais, qui n'est qu'un mauvais vieux rustaud qui se fait traîner sur un chariot. Quand même les Anglais perdraient la bataille, ils ne perdraient que ce vieux manant et un tas d'ouvriers du plus bas étage, tandis que la plupart de nos simples soldats sont retournés chez eux, et qu'il ne nous reste guère que la fleur de notre noblesse. Il dit alors que son avis était que le roi se retirât du champ de bataille, pour mettre sa personne en sûreté, et que quelque brave seigneur fût nommé par le conseil pour prendre le commandement de l'armée. Il fut décidé que ces mesures seraient proposées au roi et qu'il serait supplié de les adopter.

Mais Jacques, qui désirait se signaler par quelque exploit éclatant, parut tout à coup au milieu des seigneurs assemblés, et il leur dit avec beaucoup de chaleur, qu'il ne se soumettrait pas à un pareil affront. — Je combattrai les Anglais, eussiez-vous tous juré le contraire. Vous pouvez vous déshonorer en prenant la fuite, mais je ne partagerai point votre déshonneur. Quant au lord Patrick Lindsay, qui a émis le premier vote, je jure que, dès que je serai de retour en Ecosse, je le ferai pendre à la porte de son château.

Le roi fut vivement encouragé dans cette résolution imprudente et téméraire de livrer le combat à tout prix, par l'ambassadeur français, De la Motte, ce qui fut remarqué de notre vieille connaissance le comte d'Angus, surnommé *l'Attache-grelot*, qui avait suivi son souverain à la guerre. Le comte accusa le Français de vouloir sacrifier les intérêts de l'Ecosse à ceux de son pays, parce qu'il importait à la France qu'une bataille eût lieu, quel qu'en dût être le résultat. Il fit aussi ressortir, comme lord Lindsay, la différence qui se trouvait entre les deux armées, les Anglais ayant une foule de soldats d'une basse naissance, tandis que l'armée écossaise contenait l'élite de la noblesse. Furieux de ces remontrances, Jacques lui dit d'un air dédaigneux : — Angus, si vous avez peur, vous pouvez vous en retourner. — Le comte, après un propos aussi offensant, quitta le camp la nuit même ; mais ses deux fils restèrent, et ils périrent dans la funeste bataille avec deux cents guerriers du nom de Douglas.

Pendant que le roi Jacques était dans cet état d'exaspération, le comte de Surrey s'était avancé jusqu'à Wooler, de sorte qu'il n'y avait plus que quatre à cinq milles entre les deux armées. Le commandant anglais cherchait un guide qui connût le pays traversé par une ou deux grandes rivières, et coupé en plusieurs endroits par de hautes montagnes. Un guerrier monté sur un beau cheval, et couvert d'une armure complète, se présenta devant le comte, et fléchissant un genou en terre, il lui offrit de lui servir de guide, s'il pouvait obtenir le pardon d'une offense dont il s'était rendu coupable. Le comte le lui promit, pourvu qu'il ne s'agît ni de trahison envers le roi d'Angleterre, ni d'une offense personnelle envers une dame, crimes que Surrey déclara qu'il ne pardonnerait jamais. — A Dieu ne plaise, dit le cavalier, que j'aie commis une action aussi honteuse ! Je n'ai fait qu'aider à tuer un Ecossais, qui exerçait une domination trop rigide sur nos frontières et qui cherchait toutes les occasions de tourmenter les Anglais.

En disant ces mots, il leva la visière du casque qui lui cachait la figure, et le comte de Surrey reconnut Heron-le-Bâtard, qui avait pris part à l'assassinat de sir Robert Ker, comme je vous l'ai raconté. Le comte lui pardonna volontiers le meurtre d'un Ecossais dans un pareil moment, et il le reçut avec d'autant plus de plaisir dans ses rangs, que cet ancien proscrit, qui n'avait vécu que de déprédations continuelles, connaissait à merveille où les sentiers et tous les passages qui conduisaient aux frontières.

L'armée écossaise avait établi son camp sur la colline de Flodden, qui s'élève à l'extrémité de la vaste plaine de Millfield. Sur cette colline il y avait une immense plate-forme, où les Ecossais avaient rangé leur armée en bataille, et où ils attendaient de pied ferme l'ennemi, si toutefois il se décidait à les attaquer. Surrey vit qu'il ne pouvait attaquer le roi dans une pareille position sans avoir un désavantage marqué, et il résolut de tenter s'il ne serait pas possible de l'en tirer. Il envoya un héraut inviter Jacques à descendre dans la vaste plaine de Millfield, et lui rappeler l'empressement avec lequel il avait accepté son premier défi, lui donnant à entendre que c'était l'opinion des chevaliers anglais de son armée, que le roi ne pouvait différer le combat sans compromettre son honneur.

Nous avons vu que Jacques était assez imprudent et assez téméraire; mais son impétuosité n'allait pourtant pas encore jusqu'au point que Surrey supposait peut-être. Il refusa de recevoir l'envoyé en sa présence, et se contenta de faire répondre que le message n'était pas tel qu'il convenait à un comte d'en envoyer à un roi.

Surrey, qui manquait de vivres, se vit obligé de recourir à un autre stratagème pour tirer les Ecossais de leur inaction. Il se dirigea vers le nord, passa le long de la colline de Flodden, en ayant soin de se tenir hors de portée de l'artillerie écossaise; puis ayant traversé le Till, près du château de Twisell, il se plaça avec toute son armée entre Jacques et son royaume. Le roi le laissa opérer ce mouvement sans chercher à l'interrompre, quoiqu'il lui eût été facile de trouver bien des occasions favorables pour attaquer les Anglais. Mais lorsqu'il vit l'armée anglaise postée de manière à lui fermer le chemin de ses Etats, il commença à prendre l'alarme. Un Anglais nommé Giles Musgrave, qu'il consulta dans cette circonstance, redoubla ses craintes en l'assurant que s'il ne descendait pas de la colline pour livrer bataille aux Anglais, le comte de Surrey entrerait en Ecosse et ravagerait tout le pays. Dans cette appréhension, le roi résolut de donner le signal de ce fatal combat.

Les Ecossais commencèrent par mettre le feu aux cabanes qu'ils avaient construites, ainsi qu'à tout ce qui se trouvait d'inutile dans leur camp. La fumée se répandit le long des flancs de la colline, et cachée sous ce voile impénétrable, l'armée du roi Jacques descendit l'éminence, qui est beaucoup moins escarpée du côté du nord que du côté du midi, tandis que les Anglais s'avançaient à sa rencontre, enveloppés également dans l'épais nuage qui s'était dirigé de leur côté.

Les Ecossais marchaient sur quatre colonnes toute parallèles les unes aux autres, et ils avaient pour réserve les hommes du Lothian, commandés par le comte Bothwell. Les Anglais étaient aussi divisés en quatre corps, et leur réserve se composait d'un corps de cavalerie conduit par Dacre.

L'action s'engagea par l'aile gauche des Ecossais, dirigée par lord Home, qui renversa et mit en désordre l'aile droite de l'armée anglaise, commandée par sir Edmond Howard. L'étendard de sir Edmond fut pris, et il courait lui-même le plus grand danger, lorsqu'il fut secouru par Heron-le-Bâtard, qui accourut à la tête d'une bande d'*Outlaws* [1], déterminés comme lui et délivra Howard. Plusieurs écrivains écossais reprochent à lord Home de n'avoir point profité de cet avantage pour aller soutenir la seconde division de l'armée écossaise. On prétend même qu'il répondit à ceux qui le pressaient de voler au secours du roi, — qu'on avait bien assez à faire ce jour-là de se battre pour son compte et de se sauver soi-même. Mais tout cela paraît inventé pour inculper Home et expliquer la perte de la

---

[1] Proscrits, hors la loi. — Dd.

bataille autrement que par la supériorité des Anglais. Ce qui paraît prouvé, c'est que la cavalerie anglaise, commandée par Dacre, qui servait de corps de réserve, tint les vainqueurs en respect, tandis que le lord grand-amiral, Thomas Howard, qui commandait la seconde division de l'armée anglaise, fondit sur la colonne dirigée par Crawford et Montrose, tua ces deux capitaines et mit leurs soldats en pleine déroute. Voilà comme les choses se passèrent à la gauche de l'armée écossaise.

À l'extrême droite, une division de montagnards, composée des clans de Mac-Kenzie, de Mac-Lean et autres, et commandée par les comtes de Lennox et d'Argyle, fut tellement harcelée par les flèches des archers anglais, qu'ils rompirent leurs rangs, et malgré les cris et les prières de De la Motte, l'ambassadeur français, qui fit tous ses efforts pour les arrêter, ils se précipitèrent en tumulte en bas de la colline, et étant attaqués en même temps en flanc et en queue par sir Édouard Stanley à la tête des troupes des comtés de Chester et de Lancastre, ils furent complètement taillés en pièces.

La seule division des Écossais dont il nous reste à parler était commandée par Jacques en personne, et était composée de ses nobles et gentilshommes les plus distingués, dont l'armure était si bonne, que les flèches n'y faisaient qu'une impression légère. Ils étaient tous à pied; le roi lui-même était descendu de cheval. Ils attaquèrent le corps commandé par le comte de Surrey avec une telle fureur, qu'ils eurent un moment l'avantage. Ils culbutèrent les escadrons ennemis, pénétrèrent à peu de distance de l'étendard du comte, et Bothwell amenant la réserve, Jacques se flattait déjà de gagner la bataille. Mais, dans ce moment, Stanley, qui avait mis les montagnards en pleine déroute, vint prendre en flanc la division du roi, tandis que l'amiral, qui avait vaincu Crawford et Montrose, l'attaquait de l'autre côté. Les Écossais montrèrent le courage le plus intrépide. S'unissant à la réserve commandée par

Bothwell, ils se formèrent en cercle, présentèrent leurs lances de tous les côtés à la fois et combattirent avec le plus grand acharnement. Les arcs étant alors inutiles, les Anglais s'avancèrent armés de leurs hallebardes, qui faisaient d'horribles blessures. Mais ils ne purent forcer les Écossais ni à se retirer, ni à rompre leurs rangs, quoiqu'ils en fissent un carnage affreux. Jacques lui-même périt au milieu de ses braves pairs et de ses fidèles gentilshommes. Deux fois des flèches le blessèrent, et enfin un coup de hallebarde l'étendit mort. La nuit arriva sans que la bataille fût entièrement terminée; car le centre de l'armée écossaise se maintenait toujours à la même place, et Home et Dacre se tenaient l'un l'autre en échec. Mais pendant la nuit, le reste des Écossais se retira dans un morne désespoir du champ de bataille, sur lequel il laissa son roi et l'élite de sa noblesse.

Cette victoire éclatante et décisive fut remportée par le comte de Surrey le 9 septembre 1513. Les vainqueurs perdirent environ cinq mille hommes; les Écossais, deux fois ce nombre pour le moins. Mais ce n'est pas seulement le nombre des morts, c'est leur rang et leur qualité qu'il faut considérer. Les Anglais perdirent très-peu d'hommes de distinction, tandis que les Écossais laissèrent sur le champ de bataille le roi, deux évêques, deux abbés mitrés, douze comtes, treize lords et cinq fils aînés de pairs. Le nombre des gentilshommes qui périrent est incalculable; à peine y a-t-il une seule famille en Écosse qui n'y ait perdu quelque parent.

Les Écossais se montrèrent très-disposés à contester que Jacques IV eût péri dans la bataille de Flodden. Les uns disaient qu'il s'était retiré du royaume, pour entreprendre un pèlerinage à Jérusalem. D'autres prétendaient qu'à l'entrée de la nuit, au moment où le combat touchait à sa fin, quatre grands cavaliers avaient paru tout à coup sur le champ de bataille, ayant chacun un bouchon de paille à la pointe de leurs lances, pour se reconnaître facilement l'un l'autre; qu'ils avaient fait monter le roi sur un cheval brun, et qu'on l'avait vu traverser la Tweed avec eux. Personne ne prétendait savoir ce qu'ils en avaient fait; mais on supposait qu'il avait été assassiné dans le château d'Home; et je me rappelle qu'il y a environ quarante ans, des ouvriers, en curant le puits de cette forteresse en ruines, trouvèrent un squelette enveloppé dans une peau de taureau, et ayant une ceinture de fer autour des reins. C'était sur cette ceinture de fer que les Ecossais s'appuyaient pour démontrer que le corps de Jacques n'était pas tombé entre les mains de leurs ennemis, puisqu'ils n'en avaient pas produit cette preuve irrécusable. Ils prétendaient donc que le corps resté au pouvoir des Anglais n'était pas celui de Jacques, mais celui d'un des officiers de sa maison, dont plusieurs, disaient-ils, portaient la même armure que le roi.

Mais ce sont de pures fables inventées et propagées parce que le peuple aime ce qui est mystérieux, et qu'il ajoutait volontiers foi à un récit qui tendait à priver ses ennemis d'un trophée aussi illustre de sa victoire. Tous ces bruits sont contraires au simple bon sens. Lord Home était le chambellan de Jacques, et il possédait toute sa confiance; il ne pouvait rien gagner à la mort du roi, et nous devons l'acquitter d'un grand crime qu'il n'avait aucun intérêt à commettre. Vous verrez même bientôt que la mort de Jacques entraîna la ruine du comte.

Il paraît certain que le roi portait habituellement cette ceinture de fer, en signe du regret que lui causaient la mort de son père et la part qu'il y avait prise; mais il n'est pas invraisemblable qu'il déposait un poids aussi gênant un jour de bataille; ou bien encore les Anglais peuvent l'avoir trouvée et l'avoir jetée à l'écart comme un objet de nulle valeur. Le corps qu'ils affirmèrent être celui de Jacques fut trouvé sur le champ de bataille par lord Dacre, qui le transporta à Berwick, et le présenta au comte de Surrey. Ces deux seigneurs connaissaient trop bien la personne de Jacques pour avoir pu s'y méprendre. Le corps fut aussi reconnu par deux de ses plus fidèles serviteurs, sir William Scott et sir John Fordman, qui fondirent en larmes en le voyant.

Ces tristes restes eurent un sort aussi bizarre que révoltant. Ils ne furent pas confiés à la terre, parce que le pape, qui, à cette époque, avait fait alliance avec l'Angleterre contre la France, avait lancé contre Jacques une sentence d'excommunication, de sorte qu'aucun prêtre n'osa leur rendre les derniers honneurs. Le corps royal fut donc embaumé et envoyé au monastère de Sheen, dans le comté de Surrey. Il y resta jusqu'à la réformation, époque où le monastère fut donné au duc de Suffolk; et depuis lors, le cercueil de plomb qui le renfermait fut relégué de chambre en chambre, comme on fait d'un meuble qui ne sert plus à rien. Stowe l'historien le vit gisant dans un grenier, au milieu de vieilles charpentes et d'un tas d'immondices. — Quelques ouvriers désœuvrés, dit le même écrivain, s'amusèrent sottement à scier la tête, et un nommé Lancelot Young, maître vitrier de la reine Elisabeth, trouvant qu'elle exhalait une odeur agréable, sans doute à cause des parfums qui avaient servi à l'embaumer, l'emporta chez lui et la garda pendant quelque temps; mais il finit par la donner au sacristain de Saint-Michel dans Wood-Street, qui l'enterra dans le charnier.

Ainsi finit ce roi qui avait été si fier et si puissant. La fatale bataille de Flodden, dans laquelle il périt avec presque toute son armée, est regardée avec raison comme l'un des événemens les plus désastreux de l'histoire d'Ecosse.

CHAPITRE XXII.

Conséquences de la bataille de Flodden. — La reine douairière Marguerite prend la régence, et épouse le comte d'Angus. — Le duc d'Albany est rappelé de France. — Démêlés entre son parti et celui de Marguerite. — Lutte sanglante entre les Douglas et les Hamiltons dans High-Street à Edimbourg. — Prise de Jedburgh. — Le duc d'Albany quitte l'Ecosse pour toujours.

La défaite de Flodden plongea toute l'Ecosse dans le deuil et dans le désespoir; on ne l'a pas encore oubliée dans les provinces du midi, dont les habitans, soldats par caractère ainsi que par leur position, formaient la partie la plus considérable des troupes restées avec le roi, et dans lesquelles par conséquent la perte se fit le plus amèrement sentir. Presque toute la population des villes frontières du second ordre, telles que Selkirk, Hawick, Jedburgh, fut anéantie; et leurs ballades et leurs traditions répètent encore aujourd'hui tout ce qu'elles eurent encore à souffrir.

Non-seulement un très-grand nombre de nobles et de barons, à qui leur naissance accordait le privilège honorable de rendre la justice et de maintenir le bon ordre dans leurs domaines, mais même les magistrats des bourgs, qui, presque tous, étaient restés avec l'armée, avaient péri sur le champ de bataille; de sorte que l'Ecosse semblait être laissée sans défense, et qu'on eût dit qu'il était aussi facile de l'envahir et d'en faire la conquête, qu'il l'avait été après les batailles de Dunbar et d'Halidon-Hill. Cependant, au milieu de cette crise terrible, le courage intrépide du peuple d'Ecosse se montra sous son plus beau jour. Il n'était personne qui ne fût prêt à combattre, personne qui, tirant une nouvelle énergie de l'excès même du malheur, n'aimât mille fois mieux opposer une noble résistance, que de se résigner aux conséquences funestes qu'une lâche inaction n'aurait pu manquer d'entraîner.

Edimbourg, la capitale de l'Ecosse, fut la première à donner l'exemple, et à montrer comment on doit agir dans les grandes calamités nationales. Le prévôt, les baillis et les magistrats de la ville avaient suivi le roi à l'armée, et presque tous ils avaient partagé son sort, ainsi que les bourgeois et les citoyens qui s'étaient rangés sous leur étendard. On avait nommé, pour les remplacer pendant leur absence, une commission de plusieurs membres qu'on appelait *présidens*, et qui avaient pour chef George Towrs d'Inverleith. La bataille se donna, comme nous l'avons vu, le 9 septembre; le lendemain 10, la nouvelle en fut reçue à Edimbourg, et le jour même George Towrs et les autres présidens publièrent une proclamation dont il n'est pas un seul pays en Europe qui ne se fît honneur. Les présidens devaient savoir que tout était perdu; mais ils prirent toutes les précautions nécessaires pour empêcher le peuple de s'abandonner à une terreur panique, et pour pourvoir à la défense de la ville.

— Attendu, porte cette proclamation remarquable, que nous avons reçu la nouvelle, encore incertaine, il est vrai, de malheurs arrivés au roi et à son armée, nous recommandons et nous enjoignons strictement à tous les habitans de préparer leurs armes, et de se tenir prêts à se réunir au premier son du bourdon de la ville, pour repousser tout ennemi qui tenterait d'y pénétrer. Nous défendons en même temps aux femmes du peuple et aux vagabonds de toute espèce, de courir les rues en poussant des cris et en faisant des lamentations; et nous recommandons aux femmes honnêtes de se rendre dans les églises, et de prier pour le roi, pour son armée, et pour nos voisins qui sont dans l'armée du roi.

Voilà comment le brave George Towrs sut empêcher qu'on ne répandît le trouble et la terreur dans la ville par des lamentations inutiles, et sut en même temps tout préparer pour sa défense, si elle était menacée. La simplicité de cette proclamation montrait le courage et la fermeté de ceux qui la publiaient, dans des circonstances aussi graves que celles où l'on se trouvait alors.

Cependant le comte de Surrey ne chercha pas à envahir l'Ecosse, et à profiter de la grande victoire qu'il venait d'obtenir pour en tenter la conquête. L'expérience avait appris aux Anglais que, s'il leur était facile de vaincre leurs voisins du nord, de ravager des provinces, de prendre des villes et des châteaux, la valeur opiniâtre des Ecossais et leur amour pour l'indépendance parvenaient toujours à les expulser de leur pays. N'écoutant donc qu'un esprit de modération et de sagesse très-louable, Henry ou ses ministres préférèrent se concilier l'amitié des Ecossais; en négligeant les avantages immédiats qu'ils auraient pu tirer de la bataille de Flodden, plutôt que de commencer une autre invasion qui, quelques maux qu'elle pût causer à l'Ecosse, n'aurait eu probablement, comme dans les guerres de Bruce et de Baliol, d'autre résultat que d'entraîner les Anglais dans de grandes dépenses, de leur faire perdre beaucoup de monde, pour qu'ensuite ils fussent repoussés au-delà des frontières. Ils se rappelèrent que Marguerite, la veuve de Jacques, était la sœur du roi d'Angleterre, qu'elle allait devenir régente du royaume, et qu'elle serait naturellement favorable à son pays natal. Ils savaient que la dernière guerre avait été entreprise par le roi d'Ecosse contre la volonté de ses sujets; et, par une politique aussi noble que sage, ils aimèrent mieux amener l'Ecosse par la douceur à redevenir leur alliée, que de s'en faire une ennemie irréconciliable par l'invasion et la violence. La guerre ne continua donc que sur les frontières, sans qu'il fût fait, ni même qu'on parût projeter aucune attaque sérieuse contre l'Ecosse.

La reine douairière, Marguerite, devint régente du royaume, et tutrice du jeune roi, Jacques V, qui, comme cela n'était déjà que trop souvent arrivé, n'avait que deux ans lorsqu'il monta sur le trône.

Mais Marguerite compromit étrangement son autorité en contractant un mariage imprudent et précipité avec Douglas, comte d'Angus, le petit-fils du vieux *Attache-Grelot*. Ce célèbre personnage n'avait pas survécu long-temps à la fatale bataille de Flodden, dans laquelle ses deux fils avaient péri. Son petit-fils, l'héritier de son grand nom, était un beau jeune homme, aussi noble que brave, ayant toute l'ambition des Douglas, ainsi qu'une grande partie de leurs talens militaires. Mais il était jeune, téméraire, sans expérience; et son élévation, lorsqu'il reçut la main de la reine régente, excita la jalousie de tous les autres seigneurs d'Ecosse, qui craignaient le nom et le pouvoir des Douglas.

La paix fut alors conclue entre la France et l'Angleterre, et l'Ecosse fut comprise dans le traité; mais à peine peut-on dire que ce fut un bonheur pour elle, si l'on considère l'état de détresse où se trouva le pays, qui, n'ayant plus à craindre les ravages des Anglais, se replongea avec plus d'animosité que jamais dans ses querelles et dans ses divisions intestines. La nation, ou plutôt les nobles, mécontens de la régence de Marguerite, surtout à cause de son mariage avec Angus et des airs de hauteur et d'autorité que prenait ce jeune seigneur, pensèrent alors à rappeler en Ecosse John, duc d'Albany, fils de ce Robert qui avait été banni sous le règne de Jacques III. C'était le plus proche parent du jeune roi, puisqu'il était cousin-germain de son père. La reine était regardée généralement comme ayant perdu ses droits à la régence par son mariage, et le retour d'Albany causa une satisfaction presque universelle.

John, duc d'Albany, né et élevé en France, où il avait des propriétés considérables, paraît avoir toujours préféré les intérêts de ce royaume à ceux de l'Ecosse, à laquelle il ne tenait que par des liens de parenté. C'était un homme faible et passionné, prompt à embrasser une opinion, aussi prompt à en changer, suivant l'influence du moment. Son courage peut être suspecté avec raison; et sans être tout-à-fait fou, il n'avait certainement pas la sagesse qui eût dû caractériser l'homme chargé de gouverner l'Ecosse. Cependant comme il avait apporté de France des sommes considérables, que ses manières étaient agréables, sa naissance illustre, et ses droits assez fondés, il n'eut pas de peine à l'emporter sur la reine Marguerite, sur le comte d'Angus son époux, et sur les seigneurs qui s'étaient déclarés pour eux.

Après beaucoup de troubles intérieurs, la reine Marguerite fut obligée de quitter l'Ecosse, et de se réfugier à la cour de son frère, où elle accoucha d'une fille, lady Marguerite Douglas, dont nous aurons plus tard à vous reparler. Pendant ce temps, son parti en Ecosse éprouvait une nouvelle perte. Lord Home était un de ses plus zélés partisans; c'était le même seigneur qui avait commandé l'aile gauche à la bataille de Flodden, et qui avait vaincu la division qui lui était opposée, mais dont la conduite avait excité d'étranges soupçons parce qu'il n'était pas allé secourir le reste de l'armée écossaise. Il fut attiré avec ses frères à Edimbourg, où ils furent arrêtés, jugés et décapités, sans qu'on sache ce dont on les accusait. Mais cet acte de rigueur, au lieu de confirmer la puissance d'Albany, ne fit qu'exciter la haine et la terreur, et sa position devint si critique, que, dans le secret de l'intimité, il ne parlait à ses amis que dans les termes du plus profond désespoir, regrettant de ne pas s'être cassé la jambe alors qu'il s'était arraché au repos et à la tranquillité dont il jouissait en France pour prendre le gouvernement d'un pays aussi turbulent et aussi divisé que l'Ecosse. Enfin, il crut prudent de se retirer en France, et pendant son absence il confia la garde des frontières à un brave chevalier français, nommé de La Bastie, qui joignait à l'extérieur le plus agréable un courage intrépide, mais qui était destiné, comme nous allons le voir, à une fin tragique.

Cette charge de Gardien avait appartenu à lord Home, et ses nombreux et puissans amis, qui habitaient la frontière de l'est, plus particulièrement soumise à l'autorité du Gardien, brûlaient également de venger la mort de leur Chef, et de secouer le joug d'un étranger comme de La Bastie, favori d'Albany, par l'ordre duquel lord Home avait été exécuté. Sir David Home de Wedderburn, un des plus farouches du nom, dressa une embuscade au malheureux Gardien près de Langton, dans le comté de Berwick. De La Bastie fut obligé de prendre la fuite, et de chercher à gagner le château de Dunbar. Mais, près de la ville de Danse, son cheval s'enchevêtra dans un terrain marécageux ; ceux qui le poursuivaient l'atteignirent, et le mirent à mort. Sir David Home lui coupa la tête, l'attacha à l'arçon de sa selle par les longs cheveux que de La Bastie portait, entra en triomphe dans le château de Home avec ce trophée, et le plaça sur une pique au haut de la tourelle la plus élevée. On dit que les cheveux sont encore déposés dans les archives de la famille. Wedderburn crut faire une action brave et héroïque en vengeant par ce raffinement de cruauté la mort de son Chef et de son parent, sur le confident et le favori du régent, quoiqu'il ne paraisse pas que de La Bastie eût eu la moindre part à l'exécution du lord Home.

Le déclin du pouvoir d'Albany permit à la reine Marguerite de revenir en Ecosse avec son époux, laissant leur jeune fille sous la tutelle du roi Henry, son oncle maternel. Mais à peine de retour, la reine douairière eut des querelles très-vives avec Angus, qui s'était emparé de ses revenus, et qui n'avait pour elle ni attentions ni égards ; vivant avec d'autres femmes, et lui donnant toutes sortes de sujets de mécontentement. Enfin les choses en vinrent au point qu'elle se sépara de lui, et qu'elle fit tous ses efforts pour obtenir un divorce. Ces querelles domestiques diminuèrent de beaucoup la puissance d'Angus; cependant il était encore l'un des premiers seigneurs de l'Ecosse, et il aurait pu parvenir au gouvernement suprême du royaume, si son influence n'eût été balancée par celle du comte d'Arran.

Ce seigneur était le chef de la grande famille des Hamiltons, qui étaient alliés à la famille royale, et il avait des possessions si étendues, que, quoique inférieur au comte d'Angus sous le rapport des qualités personnelles, il pouvait, grace à ses richesses, disputer à ce chef des Douglas l'administration souveraine. Tous, ou presque tous les grands personnages de l'Ecosse se liguèrent avec l'un ou l'autre de ces puissans comtes, qui soutenaient chacun leurs partisans sans s'inquiéter qu'ils eussent tort ou raison, et qui opprimaient ceux du parti contraire au gré de leurs caprices et sans formes de procès. Dans cet état d'anarchie, il était impossible au citoyen le plus obscur d'obtenir justice dans la réclamation la plus fondée, à moins qu'il ne fût sous la protection d'Angus ou d'Arran; et, quel que fût celui des deux auquel il s'attachait, il était sûr de s'attirer la haine et la persécution de l'autre. Sous prétexte de prendre fait et cause pour leur Chef, les hommes pervers et dépravés commettaient toutes sortes de violences, brûlaient, pillaient, massacraient, et prétendaient n'agir ainsi que dans l'intérêt du comte d'Angus, ou du comte d'Arran, son rival.

Enfin, le 30 avril 1520, ces deux grandes factions des Hamiltons et des Douglas se réunirent à Edimbourg pour assister aux séances du parlement, et l'on s'attendait généralement que les seigneurs des provinces de l'ouest prendraient le parti d'Arran, et que ceux de l'est se rangeraient du côté d'Angus. L'un des partisans les plus redoutables d'Arran était l'archevêque de Glascow, James Beaton, célèbre par ses talens, mais malheureusement plus encore par son inconduite. Il était alors chancelier d'Ecosse, et les Hamiltons se réunirent dans son palais, situé au fond de Blackfriars-Wynd, une de ces ruelles étroites qui mènent de High-Street à la Cowgate. Les Hamiltons, voyant qu'ils étaient les plus nombreux de beaucoup, étaient à se concerter sur les moyens d'attaquer les Douglas et de s'emparer d'Angus. Celui-ci, apprenant ce qui se tramait, leur envoya son oncle, Gawain Douglas, évêque de Dunkeld, qui avait la double réputation de savant et de poète, pour faire des remontrances à Beaton, et lui rappeler qu'en sa qualité d'ecclésiastique il était de son devoir de chercher à maintenir la paix. Angus allait jusqu'à offrir de sortir de la ville, si on lui promettait de protéger sa retraite et celle de ses amis. Le chancelier avait déjà endossé l'armure qu'il portait sous son rochet, ou habit d'évêque ; et, lorsqu'il répondit en posant la main sur son cœur : — Je ne saurais, sur ma conscience, empêcher ce qui va arriver, — on entendit résonner sa cotte de mailles. — Ah ! milord, répondit l'évêque de Dunkeld, il me semble que votre conscience est bien sonore ! Et le quittant à ces mots, il se hâta de retourner auprès de son neveu le comte d'Angus, et de l'exhorter à se défendre en homme de cœur : — Pour moi, dit-il, je vais aller dans ma chambre prier pour vous.

Angus rassembla ses amis, et il se hâta, en habile capitaine, d'occuper High-Street, alors la seule grande rue d'Edimbourg. Les habitans étaient pour lui, et des lances furent distribuées à ceux des Douglas qui n'en avaient pas, ce qui leur donna un grand avantage sur les Hamiltons, qui n'avaient point d'armes plus longues que leurs épées.

Pendant ce temps, sir Patrick Hamilton, homme sage et modéré, conseillait fortement au comte d'Arran, qui était son frère, de n'en pas venir aux mains ; mais un fils naturel du comte, sir James Hamilton de Draphane, d'un caractère farouche et cruel, s'écria que sir Patrick ne parlait ainsi que parce qu'il avait peur de se battre.

— Tu en as menti, infame bâtard que tu es! s'écria sir Patrick; une fois le combat résolu, je me battrai, moi, tandis que tu n'oseras pas te montrer.

Aussitôt ils se précipitèrent tous vers High-Street, où les Douglas se tenaient prêts à les recevoir.

Mais les Hamiltons, quoique très-nombreux, ne pouvaient joindre leurs ennemis qu'en sortant par les petites allées étroites qui conduisent dans cette grande rue, et les Douglas les avaient barricadées avec toutes les charrettes, tous les tonneaux et toutes les planches qu'ils avaient pu trouver. Pendant qu'ils s'efforçaient de se frayer un passage, ils furent attaqués vigoureusement par les Douglas, qui étaient armés de piques et de lances, et le petit nombre de ceux qui parvinrent à se faire jour furent immolés ou mis en pleine déroute. Le comte d'Arran et son fils le bâtard furent fort heureux de trouver une charrette à charbon, qu'ils déchargèrent, et sur laquelle ils prirent la fuite. Sir Patrick Hamilton fut tué avec beaucoup d'autres, périssant ainsi dans une escarmouche qu'il avait fait tous ses efforts pour empêcher. Ce qui ajouta beaucoup à la confusion, ce fut l'arrivée soudaine de sir David Home de Wedderburn, le cruel Chef des frontières qui avait fait périr de La Bastie. Il venait au secours d'Angus à la tête de huit cents cavaliers, et voyant que l'affaire était déjà commencée, il pénétra dans la ville en enfonçant une des portes à coups de marteau. Les Hamiltons s'enfuirent dans le plus grand désordre, et les conséquences de cette échauffourée furent telles, que les habitans d'Edimbourg l'appelèrent *le balayage des rues*, parce que la faction d'Arran avait été en quelque sorte balayée de la ville. Cette espèce de victoire donna un grand avantage à Angus sur son rival dans les querelles qu'ils eurent encore par la suite; mais elle présente un triste tableau des temps où de semblables combats pouvaient s'engager au milieu des rues d'une grande capitale.

Un an après cette bataille, le duc d'Albany revint de

France pour reprendre la régence. Il paraît qu'il fut encouragé à cette démarche par le roi de France, qui désirait recouvrer son influence sur le gouvernement d'Ecosse, et qui regardait avec raison Angus comme l'ami de l'Angleterre. Le régent ayant réussi à reprendre en mains les rênes de l'administration, Angus fut à son tour obligé de se retirer en France, où il employa si bien son temps qu'il en revint avec beaucoup plus de sagesse et d'expérience qu'il n'en avait avant son exil. Albany au contraire ne montra ni plus de prudence ni plus de fermeté que dans sa première administration. Il fit beaucoup en paroles et peu en effets. Il rompit la paix avec l'Angleterre, et y fit une invasion à la tête d'une nombreuse armée ; puis il conclut une trêve déshonorante avec lord Dacre, qui commandait les troupes anglaises sur la frontière, et se retira sans coup férir et sans même faire la moindre tentative qui justifiât les fanfaronnades qu'il s'était permises. Cette honteuse et lâche conduite excita le mépris de la nation écossaise, et le duc jugea nécessaire de retourner encore une fois en France, afin de chercher à obtenir du gouvernement des troupes et de l'argent pour se maintenir dans la régence, qu'il semblait exercer plutôt dans l'intérêt de ce pays que dans celui de l'Ecosse.

Pendant ce temps, les Anglais entretenaient la guerre qu'Albany avait eu l'imprudence de rallumer, en faisant des incursions aussi fréquentes que meurtrières sur les frontières de leurs ennemis. Pour que vous puissiez juger combien ces escarmouches étaient terribles, et avec quelle animosité l'on se battait de part et d'autre, je vais vous raconter la prise de Jedburgh, qui arriva vers cette époque.

Depuis que la ville et le château de Roxburgh avaient été détruits, Jedburgh était la principale ville du comté. Elle avait de fortes murailles, et ses habitans étaient exercés aux combats que leur voisinage des frontières ne rendait que trop fréquens pour eux. Près de la ville étaient aussi ces montagnes où habitaient les plus intrépides des clans écossais.

Le comte de Surrey, fils de celui qui avait vaincu les Ecossais à Flodden, et qui était alors duc de Norfolk, s'avança de Berwick à Jedburgh, en décembre 1521, avec une armée d'environ dix mille hommes. Les chefs écossais des frontières n'avaient à opposer à ces troupes bien disciplinées que quinze à dix-huit cents de leurs partisans; mais c'étaient tous braves soldats, d'une intrépidité telle, que le général anglais, qui avait fait la guerre dans plusieurs pays, déclara qu'il n'en avait jamais vu de pareils. — Si l'on pouvait rassembler quarante mille hommes comme ceux-là, dit Surrey, rien au monde ne serait capable de leur résister. Cependant la force du nombre l'emporta, et les Anglais prirent la place d'assaut. Il y avait dans l'intérieur de la ville six fortes tours, qui continuèrent à tenir, même après que l'ennemi se fut rendu maître des remparts. Elles servaient de résidence à des gentilshommes de distinction, étaient entourées d'épaisses murailles, et pouvaient résister long-temps. L'abbaye était aussi occupée par les Ecossais, qui la défendaient avec un courage héroïque. La bataille se prolongea jusqu'au milieu de la nuit, et les Anglais n'eurent d'autre moyen de compléter la victoire que de mettre le feu à la ville. Ceux qui étaient renfermés dans les tours et dans l'abbaye ne se rendirent pas pour cela, et même, dans cette extrémité terrible, ils continuèrent à se défendre.

Le lendemain, lord Dacre fut envoyé pour attaquer le château de Fairnyherst, à environ trois milles de Jedburgh, forteresse féodale habitée par cet André Ker, chef de clan redoutable, dont nous avons déjà parlé. Il fut pris, mais les assiégeans firent de grandes pertes. Dans la soirée, lord Dacre, contre les ordres de Surrey, voulut camper avec sa cavalerie hors de l'enceinte du camp choisi par les Anglais. Vers huit heures du soir, lorsqu'il était à souper avec les officiers de sa troupe, et qu'il croyait que tout était fini, il fut attaqué à l'improviste, et tous ses chevaux furent lâchés dans la plaine. Ces animaux effrayés, au nombre de plus de quinze cents, se précipitèrent au grand galop dans le camp de Surrey, où ils furent reçus à coups de flèches et par des décharges de mousqueterie ; car les soldats anglais avaient pris l'alarme, et s'imaginaient que les Ecossais venaient de forcer leurs retranchemens. Un grand nombre de ces cheveaux entrèrent dans Jedburgh, qui était encore en flammes, et où ils furent saisis et emmenés par les Ecossaises, qui s'entendaient aussi bien que leurs maris à manier un cheval. Le tumulte fut si grand, que les Anglais l'attribuèrent à une influence surnaturelle, et Surrey prétendit que le diable s'était montré six fois au milieu de la confusion. Telle était l'ignorance et la crédulité du siècle ; mais ces détails peuvent vous donner quelque idée de la résistance opiniâtre qu'opposaient les Ecossais, et des horreurs qui signalaient ces guerres de partisans sur les frontières.

Les Ecossais, de leur côté, eurent l'avantage dans plusieurs autres affaires, dans l'une desquelles Heron-le-Bâtard, qui avait tant contribué à la victoire remportée par Surrey à Flodden, resta sur le champ de bataille.

Le jeune roi d'Ecosse, qui n'était encore qu'un enfant, commençait déjà à montrer qu'il n'aimait ni les Français ni Albany. Quelques nobles lui demandaient ce qu'il fallait faire des Français que le régent avait laissés derrière lui. — Confiez-les, répondit Jacques, à la garde de David Home. — Ce sir David Home était celui qui avait assassiné de La Bastie, le confident d'Albany, et qui avait attaché sa tête par les cheveux à l'arçon de sa selle.

Cependant Albany revint de France avec de nouveaux trésors et de grandes provisions d'armes, d'artillerie, et de tout ce qu'il fallait pour continuer la guerre. La France lui fournissait toutes ces ressources, parce qu'il était de son intérêt de chercher, à tout prix, à entretenir les hostilités entre l'Angleterre et l'Ecosse. Le régent, se voyant pour la seconde fois à la tête d'une belle armée, alla mettre le siège devant Norham, place forte située sur les frontières de l'Angleterre; mais lorsqu'il était au moment de la prendre, tout à coup il leva le siège avec sa lâcheté ordinaire, en apprenant que Surrey s'avançait pour la secourir. Après cette seconde retraite, encore plus honteuse que la première, Albany sortit du royaume, chargé de la haine et du mépris des nobles et du peuple, qui voyaient qu'il n'entreprendrait rien qui ne fût pour lui une nouvelle source d'opprobre et de déshonneur. Il prit congé de l'Ecosse, pour n'y jamais revenir, dans le mois de mai 1524.

CHAPITRE XXIII.

Le comte d'Angus prend le gouvernement de l'Etat. — Vains efforts de Buccleuch et de Lennox pour soustraire le jeune roi au pouvoir d'Angus. — Evasion de Jacques. — Bannissement d'Angus et du reste des Douglas.

La reine Marguerite, qui, comme nous l'avons vu, haïssait le comte d'Angus, son mari, se concerta alors avec Arran, l'ennemi du comte, pour que Jacques V, son fils, prît en main les rênes de l'Etat, quoiqu'il n'eût encore que douze ans. Mais Angus reparut dans ce moment de crise; ses intrigues l'emportèrent bientôt, et il se vit à la tête de tous les Chefs qui aimaient mieux former une alliance durable avec l'Angleterre que continuer la ligue avec la France, ligue qui avait déjà entraîné l'Ecosse dans tant de querelles suivies de si terribles désastres.

Marguerite aurait pu conserver son autorité; car elle était très-aimée personnellement; mais c'était le malheur ou plutôt la folie de cette reine de contracter des mariages imprudens. A peine son divorce avec Angus fut-il prononcé, qu'elle épousa un jeune seigneur sans influence et d'un rang inférieur, Henry Stewart, second fils de lord Evandale. Cette démarche inconsidérée lui fit perdre tout son ascendant, et Angus s'éleva au pouvoir suprême, s'empara de la personne du roi, administra le royaume au nom de Jacques, mais par sa seule autorité, enfin exerça toutes les fonctions de régent de l'Ecosse, quoiqu'il n'en prît pas le titre.

Le comte d'Angus avait les talens nécessaires pour supporter noblement le fardeau dont il s'était chargé; il se réconcilia avec son ancien rival le comte d'Arran, et dès lors son pouvoir parut assis sur une base inébranlable. Il conclut avec l'Angleterre un traité de paix très-avantageux pour l'Ecosse. Mais Angus commit une grande faute : ce fut de confier toutes les charges, de distribuer toutes les faveurs, d'accorder tous les avantages qui dépendaient de la couronne, à ses amis et à ses adhérens, à l'exclusion totale des nobles et des gentilshommes qui avaient pris parti contre lui dans les querelles qu'il avait eu à soutenir, ou qui seulement ne s'étaient pas montrés ses partisans déclarés. La même partialité présidait aux arrêts de la justice qu'Angus semblait exploiter au profit de ses amis et de ses parens.

Un vieil historien dit que — « personne n'osait soutenir un procès contre un Douglas, ni même contre un partisan d'un Douglas, parce que, s'il le faisait, il était sûr de perdre sa cause. Et, ajoute-t-il, quoique Angus parcourût souvent les provinces sous prétexte de punir les voleurs, les brigands et les assassins, il n'y avait nulle part d'aussi grands malfaiteurs que ceux qui formaient son escorte. »

Le roi, qui pouvait alors avoir quatorze ans, se fatigua de l'espèce de captivité dans laquelle Angus le retenait, et il soupirait après sa liberté. Sa mère devait avoir naturellement sur lui beaucoup d'influence, et elle l'employait au détriment du comte. Le comte de Lennox aussi, qui était proche parent du roi et qui avait beaucoup de fermeté et de prudence, prenait soin d'entretenir son mécontentement contre Douglas, et plusieurs complots commencèrent à se tramer pour soustraire le roi à la tutelle d'Angus. Mais celui-ci avait si bien consolidé son pouvoir, qu'il ne pouvait plus être renversé que par la force des armes, et il n'était pas facile de réunir des troupes contre un homme aussi puissant et d'un courage aussi redouté.

Il paraît qu'à la fin on résolut d'employer l'entremise de sir Walter Scott de Buccleuch ; chef de clan d'une grande bravoure, qui avait beaucoup d'influence sur la frontière. Il avait été autrefois l'ami d'Angus, et il avait même escaladé les murs d'Edimbourg avec une grande partie de son clan pour faire triompher le parti du comte dans cette ville. Mais depuis lors il était passé dans celui de Lennox, dont les conseils paraissent l'avoir guidé dans l'entreprise dont je vais vous faire le récit.

Quelques excès avaient eu lieu sur les frontières, et il est probable que Buccleuch n'y était pas étranger. Pour les réprimer, Angus se dirigea vers Jedburgh, ayant soin de mener le roi avec lui, de peur qu'il ne tentât de s'évader pendant son absence. Les clans de Home et de Ker, qui lui étaient dévoués, étaient venus se joindre à lui, et il avait de plus un corps nombreux de partisans. Angus revenait de cette expédition, et il avait passé la nuit à Melrose. Les Kers et les Homes avaient pris congé du comte, qui venait de quitter Melrose avec le roi et sa suite, lorsqu'une troupe de mille cavaliers se montra tout à coup sur le penchant d'une colline appelée Halidon-Hill, descendit dans la vallée, et se plaça entre le comte et le pont sur lequel il devait passer la Tweed pour retourner à Edimbourg.

—Sire, dit Angus au roi, voilà Buccleuch qui vient avec les brigands de Teviotdale et de Liddesdale, pour intercepter le passage à Votre Grace. Je jure devant Dieu qu'ils auront bientôt pris la fuite. Vous allez rester sur cette éminence avec mon frère George, pendant que nous chasserons ces bandits pour que Votre Grace puisse continuer tranquillement sa route.

Le roi ne répondit rien. Dans le fond de son cœur, il formait des vœux pour que Buccleuch réussît dans son entreprise ; mais il n'osait le dire.

Cependant Angus envoya un héraut sommer Buccleuch de se retirer lui et les siens. Scott répondit qu'il était venu, suivant l'usage des frontières, pour présenter au roi les hommes de son clan et pour inviter Sa Grace à dîner chez lui. Il ajouta qu'il connaissait la façon de penser du roi tout aussi bien qu'Angus.

Le comte marcha aussitôt contre lui, et la troupe de Scott poussant son cri de guerre, — Bellenden ! — vint à sa rencontre et soutint bravement l'attaque. Mais les Homes et les Kers, qui n'étaient pas à une grande distance, accoururent au bruit du combat, et, traversant le petit village de Darnick, ils tombèrent à l'improviste sur les cavaliers de Buccleuch et décidèrent la journée. Ceux-ci furent obligés de se retirer ; mais tout en fuyant ils continuèrent à se battre avec courage, et, se retournant sur les Kers, ils en tuèrent plusieurs, entre autres Ker de Cessford, un de leurs Chefs, qui reçut un coup de lance de l'un des Elliots, compagnon de Buccleuch. Son trépas occasiona une *haine à mort* entre les clans de Scott et de Ker : elle dura un siècle entier, et fit verser beaucoup de sang.

Cet engagement eut lieu le 25 juin 1526. Quatre-vingts guerriers du nom de Scott restèrent sur le champ de bataille, et Buccleuch fut déclaré coupable de haute trahison. Mais lorsque le roi eut secoué le joug des Douglas, il se rendit en personne au parlement, pour obtenir la réhabilitation de Buccleuch, qu'il déclara sur sa parole royale n'être venu à Melrose par aucun motif coupable, mais seulement pour rendre ses devoirs à son prince et lui présenter les hommes de son clan. Ce qui le prouvait, ajouta le roi, c'est que le susdit Walter ne portait pas d'armes, mais un habit de peau avec une toque noire sur la tête. Sir Walter Scott fut donc réintégré dans tous ses biens ; mais long-temps après il fut assassiné à Edimbourg par les

Kers, qui vengèrent ainsi la mort du laird de Cessford.

Le comte de Lennox n'ayant pu réussir à délivrer le roi par l'entremise de Buccleuch, résolut alors de tenter lui-même s'il ne serait pas plus heureux. Il y fut encouragé par le chancelier Beaton (qui s'était distingué à l'affaire appelée par le peuple *le Balayage des rues*), par le comte de Glencairn et par d'autres seigneurs, qui voyaient avec peine le jeune roi confiné dans son palais comme un prisonnier, et toute l'administration du royaume concentrée sur les Douglas. Il assembla une armée de dix à douze mille hommes, et marcha de Stirling sur Edimbourg. Angus et Arran, qui étaient toujours ligués étroitement l'un avec l'autre, le rencontrèrent, avec des forces inférieures, près du village de Newliston.

La nouvelle qu'il allait se livrer une grande bataille arriva bientôt à Edimbourg, et sir George Douglas se hâta d'appeler les citoyens aux armes, pour voler au secours de son frère le comte d'Angus. Les cloches furent mises en branle, les trompettes retentirent dans la ville, et le roi lui-même fut obligé de monter à cheval, pour paraître appuyer les mesures prises par les Douglas, qu'au fond du cœur il détestait. Jacques connaissait si bien sa triste position, qu'il s'efforça, par tous les moyens qui étaient en son pouvoir, de retarder la marche des troupes qu'on rassemblait à Edimbourg. Lorsqu'elles arrivèrent au village de Corstorphine, elles entendirent les décharges de la mousqueterie, ce qui augmenta la farouche impatience de George Douglas d'arriver sur le champ de bataille, et ce qui fit imaginer au jeune roi de nouveaux délais, dans l'espoir qu'Angus serait battu avant que son frère eût pu le joindre. George Douglas s'en aperçut, et il dit au roi d'un ton que Jacques n'oublia ni ne pardonna jamais :

— Votre Grace n'a pas besoin de penser à nous échapper ; si nos ennemis vous tenaient par un bras, et nous par l'autre, nous vous mettrions en pièces plutôt que de vous lâcher.

Un exprès envoyé du champ de bataille vint apprendre alors que Lennox avait été défait, et qu'Angus était vainqueur. A cette nouvelle, le jeune roi, triste et abattu, mit autant d'empressement à faire presser le pas à sa troupe qu'il en avait montré pour la retenir. Il donna ordre qu'on fît tout au monde pour épargner l'effusion du sang, et surtout pour sauver Lennox. Sir André Wood, un des échansons du roi, arriva sur le champ de bataille assez à temps pour sauver le comte de Glencairn, qui, protégé par le terrain, continuait à se défendre vaillamment, quoiqu'il ne lui restât guère qu'une trentaine de soldats. Mais Lennox, pour le salut duquel le roi avait témoigné tant de sollicitude, n'était déjà plus. Il avait été massacré de sang-froid par le plus féroce des hommes, sir James Hamilton de Draphane, qui l'avait arraché des mains du laird de Pardivan, à qui il s'était rendu de lui-même. Tel était l'affreux plaisir que ce monstre trouvait à verser du sang, comme s'il y était poussé par quelque instinct farouche, que de sa propre main il coupa le visage d'un grand nombre de prisonniers. Arran, le père de ce tigre altéré de sang, déplora amèrement le sort de Lennox, qui était son neveu. On le trouva pleurant auprès de son cadavre, sur lequel il avait jeté son manteau écarlate. — L'homme le plus brave, le plus fort et le plus sage d'Ecosse, s'écriait-il, gît à cette place, frappé du coup de mort.

Après ces deux victoires, la puissance du comte d'Angus parut si fortement consolidée, que ses partisans ne mirent plus de bornes à leurs prétentions, et que ses ennemis furent obligés de fuir et de se cacher. Le chancelier Beaton, déguisé en berger, fit paître des moutons sur Bogrian-Knowe, jusqu'à ce qu'il fût parvenu à faire la paix avec les comtes d'Angus et d'Arran, en leur faisant des donations considérables tant en argent qu'en domaines ecclésiastiques. Angus établit autour de la personne du roi une garde de cent hommes choisis par lui-même, dont il confia le commandement à Douglas de Parkhead. Il nomma son frère George, que Jacques détestait, maître de la maison du roi, et Archibald de Kilspindie, son oncle, lord trésorier du royaume. Mais l'état de contrainte dans lequel se trouvait le roi ne fit qu'augmenter son désir d'être à jamais délivré de tous les Douglas. Toutes les tentatives par la force ouverte ayant échoué, Jacques résolut d'avoir recours à la ruse.

Il obtint de sa mère, la reine Marguerite, de lui céder le château de Stirling, qui lui avait été assigné à titre de douaire, et d'en confier la garde à un gentilhomme en qui il pouvait avoir toute confiance. Ce qu'il désirait se fit avec beaucoup de mystère. S'étant ainsi préparé un asile, Jacques épia impatiemment l'occasion de courir s'y renfermer, et pour endormir la vigilance des Douglas, il montra tant de déférence pour Angus, qu'ils ne doutèrent pas qu'il n'eût pris son parti, et que, désespérant de s'échapper, il ne se fût réconcilié avec son esclavage.

Jacques habitait alors à Falkland, résidence royale, située favorablement pour la chasse au tir et au faucon, qui était son amusement favori. Le comte d'Angus, à cette époque, quitta la cour pour se rendre dans le Lothian, où il avait quelques affaires pressantes; Archibald Douglas de Kilspindie alla à Dundee voir une dame à laquelle il était attaché, et George Douglas était parti pour Saint-André, dans le but d'extorquer quelque nouvelle concession au chancelier Beaton, qui était alors archevêque de ce siège et primat d'Ecosse. Il ne restait donc plus auprès du roi aucun des Douglas, à l'exception de Parkhead avec sa garde de cent hommes, sur la vigilance duquel les autres savaient qu'ils pouvaient compter.

Le roi crut que le moment était favorable. Pour endormir tous les soupçons, il annonça qu'il se lèverait le lendemain de bonne heure pour aller courre le cerf. Douglas de Parkhead, ne se doutant de rien, se retira dans son appartement après avoir placé ses sentinelles. Mais le roi ne se vit pas plus tôt seul qu'il appela John Hart, son page de confiance.

—John, lui dit-il, m'aimes-tu?
—Plus que moi-même, répondit le jeune serviteur.
—Et veux-tu risquer tout pour moi?
—Ma vie, s'il le faut, s'écria John Hart.

Alors le roi lui expliqua son projet, et, sous la livrée d'un simple valet, il se rendit à l'écurie avec son page, comme pour faire les préparatifs de la chasse du lendemain. Les gardes, trompés par son déguisement, le laissèrent passer sans obstacle. Trois bons chevaux les attendaient tout sellés et tout bridés; car le roi avait déjà mis dans sa confidence un de ses domestiques, qui avait fait d'avance les dispositions nécessaires.

Le roi monta à cheval avec ses deux fidèles serviteurs, et il galopa toute la nuit, léger comme un oiseau qui vient de s'échapper de sa cage. Au point du jour, il arriva au pont de Stirling. Comme on ne pouvait traverser le Forth que sur ce pont ou en bateau, Jacques ordonna de fermer les portes qui le défendaient et de ne laisser passer qui que ce fût. Il était bien fatigué quand il arriva au château de Stirling, où il fut reçu avec joie par le gouverneur qu'il avait placé lui-même dans cette forteresse. On leva les ponts-levis, on abattit les herses, on plaça des gardes partout, enfin on prit toutes les mesures que dictait la prudence. Mais le roi craignait tellement de retomber au pouvoir des Douglas, que, malgré toute sa fatigue, il ne voulut se coucher que lorsqu'il eut les clefs du château entre les mains et qu'il les eut placées sous son oreiller.

Le lendemain matin, l'alarme fut grande à Falkland. Sir George Douglas était revenu, la nuit même du départ du roi, sur les onze heures. En arrivant, il demanda où était Jacques, et il apprit du concierge, ainsi que des sentinelles, qu'il dormait déjà, parce qu'il devait partir de grand matin pour la chasse; il se retira donc de son côté, dans une sécurité complète. Mais au point du jour il apprit des nouvelles bien différentes. Un nommé Peter Cramichael, bailli d'Abernethy, vint frapper à sa porte, et lui demanda s'il savait où était le roi, à l'heure qu'il était.

— Il est à dormir dans sa chambre, dit sir George.

— Vous vous trompez, reprit Cramichael ; il a traversé le pont de Stirling la nuit dernière.

A cette nouvelle, Douglas s'élança hors de son lit, courut à la chambre du roi et frappa à coups redoublés. Ne recevant point de réponse, il fit enfoncer la porte, et lorsqu'il trouva l'appartement vide, il s'écria : — Trahison ! le roi est parti, et personne ne sait où. Aussitôt il dépêcha un exprès à son frère le comte d'Angus, et envoya dans toutes les directions pour chercher le roi et assembler les Douglas.

Lorsque la vérité fut connue, les partisans d'Angus coururent tous ensemble à Stirling ; mais, bien loin de consentir à les recevoir, le roi fit publier à son de trompe qu'il déclarerait traître quiconque du nom de Douglas approcherait de douze milles de sa personne, ou prendrait la moindre part à l'administration du royaume. Quelques-uns des Douglas furent tentés de résister à cette proclamation; mais le comte d'Angus et son frère résolurent d'obéir, et ils se retirèrent à Linlithgow.

Bientôt après le roi assembla autour de sa personne tous les grands qui étaient jaloux de la puissance d'Angus et d'Arran, ou qui avaient été persécutés par eux ; et en plein parlement il accusa les deux comtes de trahison, déclarant qu'il n'avait pas cru sa vie en sûreté tout le temps qu'il avait été en leur pouvoir. Le comte d'Angus fut donc déclaré coupable de forfaiture, et condamné à l'exil, avec tous ses parens et amis. Et ce fut ainsi que les Douglas-Roux, de la maison d'Angus, partagèrent presque le même sort que les Douglas-Noirs, de la branche aînée de cette grande famille, avec cette différence que n'étant point parvenus aussi haut, leur chute ne fut pas telle qu'ils ne pussent jamais se relever; car le comte d'Angus rentra dans la suite en Ecosse, où il joua même un rôle distingué; mais ce ne fut qu'après la mort de Jacques V, qui conserva toute sa vie une haine implacable contre les Douglas et ne permit jamais à aucun d'eux de rester en Ecosse sous son règne. Jacques montra même, à cet égard, une opiniâtreté qui, dans la circonstance que nous allons rapporter, pouvait paraître barbare.

Archibald Douglas de Kilspindie, oncle du comte d'Angus, avait été l'un des favoris du roi avant la disgrace de sa famille. Telle était sa grande force, son air belliqueux, son adresse dans tous les exercices militaires, que Jacques ne l'appelait jamais que son Graysteil, du nom d'un champion dont les ballades du temps disaient merveilles. Archibald avait été exilé comme les autres, et il s'était retiré en Angleterre; mais se faisant vieux, et brûlant du désir de revoir sa patrie, il résolut d'implorer lui-même la merci du roi. Il pensa que l'ancienne intimité qui avait régné entre eux plaiderait en sa faveur, d'autant plus que jamais il ne l'avait offensé personnellement.

Un jour que Jacques revenait de chasser dans le parc de Stirling, Archibald l'attendit sur son passage. Il y avait plusieurs années que le roi ne l'avait vu, mais il le reconnut de loin à sa démarche ferme et imposante. — Voilà, dit-il, mon Graysteil, Archibald de Kilspindie. Mais en passant devant lui il ne fit pas semblant de reconnaître son vieux serviteur et continua son chemin. Douglas, ne perdant pas encore toute espérance, courut après le roi; et quoique Jacques eût mis son cheval au grand trot et que Douglas portât une pesante cotte de mailles sous ses vêtemens, de peur d'être assassiné, cependant Graysteil était à la porte du château en même temps que le roi. Jacques entra sans faire plus d'attention à lui; mais Douglas, épuisé de fatigue, s'assit à la porte et demanda quelques gouttes de vin. La haine du roi pour le nom de Douglas était si bien connue, qu'aucun des domestiques qui se trouvaient dans la cour n'osa donner au vieux guerrier ce qu'il implorait de leur pitié.

Il est vrai que le roi blâma ses serviteurs et qu'il dit même que, sans son serment de ne jamais employer un Douglas, il aurait pris Archibald de Kilspindie à son service, attendu qu'il connaissait tout son mérite. Mais il ne lui en fit pas moins signifier de se retirer en France, où le pauvre Graysteil mourut bientôt après, le cœur brisé de douleur. Le roi d'Angleterre, Henry VIII, qui n'était lui-même rien moins que clément, blâma l'extrême rigueur de Jacques dans cette occasion, et cita un vieux proverbe :

> Sur front de roi
> Que pardon soit.

CHAPITRE XXIV.

Caractère de Jacques V. — Il entreprend de réprimer les excès commis par les habitans des frontières. — Châtiment des coupables. — Aventures de Jacques parcourant ses Etats déguisé. — Fête donnée par le comte d'Athole. — Institution du Collège de Justice. — Mines d'or d'Ecosse. — Encouragemens donnés aux lettres.

Délivré de la tutelle rigoureuse où le tenaient les Douglas, Jacques V commença à gouverner par lui-même, et il déploya la plupart des qualités d'un sage et bon roi. Il avait un extérieur agréable, et, comme Jacques IV, il aimait les exercices militaires et tout ce qui tenait à la chevalerie. Il hérita aussi de l'amour de son père pour la justice et de son désir d'établir et de mettre en vigueur des lois sages et équitables qui protégeassent les faibles contre l'oppression des grands. Ces lois, il était facile de les faire ; mais ce qui ne l'était pas autant, c'était de les faire exécuter ; et en essayant d'atteindre ce but honorable, Jacques encourut plus d'une fois le mécontentement de la haute noblesse. Il avait de l'instruction et des connaissances, et comme Jacques Ier il était poète et musicien; mais il avait aussi ses imperfections. Il ne se livrait pas, comme son père, à de grandes profusions, n'ayant point trouvé de trésors accumulés qu'il pût employer en largesses, mais il tombait plutôt dans le défaut contraire, et était d'une parcimonie minutieuse. Ami des plaisirs, il portait l'économie jusque dans les moyens de satisfaire ses penchans. Quoique indulgent par caractère, lorsqu'on le provoquait il poussait alors le ressentiment jusqu'à la cruauté, et si quelque chose peut lui servir d'excuse, c'est le naturel farouche des sujets qu'il avait à gouverner. En un mot, il eut sans doute des faibles, mais ils furent plus que rachetés par ses vertus, et il mérita le titre de bon roi.

Son premier soin fut d'établir quelque ordre sur les frontières. Vous avez vu qu'elles étaient habitées par des clans ou tribus qui n'obéissaient qu'aux ordres de leurs Chefs. Ces Chefs représentaient le premier fondateur de la famille. L'attachement du clan pour son Chef était extrême; on n'aimait, on ne respectait que lui. Les habitans des frontières ressemblaient sous ce rapport aux montagnards; comme eux aussi, ils aimaient le pillage, et comme eux ils s'inquiétaient peu des lois du pays. Mais ils ne portaient pas de tartan, et combattaient presque toujours à cheval, tandis que les montagnards étaient toujours à pied. Vous vous rappelez aussi qu'ils parlaient écossais, et non point le gaëlique, qui était la langue des Highlands.

En butte par leur position à des guerres continuelles, ils ne songeaient à rien d'autre, et se réunissant en grand nombre, ils se répandaient indistinctement sur les terres des Anglais ou sur celles des Ecossais. Ils respectaient peu les trèves et les traités de paix, mais exerçaient leurs déprédations dès qu'ils en trouvaient une occasion favorable, sans s'inquiéter des conséquences, ce qui souvent occasiona des guerres qui autrement n'auraient pas eu lieu. On dit des membres de l'une des plus grandes familles des frontières que, lorsqu'ils avaient consommé toutes leurs provisions et qu'il ne leur restait plus de troupeaux, on servait sur la table une paire d'éperons sur un plat couvert, afin d'annoncer par cet emblème qu'il fallait monter à cheval pour s'en procurer d'autres. Les Chefs dotaient leurs filles en raison du butin qu'ils parvenaient à faire pendant la durée d'une lune de Saint-Michel, parce que c'était l'époque où cet astre prêtait le plus long-temps sa clarté à leurs excursions redoutables. Braves en temps de guerre, ils étaient pendant la paix le fléau des Écossais leurs voisins. Leur insolence et leur insubordination ayant encore augmenté depuis les troubles qui avaient suivi la bataille de Flodden, Jacques V résolut de prendre contre eux les mesures les plus sévères.

Il commença par s'assurer de la personne des principaux Chefs qui encourageaient en secret le désordre. Le comte de Bothwell, lord Home, lord Maxwell, Scott de Buccleuch, Ker de Fairnyherst, et autres seigneurs puissans, qui auraient pu s'opposer aux projets du roi, furent saisis, et emprisonnés dans des forteresses séparées des basses-terres.

Jacques assembla alors une armée, et au milieu de ces apprêts guerriers, il parut ne s'occuper que des préparatifs d'une grande chasse, et fit dire à tous les gentilshommes des districts sauvages qu'il se proposait de parcourir, de lui amener leurs meilleurs chiens; comme si son unique projet avait été de courre le daim dans ces régions désolées. Il voulait par là empêcher les habitans des frontières de prendre l'alarme, et de se retirer dans leurs montagnes et dans leurs retraites escarpées, où il aurait été presque impossible de les poursuivre.

Ces malheureux, n'ayant aucune idée distincte des crimes qu'ils commettaient, ne voyaient pas en quoi ils pourraient avoir encouru le déplaisir du roi, et par conséquent étaient sans défiance. Les lois avaient été si long-temps muettes dans ces tristes provinces, que les outrages commis par le fort envers le faible semblaient dans l'ordre naturel de la société, et ne présentaient rien, aux yeux de ceux qui s'en rendaient coupables, qui fût digne de châtiment.

Ainsi, lorsque le roi, au commencement de son expédition, s'approcha du château de Piers Cockburn d'Hunderland, ce baron était occupé des apprêts d'un grand festin pour le recevoir, et ce fut dans ce moment même que Jacques le fit saisir et exécuter à l'instant. Adam Scott de Tushielaw, surnommé *le Roi de la frontière*, partagea le même sort. Mais un événement d'une plus grande importance, fut le trépas de John Armstrong de Gilnockie, près de Langleeholm.

Ce Chef, par ses déprédations continuelles, avait acquis un pouvoir considérable, et tous les Anglais des environs lui payaient le *black-mail* [1], espèce de tribut grace auquel il s'abstenait de les piller. Il avait une haute idée de son importance; et loin de penser qu'il avait mérité quelque châtiment, il vint au devant de son souverain à dix milles d'Hawick, près de la chapelle de Carlinrigg, revêtu de riches habits, et suivi de vingt-quatre gentilshommes qui formaient son cortège ordinaire, et dont le costume n'était pas moins brillant que le sien. Furieux de voir un chef de maraudeurs déployer tant de magnificence, le roi donna ordre de le conduire à l'instant au lieu du supplice, en disant : — Il ne manque à ce drôle qu'une couronne pour être aussi superbe qu'un roi. John Armstrong fit les offres les plus brillantes pour racheter sa vie, promettant d'entretenir à ses frais quarante hommes, qui seraient toujours prêts à servir le roi au premier signal, s'engageant à ne jamais faire aucun tort à un Ecossais, ce que du reste on n'avait jamais pu lui reprocher, et disant qu'il n'y avait pas un seul homme en Angleterre, de quelque rang qu'il fût, soit duc, soit comte, soit baron, qu'il ne se chargeât,

---

[1] Black-mail : *tribut du voleur*, improprement appelé *contribution noire*. Blacken signifie *dérober*, et mail *impôt*, dans le dialecte écossais. — ED.

dans un certain espace de temps, de livrer au roi, mort ou vivant. Mais voyant que Jacques ne voulait écouter aucune de ses propositions, il dit en relevant fièrement la tête : — Je suis bien fou de demander grace à un homme implacable. Si j'avais pu prévoir que vous me réserviez un pareil traitement, je serais resté sur les frontières en dépit du roi d'Angleterre et de vous ; car je suis certain que le roi Henry donnerait en or le poids de mon meilleur cheval pour savoir que je suis condamné à être exécuté aujourd'hui.

John Armstrong fut conduit avec sa suite au lieu du supplice, et ils furent tous exécutés sans pitié. Les habitans des basses-terres apprirent sa mort avec plaisir ; mais il fut regretté sur les frontières, qui perdaient en lui un brave guerrier.

Telle fut l'impression de terreur répandue par ces exécutions générales, qu'on dit que Jacques avait si bien fait que « les buissons gardaient les vaches ; » c'est-à-dire que, même dans ces cantons si sauvages, on n'osait plus s'approprier le bien d'autrui, et que les troupeaux pouvaient rester dans les pâturages sans qu'il fût nécessaire de les garder. Jacques put aussi tirer avantage des terres que la couronne possédait près des frontières, et il eut jusqu'à dix mille moutons paissant en même temps dans la forêt d'Ettrick, sous la surveillance d'André Bell, qui rendait au roi un aussi bon compte des produits du troupeau que s'il l'eût gardé dans l'enceinte du comté de Fife, qui était alors la partie la plus civilisée de l'Ecosse.

D'un autre côté, la mort de tant de braves guerriers qui, malgré leur soif de pillage et d'indépendance, étaient des défenseurs intrépides de leur pays, affaiblit considérablement les frontières de l'Ecosse, et l'on est en droit de blâmer Jacques d'avoir porté si loin une rigueur qui était jusqu'à un certain point impolitique, et qui dans tous les cas était excessive et barbare.

Jacques en agit de même à l'égard des chefs des Highlands; et à force d'exécutions, de confiscations, et d'autres mesures sévères, il réussit à faire plier sous le joug des lois les montagnards du nord comme il y avait assujetti ceux du sud. Il mit alors en liberté les Chefs qu'il avait retenus captifs de peur qu'ils n'eussent apporté quelque entrave à l'exécution de ses projets.

Ces barons remuans ne pouvant plus, après ce châtiment sévère, attaquer comme autrefois les châteaux et les propriétés les uns des autres, furent forcés, pour assouvir leur farouche animosité, de s'appeler en duel, et ces combats singuliers se livraient souvent en présence du roi, qui les autorisait. Ce fut ainsi que Douglas de Drumlanrigg et Charteris d'Amisfield se battirent devant Jacques, chacun ayant accusé l'autre de haute trahison : ils étaient tous deux à pied, armés de la redoutable claymore. Drumlanrigg, qui avait la vue un peu basse, et qui était dans une extrême fureur, donnait de grands coups à droite et à gauche sans voir où il frappait, et le laird d'Amisfield ne fut pas plus heureux; car son épée se brisa dans ses mains, sur quoi le roi ordonna que le combat cessât, et les combattans furent séparés, mais non sans peine. Le roi permettait ces sortes de duels en sa présence pour satisfaire ces barons indomptables et les engager à rester en paix ailleurs.

Jacques V était dans l'usage de courir le pays déguisé, afin de recueillir les plaintes qui autrement ne seraient point parvenues jusqu'à lui, et peut-être aussi pour jouir d'amusemens auxquels il n'aurait pu se livrer sous son caractère reconnu de roi. On dit que Jacques IV en faisait autant, et l'on cite plusieurs aventures qui leur arrivèrent dans des occasions semblables. Je vais vous en raconter quelques-unes; elles pourront jeter quelque variété sur notre histoire.

Lorsque Jacques V voyageait incognito, il prenait un nom qui n'était connu que de quelques-uns des principaux officiers de sa suite. Il se faisait appeler le Fermier

(*Goodman*, c'est-à-dire *farmer*) de Ballengiech. — Ballengiech est un sentier étroit et rapide, qui conduit dans la plaine derrière le château de Stirling. Un jour que le roi se proposait de dîner au château, il envoya chercher quelque venaison dans les montagnes voisines. Les daims furent tués, et chargés sur le dos des chevaux pour être transportés à Stirling. Malheureusement il fallait passer par le château d'Arnpryor, appartenant à un chef des Buchanans, qui donnait ce jour-là un grand festin. Il était tard; et les provisions commençaient à manquer à ses convives, quoiqu'on pût s'apercevoir aisément que le vin ne leur avait pas été épargné. Le Chef, voyant une si grande quantité de belle venaison passer sur ses domaines, s'en empara sans façon, et sur les représentations des chasseurs, qui lui dirent qu'elle appartenait au roi Jacques, il répondit insolemment que si Jacques était roi en Ecosse, lui, Buchanan, était roi dans Kippen : c'était le nom du district dans lequel était situé le château d'Arnpryor.

Lorsque le roi apprit ce qui s'était passé, il monta à cheval, et se rendit à l'instant même au château de Buchanan, où il trouva un montagnard robuste et d'une figure rébarbative, qui, une hache sur l'épaule, faisait sentinelle à la porte. Ce garde farouche refusa de laisser entrer le roi, disant que le laird d'Arnpryor était à dîner, et qu'il n'aimait pas qu'on le dérangeât. — Montez toujours dans la salle du festin, mon bon ami, répondit Jacques, et dites que le Fermier de Ballengiech vient demander à dîner au roi de Kippen. Le montagnard entra tout en murmurant dans la maison, et dit à son maître qu'il y avait à la porte un homme à barbe rousse, qui se disait le fermier de Ballengiech, et qui prétendait qu'il venait pour dîner avec le roi de Kippen.

A ces mots, Buchanan reconnut que c'était le roi en personne; et courant se jeter aux genoux de Jacques, il le pria d'excuser l'insolence de sa conduite, qu'il ne devait attribuer qu'aux fumées du vin. Le roi, qui n'avait voulu que lui faire peur, lui pardonna volontiers, et entrant dans le château il fit honneur à la venaison que Buchanan avait interceptée. Depuis ce temps Buchanan d'Arnpryor fut toujours appelé le roi de Kippen.

Dans une autre occasion, le roi Jacques, étant seul et déguisé, eut une querelle avec quelques bohémiens ou autres vagabonds qu'il avait rencontrés sur la route, et fut assailli par quatre ou cinq d'entre eux. Heureusement c'était près du pont de Cramond ; de sorte que le roi parvint à gagner le pont, qui, étant élevé et très-étroit, lui permit de se défendre avec son épée contre le nombre de ses agresseurs. Un pauvre homme qui battait du blé dans une grange voisine sortit en entendant du bruit ; et voyant un homme seul attaqué par plusieurs, il prit généreusement son parti, et fit jouer si bien son fléau, que les bohémiens furent obligés de prendre la fuite. Alors le laboureur fit entrer le roi dans la grange, lui donna de l'eau et une serviette pour laver le sang qui lui couvrait les mains et la figure, et finit par le conduire un bout de chemin sur la route d'Edimbourg, de crainte qu'il ne fût attaqué de nouveau. Chemin faisant, le roi demanda à son compagnon comment il se nommait et ce qu'il faisait. Le laboureur répondit qu'il s'appelait John Howieson, et qu'il était attaché à la ferme de Brachead, près de Cramond, qui appartenait au roi d'Ecosse. Jacques demanda alors au pauvre homme s'il y avait quelque chose au monde qu'il désirât particulièrement, et l'honnête John avoua qu'il se croirait l'homme le plus heureux de l'Ecosse, s'il était tant seulement le propriétaire de la ferme où il ne travaillait que comme homme de peine. Alors il demanda à son tour au roi qui il était, et Jacques répondit, suivant son usage, qu'il était le fermier de Ballengiech, pauvre diable qui avait une petite place au palais ; mais il ajouta que si John Howieson voulait venir le voir le dimanche suivant, il s'efforcerait de reconnaître le service qu'il lui avait rendu, en lui donnant au moins le plaisir de voir les appartemens du roi.

John, comme vous pouvez croire, mit ses plus beaux habits; et se présentant à une porte de derrière du palais, il demanda le fermier de Ballengiech. Le roi avait donné ordre qu'il fût admis, et John trouva sa nouvelle connaissance dans le même costume qu'il lui avait vu porter quelques jours auparavant. Jacques, continuant à jouer le rôle d'un officier subalterne de sa maison, conduisit John Howieson de salle en salle dans tout le palais, et s'amusa beaucoup de sa surprise et de ses remarques. Lorsqu'il lui eut tout montré, il lui demanda s'il aimerait à voir le roi; à quoi John répondit que rien au monde ne lui ferait autant de plaisir, s'il pouvait l'apercevoir sans que le roi en fût mécontent. Le fermier de Ballengiech lui promit naturellement que le roi ne se fâcherait pas. — Mais, dit John, comment le distinguerai-je des seigneurs qui seront autour de lui? — Rien de plus facile, répondit son compagnon, tous les autres auront la tête découverte; le roi seul gardera sa toque.

En disant ces mots, Jacques introduisit le paysan dans une grande salle qui était remplie de gentilshommes et d'officiers de sa maison. John fut un peu effrayé, et il se serra contre son conducteur; mais il avait beau ouvrir de grands yeux, il ne pouvait distinguer le roi. — Je vous ai dit, lui répéta son guide, que vous le reconnaîtriez à ce qu'il aurait sa toque sur sa tête. — Alors, dit John après avoir regardé tout autour de la salle, il faut que ce soit vous ou moi, car nous sommes les seuls qui n'ayons pas la tête découverte [1].

Cette réponse fit beaucoup rire le roi; et voulant que le bon paysan eût aussi sujet de se réjouir, il lui fit présent

---

[1] C'est ainsi que le roi se fait reconnaître à la Dame du Lac. Ce trait, que nous attribuons aussi au plus populaire de nos rois, justifierait seul le surnom de Henri IV de l'Écosse donné quelquefois à Jacques V. — Ed.

de la ferme de Brachead, qu'il avait montré tant de désir de posséder, à condition que John Howieson et ses descendans présenteraient au roi un bassin et une aiguière, toutes les fois que Sa Majesté viendrait au palais d'Holyrood, ou traverserait le pont de Cramond. Aussi, en 1822, lorsque George IV vint en Ecosse, le descendant de John Howieson de Brachead, qui possède encore la ferme qui fut donnée à son aïeul, parut au milieu d'une grande fête, et offrit à Sa Majesté de l'eau dans une aiguière d'argent, pour remplir la condition sous laquelle ces terres avaient été accordées à sa famille.

Jacques V était passionné pour la chasse, et lorsqu'il se livrait à cet amusement favori dans les Highlands, il avait coutume de porter l'habillement particulier du pays, ayant une jaquette de velours tartan, un plaid et des bas semblables, et tous les autres accessoires de rigueur. Les registres de son chambellan, qui ont été conservés, en font foi.

Un jour que, dans une de ces parties de chasse, le roi était accompagné d'un légat du pape, le comte d'Athole leur donna une fête superbe dans un palais rustique d'une immense grandeur, qu'il avait fait construire exprès. Ce palais était en bois, il s'élevait au milieu d'une grande prairie, et était entouré de fossés remplis des poissons les plus délicats. Il était flanqué de tours, comme si c'eût été un château régulier, et contenait un grand nombre d'appartemens remplis d'arbustes et jonchés de fleurs, de manière qu'en les traversant on croyait se promener au milieu d'un jardin. Du gibier de toute espèce et les provisions les plus variées s'y trouvaient réunis, avec un grand nombre de cuisiniers pour les préparer, ainsi que les vins et les épices les plus recherchés. L'ambassadeur italien ne revenait pas de sa surprise, de trouver au milieu de rochers et de déserts, qui semblaient être les dernières limites du monde, un palais si magnifique et des mets si somptueux. Mais ce qui l'étonna encore bien davantage, ce fut de voir les montagnards mettre le feu au palais de bois dès que la chasse fut terminée et que le roi fut prêt à partir. — Tel est l'usage constant de nos montagnards, dit Jacques à l'ambassadeur; quelque bien logés qu'ils puissent être pendant la nuit, ils brûlent toujours leur maison avant de la quitter. Le roi, par ces paroles, faisait allusion à la vie errante et aux habitudes de déprédation et de pillage de ces montagnards.

Le règne de Jacques V n'est pas seulement remarquable par les aventures personnelles qui lui arrivèrent; il l'est bien plus encore par les lois sages qu'il rendit pour gouverner ses sujets et pour réprimer les crimes et les actes de violence qui n'étaient que trop communs parmi eux, tels que l'assassinat, les incendies de maisons, les vols de bestiaux, moyens prompts et faciles de se venger de ses ennemis, auxquels les grands avaient sans cesse recours.

Pour la décision des affaires civiles, Jacques V institua et fonda ce qu'on appelle le Collège de Justice, qui est la Cour Suprême d'Ecosse. Elle était composée de quatorze juges et d'un président, qui entendaient les causes et rendaient les arrêts. Un certain nombre d'hommes instruits, élevés dans l'étude des lois, étaient chargés de défendre les intérêts de ceux qui avaient des procès à soutenir devant ces juges, et formaient ce qu'on appelle la Cour de Session. Ces hommes prirent le nom d'avocats, et telle fut l'origine d'un corps qui a toujours été très-considéré en Ecosse, et d'où sont sortis beaucoup de grands hommes.

Jacques V s'occupa beaucoup d'améliorer sa marine, et il entreprit, ce qui alors n'était pas sans danger, de faire sur mer le tour de l'Ecosse, faisant dresser en même temps une carte exacte des différentes côtes, baies, îles, havres et rades de son royaume, dont beaucoup n'étaient pas connus de ses prédécesseurs, même de nom.

Ce prince actif et éclairé ne négligea pas non plus les richesses minérales de l'Ecosse. Il fit venir d'Allemagne des mineurs qui tirèrent de l'or et de l'argent des mines de Leadhils, dans la partie supérieure du Clydesdale. L'or était d'une belle qualité, et l'on en trouva une quantité suffisante pour en frapper une très-jolie monnaie qu'on appela *pièce-à-toque* (Bonnet-piece), parce qu'elle portait l'effigie de Jacques V avec une toque sur la tête.

On rapporte qu'un certain jour le roi invita les ambassadeurs de France, d'Espagne et d'autres royaumes, à une grande partie de chasse dans Crawford-Moor, nom du district où sont situées les mines dont nous venons de parler. On dîna dans le château Crawford, vieille forteresse assez grossière. Le roi pria ses hôtes d'excuser la simplicité du dîner, qui ne se composait que du gibier qu'ils avaient tué le matin; mais il leur promit que le dessert les dédommagerait, ayant donné ordre qu'il se composât des plus beaux fruits qui se trouvaient dans le pays. Les étrangers se regardèrent l'un l'autre d'un air de surprise en entendant le roi parler de fruits qui venaient au milieu de sombres marais et de montagnes arides. Mais le dessert ne tarda pas à paraître, et l'on apporta un certain nombre de plats couverts, dont un fut placé devant chaque convive. En les découvrant, les ambassadeurs virent qu'ils étaient remplis de *pièces-à-toque* en or, que le roi les pria d'accepter comme les fruits que produisaient les montagnes de Crawford-Moor. Ce dessert d'une nouvelle espèce ne plut pas moins sans doute que s'il se fût composé des fruits les plus délicats du midi. Ces mines ne sont plus exploitées que pour le plomb dont elles produisent toujours une grande quantité.

Quoique Jacques fût, comme nous l'avons dit, très-économe, il ne négligea pas les beaux-arts. Il fit rebâtir le palais de Linlithgow, dont le plan est d'une grande magnificence, et il agrandit celui de Stirling. Il encouragea les poètes et les savans qui brillèrent sous son règne, et mena joyeuse vie. Il avait lui-même du goût pour la poésie, et il accorda une grande liberté aux rimeurs de son temps, en leur permettant de lui adresser des vers qui contenaient souvent la censure de son administration, et quelquefois même de sa conduite.

Jacques encouragea aussi les lettres, mais il se laissa tromper par un étranger qui prétendait avoir l'art de faire de l'or. Du reste cet homme, qui était ou un fou ou un imposteur, se perdit en voulant fabriquer une paire d'ailes à l'aide desquelles il se proposait de s'envoler de la terrasse du château de Stirling. Il le tenta effectivement; mais ses ailes n'ayant pas produit l'effet qu'il s'en était promis, il s'abattit un peu brusquement dans la plaine, et se cassa la cuisse.

Comme le royaume d'Ecosse, à l'exception d'une guerre très-courte et peu importante avec l'Angleterre, jouit d'une grande tranquillité presque jusqu'à la fin du règne de Jacques, et que ce monarque était un prince actif et prudent, il semblait présumable que lui du moins éviterait les infortunes qui semblaient poursuivre le nom de Stuart. Mais un grand changement qui eut lieu à cette époque entraîna Jacques V dans une position aussi critique que celle d'aucun de ses prédécesseurs.

CHAPITRE XXV.

Abus de l'Eglise de Rome. — Réformation en Angleterre et en Ecosse. — Guerre avec l'Angleterre. — Mort de Jacques V.

Vous vous rappelez, mon cher enfant, que Jacques V était neveu de Henry VIII, roi d'Angleterre, Marguerite sa mère étant sœur de ce monarque. Cette parenté, et peut-être la politique de Henry, qui savait qu'il était dans l'intérêt des deux pays de rester en paix l'un avec l'autre, prévinrent pendant plusieurs années le renouvellement des guerres désastreuses qu'ils s'étaient si long-temps livrées. La bonne intelligence aurait sans doute été plus complète encore sans le changement général et important qui s'opéra alors dans les affaires religieuses, et qui est appelé dans l'histoire la Réformation. Il faut que je vous explique en peu de mots la nature de ce changement; autrement vous ne pourriez comprendre les conséquences qui en résultèrent.

Après la mort de notre divin Sauveur, la doctrine qu'il avait prêchée fut établie à Rome, capitale du grand empire romain, par l'apôtre saint Pierre, que les catholiques appellent pour cette raison le premier évêque de Rome. Dans la suite des temps, les évêques de Rome, ses successeurs, prétendirent avoir une autorité directe sur tous les autres membres de la chrétienté. Des hommes bons et vertueux, par respect pour la religion qu'ils avaient adoptée, admirent ces prétentions sans y regarder de très-près [1]. A mesure que le christianisme se répandit, les empereurs et les rois qui l'embrassèrent signalèrent leur piété en comblant de biens l'Eglise, et en particulier les évêques de Rome, qui finirent par avoir des possessions et des domaines considérables comme princes temporels, tandis qu'en leur qualité de prêtres ils prenaient le nom de pape, et s'arro-

---

(1) Sir Walter Scott est né dans l'église presbytérienne, il ne faut pas l'oublier dans le cours de cette discussion.

La vieille querelle de Genève et de Rome ne saurait finir de sitôt dans la Grande-Bretagne, où il s'agit, pour l'honneur du pays, de trouver quelques excuses à la barbare persécution qui pèse sur les ilotes catholiques de l'Irlande. Comme Tory, l'auteur n'ose pas avouer que l'anglicanisme n'obtient pas aux yeux des presbytériens plus de grâce que le catholicisme; mais pour rompre une lance en faveur de la réforme, il feint surtout d'ignorer que sur le continent il existe une véritable différence entre le papisme et le catholicisme proprement dit. Les libertés de l'Eglise gallicane prouvent que l'on peut être bon catholique sans être ultramontain. La hiérarchie du christianisme a ses restrictions; le respect pour le pape n'est pas une servitude, il y a appel de ses bulles. Il est bien plus servile de regarder le souverain politique, ainsi que font les anglicans, comme le directeur du culte et même des consciences, que d'accorder à l'évêque de Rome une suprématie factice. Les jésuites n'entendent peut-être pas ainsi le catholicisme; mais ils sont à la masse des catholiques ce que les méthodistes sont aux protestans. Il faut juger les majorités: les Anglais paient encore la dîme, et le serment du sacre de leurs rois menace encore les *catholiques* d'extermination; la dîme est abolie dans la France catholique, et ne pourrait être rétablie sans une révolution. La pairie et la chambre des députés se recrutent sans subir le serment du *test*, etc. — ED.

geaient une autorité pleine et entière sur tout l'univers chrétien. Les peuples dans ce temps-là étaient plongés dans une grande ignorance; le peu d'instruction qui restait encore se trouvait dans le clergé, qui avait le loisir d'étudier, tandis que les laïques ne savaient guère que se battre et se divertir.

Les papes s'étant constitués chefs de l'Eglise, se mirent par degrés à introduire dans la morale simple et sublime de l'Evangile d'autres doctrines qui n'étaient ni en rapport ni en harmonie avec l'esprit du christianisme, et qui toutes tendaient à étendre le pouvoir des prêtres sur les esprits et sur les consciences des autres hommes. Il ne fut pas difficile aux papes de faire ces altérations; car, se disant les successeurs visibles de saint Pierre, ils prétendaient qu'ils étaient aussi infaillibles que l'apôtre lui-même, et que tout ce qu'ils publiaient dans leurs ordonnances, qu'ils appelaient bulles, devait être cru par tous les fidèles avec la même foi que s'ils le lisaient dans les saintes Ecritures elles-mêmes. Nous citerons deux ou trois de ces innovations.

Quelques hommes pieux, dans les premiers temps du christianisme, s'étaient retirés du monde pour adorer Dieu dans la solitude. Ils travaillaient pour gagner leur vie, faisaient des aumônes aux pauvres, employaient leurs momens de loisir en pratiques de dévotion, et étaient justement respectés. Mais insensiblement, lorsque des ames charitables se cotisèrent pour soutenir les associations de ces saints hommes, qu'on légua des biens aux monastères ou aux couvens dans lesquels ils vivaient, et qu'ils finirent par se trouver dans l'opulence, les moines, comme on les appelait, s'écartèrent de la simplicité de leur ordre, et négligèrent de pratiquer les vertus qui les avaient distingués jusqu'alors. Un autre inconvénient des revenus excessifs de ces couvens, c'est qu'ils servirent à entretenir une congrégation d'hommes inutiles, qui, sous prétexte de se livrer à des exercices de piété, se dérobaient aux affaires du monde et à tous les devoirs domestiques qui leur étaient imposés.

Ce fut aussi dans ce temps d'ignorance que fut introduit le culte des saints, culte que rien n'autorise dans les Ecritures. Il est naturel que nous respections la mémoire d'une personne éminemment vertueuse, et que nous attachions du prix à tout ce qui lui a appartenu; mais l'Eglise romaine ne se contenta pas d'autoriser les fidèles à adorer les reliques d'un saint personnage, elle alla jusqu'à attribuer à ces reliques la vertu de guérir des maladies, et d'opérer d'autres miracles qui révoltent le simple bon sens, leur donnant ainsi le pouvoir qui n'appartient qu'à Dieu, de changer ces lois naturelles que sa sagesse a créées. Le culte des saints fut encouragé, fut prescrit comme celui d'une sorte de divinités du second ordre, dont l'intercession pouvait nous être utile auprès de Dieu, quoiqu'il soit dit expressément dans l'Evangile que Notre Seigneur Jésus-Christ est notre seul médiateur [1]; et non-seulement la vierge Marie, les apôtres, et presque toutes les personnes dont il est parlé dans les Evangiles, furent érigés en saints par les catholiques, mais une foule d'autres, parmi lesquels il s'en trouve qui n'ont jamais existé, furent ce qu'on appelait canonisés, c'est-à-dire déclarés saints par les papes, et eurent des autels et des églises érigés en leur honneur. Des tableaux et des statues, représentant ces prétendus saints, furent exposés dans les églises, et reçurent l'hommage qui, d'après le second commande-

---

[1] Dans toutes les religions, y compris l'anglicanisme et le presbytérianisme moderne, l'intelligence bornée du peuple s'attache de préférence aux images sensibles des pratiques religieuses qu'au sens abstrait du dogme. Jésus-Christ doit être notre seul médiateur; mais les saints sont comme une personnification de ses mérites : leur intercession n'est pas complètement abolie dans le culte des protestans, les noms de leurs églises l'attestent; mais ils en ont restreint le nombre et proscrit les images. Cet ostracisme dirigé contre le ciel, cette prétendue haine de l'idolâtrie, si funeste aux arts en Angleterre, fut et sera toujours plutôt une réaction contre les catholiques qu'une réforme raisonnée dans la religion : cela est si vrai, que pour l'excuser les anglicans sont forcés d'exagérer les abus du culte des saints. — Ed.

ment, ne doit être rendu à aucune image ni à aucune idole [1].

D'autres doctrines encore, telles que le jeûne à de certains jours, et de s'abstenir de tels ou tels alimens, furent introduites successivement dans la religion catholique, quoique contraires à l'Evangile [2].

Mais l'innovation la plus importante, et en même temps la plus lucrative pour les prêtres, fut l'établissement de la doctrine que l'Eglise, ou, en d'autres termes, le prêtre, avait le pouvoir de pardonner les péchés qui lui étaient confessés, à charge par le pécheur de faire telle pénitence que le prêtre lui imposait. On était donc obligé de se confesser à un prêtre pour obtenir le pardon de ses fautes, et la pénitence prescrite était plus ou moins sévère, suivant le degré de l'offense. Mais, en général, on pouvait se dispenser de ces pénitences, pourvu que l'on payât à l'Eglise une certaine somme d'argent [3], source perpétuelle et très-féconde de revenus, qui étaient encore augmentés par la croyance au purgatoire.

Nous n'avons pas le droit, d'après l'Ecriture, de croire à l'existence d'un état intermédiaire entre le ciel, lieu de

---

(1) Si on exigeait que les *Commandemens* fussent observés à la lettre, le culte protestant subirait de nombreuses réformes : il s'agit ici d'accuser les catholiques d'idolâtrie. Nous en appelons encore aux catholiques éclairés, ou, pour rétorquer l'argument, nous chercherions nos juges parmi les *bonnes-femmes* du protestantisme. Le culte de l'*image* elle-même est une absurdité aux yeux du catholique, comme la croyance aux remèdes magiques aux yeux de l'Anglais instruit. — Ed.

(2) Le vrai jeûne est l'abstinence du péché. Quant au jeûne proprement dit, il faut faire la part de l'hygiène dans les ordonnances de l'Eglise. Dans quelle saison arrive le carême? Pourquoi Moïse défendit-il le porc aux Israélites? Aussi que d'indulgence de la part de l'Eglise catholique pour toutes ces pratiques! L'auteur prétend que le jeûne est contraire à l'Evangile! Jésus-Christ a jeûné lui-même quarante jours dans le désert, et a prescrit des règles pour que le jeûne fût utile. — Ed.

(3) Il y a eu sans doute d'énormes abus dans la distribution des indulgences; aussi était-ce l'un des principaux argumens des réformateurs. Mais la doctrine des indulgences, telle qu'elle est enseignée par l'Eglise, ne donne point la liberté de faire le mal, n'est pas un motif d'encouragement aux désordres, comme l'auteur le suppose un peu plus loin; car l'Eglise exige toujours la pénitence, quoiqu'elle en diminue la rigueur. (*Note du traducteur.*)

délices, où les bons sont admis aussitôt après leur mort, et l'enfer, lieu de châtiment éternel, où les méchans sont relégués avec le diable et ses anges. Mais les prêtres catholiques en imaginèrent un qu'ils appelèrent purgatoire. Ils supposèrent qu'une grande partie, ou plutôt que la plus grande partie des hommes, n'avaient pas une piété assez solide pour mériter de passer immédiatement à un état de bonheur sans fin avant d'avoir subi un châtiment quelconque, sans que cependant ils fussent assez dépravés pour encourir une damnation éternelle. C'est dans l'intérêt de cette classe nombreuse qu'ils inventèrent l'état intermédiaire du purgatoire, lieu de châtiment où presque tous ceux qui n'étaient pas condamnés à l'enfer même étaient renfermés pendant un laps de temps plus ou moins considérable, suivant le nombre et la grandeur de leurs péchés, avant d'être admis dans le ciel. Mais voici où était le point essentiel de la doctrine. L'Eglise avait le pouvoir d'obtenir par ses prières le pardon des ames détenues dans le purgatoire, et de leur faire ouvrir les portes de ce lieu de torture plus tôt qu'elles n'en seraient sorties sans son intercession. Ceux donc à qui leur conscience disait qu'ils méritaient de rester long-temps dans ce séjour d'expiation, laissaient de grandes sommes à l'Eglise afin qu'elle priât pour la délivrance de leurs ames. De la même manière, les enfans faisaient dire des messes pour leurs pères et mères; les veuves en faisaient autant pour leurs maris décédés, les maris pour leurs femmes. Toutes ces messes et toutes ces prières ne pouvaient s'obtenir que pour de l'argent, et tout cet argent allait aux prêtres.

Mais le pape et son clergé allèrent encore plus loin; et non-seulement ils vendirent le pardon du ciel à ceux qui avaient commis des péchés, mais ils leur accordèrent même (toujours en payant) la liberté de transgresser les lois de Dieu et de l'Eglise. C'était ce qu'on appelait indulgences, parce que ceux qui les achetaient avaient le privilège de pouvoir se livrer librement à tous les vices, à tous les désordres, sans être exposés, disait-on, à la colère divine.

Pour soutenir cet échafaudage extraordinaire de superstitions, le pape s'arrogea les pouvoirs les plus étendus, jusqu'à celui de priver les rois de leurs trônes en lançant sur eux une sentence d'excommunication qui déclarait leurs sujets dégagés de leur serment d'allégeance, et libres de se soulever contre leur souverain et de le mettre à mort. Dans d'autres temps le pape prit sur lui de donner les Etats du prince excommunié à quelques voisins ambitieux. La règle de l'Eglise romaine était aussi sévère pour les simples particuliers que pour les monarques. Si un laïque lisait la Bible, il passait pour commettre un grand crime; car les prêtres savaient bien que la lecture des saintes Ecritures ferait ouvrir les yeux sur l'extravagance de leurs prétentions [1]. Quiconque avait l'audace de ne pas croire les doctrines enseignées par l'Eglise romaine, ou d'en professer qui ne fussent pas les siennes, était regardé comme hérétique, mis en jugement, et exposé à l'horrible supplice d'être brûlé vivant, supplice qui était infligé sans miséricorde pour l'expression la plus légère qui approchait de ce que les papistes appellent hérésie.

Ce pouvoir extraordinaire et tyrannique sur les consciences fut usurpé pendant ce qu'on appelle les ténèbres du moyen âge, parce qu'alors les hommes n'étaient pas éclairés par les lumières de l'instruction et du savoir. Mais la découverte de l'imprimerie commença, dans le quinzième siècle, à développer les idées. La Bible, jusqu'alors restée exclusivement dans les mains du clergé, se répandit davantage; et fut lue généralement; et des hommes sages et éclairés en Suisse et en Allemagne se firent une étude de dévoiler les erreurs et les altérations introduites par le saint siège. Ils démontrèrent que le culte des saints était une idolâtrie; les pardons et les indulgences, un

---

(1) Qu'un protestant, n'importe de quelle secte, lise cinq ou six chapitres de suite de la *Bible*, et qu'il dise franchement s'il en permettrait la lecture à sa fille. — Ed.

encouragement au vice, une porte ouverte à tous les désordres; la doctrine du purgatoire, un moyen adroit d'extorquer de l'argent; et les prétentions du pape à l'infaillibilité, une usurpation coupable des attributs qui n'appartiennent qu'à Dieu seul. Ces nouvelles opinions furent appelées les doctrines de la réformation, et le nombre de ceux qui les embrassèrent augmenta de jour en jour. Les prêtres catholiques romains cherchèrent à défendre les dogmes de leur Eglise par des argumens; mais comme c'était une entreprise difficile, ils cherchèrent, dans la plupart des pays de l'Europe, à les soutenir par la force. Mais les réformateurs trouvèrent des protecteurs dans différentes parties de l'Allemagne. Leur nombre semblait s'accroître au lieu de diminuer, et tout annonçait une grande révolution dans le monde chrétien.

Henry VIII, roi d'Angleterre, avait quelque instruction, et il ne put résister au désir de la montrer dans cette controverse. Etant, dans le commencement de son règne, attaché sincèrement à l'Eglise romaine, il écrivit un traité pour défendre ses doctrines contre Martin Luther, l'un des principaux réformateurs. Le pape fut si satisfait de cet excès de zèle, qu'il donna au roi le titre de Défenseur de la Foi, titre que les successeurs de Henry continuent à prendre, quoique dans un sens bien différent de celui dans lequel il leur avait été donné.

A présent il est bon de vous dire que Henry était marié à une très-bonne princesse, nommée Catherine, qui était fille du roi d'Espagne et sœur de l'empereur d'Allemagne. Elle avait été fiancée, dans sa jeunesse, à Arthur, frère aîné de Henry; mais ce prince étant mort, et Henry étant devenu l'héritier du trône, c'était lui qui avait épousé Catherine. Leur mariage datait déjà d'assez loin, et Catherine avait eu une fille, Marie, qui semblait devoir être l'héritière de la couronne d'Angleterre. Mais Henry finit par devenir amoureux d'une fille d'honneur de la reine, qui se nommait Anne de Boulen, et il n'eut plus d'autre désir que d'être délivré de Catherine, et d'épouser cette jeune beauté. A cet effet, il s'adressa au pape pour obtenir son divorce, sous prétexte que la reine, avant de l'épouser, avait été fiancée à son frère aîné. C'était, à ce qu'il lui semblait, comme s'il eût épousé la femme de son frère, et il priait le pape de dissoudre son mariage, qui, disait-il, donnait beaucoup d'inquiétude à sa conscience. La vérité était que sa conscience ne l'aurait nullement tourmenté, s'il n'avait voulu épouser une autre femme plus jeune et plus belle que la sienne.

Le pape aurait bien voulu, sans doute, accéder aux désirs de Henry, et ses prédécesseurs avaient souvent accordé de plus grandes faveurs à des personnages moins illustres; mais Catherine était la sœur de Charles-Quint, qui était à la fois empereur d'Allemagne et roi d'Espagne, et l'un des princes les plus sages et en même temps les plus puissans de la chrétienté. Le pape, qui avait besoin de Charles pour s'opposer aux progrès de la réformation, n'osa permettre un divorce qui eût été pour ce prince un affront sanglant. Sa Sainteté évita donc de donner une réponse précise au roi d'Angleterre, la remettant de jour en jour, de semaine en semaine et d'année en année. Mais il en résulta un danger que le pape n'avait pas prévu.

Henry VIII, prince bouillant et irascible s'il en fut jamais, voyant que le pape se jouait de lui, résolut de secouer entièrement son autorité. Il commença par déclarer que le pape n'était rien en Angleterre; que c'était lui qui était le seul chef de l'église anglicane, et que ni lui ni ses sujets n'avaient rien à démêler avec l'évêque de Rome. Beaucoup des évêques et des prêtres de l'église anglicane adoptèrent des principes de cette réforme, et tous désavouèrent l'autorité suprême jusqu'alors attribuée au pape.

Mais le plus grand coup porté à l'autorité papale fut la dissolution des monastères ou maisons religieuses, comme on les appelait. Le roi s'empara des couvens, confisqua tous les biens dont ils étaient dotés ; et, distribuant leurs richesses aux grands seigneurs de sa cour, il ferma pour toujours ces grands établissemens, et posa une barrière insurmontable au rétablissement de la religion catholique, en intéressant tant de personnes à ce qu'elle ne pût jamais se relever.

Les motifs de la conduite de Henry VIII n'étaient nullement honorables ; mais ils produisirent les conséquences les plus importantes et les plus salutaires, puisque, à dater de cette époque, excepté pendant le règne très-court de sa fille aînée, l'Angleterre fut à jamais délivrée de toute dépendance du pape, et des doctrines superstitieuses de la religion catholique romaine.

Maintenant, pour en revenir à l'histoire d'Ecosse, il faut que vous sachiez qu'un des principaux désirs de Henry était de persuader à son neveu, le jeune roi d'Ecosse, de faire à la religion dans son pays le même changement qui avait été introduit en Angleterre. Henry, si nous en croyons les historiens écossais, lui fit les offres les plus brillantes pour l'engager à suivre son exemple. Il lui proposa la main de sa fille Marie, avec le titre de duc d'York, et témoigna le plus vif désir d'avoir une entrevue personnelle avec son neveu dans le nord de l'Angleterre, pour l'établissement d'une paix durable entre les deux pays.

Il y a des motifs de croire que Jacques eut pendant un certain temps un penchant pour les doctrines de la réformation. Du moins il encouragea un poète écossais, sir David Lindsay du Mont, et le célèbre docteur George Buchanan, à composer quelques satires vigoureuses contre la corruption de l'Eglise catholique romaine. Mais le roi était loin d'être réellement disposé à se séparer de l'Eglise de Rome. Il craignait la puissance de l'Angleterre et le caractère hautain, emporté et farouche de Henry, qui rebutait son neveu par la violence imprudente avec laquelle il le pressait de marcher sur ses traces. Ce qui détermina Jacques à rester fidèle à la foi catholique, ce fut la considération que toute l'instruction, toutes les connaissances se trouvaient concentrées dans les membres du clergé ; ce qui les rendait beaucoup plus propres à remplir les hautes fonctions de l'Etat et à l'aider dans l'administration des affaires publiques, que les nobles, qui joignaient à une ignorance profonde une fierté, une arrogance et une ambition excessives.

L'archevêque Beaton, dont nous avons eu déjà occasion de parler, et son neveu David Beaton, qui par la suite devint cardinal ; jouissaient de toute la faveur du roi, et ils ne durent pas manquer d'employer l'influence qu'ils avaient sur son esprit, pour empêcher qu'il ne suivît l'exemple de son oncle Henry en ce qui concernait les affaires religieuses.

Ce fut sans doute la même influence qui le détermina à chercher une épouse en France plutôt qu'en Angleterre ; car il était naturel que le clergé catholique, que Jacques consultait, écartât, par tous les moyens qui étaient en son pouvoir, toute alliance intime avec Henry, l'ennemi mortel du saint siège. Jacques fit donc un voyage en France, et il obtint la main de Madeleine, fille de François Ier, avec une dot considérable. Cette princesse fut reçue avec de grandes démonstrations de joie lors de son débarquement à Leith, et les fêtes qu'on lui donna furent aussi brillantes que le permettait l'état de pauvreté où se trouvait le pays. Mais la jeune reine était d'une mauvaise santé, et elle mourut quarante jours après son mariage.

Après la mort de cette princesse, le roi, penchant toujours pour la France, épousa Marie de Guise, fille du duc de Guise, s'alliant ainsi à une famille fière, ambitieuse, et attachée avec le zèle le plus fanatique à la cause du catholicisme. Cette alliance contribua, sans aucun doute, à augmenter l'éloignement de Jacques pour tout changement dans la religion de l'Etat.

Mais quels que fussent les sentimens personnels du souverain, ceux des sujets tendaient graduellement de plus en plus à la réforme. L'Ecosse avait alors quelques savans éclairés qui avaient étudié sur le continent, où ils avaient appris et embrassé les doctrines du grand réformateur Calvin. A leur retour dans leur patrie, ils rapportèrent avec eux des exemplaires de l'Ecriture sainte, et ils furent en état d'expliquer à fond la controverse qui s'était élevée entre les protestans, comme on les appelle aujourd'hui, et les catholiques romains. Beaucoup d'Ecossais de toutes les classes se convertirent aux nouvelles doctrines.

Les ministres et les conseillers papistes du roi crurent devoir employer la violence pour arrêter ces exemples contagieux. Plusieurs personnes furent incarcérées, jugées devant la cour spirituelle de l'évêque de Saint-André, et condamnées aux flammes. La modestie et la retenue que ces hommes montrèrent pendant leur jugement, la patience avec laquelle ils endurèrent les souffrances d'une mort terrible, tandis qu'ils protestaient en même temps de leur croyance aux doctrines pour lesquelles ils avaient été condamnés, firent la plus forte impression sur les spectateurs, et augmentèrent la confiance de ceux qui avaient adopté les principes des réformateurs. Des lois plus rigoureuses et plus cruelles encore furent portées contre eux. Contester seulement le pouvoir du pape était un crime puni de mort; mais la réformation semblait faire des progrès d'autant plus rapides qu'on faisait plus d'efforts pour les arrêter.

Les faveurs que le roi prodiguait au clergé catholique attirèrent sur ses membres la jalousie de la noblesse d'Ecosse, et la firent pencher encore davantage pour les nouvelles doctrines. Les richesses des couvens et des abbayes tentèrent aussi beaucoup de seigneurs, qui espéraient en avoir leur part, au cas où ils seraient supprimés comme en Angleterre. Et quoiqu'il y eût des hommes vertueux parmi les moines, comme il y en avait de dépravés, cependant la vie indolente et licencieuse de plusieurs d'entre eux avait attiré sur l'ordre en général la haine et le mépris du peuple.

Le mécontentement public fut encore augmenté par un incident qui arriva en 1537. Une dame du plus haut rang, Jeanne Douglas, sœur du comte d'Angus qui était exilé, veuve de John Lyon, lord de Glamis, et femme d'Archibald Campbell de Kepneith, fut accusée d'avoir attenté à la vie de Jacques en employant les ressources imaginaires de la magie et le moyen plus redoutable du poison. Elle voulait, disait-on, assurer ainsi le rappel des Douglas en Écosse, et leur réintégration dans tous leurs biens et toutes leurs dignités. Jeanne fut brûlée vive devant le château d'Édimbourg, et les spectateurs, touchés de sa jeunesse et de sa beauté, et surpris du courage avec lequel elle subit son sort, ne manquèrent pas d'attribuer son trépas moins à un crime véritable qu'à la haine enracinée du roi contre la maison de Douglas.

Une autre exécution, quoique tombant sur un être généralement méprisé, contribua à confirmer l'opinion générale que Jacques avait un penchant naturel à la rigueur, pour ne pas dire à la cruauté. Nous avons parlé de sir James Hamilton de Draphane, surnommé le Bâtard d'Arran, comme d'un homme qui avait acquis une triste célébrité par son caractère féroce et les assassinats qu'il commettait de sang-froid. Le roi l'avait nommé sheriff d'Ayr, et lui avait accordé d'autres faveurs. Néanmoins, sur la seule déposition d'un de ses cousins, portant le même nom que lui, il fut accusé de haute trahison, condamné et exécuté. Dans cette occasion, l'opinion publique accusa de nouveau Jacques d'avoir prononcé la sentence sans que le crime fût suffisamment démontré.

Pendant ce temps, Henry continuait à presser le roi d'Écosse, par lettres et par l'entremise de son ambassadeur, de prendre avec lui des mesures communes contre le clergé catholique. Il rougissait pour son neveu, disait-il, de le voir occupé d'améliorer ses revenus en entretenant des troupeaux de moutons, soin tout-à-fait indigne d'un roi; s'il avait besoin d'argent, lui, son bon oncle, était tout prêt à lui fournir toutes les sommes qu'il voudrait; ou bien les richesses des couvens et des monastères catholiques étaient un fonds dont il pouvait s'emparer dès qu'il le jugerait convenable. Enfin l'ambassadeur anglais, sir Ralph Saddler, lui peignit, comme ses instructions le lui ordonnaient, sous les plus fortes couleurs les doctrines perverses et licencieuses du clergé, contre lequel il pressa le roi de prendre des mesures violentes.

Il y avait dans ce message de quoi blesser vivement le roi; il mit cependant beaucoup de modération dans sa réponse. Il aimait mieux, dit-il, vivre de son revenu, tout modique qu'il pût être, que de se mettre sous la dépendance d'un autre roi, fût-ce même de son oncle. Il n'avait aucun motif, aucun prétexte même pour s'emparer des possessions du clergé, qui était toujours prêt à lui avancer de l'argent quand il en avait besoin. Si quelques prêtres déshonoraient leur profession, il ne manquerait pas, ajouta-t-il, de sévir contre eux; mais il n'entrait pas dans ses idées de justice de punir le corps entier des fautes de quelques-uns de ses membres. Tout ce que l'ambassadeur put obtenir de Jacques, ce fut la promesse de se rendre à York pour avoir une entrevue avec Henry, si les affaires de son royaume le lui permettaient.

Le roi se trouvait alors dans une alternative embarrassante : il fallait qu'il se rendît aux désirs de son oncle, qu'il rompît son alliance avec la France, et qu'il introduisît la religion réformée dans ses Etats; ou bien qu'en restant fidèle à la France et à la foi catholique, il courût tous les hasards d'une guerre contre l'Angleterre. Dans ce moment de crise, les prêtres employèrent tout leur ascendant sur l'esprit de Jacques; l'or de la France ne fut pas épargné pour déterminer sa résolution; et l'on peut supposer que la jeune reine, issue de la famille catholique des Guises, exerça son influence dans le même sens. Jacques finit donc par ne point se rendre à l'invitation de son oncle; et, lorsque le fier Henry était depuis six jours à York à l'attendre, il lui envoya quelque excuse frivole. Henry, comme on peut bien le croire, fut mortellement offensé, et se prépara à la guerre.

Elle commença sur-le-champ, et fut aussi terrible que ruineuse. Henry envoya des troupes nombreuses pour ravager les frontières de l'Ecosse. Jacques, à sa satisfaction inexprimable, obtint un grand avantage dans la première affaire de quelque importance, et il médita des actes d'hostilité plus décisifs. Il assembla toutes les forces de son royaume, et s'avança jusqu'à Fala, lorsque, le 1er novembre 1542, il apprit que le général anglais qui avait envahi les frontières s'était retiré sur le territoire anglais. A cette nouvelle, les seigneurs écossais, qui, avec leurs vassaux, étaient venus se ranger sous l'étendard royal, déclarèrent à leur souverain que, quoiqu'ils eussent pris les armes pour préserver leur pays de l'invasion étrangère, ils n'en regardaient pas moins la guerre avec l'Angleterre comme une mesure impolitique et entreprise uniquement pour satisfaire le clergé; et que, puisque les Anglais s'étaient retirés, ils étaient décidés à ne pas faire un pas de plus en avant sur le territoire ennemi. Il n'y eut qu'un chef de clan des frontières qui offrit au roi de le suivre avec sa troupe partout où il voudrait les conduire; c'était John Scott de Thirlstane, dont Jacques récompensa le dévouement en ajoutant à ses armes un faisceau de lances, avec cette devise : *Toujours prêt*.

Jacques, se voyant ainsi abandonné par sa noblesse, revint à Edimbourg, déshonoré aux yeux de ses sujets et plongé dans le plus profond découragement.

Pour se venger des incursions des Anglais et faire oublier la défection de Fala, le roi voulut qu'une armée de dix mille hommes entrât en Angleterre par les marches de l'ouest, et il eut l'imprudence d'envoyer avec ces troupes

Olivier Sinclair, son favori particulier, qui partageait avec les prêtres l'impopularité de la guerre d'Angleterre, et qui déplaisait aux nobles comme étant du nombre de ceux qui exploitaient la faveur royale à leur préjudice.

L'armée était à peine sur le territoire anglais, près d'un endroit appelé Solway-Moos, que cet Olivier Sinclair fut élevé sur les boucliers des soldats pour leur lire une proclamation qui, à ce qu'on dit, nommait lord Maxwell commandant de l'expédition. Mais personne ne doutait qu'Olivier Sinclair n'eût été lui-même nommé commandant en chef; et, comme il était l'objet de la haine et du mépris général, le désordre et la confusion se mirent aussitôt dans l'armée. Quatre à cinq cents Anglais, commandés par Thomas Dacre et John Musgrave, remarquèrent ce mouvement, et aussitôt ils chargèrent les nombreux escadrons de l'armée ennemie. Les Écossais s'enfuirent sans même essayer de se défendre. Une foule de seigneurs et de gentilshommes aimèrent mieux se laisser faire prisonniers que d'affronter le ressentiment de leur souverain.

Depuis quelque temps le malheur semblait s'attacher à poursuivre Jacques. La mort de ses deux fils, l'affaire de Fala, avaient laissé une impression profonde dans son esprit, et ses songes même les lui retraçaient dans les tableaux les plus horribles. Il croyait voir le farouche sir James Hamilton, qu'il avait fait exécuter sur de faibles indices. L'ombre sanglante s'approchait de son lit une épée à la main, et lui disait : — Tyran cruel, tu m'as immolé injustement, moi qui ai pu me montrer barbare envers d'autres hommes, mais qui te fus toujours fidèle; c'est maintenant ton tour de recevoir le châtiment que tu mérites. Il lui semblait qu'en disant ces mots sir James Hamilton lui coupait d'abord un bras, puis après l'autre, et qu'ensuite il le laissait, en le menaçant de revenir bientôt lui couper la tête. Il n'était pas étonnant que de pareils rêves prissent naissance dans l'imagination du roi, troublé comme il l'était par de grandes infortunes, et se reprochant peut-être intérieurement la mort de sir James Hamilton. La perte de ses deux bras lui semblait faire naturellement allusion à celle de ses deux fils, et il resta convaincu que les menaces de l'apparition présageaient sa propre mort.

La nouvelle de la bataille, ou plutôt de la déroute de Solway, mit le comble à son désespoir. Il se renferma dans son palais de Falkland, et repoussa toute consolation. Une fièvre brûlante, causée par la honte et par la douleur, saisit l'infortuné monarque. On vint lui annoncer que la reine était accouchée d'une fille; mais il se contenta de répondre : — « Par fille elle est venue (voulant parler de la couronne), et par fille elle s'en ira. » Ce furent à peu près ses derniers mots; et se retournant du côté du mur, il mourut de la plus triste de toutes les maladies, d'accablement et de douleur. Il était encore à la fleur de son âge, ayant tout au plus trente-un ans. S'il ne s'était pas laissé entraîner par les conseils des prêtres catholiques dans une guerre avec l'Angleterre, Jacques V aurait pu jouir sur le trône du bonheur auquel son mérite et ses talens lui donnaient des droits.

CHAPITRE XXVI.

Négociations pour un mariage entre la jeune reine Marie et le prince Edouard d'Angleterre. — Elles ne réussissent pas. — Invasion en Écosse. — Administration et mort du cardinal Beaton. — Bataille de Pinkie. — Marie Stuart est envoyée en France et la reine douairière devient régente. — Progrès de la réformation. — Marie se décide à retourner en Ecosse.

Les infortunes de Marie Stuart, qui succéda à son père, commencèrent dès sa naissance, et continuèrent sans interruption pendant toute sa vie. De tous les malheureux princes de la maison de Stuart, ce fut elle qui fut le plus constamment malheureuse. Elle naquit le 7 décembre

1542, et devint peu de jours après, par la mort de son père, reine au berceau d'un Etat déchiré par la discorde.

Comme cela arrive souvent pendant les minorités, deux partis étaient aux prises pour obtenir le pouvoir suprême. Marie de Guise, la reine-mère, et le cardinal David Beaton étaient à la tête de celui qui favorisait l'alliance avec la France. Hamilton, comte d'Arran, le plus proche parent mâle de la jeune reine, était à la tête de l'autre, et il jouissait d'une plus grande popularité, parce que les nobles craignaient le caractère ambitieux et entreprenant du cardinal, et que le peuple le détestait à cause des persécutions qu'il faisait subir aux réformés. Le comte d'Arran n'était pourtant qu'un homme timide et irrésolu, qui n'avait guère pour lui que sa haute naissance. Mais il n'en fut pas moins élevé à la régence.

Henry VIII montra, dit-on, beaucoup de regret de la mort de son neveu, disant qu'il n'y aurait jamais en Ecosse un roi qui lui tînt d'aussi près ni qui lui fût aussi cher, et attribuant non au feu roi, mais à ses mauvais conseillers, les malheureux différends qui s'étaient élevés entre eux. En même temps Henry conçut le projet de réunir les couronnes d'Angleterre et d'Ecosse par un mariage entre la jeune reine Marie et son fils unique Edouard VI, qui n'était encore qu'un enfant. Il admit à son conseil le duc de Glencairn et d'autres seigneurs écossais, faits prisonniers dans la déroute de Solway, et leur offrit la liberté à condition qu'à leur retour en Ecosse ils appuieraient de tout leur pouvoir l'alliance qu'il proposait. Ils acceptèrent, et partirent après s'être engagés solennellement à revenir dans le cas où le traité ne s'accomplirait pas.

Archibald, comte d'Angus, et son frère sir George Douglas, profitèrent de cette occasion pour retourner en Ecosse après quinze ans d'exil. Ils devaient beaucoup de reconnaissance au roi pour la protection qu'il leur avait accordée pendant un si long espace de temps; Henry avait été jusqu'à les nommer membres de son conseil privé, et l'appui qu'il leur donnait avait souverainement offensé le feu roi. Lors donc que l'influence des Douglas, que ses bienfaits lui avaient attachés, se joignit à celle de Glencairn et des autres seigneurs qu'il avait fait prisonniers à Solway, et qu'elle fut encore secondée par tout ce qu'il y avait de protestans en Ecosse, qui favorisaient naturellement une alliance avec l'Angleterre, tout parut seconder les projets de Henry, et il semblait qu'il ne pouvait manquer de réussir; mais l'impatience naturelle du monarque anglais fit avorter son plan. Il demanda la garde et la tutelle de la jeune reine jusqu'à ce qu'elle fût en âge de consommer le mariage qu'elle allait contracter avec son fils, et insista pour que quelques-unes des places les plus fortes du royaume lui fussent remises. Ces propositions excitèrent la défiance des Ecossais, et enflammèrent cet amour d'indépendance et de liberté dont ils ne cessèrent jamais de donner des preuves. La nation entière commença à entrevoir que Henry VIII, sous ce prétexte, avait dessein de s'approprier le royaume comme l'avait fait Edouard Ier dans des circonstances semblables; et le zèle des seigneurs qui lui avaient promis de le seconder se trouva paralysé, à cause de l'extravagance de ses propositions. Ils dirent à sir Ralph Sadler, l'ambassadeur d'Angleterre, que la nation ne souffrirait pas qu'on remît à Henry la garde de la jeune reine, que leurs propres vassaux refuseraient de leur obéir et de prendre les armes pour une telle cause, et que les femmes mêmes s'armeraient de leurs quenouilles et ramasseraient des pierres dans les rues pour les attaquer et pour les combattre.

Henry consentit avec beaucoup de peine à ce qu'on ne lui remît la tutelle de la jeune reine que lorsqu'elle serait âgée de dix ans. Mais cette demande même, ainsi modifiée, éprouva la plus vive opposition, et sir George Douglas, le plus zélé partisan de Henry, n'osa conseiller de s'y soumettre que comme un moyen de gagner du temps. Il raconta aux seigneurs écossais qu'un certain roi s'était pris d'une si belle passion pour un âne, qu'il voulut que son premier médecin lui apprît à parler, sous peine de mort. Le médecin consentit à entreprendre ce miracle, mais en faisant entendre au roi qu'il faudrait bien dix ans avant que ses leçons pussent produire l'effet désiré. Ce délai lui fut accordé sans peine, et il entra aussitôt en fonctions. Un de ses amis l'ayant une fois trouvé fort occupé autour de son élève, lui exprima sa surprise qu'un homme aussi sage que lui entreprît une chose qui était physiquement impossible; mais le médecin lui répondit : — Ne voyez-vous pas que j'ai gagné dix ans? Si j'avais refusé le roi, j'aurais été sur-le-champ mis à mort; mais de cette manière j'ai du temps devant moi, et pendant ce temps le roi peut mourir, l'âne peut mourir, je puis mourir moi-même [1]. Dans l'un ou l'autre de ces trois cas, je suis délivré de toute inquiétude. — De même, ajouta sir George Douglas, si nous acceptons le traité, nous éviterons une guerre sanglante et meurtrière, et nous aurons devant nous un long espace de temps, durant lequel le roi d'Angleterre, son fils le prince Edouard ou la jeune reine Marie peuvent mourir l'un ou l'autre, et rendre ainsi le traité nul. — Convaincu par de telles raisons, le parlement, composé presque entièrement des lords du parti anglais, consentit au mariage proposé, et le régent y donna aussi son approbation.

Mais pendant qu'une partie des seigneurs écossais acceptait le traité aux conditions mêmes proposées par Henry, la reine-mère et le cardinal Beaton étaient à la tête d'un autre parti encore plus nombreux, qui voulait rester fidèle à l'ancienne religion et à l'alliance avec la France, et qui était par conséquent entièrement opposé à une union avec l'Angleterre. La faiblesse du régent contribua à la rupture du traité auquel il avait consenti lui-même : il n'y avait pas quinze jours qu'il l'avait ratifié, que déjà il s'était récon-

---

[1] Le roi, l'âne ou moi, nous mourrons, etc.

C'est la fable que La Fontaine a mise en vers d'une manière si piquante. — ED.

cilié avec le cardinal et avec la reine-mère, et qu'il s'était joint à eux pour mettre obstacle au mariage. Le roi d'Angleterre, avec plus d'adresse et de patience, serait parvenu peut-être à l'emporter de nouveau, et à faire réussir une mesure qui paraissait également importante pour les deux royaumes; mais furieux de la duplicité du régent, Henry lui déclara sur-le-champ la guerre. Une flotte considérable entra dans le détroit du Forth; les troupes anglaises y débarquèrent, et, n'éprouvant aucune résistance, elles brûlèrent la capitale de l'Ecosse et son port de mer, et ravagèrent tout le pays d'alentour. Sir Ralph Evers et sir Brian Letoun firent en même temps sur les frontières les incursions les plus terribles. Le détail des ravages qu'ils commirent frappe d'horreur : dans une seule de ces expéditions, cent quatre-vingt-douze citadelles ou places fortes furent brûlées, quatre cents Ecossais furent tués, et huit cents faits prisonniers; dix mille bœufs, douze mille brebis et mille chevaux firent partie du butin : un autre tableau présente la destruction de sept monastères, seize châteaux ou forteresses, cinq grandes villes, deux cent quarante-trois villages, treize moulins et trois hôpitaux, tous abattus ou brûlés.

Les exploits des généraux anglais pouvaient satisfaire le ressentiment de Henry, mais ils nuisirent beaucoup à ses projets sur l'Ecosse; car tous les habitans se réunirent pour repousser l'ennemi, et ceux même qui goûtaient le plus l'alliance avec l'Angleterre furent, pour me servir de l'expression du temps, choqués d'une manière si rude et si grossière de faire la cour. Les Douglas eux-mêmes, que tant de liens divers attachaient à Henry, furent obligés, en voyant l'Ecosse envahie et ravagée par les Anglais, de prendre aussi les armes contre eux, et ils ne tardèrent pas à le faire.

Il paraît que Henry avait donné à ses deux vaillans capitaines, Evers et Letoun, tout le pays qu'ils pourraient conquérir sur la frontière, et en particulier les beaux domaines de Merse et de Teviotdale. — J'écrirai l'acte d'envoi en possession sur leurs propres corps en encre de sang et avec une plume bien affilée, dit le comte d'Angus, pour me venger de ce qu'ils ont détruit les tombeaux de mes ancêtres dans l'abbaye de Melrose. En conséquence il pressa le régent ou gouverneur, comme on appelait Arran, de se diriger vers les frontières pour les protéger. Après une longue hésitation, le régent s'y décida, et il s'avança du côté de Melrose, suivi de cinq cents hommes tout au plus. Les chefs anglais étaient campés à Jedburgh avec cinq mille hommes, dont trois mille étaient des troupes réglées à la solde du roi d'Angleterre; le reste était composé des habitans des frontières, auxquels s'étaient réunis plusieurs clans écossais qui avaient arboré la croix rouge, et qui s'étaient soumis à la domination de l'Angleterre. Dès qu'ils apprirent l'approche du gouverneur, ils se mirent aussitôt en marche pour le surprendre et écraser sa petite troupe; ils échouèrent dans leur projet, car déjà les Ecossais s'étaient retirés au-delà de la Tweed, sur les montagnes situées près de Galashiels.

Les Anglais se disposèrent alors à retourner à Jedburgh, et le gouverneur, agissant d'après les conseils du comte d'Angus, les suivit et observa tous leurs mouvemens. Pendant ce temps les Ecossais commençaient à recevoir de nombreux renforts. Un jeune et intrépide guerrier, William Leslie, seigneur de Rothes, arriva le premier du comté de Fife, suivi de trois cents cavaliers bien armés. Lord Buccleuch vint ensuite avec quelques hommes de son clan qui accoururent au grand galop, et il promit que les autres ne tarderaient pas à les rejoindre. Ce Chef des frontières avait de grands talens militaires, et connaissait parfaitement le pays. Il conseilla au gouverneur et au comte d'Angus de ranger leur armée au pied d'une petite éminence, et de placer leurs cavaliers à l'arrière-garde. Les Anglais, voyant la cavalerie écossaise gravir la montagne, conclurent qu'elle prenait la fuite, et retournèrent en désordre pour les attaquer, se hâtant comme si la victoire leur était assurée. Ils arrivèrent ainsi devant l'armée écossaise, dont les rangs étaient serrés et en bon ordre, tandis que le mouvement précipité qu'ils venaient de faire avait jeté la confusion dans les leurs. Au moment où les Ecossais commencèrent à charger, le comte d'Angus voyant un héron sortir d'un marais, s'écria : — Oh! que mon faucon blanc n'est-il ici pour que nous puissions nous battre tous à la fois! — Les Anglais, surpris et hors d'haleine, ayant en outre le vent dans la figure et le soleil dans les yeux, furent complètement battus, et obligés de prendre la fuite. Les Ecossais des frontières, qui s'étaient joints à eux, voyant leurs compatriotes victorieux, jetèrent leurs croix rouges, marque distinctive qu'ils avaient prise comme sujets du roi d'Angleterre, et tombèrent sur les Anglais, qu'ils étaient venus pour secourir. Ces transfuges firent un affreux carnage, et les Ecossais en général, provoqués sans doute par les derniers ravages des Anglais, montrèrent tant de cruauté à l'égard des vaincus, qu'ils semblaient mériter le coup terrible qui bientôt après frappa leur nation. La tradition dit qu'une jeune et jolie fille appelée Lilliard avait suivi son amant depuis le petit village de Maxton, et que quand elle le vit tomber dans la mêlée, elle s'élança au plus fort du combat, et fit mordre la poussière à plusieurs Anglais. Depuis cette époque le champ de bataille prit le nom de *la Pointe de Lilliard* (Lilliard's Edge), qu'il conserve encore aujourd'hui.

Cette bataille se livra le 14 décembre 1544. Mille Anglais y périrent ainsi que leurs deux commandans. Evers fut enterré dans l'abbaye de Melrose, qu'il avait si souvent saccagée, et à laquelle il avait fini par mettre le feu. On fit un grand nombre de prisonniers, parmi lesquels se trouvait un alderman de la Cité de Londres, Thomas Read, qu'on doit être étonné de trouver dans une semblable bagarre. Ce digne citoyen avait, à ce qu'il paraît, refusé de payer sa part d'un don gratuit (*benevolence*), comme on le nommait, c'est-à-dire d'une somme d'argent que le roi réclamait de tous les habitans de Londres. Il paraît que, quoique le roi n'eût pas le pouvoir de le faire mettre en prison jusqu'à ce qu'il eût payé, il avait du moins celui de le faire partir comme soldat; et il existe une lettre adressée à lord Evers, dans laquelle il lui est enjoint de soumettre Read à tout ce que le service a de plus dur et de plus pénible, afin qu'il sût ce que les soldats avaient à souffrir et qu'il fût plus disposé une autre fois à payer au roi l'argent destiné à les solder. Il est à présumer que l'alderman paya une bonne rançon à l'Ecossais qui eut le bonheur de le faire prisonnier.

Henry VIII fut très-irrité de cette défaite de Lilliard's Edge ou d'Ancram-Moor, comme on l'appelle souvent, et il exhala son mécontentement en menaces contre le comte d'Angus, quoique ce seigneur lui fût allié de très-près, puisqu'il avait épousé sa propre sœur. Le comte ne fit que rire de ces menaces. — Mon royal beau-frère, dit-il, serait-il fâché de ce que j'ai agi en bon Ecossais ; de ce que j'ai vengé, par la mort de Ralph Evers, mes ancêtres, dont il avait osé profaner les tombeaux à Melrose? C'étaient des hommes qui valaient mieux que lui, et je ne pouvais faire moins, en conscience. Est-ce que le roi Henry voudrait m'ôter la vie pour cela? Il connaît peu les défilés de Cairntable (montagne près du château de Douglas); je puis y braver toutes les forces de l'Angleterre.

La vérité est qu'à aucune époque de leur histoire les Ecossais n'ont montré plus d'attachement pour la France, et plus d'éloignement pour l'Angleterre qu'ils en avaient alors ; le mariage projeté entre la jeune reine et le prince de Galles n'était vu généralement qu'avec horreur, ce qui provenait en grande partie de l'esprit de vengeance et de rage que Henry déployait en faisant la guerre. De tous les seigneurs d'Ecosse qui avaient été, dans l'origine, du parti anglais, Lennox fut le seul qui resta fidèle à Henry ;

il fut obligé de s'enfuir en Angleterre, où le roi lui fit épouser lady Marguerite Douglas, fille de sa sœur Marguerite et du comte d'Angus, et par conséquent sa propre nièce. Ils eurent pour fils le malheureux lord Henry Darnley, dont nous aurons beaucoup à parler dans la suite.

Le roi de France envoya alors aux Ecossais un corps nombreux de troupes auxiliaires, indépendamment de sommes d'argent considérables, ce qui les mit à même de se venger des incursions des Anglais par de terribles représailles, de sorte que les frontières des deux pays furent exposées aux mêmes ravages. Enfin la paix termina, en 1546, une guerre pendant laquelle les deux pays avaient beaucoup souffert sans avoir obtenu ni l'un ni l'autre un avantage décisif.

Les affaires étaient alors presque exclusivement dirigées en Ecosse par le cardinal Beaton, grand homme d'Etat, comme nous l'avons déjà dit, mais catholique exagéré, et d'un caractère dur et cruel; il avait pris un ascendant complet sur l'esprit du régent, et il avait su décider cet homme faible et changeant à abandonner le protestantisme, à se réconcilier avec l'Eglise romaine, et à poursuivre les hérétiques, comme on appelait alors les protestans. Beaucoup d'actes de cruauté furent commis; mais aucun n'excita l'indignation générale à un plus haut degré que la mort barbare de George Wishart.

Ce martyr de la réformation était un homme d'une naissance honorable, d'une grande éloquence et d'une haute piété. Il prêchait les doctrines de l'Eglise réformée avec autant de zèle que de succès, et fut pendant quelque temps protégé contre la vengeance des catholiques par les barons qui s'étaient convertis à la foi protestante. A la fin cependant il fut livré par lord Bothwell entre les mains du cardinal, qui le fit conduire au château de Saint-André, forteresse et palais tout ensemble qui lui appartenait en sa qualité d'archevêque, et là il fut jeté dans un sombre cachot. Wishart fut ensuite traduit comme hérétique devant la cour spirituelle, dont le cardinal était président. Il fut accusé d'avoir fait prêcher des doctrines hérétiques par deux prêtres, nommés Lauder et Oliphan, dont les propos furibonds et les violentes invectives contrastaient avec le calme et la patience que montrait le prisonnier. Il en appela de l'autorité de l'Eglise romaine à celle de la Bible ; mais ses juges étaient peu disposés à écouter ses argumens, et il fut condamné à être brûlé vif. Le lieu de l'exécution était en face du superbe château du cardinal, et Beaton lui-même s'assit sur les murailles ornées de tapisseries, pour contempler le supplice de son prisonnier hérétique. Wishart fut alors amené, et attaché à un poteau par des chaînes de fer. On lui avait mis une espèce de robe de bougran, et plusieurs sacs de poudre étaient attachés autour de lui pour hâter l'action du feu. Une grande quantité de fagots étaient rangés autour du bûcher. Tandis que debout il attendait avec calme le moment fatal, ses yeux se dirigèrent vers les murs du château où le cardinal, son ennemi, s'était placé pour jouir de cette scène horrible.

— Capitaine, dit-il à celui qui commandait la garde, puisse Dieu pardonner à l'homme qui est là-bas, si fièrement assis sur les murs de son palais ! Dans peu de jours on l'y verra suspendu avec autant de honte et d'opprobre qu'il montre aujourd'hui de pompe et de vanité. — On mit alors le feu au bûcher : la poudre fit une explosion, la flamme s'éleva, et Wishart passa par une mort pénible à une bienheureuse immortalité.

Peut-être les dernières paroles de Wishart, qui semblaient prophétiques, furent-elles un aiguillon qui excita quelques hommes à venger sa mort. Quoi qu'il en fût, la mort de Wishart accrut beaucoup la haine publique contre le cardinal, et un homme de cœur entreprit de répondre au vœu général en lui donnant la mort. C'était Norman Leslie, seigneur de Rothes, le même qui avait amené un renfort de soldats du comté de Fife à la bataille d'Ancram-Moor. Il paraît que, outre sa part de la haine générale qu'on portait au cardinal comme persécuteur, il avait quelque sujet d'animosité particulière contre lui. Avec seize hommes seulement Leslie entreprit d'assiéger le cardinal dans son propre château, au milieu de ses gardes et de ses domestiques. Il se trouvait que, comme plusieurs ouvriers étaient encore occupés à travailler aux fortifications du château, le guichet de la grande porte était ouvert de grand matin, pour qu'ils pussent se mettre à l'ouvrage. Les conspirateurs profitèrent de cette circonstance, et se rendirent maîtres de l'entrée. Une fois dans l'intérieur, ils se saisirent des domestiques, les chassèrent l'un après l'autre du château, et se précipitèrent vers la chambre du cardinal, qui en avait fermé la porte. Il refusa d'ouvrir jusqu'au moment où ils le menacèrent de mettre le feu à la chambre. Alors, apprenant que William Leslie était avec eux, il sortit enfin, et demanda grace. Melville, un des conspirateurs, lui répondit qu'il pouvait s'attendre à la même grace qu'il avait accordée à George Wishart et à tous les autres serviteurs de Dieu qu'il avait fait périr. Puis, l'épée suspendue sur la poitrine du cardinal, il lui dit de se recommander à Dieu, parce que sa dernière heure était venue. Alors les conspirateurs poignardèrent leur victime, et allèrent ensuite pendre son corps aux murailles du château pour le montrer aux habitans de Saint-André, ses partisans et ses vassaux, qui vinrent demander avec rage ce qu'était devenu leur archevêque. Ainsi son corps fut réellement exposé avec opprobre sur les créneaux de son palais, d'où il avait contemplé d'un air de triomphe le supplice de Wishart.

Ceux mêmes qui désapprouvaient un crime que rien ne pouvait justifier, furent néanmoins charmés d'être enfin débarrassés du fier cardinal, qui avait, en quelque sorte, vendu l'Ecosse à la France. Plusieurs guerriers, qui n'auraient certainement pas voulu participer au meurtre, se joignirent à ceux qui l'avaient commis pour défendre le château. Le régent se hâta d'en faire le siège ; mais l'Angleterre y avait envoyé de l'argent, des vivres, des ingénieurs, et la forteresse résista pendant cinq mois à tous les efforts de l'armée écossaise. Cependant la France envoya en Ecosse une flotte et une armée, avec des ingénieurs plus versés dans l'art d'attaquer une place forte que ne pouvaient l'être ceux du pays. Le château fut donc obligé de se rendre, et ses principaux défenseurs furent envoyés en France, où ils servirent quelque temps comme galériens. Le peuple fit sur cet événement une chanson dont voici le refrain :

> Bon prêtre, maintenant
> Tu dois être content;
> Car Norman et ses frères
> Remplissent les galères.

Bientôt après cet incident tragique, Henry VIII, roi d'Angleterre, mourut ; mais son esprit impatient et irascible continua de dominer dans les conseils de la nation sous le lord protecteur Somerset, qui résolut d'adopter les mesures violentes dont Henry lui avait donné l'exemple, pour forcer les Ecossais à donner leur jeune reine en mariage à Edouard VI. Une armée de dix-huit mille hommes, bien disciplinée, abondamment fournie de tout ce qui lui était nécessaire, et soutenue par une flotte nombreuse, envahit l'Ecosse par la frontière de l'est. Les Ecossais rassemblèrent des forces presque doubles de celles de l'ennemi, mais qui, comme à l'ordinaire, n'étaient pas habituées à agir de concert ou à suivre les ordres d'un seul général. Ils déployèrent cependant au commencement de la campagne quelques talens militaires : ils placèrent leur armée derrière la rivière d'Esk, près du village de Musselburgh, situé à environ six milles d'Edimbourg, et semblèrent déterminés à y attendre l'approche des Anglais.

Le duc de Somerset, régent d'Angleterre et chef de l'armée d'invasion, se trouva alors dans un grand embarras. Les Ecossais étaient postés trop avantageusement pour qu'on pût les attaquer avec quelque espérance de succès, et les Anglais auraient été sans doute obligés de subir la honte d'une retraite, si leurs ennemis, dans un de ces accès d'impatience qui furent pour eux la source de tant de calamités nationales, n'eussent abandonné leur position.

Se fiant au nombre considérable de ses troupes, le comte d'Arran, régent d'Ecosse, traversa l'Esk, et donna ainsi aux Anglais, qui étaient rangés en bataille sur le sommet d'une éminence, l'avantage du terrain. Les Ecossais se formèrent dans leur ordre accoutumé. Ils étaient armés de larges épées de la meilleure trempe, et portaient autour du cou une espèce de grosse cravate, qui faisait jusqu'à trois tours, pour se garantir, — non pas du froid, dit un vieil historien, mais des entailles. Ils avaient tous, et c'était leur arme la plus redoutable, une lance de dix-huit pieds de long. Lorsqu'ils étaient en bataille ils se tenaient serrés l'un contre l'autre, le premier rang mettant un genou en terre, et dirigeant la pointe de ses lances vers l'ennemi. Ceux qui étaient immédiatement derrière eux se courbaient un peu, et les autres restaient droits, présentant leurs lances par-dessus la tête de leurs camarades, la pointe également dirigée contre la poitrine de l'ennemi, tandis que l'autre bout était appuyé sur leur pied. De cette manière ils formaient un bataillon si serré, si hérissé de lances de tous côtés, que vouloir les charger eût semblé une action aussi téméraire que d'exposer sa main nue aux piquans d'un hérisson.

La cavalerie anglaise, commandée par lord Gray, commença la bataille en se précipitant sur les rangs immobiles des Ecossais. Ceux-ci tinrent bon, menaçant les cavaliers avec leurs piques en criant : — Avancez, hérétiques que vous êtes. — L'attaque fut terrible; mais comme les lances de la cavalerie anglaise étaient beaucoup plus courtes que celles des soldats écossais, elle eut le dessous, et fut obligée de se retirer sur le reste de l'armée après avoir beaucoup souffert. Le duc de Somerset commanda à lord Gray de faire une nouvelle charge, mais Gray lui répondit qu'autant vaudrait lui ordonner de charger un mur. Alors, d'après le conseil du comte de Warwick, au lieu d'employer la cavalerie, on fit avancer un corps d'archers et de fusiliers. Voyant les ravages terribles que leurs décharges faisaient à travers les rangs serrés des Ecossais, qui les recevaient en face, le comte d'Angus, qui commandait l'avant-garde, fit un mouvement oblique pour les éviter. Mais malheureusement le principal corps d'armée des Ecossais ne comprit pas cette évolution, et, la prenant pour un mouvement rétrograde, ils se retirèrent dans le plus grand désordre. L'avant-garde alors prit aussi la fuite, et, la cavalerie anglaise revenant à la charge tandis que l'infanterie poursuivait son avantage, la victoire fut remportée sans beaucoup de peine. Les Ecossais ne tentèrent pas une plus longue résistance; et le carnage fut affreux, parce que l'Esk, qui coulait derrière les Ecossais, mettait obstacle à leur fuite. A plus de cinq milles à la ronde les champs étaient couverts de morts et jonchés de lances, de boucliers et d'épées, que les soldats avaient jetés pour courir plus vite. Cette journée fut aussi flétrissante que désastreuse, et la bataille de Pinkie, en même temps qu'elle fut la dernière grande défaite que les Ecossais éprouvèrent de la part des Anglais, en fut aussi l'une des plus sanglantes. Elle eut lieu le 10 septembre 1547.

On eût dit que le destin avait arrêté, dans ces malheureuses guerres nationales, que les Anglais remporteraient souvent de grandes victoires sur les Ecossais, mais qu'ils ne pourraient jamais en tirer un avantage durable. La bataille de Pinkie, loin d'aplanir les obstacles au mariage projeté entre la jeune reine Marie et Edouard VI., ce qui était le but de l'expédition de Somerset, alarma et irrita les Ecossais à un tel point, qu'ils résolurent de prévenir la possibilité d'une telle union en mariant leur jeune reine au dauphin, c'est-à-dire au fils aîné du roi de France, et en l'envoyant à la cour de France pour y recevoir une éducation conforme à sa naissance.

Le but principal du gouvernement anglais se trouva donc manqué; mais le triomphe des Ecossais fut de courte durée, car l'union avec la France qu'ils conclurent si précipitamment attira sur leur pays une longue suite de nouveaux malheurs.

L'Ecosse, cependant, jouit de l'avantage immédiat d'avoir un renfort considérable de troupes françaises, commandées par un officier nommé d'Essé, qui rendit les plus grands services à l'Ecosse en recouvrant plusieurs châteaux et citadelles qui étaient tombés au pouvoir des Anglais après la bataille de Pinkie, et où ils avaient laissé garnison. La présence de ces soldats étrangers facilita l'accomplissement du traité. Le roi de France accorda au régent le duché de Châtelherault, ainsi qu'une pension considérable, pour l'amener à consentir au mariage qu'il désirait. La jeune reine s'embarqua sur un bâtiment français au mois de juillet 1548. Elle avait avec elle quatre jeunes personnes de qualité qui devaient être ses compagnes de jeux pendant son enfance, et devenir par la suite ses dames d'honneur. Elles portaient toutes le même nom que leur maîtresse, et on les appelait les Maries de la reine [1].

Après le départ de la jeune Marie pour la France, sa mère, Marie de Guise, veuve de Jacques V, eut l'adresse de se faire placer à la tête des affaires en Ecosse. Le duc de Châtelherault, comme nous devons maintenant nommer le comte d'Arran, toujours du caractère le plus flexible, se laissa persuader de se démettre de ses fonctions de régent. Elles furent alors remplies par la reine douairière, qui déploya autant de sagesse que de prudence dans le gouvernement du royaume. Beaucoup de seigneurs

---

[1] De ce nombre était Marie Seyton, qu'on retrouve dans *l'Abbé* sous le nom de Catherine. — Ed.

s'étonnèrent de la facilité avec laquelle le duc de Châtelherault, qui touchait lui-même de si près à la couronne, avait cédé sa place à Marie de Guise ; mais personne n'en fut aussi irrité que le frère naturel du duc, qui avait succédé à Beaton comme archevêque de Saint-André. Il se déchaîna ouvertement, et dans les termes les moins mesurés, contre l'ame basse et rétrécie de son frère, qui avait ainsi abandonné la régence, lorsqu'il n'y avait — qu'une petite criarde — entre lui et le trône.

La régente, une fois maîtresse du pouvoir, voulut, pour s'y maintenir, diminuer le pouvoir de la noblesse en augmentant celui de la couronne. Dans cette intention, elle proposa de lever un impôt sur tout le pays pour soudoyer des troupes, au lieu de confier la défense de l'Etat aux nobles et à leurs vassaux. Cette proposition fut très-mal reçue par les membres du parlement écossais. — Nous défendrons mieux nos familles et notre pays que des mercenaires, s'écrièrent-ils ; c'est ainsi que faisaient nos pères, et nous suivrons l'exemple qu'ils nous ont laissé. Le comte d'Angus ayant été réprimandé pour être venu au parlement avec une escorte de mille cavaliers, ce qui était contraire à une proclamation de la reine régente, qui défendait à qui que ce fût de voyager autrement qu'avec son train ordinaire, répondit en plaisantant, — que ces drôles-là ne voulaient point le quitter, et qu'il serait fort obligé à la reine, si elle pouvait trouver un moyen de le débarrasser de ces coquins qui consommaient son bœuf et sa bière. Elle eut aussi peu de succès lorsqu'elle voulut persuader au comte de lui céder son château-fort de Tantallon, sous prétexte d'y placer une garnison pour le défendre contre les Anglais. Il répondit d'abord indirectement, comme s'il parlait à un faucon qu'il tenait sur le poing et à qui il donnait à manger. — Il faut, dit-il, que cette bête gloutonne ait le diable au corps ! N'en aura-t-elle jamais assez ? La reine fit semblant de ne pas le comprendre, et continua ses sollicitations. — Le château, madame, répondit-il, sera le vôtre dès que vous l'ordonnerez; mais par Sainte-Brigite de Douglas! il faut que j'en sois le commandant, et je vous le garderai aussi bien qu'aucun de ceux que vous pourriez y placer. Les autres seigneurs pensaient de même qu'Angus, et ils ne voulurent jamais consentir à ce qu'on soudoyât des troupes, dont ils craignaient que la reine ne se servît à son gré pour restreindre la liberté du royaume.

L'influence du protestantisme en Ecosse fortifia les nobles dans leur intention de mettre un frein au désir de la reine d'augmenter son pouvoir. Plusieurs seigneurs du plus haut rang, et un nombre encore plus considérable de petits barons, avaient embrassé les doctrines de la réformation, et John Knox, homme plein de courage, de zèle et de talent, faisait tous les jours par ses prédications de nouveaux convertis.

Quoique zélée catholique, la reine régente avait pendant quelque temps toléré et même favorisé le parti protestant, parce qu'il soutenait son autorité contre celle des Hamiltons; mais le système politique adopté en France par ses frères de la maison de Guise l'obligea à changer de conduite en cette occasion.

Vous devez vous rappeler qu'Edouard VI succéda à Henry son père. Il embrassa la religion protestante, et acheva l'œuvre de la réformation que son père avait commencée. Mais il mourut très-jeune, et sa sœur Marie d'Angleterre, fille de Henry VIII et de sa première femme, Catherine d'Aragon, dont il s'était séparé sous prétexte de scrupules de conscience, lui succéda. Cette princesse s'efforça de rétablir la religion catholique, et fit exécuter les lois contre l'hérésie avec la plus grande rigueur. Plusieurs personnes furent brûlées sous son règne, ce qui lui fit donner le surnom de Sanguinaire. Elle mourut après un règne court et malheureux, et sa sœur Elisabeth monta sur le trône, à la satisfaction de toute l'Angleterre. Cependant les catholiques des pays étrangers, et surtout ceux de France, contestèrent les droits d'Elisabeth à la couronne. Elle était fille de Henry et de sa seconde femme, Anne de Boulen; et comme le pape n'avait jamais ratifié ni le divorce du roi, ni son mariage avec Anne de Boulen, les catholiques prétendaient qu'Elisabeth était illégitime, et n'avait par conséquent aucun droit au trône, et que, Henry VIII n'ayant pas d'autre enfant, c'était la reine d'Ecosse, la jeune Marie, qui devait régner, comme petite-fille de Marguerite, sœur de Henry et femme de Jacques IV, puisqu'elle se trouvait être, selon eux, la plus proche héritière légitime de son grand oncle.

La cour de France, ne considérant pas que les Anglais devaient être les meilleurs juges des droits de leur reine, résolut, dans une heure fatale, de faire valoir les prétentions de Marie à la couronne d'Angleterre. Des monnaies furent frappées, sur lesquelles Marie et le dauphin son époux prirent le titre et les armoiries de l'Angleterre aussi-bien que de l'Ecosse. On commanda également de la vaisselle d'argent, ciselée avec les mêmes armoiries et la même désignation. Ainsi furent jetés les premiers fondemens de cette haine mortelle qui devait diviser Elisabeth et Marie, et qui eut, comme vous l'apprendrez bientôt, de si fatales conséquences.

Lorsque Elisabeth vit que la France se disposait à contester ses droits à la couronne d'Angleterre, elle se prépara à les soutenir avec toute l'énergie et avec toute la prudence de son caractère. Son premier soin fut de rendre à la religion réformée la protection qui lui avait été accordée par Edouard VI, et de renverser les institutions catholiques que Marie, qui avait régné avant elle, s'était efforcée de rétablir. Par la même raison que les catholiques de France et d'Ecosse étaient ses ennemis naturels, et qu'ils étaient prêts à soutenir les droits de Marie, de préférence aux siens, elle était sûre de trouver des partisans parmi les protestans d'Ecosse, qui ne pouvaient s'empêcher d'éprouver du respect, et même de l'affection, pour une princesse qui était regardée avec raison comme la protectrice de la cause protestante dans toute l'Europe.

Lors donc que ces changemens eurent eu lieu en Angleterre, la reine régente, à l'instigation de ses frères de la maison de Guise, recommença à persécuter les protestans en Ecosse, tandis que leurs chefs implorèrent la protection, le secours et le conseil d'Elisabeth, qui était toute disposée à les leur accorder, puisque leur cause était aussi la sienne. Ainsi, pendant que la France s'évertuait vainement à réclamer le royaume d'Angleterre au nom de Marie et en appelait aux catholiques anglais, Elisabeth parvenait beaucoup plus efficacement à accroître les dissensions intestines de l'Ecosse en épousant la cause des protestans de ce pays.

Ces protestans écossais ne consistaient pas seulement en quelques hommes studieux et réfléchis, que leur esprit spéculatif avait conduits à adopter des opinions particulières en matière de religion, et qu'on pouvait traîner devant les cours spirituelles, mettre à l'amende, emprisonner, piller, bannir ou brûler à volonté. La cause de la réformation avait alors été embrassée par une grande partie de la noblesse, et comme c'était en même temps celle d'une religion sage et d'une liberté légitime, elle avait pour partisans presque tout ce qu'il y avait d'hommes véritablement éclairés.

Parmi les convertis à la foi protestante se trouvait un fils naturel du feu roi Jacques V, qui, étant destiné à l'Eglise, était appelé à cette époque lord Jacques Stuart, prieur de Saint-André, mais qui fut plus connu par la suite sous le nom de comte de Murray. C'était un jeune homme rempli de talens, brave et habile pendant la guerre, plein de patriotisme et d'amour pour la justice pendant la paix. La régularité de sa conduite, sa sagesse et son zèle pour la religion réformée le rendirent l'un des lords les plus actifs de la Congrégation, comme on appelait alors les chefs du parti protestant.

La régente, cédant aux instances de ses frères plutôt qu'à son propre cœur, qui, naturellement bon, ne lui eût inspiré que des mesures de modération et de douceur, commença la querelle en sommant les prédicateurs protestans de comparaître devant une cour de justice à Stirling, le 10 mai 1559 ; mais ils furent accompagnés d'un tel concours d'amis et de partisans, que la reine régente effrayée promit de ne point donner suite au procès, à condition qu'ils n'entreraient pas dans la ville. Cependant, manquant à sa parole, elle les fit condamner comme contumaces, quoiqu'ils n'eussent fait qu'obéir à ses ordres en s'abstenant de comparaître. Les deux partis prirent une contenance ouvertement hostile, et un incident, en venant augmenter encore leur animosité, donna à la cause de la réformation une couleur particulière de fanatisme et d'emportement religieux.

Les protestans avaient établi leur quartier-général à Perth, où ils avaient déjà commencé l'exercice public de leur religion. John Knox, dont nous avons déjà cité l'éloquence, venait de prononcer contre le péché de l'idolâtrie un sermon très-véhément, dans lequel il n'avait pas épargné à la régente les reproches qu'elle méritait pour avoir manqué si formellement à sa promesse.

A la fin du sermon, et lorsque l'esprit de ses auditeurs était encore tout agité de ce qu'ils venaient d'entendre, un moine présenta un petit tabernacle, ou coffre de verre, renfermant des images de saints, qu'il dit aux assistans d'adorer. Un enfant qui se trouvait auprès de lui, s'écria que c'était une grossière et coupable idolâtrie. Le prêtre, aussi imprudent dans sa colère qu'il avait été maladroit dans son excès de zèle, s'emporta jusqu'à frapper l'enfant, et celui-ci, pour se venger, jeta une pierre qui brisa l'une des images. Aussitôt tout le peuple se mit à lancer des pierres, non-seulement aux images, mais contre les beaux vitraux de couleur, puis renversa les autels, brisa les statues et les ornemens d'architecture, et détruisit presque tout l'édifice. Cet exemple fut suivi dans d'autres villes, et nous avons à regretter la perte d'un grand nombre de superbes monumens contre lesquels se dirigea la fureur de la populace, et qui furent ou renversés de fond en comble, ou réduits à n'être plus que des monceaux informes de ruines.

Les réformateurs éclairés n'autorisèrent pas ces excès, quoique le bas peuple eût quelques raisons pour se porter à de pareilles extrémités, sans parler de son penchant naturel pour tout ce qui est désordre et confusion. Un point essentiel de dissidence entre les catholiques et les protestans était que les premiers regardaient les églises comme des enceintes par elles-mêmes sacrées et vénérables, que c'était une œuvre méritoire, ou pour mieux dire un devoir rigoureux, d'embellir de tous les ornemens d'architecture les plus recherchés. Les protestans écossais ne les regardaient au contraire que comme de simples bâtimens de pierre et d'argile, n'ayant aucun droit spécial au respect, du moment que le service divin était terminé. Défigurer, détruire même les belles églises catholiques, parut donc aux premiers réformateurs le moyen le plus simple de manifester leur zèle contre les superstitions du papisme. Il pouvait y avoir de la politique à renverser les abbayes et les monastères. — Abattons les nids, disait John Knox, et les corbeaux s'envoleront. Mais cette maxime ne s'appliquait pas aux édifices consacrés au culte public. Pour ceux-là du moins, il eût été mieux de suivre l'exemple des citoyens de Glascow, qui prirent les armes en voyant la populace s'apprêter à démolir la cathédrale de cette ville, et qui, les premiers à montrer toute l'ardeur de leur zèle en effaçant tous les emblèmes du papisme, insistèrent pour que l'édifice lui-même fût respecté, et fût converti en temple protestant.

A tout prendre néanmoins, si, dans la première fureur de la réformation, plusieurs beaux monumens furent détruits en Ecosse, il vaut encore mieux que le pays en soit privé que d'y entendre prêcher encore les doctrines corrompues et superstitieuses qu'on y enseignait.

La démolition des églises et des édifices sacrés augmenta encore le mécontentement de la reine régente contre les lords de la Congrégation, et les deux partis finirent par prendre les armes. Les seigneurs protestans se mirent à la tête de leurs nombreux adhérens; la reine avait pour principal appui un petit corps de troupes d'élite françaises. La guerre ne fut pas poussée avec beaucoup de vigueur. Le duc de Châtelherault, le premier seigneur d'Ecosse, embrassa une seconde fois la cause de la Congrégation; et Maitland de Lethington, un des hommes d'Etat les plus instruits du royaume, en fit autant. Cependant, quoiqu'il fût facile aux lords de la Congrégation de lever des troupes considérables, ils n'avaient ni l'argent ni les ressources nécessaires pour les tenir long-temps rassemblées, tandis que les vieux soldats de France étaient toujours prêts à saisir l'avantage, dès que leurs ennemis étaient obligés de diminuer leurs forces. La position des réformateurs devint plus difficile encore lorsque la reine régente entreprit de fortifier la ville de Leith et l'île adjacente d'Inch-Keith, et qu'elle y plaça ses soldats français en garnison. Une fois maîtresse de ce port de mer, elle pouvait en tout temps, et lorsqu'elle le voudrait, introduire en Ecosse de nouveaux renforts de troupes étrangères.

Peu versés dans l'art de conduire un siège, et n'ayant point d'argent, les lords de la Congrégation eurent recours à l'Angleterre; et pour la première fois on vit une flotte et une armée anglaise entrer en Ecosse tout à la fois par terre et par mer, non pas, comme autrefois, pour l'envahir, mais pour aider la nation à repousser les armes de la France et la religion de Rome.

L'armée anglaise fut bientôt jointe par les lords écossais de la Congrégation, et, s'avançant vers Leith, mit le siège devant cette ville. Leith fut défendu avec la valeur la plus intrépide par les Français, qui se couvrirent de gloire par une résistance si opiniâtre, qu'ils déjouèrent pendant long-temps tous les efforts des assiégeans. Cependant, bloqués par la flotte anglaise, ils ne pouvaient recevoir par mer aucuns vivres, tandis que du côté de la terre ils étaient entourés par une armée considérable. La disette devint si affreuse, qu'ils en furent réduits à manger des chevaux.

Pendant ce temps, la reine régente, leur maîtresse, s'était retirée dans le château d'Edimbourg, où la fatigue, la douleur, le désappointement, lui occasionèrent une maladie dont elle mourut le 10 juin 1560. Les troupes françaises renfermées dans Leith étaient alors réduites à la dernière extrémité, et François et Marie se déterminèrent, pour rétablir la paix en Ecosse, à faire les concessions les plus importantes au parti protestant. Ils consentirent, au lieu de nommer un nouveau régent, à ce que l'administration du gouvernement fût confiée à un conseil choisi par le parlement; ils publièrent un acte d'indemnité, comme on l'appelle, c'est-à-dire un acte par lequel ils pardonnaient toutes les fautes commises pendant ces guerres; et quant aux controverses de religion, ils laissaient au parlement le soin d'en décider, ce qui, par le fait, était donner gain de cause au parti de la réformation. Par suite de cet arrangement, toutes les troupes étrangères, françaises et anglaises, évacuèrent l'Ecosse.

L'Angleterre, et surtout la reine Elisabeth, obtinrent un grand point par ce traité; car il reconnut en termes exprès les droits de cette princesse au trône, et François et Marie renoncèrent solennellement à les lui disputer, s'engageant à ne plus prendre à l'avenir, comme ils l'avaient déjà fait, le titre et les armes de roi et de reine d'Angleterre.

Le parlement d'Ecosse s'étant assemblé, on vit bientôt que les réformateurs avaient le pouvoir et la volonté de diriger toutes les délibérations sur les matières religieuses.

Ils condamnèrent à l'unanimité tout l'édifice du papisme, et adoptèrent, au lieu des dogmes de l'Eglise romaine, les doctrines contenues dans une Confession de foi qui fut rédigée par les ministres protestans les plus habiles. Ainsi toute la constitution religieuse de l'Eglise se trouva changée entièrement.

Il y avait un point sur lequel les réformateurs écossais différaient essentiellement de ceux d'Angleterre. Le monarque anglais, qui avait aboli le pouvoir du pape, y avait substitué celui de la couronne, comme chef visible de l'Eglise d'Angleterre. Le sens de cette phrase est, non pas que le roi a le pouvoir de changer les doctrines religieuses de l'Eglise, mais seulement qu'il doit être le chef du gouvernement en matière religieuse comme en matière civile. Au contraire, les ministres du culte réformé en Ecosse ne reconnaissaient à qui que ce fût, ni au roi, ni à aucun magistrat, le droit de s'immiscer dans les affaires de l'Eglise, qui étaient régies par une commission de délégués choisis dans son propre sein, auxquels était adjoint un certain nombre de laïques, formant ce qu'on appelle une Assemblée générale. Les réformateurs écossais n'admirent pas non plus la division du clergé en évêques, doyens, prébendaires, et toutes les autres classes de la hiérarchie ecclésiastique. Ils supprimèrent cette distinction de rangs, quoiqu'elle eût été maintenue dans l'église protestante d'Angleterre, posant en principe que tout prêtre à qui la conduite d'un troupeau était confiée devait marcher de pair, sous tous les rapports, avec le reste de ses frères. Leur plus grand grief contre l'épiscopat était la place qu'il occupait dans le conseil ou parlement de la nation, et ils supprimèrent cet ordre, en s'appuyant sur ce que des prêtres ne devaient pas se mêler des affaires temporelles, parce que c'était ainsi que s'acquérait cet empire sur les consciences qu'on reprochait tant à l'Eglise romaine d'avoir usurpé. Les laïques, et surtout la haute noblesse, virent avec plaisir l'empressement des ministres à renoncer à toutes prétentions aux honneurs et aux dignités de ce monde, pour lesquels le clergé catholique avait toujours montré tant d'attachement; et ils profitèrent de cette abnégation volontaire pour réduire les revenus annuels qui devaient leur être assignés sur les fonds de l'Eglise à la somme la plus modique possible, et s'approprier le reste sans aucun scrupule.

Il restait à disposer des immenses richesses du clergé catholique, qui passait pour posséder la moitié du revenu territorial de l'Ecosse. Knox et les autres ministres du nouveau culte avaient formé un plan pour prendre sur ces fonds de quoi fonder une Eglise nationale et pourvoir à ses besoins, proposant d'employer l'excédant à fonder des hôpitaux, des écoles publiques et des universités. Mais les lords qui s'étaient emparés des biens de l'Eglise étaient bien décidés à ne pas s'en dessaisir, et ceux qui s'étaient montrés les plus ardens à détruire le papisme furent d'une froideur extraordinaire quand on leur proposa de restituer les terres qu'ils avaient accaparées dans leur intérêt personnel. — Le plan de John Knox était, disaient-ils, une « imagination dévote, » un projet visionnaire qui montrait les bonnes intentions du prédicateur, mais qu'il était impossible de réaliser.

Lorsque François et Marie, qui alors étaient devenus roi et reine de France, apprirent que le parlement écossais avait entièrement changé la religion, et avait substitué partout les doctrines de la réformation à celles de l'Eglise catholique, ils furent dans une grande fureur; et si le roi eût vécu, il est très-probable qu'il eût refusé de consentir à cette grande innovation, et qu'il eût préféré rallumer le flambeau de la guerre en envoyant une nouvelle armée française en Ecosse. Mais s'ils méditaient une semblable mesure, elle se trouva tout à coup arrêtée par la mort de François II, qui arriva le 4 décembre 1560.

Tant que son mari avait vécu, Marie avait exercé une

grande autorité en France; car elle avait sur son esprit un empire illimité; mais à sa mort, et lorsque Charles, son frère, fut monté sur le trône, ce pouvoir cessa entièrement. Il dut être pénible pour une ame aussi élevée que celle de Marie de ne plus trouver que de la froideur et de l'indifférence dans les mêmes lieux où elle avait reçu tant d'hommages et tant d'honneurs. Elle quitta donc la cour de France, et résolut de retourner en Ecosse, dans sa terre natale : résolution qui n'avait rien en elle-même que de naturel, mais qui devint l'origine de longues et déplorables infortunes.

CHAPITRE XXVII.

Retour de la reine Marie en Ecosse. — Heureux commencemens de son règne. — Expédition contre Huntly. — Négociations avec Elisabeth pour un second mariage. — Marie épouse Darnley.

Marie Stuart, reine douairière de France et reine héréditaire d'Ecosse, était, sans exception, la femme la plus belle et la plus accomplie de son temps. Sa physionomie était séduisante; elle était grande, bien faite, et tous ses mouvemens étaient pleins de grace; elle excellait dans l'art de la danse et de l'équitation, et possédait tous les talens de son sexe qui étaient à la mode à cette époque. Son éducation avait été très-soignée en France, et elle avait profité de toutes les occasions de s'instruire qu'elle avait trouvées. Elle parlait plusieurs langues, et s'entendait à l'administration, pour laquelle son mari avait souvent profité de ses conseils. La beauté de Marie était encore rehaussée par une grande affabilité, et par sa bonne humeur et sa gaieté, qu'elle portait quelquefois jusqu'à l'excès. Sa jeunesse, car elle n'avait que dix-huit ans lorsqu'elle revint en Ecosse, augmentait la vivacité de son caractère. La religion catholique, dans laquelle elle avait été sévèrement élevée, était une grande tache aux yeux de son peuple; mais, à tout prendre, les Ecossais attendaient son retour avec plus de joie et d'espérance que Marie elle-même n'en éprouvait à l'idée d'échanger le beau ciel de France et les plaisirs de sa cour, contre l'âpre climat et la politique turbulente de son pays natal.

Marie s'embarqua pour quitter la France le 15 août 1561. La flotte anglaise était en mer, et on a lieu de croire qu'elle avait l'intention de s'emparer de la reine d'Ecosse, comme d'une voisine dont le retour était appréhendé par Elisabeth. Occupée de tristes pressentimens, la reine resta sur le pont à contempler les côtes de France. Le matin la retrouva à la même place, et lorsqu'elles s'évanouirent à ses yeux, elle s'écria : — Adieu! adieu! heureuse France, je ne te reverrai plus!

Elle passa la flotte anglaise à la faveur d'un épais brouillard, et elle arriva le 20 août à Leith, où rien n'avait été préparé pour la recevoir. Les nobles qui se trouvaient dans la capitale se hâtèrent d'aller à sa rencontre et de la conduire à Holyrood, palais de ses ancêtres. Des chevaux furent envoyés pour l'amener à Edimbourg, ainsi que sa suite; mais c'étaient de misérables bidets dont les harnois tombaient en lambeaux, et la pauvre Marie ne put s'empêcher de verser des larmes en pensant aux beaux palefrois et aux riches appartemens de la cour de France. Cependant le peuple qu'elle rencontra sur son passage parut enchanté de la voir, et environ deux cents bourgeois d'Edimbourg jouèrent toute la nuit sous sa fenêtre sur de mauvais violons à trois cordes, comme pour lui souhaiter la bienvenue; sérénade bruyante qui l'empêcha de goûter un sommeil dont elle sentait le besoin après tant de fatigues. Néanmoins elle ne les jugea que sur l'intention, et exprima tous ses remerciemens aux auteurs de ce concert, dont l'exécution était aussi pitoyable que le moment en était mal choisi.

Immédiatement après son arrivée, Marie eut un échantillon du zèle religieux de ses sujets réformés. Elle avait ordonné que la messe fût célébrée dans sa chapelle par un prêtre catholique ; mais l'indignation du peuple en fut si vivement excitée, que sans l'intervention de son frère naturel, qu'elle venait de nommer prieur de Saint-André, le pauvre ecclésiastique aurait été massacré sur l'autel même.

Marie se conduisit avec une prudence admirable au commencement de son règne. Elle captiva entièrement le peuple par sa grace et son affabilité, et lorsqu'elle siégeait dans le conseil, occupée ordinairement de quelque ouvrage de son sexe, sa sagesse était admirée de tous les hommes d'Etat qu'elle consultait. Elle avait grand soin de ne rien entreprendre de contraire à la religion nouvelle, quoique cette religion ne fût pas la sienne, et se conduisant d'après les conseils du prieur de Saint-André et du sage Maïtland, elle fit des progrès rapides dans l'affection des Ecossais. Elle donna au prieur le comté de Mar.

Avec la même prudence, la reine s'attacha à mettre toujours les procédés de son côté dans ses relations avec Elisabeth, et tout en refusant d'abandonner ses droits à la couronne d'Angleterre, au cas où Elisabeth mourrait sans enfans, elle ne cessait d'exprimer son vif désir de vivre en parfaite intelligence avec sa sœur, et sa ferme résolution de ne jamais réclamer, pendant la vie de la reine, un héritage qu'elle ne pourrait posséder qu'à son préjudice. Si Elisabeth n'était pas satisfaite, du moins elle n'en laissait rien voir ; toutes les apparences de l'amitié continuèrent à régner entre les deux reines ; et un échange de lettres, de complimens, et même parfois de présens, tels qu'il convenait à des reines d'en envoyer, semblait prouver leur bon accord.

Mais il y avait une classe importante de personnes à qui la religion de Marie était si importune, que rien ne fut capable de lui concilier leur affection. C'étaient les prédicateurs de la réforme, qui, se rappelant que Marie descendait de la famille de Guise, l'ennemie jurée de la cause protestante, déclamaient contre la reine, jusque dans la chaire, avec une violence aussi indécente que déplacée, et ne parlaient jamais d'elle que comme d'une personne endurcie dans la résistance à la voix du véritable christianisme. John Knox lui-même se permit dans ses sermons des diatribes si sévères, que la reine le fit appeler pour lui parler elle-même et l'exhorter à être un peu plus modéré dans l'accomplissement de ses devoirs [1]. Néanmoins, quoique le langage de ces austères réformateurs fût trop véhément, et que leur aigreur fût impolitique et tendît nécessairement à augmenter l'éloignement de Marie pour eux et pour leurs doctrines, il faut avouer que leurs soupçons sur la sincérité de la reine étaient naturels et probablement bien fondés. Elle avait constamment refusé de ratifier le système religieux adopté par le parlement en 1560, ainsi que la confiscation des biens du clergé. Elle semblait toujours considérer l'état actuel des choses comme un arrangement temporaire, auquel elle voulait bien, à la vérité, se soumettre pour le moment, mais en se réservant de le changer lorsqu'elle en trouverait l'occasion favorable. Cependant son frère, le nouveau comte de Mar, qui était alors son conseiller principal et son meilleur ami, employait en sa faveur toute son influence sur le clergé protestant, et pendant plus d'un an il régna même à ce sujet quelque froideur entre John Knox et lui.

La première affaire désagréable qui troubla la tranquillité du règne de Marie paraît avoir été causée par son attachement à lord Jacques Stuart et à ses intérêts. Elle

---

[1] John Knox fut si dur dans ses réponses, qu'il arracha des larmes aux yeux de Marie. — Ed.

l'avait créé comte de Mar, comme je vous l'ai dit; mais elle avait l'intention de substituer à ce titre celui de comte de Murray, et de lui donner en même temps une partie des grands biens dépendant de ce comté septentrional, qui appartenaient à la couronne depuis l'extinction des héritiers du fameux Thomas Randolph, qui en jouissait sous le règne du grand Robert Bruce.

Cet échange toutefois ne pouvait se faire sans offenser beaucoup le comte de Huntly, chef de la plus puissante famille du nord, qui s'était mis lui-même en possession d'une grande partie des domaines dépendant du comté de Murray. Ce comte de Huntly était un homme brave, et son pouvoir était très-étendu dans les comtés du nord. Il faisait partie du petit nombre de pairs qui restaient attachés à la religion catholique, et après la famille des Hamiltons personne n'était allié de plus près que lui à la famille royale.

On disait que si la reine, au lieu d'arriver à Leith, avait voulu débarquer à Aberdeen, et qu'elle eût déclaré hautement qu'elle était décidée à rétablir la religion catholique, le comte lui avait offert de se joindre à elle avec vingt mille hommes pour la soutenir et seconder ses projets. Mais Marie avait refusé sa proposition, dont la conséquence immédiate eût été la guerre civile. Le comte de Huntly était donc regardé comme l'ennemi du gouvernement actuel et du comte de Mar, qui tenait le timon des affaires, et il était à croire que puissant comme il l'était, et ayant à ses ordres un corps nombreux de vassaux et de partisans, il ne céderait pas volontairement à son ennemi politique la moindre partie des domaines dépendant du comté de Murray, dont il avait joui jusqu'alors.

De son côté, le comte de Mar était décidé à briser la puissance de ce redoutable adversaire; et la reine, qui craignait aussi le pouvoir de Huntly et l'usage qu'il semblait décidé à en faire, entreprit un voyage dans le nord de l'Ecosse, pour donner par sa présence plus de force à ses ordres. Vers le même temps, sir John Gordon, fils du comte de Huntly, commit quelques abus de pouvoir, et fut condamné à un emprisonnement temporaire. Cette punition, quoique légère, parut une nouvelle preuve de disgrace pour la maison de Gordon, et rendit plus probable la résistance qu'on craignait de sa part. Il est difficile et même impossible de décider si c'était avec raison qu'on soupçonnait Huntly de vouloir prendre les armes contre la couronne; mais sa conduite était, pour le moins, imprudente et suspecte.

La jeune reine s'avança vers le nord à la tête d'une petite armée, campant au milieu des champs, ou acceptant le chétif abri que pouvaient lui offrir les maisons des petits gentilshommes campagnards. Cette manière de voyager éveilla son courage naturel, et telle était son ardeur en marchant à la tête de ses soldats, qu'elle ne cessait de regretter de ne pas être un homme, pour dormir toute la nuit à la belle étoile, porter une cotte de mailles et un casque d'acier, un bon bouclier au bras, et une large épée au côté.

Huntly paraît avoir été très-surpris de l'arrivée de sa souveraine, et n'avoir su dans le premier moment quel parti il devait prendre. Tandis qu'il faisait toutes les protestations possibles de soumission, et qu'il tâchait d'engager la reine à visiter la maison du plus dévoué de ses sujets, un corps de ses adhérens refusait à Marie l'entrée du château royal d'Inverness, et cherchait à défendre cette forteresse. Mais ils furent forcés de se rendre, et le gouverneur fut exécuté comme coupable de haute trahison.

Dans le même temps, sir John Gordon s'échappa de la prison où la reine l'avait fait renfermer, et se mit à la tête des vassaux de son père, qui se montraient alors de tous les côtés; et le comte de Huntly, considérant la reine comme sous la tutelle du comte de Mar, son ennemi, qui la gouvernait entièrement, leva enfin l'étendard de la révolte.

Il rassembla facilement une armée considérable, et s'avança vers Aberdeen. Le but de son entreprise était peut-être le même que celui que Buccleuch s'était proposé dans les plaines de Melrose, celui d'attaquer plutôt les conseillers de la reine que la reine elle-même. Mais le frère de Marie, qui avait alors quitté son titre de comte de Mar pour prendre celui de comte de Murray, était aussi brave et fut aussi heureux que le comte d'Angus l'avait été dans l'occasion dont nous parlons, et de plus il avait sur lui l'avantage de jouir de la confiance de sa souveraine. Il se trouvait cependant dans une position bien difficile. Les hommes sur lesquels il pouvait compter avec certitude étaient peu nombreux, puisque ce n'était que la petite armée qu'il avait amenée des comtés de l'intérieur. Il avait, il est vrai, convoqué les barons du nord, dont les domaines étaient voisins des siens, et aucun n'avait manqué à l'appel; mais leurs intentions étaient au moins douteuses, et, redoutant beaucoup la maison de Gordon, ils étaient venus avec la résolution secrète de se laisser guider par les circonstances.

Murray, qui était un excellent militaire, posta les hommes dont il était sûr au sommet d'une éminence nommée la montagne de Fare, près de Corrichie. Il ne permit pas aux clans du nord de se mêler à ce bataillon choisi : l'événement prouva la sagesse de cette précaution. Huntly approcha, et rencontra les clans du nord, ses alliés et ses voisins, qui ne lui opposèrent que peu ou point de résistance. Ils se mirent à fuir en tumulte vers le corps principal de Murray, poursuivis par les Gordons, qui jetèrent leurs lances, tirèrent leurs épées, et s'avancèrent en désordre comme si la victoire était certaine. Ce fut dans cet état de confusion qu'ils se jetèrent sur le bataillon de lanciers de Murray, qui reçut l'attaque de pied ferme et avec une résolution intrépide. Les Gordons furent repoussés à leur tour, et les clans qui avaient fui d'abord, voyant qu'ils allaient perdre la bataille, revinrent portant à leurs toques les branches de bruyères qui les distinguaient, tombèrent sur les Gordons, et complétèrent la victoire de Murray. Huntly, qui était très-gros et pesamment armé, tomba de cheval dans la retraite, et fut écrasé sous les pieds des chevaux, ou, suivant d'autres, mourut de désespoir. Cette bataille fut livrée le 20 octobre 1562. Le corps de celui que, peu de jours auparavant, on regardait comme un des hommes les plus braves, les plus sages et les plus puissans de l'Ecosse, fut apporté dans une cour de justice, grossièrement enveloppé dans une couverture de mauvaise toile, afin que la sentence encourue par un traître fût prononcée sur ces restes insensibles.

Sir John Gordon, le fils du comte vaincu, eut la tête tranchée à Aberdeen, trois jours après la bataille. Murray fut mis en possession des domaines appartenant à son nouveau comté, et la reine partit après avoir, par l'activité de ses mesures et le succès de ses armes, frappé d'une terreur générale ceux des barons qui auraient pu songer à lui résister.

Jusque-là le règne de Marie avait été très-heureux; mais une crise fatale approchait qui devait par suite la plonger dans les plus affreux malheurs. Elle n'avait point d'enfans de son premier mari, le roi de France; les Ecossais désiraient qu'elle en prît un second, et c'était un désir qu'elle partageait elle-même. Il était nécessaire, ou au moins politique, de consulter la reine Elisabeth sur ce projet. Cette princesse avait déclaré son intention de ne se marier jamais; et si elle tenait cette résolution, Marie Stuart était la plus proche héritière de la couronne d'Angleterre. Avec la perspective d'un si bel héritage, il était prudent et naturel que pour former de nouveaux liens, Marie désirât les conseils et l'approbation d'une reine à qui elle ou ses enfans pouvaient espérer de succéder, surtout si la bonne intelligence continuait à régner entre elles.

Elisabeth d'Angleterre était une des reines les plus prudentes qui soient jamais montées sur le trône; et les Anglais portent encore aujourd'hui à sa mémoire le respect et l'attachement qu'elle mérite. Mais toute sa conduite envers sa sœur Marie fut empreinte, d'un bout à l'autre, d'un caractère de fausseté et de jalousie tout-à-fait indigne de son caractère. Déterminée à ne point se marier, son désir paraît avoir été d'empêcher aussi Marie de prendre un époux, de peur de voir naître des enfans qui ne seraient point les siens, et qui cependant seraient prêts à monter sur son trône aussitôt après sa mort. Elle adopta donc une basse et astucieuse politique, engageant successivement sa parente à conclure divers mariages, puis lui suscitant des obstacles dès que l'une de ces alliances semblait au moment de s'accomplir. D'abord elle parut désirer que Marie épousât le comte de Leicester, jeune seigneur de sa cour, dont elle admirait tant la beauté, que, quoiqu'il ne fût distingué ni par ses talens, ni par son caractère, elle disait que, sans le vœu qu'elle avait fait de ne jamais se marier, elle l'aurait choisi elle-même pour époux. On peut croire aisément qu'Elisabeth n'avait nullement l'intention que le mariage qu'elle proposait s'effectuât jamais, et que si Marie se fût montrée le moins du monde disposée à s'unir à Leicester, Elisabeth aurait trouvé mille moyens pour rompre cette alliance.

Mais cette proposition ne convint en aucune manière à la reine Marie. Leicester, quand même son mérite personnel eût été beaucoup plus grand, était d'un rang trop inférieur pour prétendre à la main d'une reine d'Ecosse, reine douairière de France, à qui les plus puissans monarques de l'Europe faisaient en même temps la cour.

L'archiduc Charles, troisième fils de l'empereur d'Allemagne, lui était proposé, ainsi que le prince héréditaire d'Espagne; le duc d'Anjou, qui devint ensuite Henri II, roi de France, se mit aussi sur les rangs. Mais si Marie avait accepté la main d'un prince étranger, c'eût été renoncer à tout espoir de succéder jamais à la couronne d'Angleterre; bien plus encore, avec le caractère défiant et jaloux de ses sujets protestans, c'eût été compromettre peut-être la possession de celle qu'elle portait en Ecosse. Ces considérations la frappèrent tellement, qu'elle alla jusqu'à faire entendre qu'elle pourrait consentir à épouser le comte de Leicester, pourvu qu'Elisabeth voulût la reconnaître publiquement pour son héritière au trône d'Angleterre, dans le cas où elle mourrait sans enfans. Mais cela n'entrait pas dans la politique d'Elisabeth ; elle ne désirait point que Marie épousât personne, et encore moins Leicester, son favori personnel ; il n'était donc pas probable qu'elle déclarât ses sentimens sur la succession à la couronne (sujet sur lequel elle avait toujours observé le plus mystérieux silence), afin d'amener l'union de sa rivale avec l'homme qu'elle-même préférait.

Pendant ce temps, les vues de la reine Marie se portèrent sur un jeune seigneur de haute naissance, allié de très-près à sa famille et à celle d'Elisabeth. C'était Henry Stuart, lord Darnley, fils aîné du comte de Lennox. Vous pouvez vous rappeler qu'après la bataille de Flodden, le comte d'Angus épousa la reine douairière d'Ecosse, et que dans les troubles qui suivirent il fut forcé de se retirer quelque temps à Londres. Pendant le séjour d'Angus en Angleterre, sa femme lui donna une fille, appelée lady Marguerite Douglas, qui, lorsque ses parens retournèrent en Ecosse, continua de rester à la cour d'Angleterre, sous la protection du roi Henry, son oncle. Rappelez-vous aussi que, pendant la régence du duc de Châtelherault, le comte de Lennox essaya de se mettre à la tête du parti anglais en Ecosse ; mais que n'ayant pu réussir, faute de ressources ou de talens, il fut aussi forcé de se retirer en Angleterre, où Henry VIII, en reconnaissance de ses services, tout infructueux qu'ils avaient été, lui accorda la main de sa nièce, lady Marguerite Douglas, qui par sa mère avait des droits à la couronne d'Angleterre.

Le père du jeune lord Darnley étant d'un rang si élevé, et sa famille étant si près des degrés du trône, Marie s'imagina qu'en l'épousant elle satisferait les désirs d'Elisabeth, qui semblait lui faire entendre, quoique d'une manière ambiguë, que ce qui lui plairait davantage serait de lui voir choisir un Anglais, plutôt qu'aucun des monarques qui briguaient sa main. Elisabeth parut recevoir cette proposition favorablement, et elle permit au comte de Lennox et à son fils de se rendre à la cour d'Ecosse, dans l'espoir que leur présence ne ferait qu'embrouiller les affaires, et pensant que, si ce mariage paraissait s'arranger, elle le romprait aisément en les rappelant près d'elle, ordre auquel elle supposait qu'ils n'oseraient point désobéir, puisque tous leurs biens et toute leur fortune étaient en Angleterre.

Le jeune Darnley était d'une taille et d'une beauté remarquables; il avait toutes les qualités extérieures les plus brillantes, mais malheureusement il était dépourvu de sagacité, de prudence et de force de caractère; et quoique très-violent dans ses passions, il ne montrait qu'un courage équivoque. Si ce jeune seigneur avait possédé une part ordinaire de bon sens, ou même de reconnaissance, nous aurions une autre histoire à vous raconter du règne de Marie; mais avec le caractère qu'il avait, vous en entendrez une bien triste et bien déplorable. Marie eut le malheur de voir Darnley d'un œil favorable, et hésita d'autant moins à céder à son penchant, qu'il lui tardait de mettre fin aux intrigues par lesquelles Elisabeth s'efforçait de la circonvenir pour empêcher son mariage. Il est certain que, tandis que les deux reines employaient l'une envers l'autre le langage de la plus tendre cordialité, il n'y avait entre elles ni franchise ni sincérité, mais beaucoup de dissimulation, d'envie et de crainte.

Darnley, pendant ce temps, cherchant à augmenter l'intérêt qu'il avait inspiré à la reine, eut recours à l'amitié d'un homme de basse naissance à la vérité, mais qu'on disait exercer une influence particulière sur l'esprit de Marie. C'était un Italien d'une humble origine, nommé

David Rizzio, qui, de simple domestique de la maison de la reine, avait été promu au rang de secrétaire français. Ses talens pour la musique le faisaient admettre souvent en présence de Marie, qui aimait passionnément cet art, et son adresse insinuante lui fit prendre un grand empire sur son esprit. Il était presque indispensable que la reine eût près de sa personne un homme de confiance, unissant à la connaissance des affaires celle des langues vivantes, par l'entremise duquel elle pût correspondre avec les royaumes étrangers, et en particulier avec ses amis de France. Il était impossible de trouver en Ecosse quelqu'un qui réunît ces qualités, à moins de prendre un prêtre catholique, qui eût donné bien plus d'ombrage à ses sujets protestans qu'un homme tel que Rizzio. Néanmoins l'élévation d'un Italien, d'un catholique au rang de ministre de la couronne, et plus encore la condescendance de la reine qui l'admit dans sa société intime, et les grands airs que se permit cet étranger de basse naissance, offensèrent l'orgueil des nobles écossais, et firent beaucoup jaser parmi le peuple.

Darnley, désirant gagner l'affection de la reine par tous les moyens possibles, se lia intimement avec Rizzio, qui employa tout l'art de la flatterie pour se mettre dans ses bonnes graces, et l'on ne peut douter qu'il ne l'ait servi efficacement près de Marie. La reine, de son côté, travaillait à écarter les obstacles qui auraient pu s'opposer à son union avec Darnley, et elle le fit avec tant de succès, qu'avec l'approbation de presque tous ses sujets, ils furent mariés à Edimbourg le 29 juillet 1565.

CHAPITRE XXVIII.

Révolte de Murray. — Meurtre de Rizzio. — Naissance de Jacques VI. — Mort de Darnley.

Lorsque Elisabeth apprit que ce mariage était décidé, elle laissa voir toute la faiblesse d'une femme que dévorait la jalousie. Elle fit de vives remontrances contre cette union, quoique au fond Marie n'eût pu faire un choix moins dangereux pour l'Angleterre. Elle rappela Lennox et son fils, mais ils refusèrent ou au moins différèrent d'obéir à cet ordre. Elle fit alors enfermer dans la Tour de Londres la comtesse de Lennox, la seule de la famille qui fût restée en sa puissance. Par-dessus tout, elle tâcha de troubler la tranquillité de l'Ecosse et le gouvernement de Marie et de son nouvel époux, en excitant à l'insurrection les nobles écossais qui avaient vu leur mariage avec déplaisir.

Parmi ces mécontens, le comte de Murray, frère de la reine, était sans contredit le plus puissant et le plus habile. Darnley et lui étaient ennemis personnels, et de plus Murray était un des principaux lords de la Congrégation, qui affectaient de voir du danger pour la religion protestante dans le choix que Marie avait fait de Darnley, et dans la rupture que ce choix allait sans doute amener avec l'Angleterre. Murray dressa même un plan pour s'emparer de Darnley, et le mettre à mort ou l'envoyer prisonnier en Angleterre. Dans ce dessein un corps de cavalerie fut placé en embuscade dans un passage étroit, nommé le *Parrot-Well* (Puits du Perroquet) au pied de la montagne de Bennartey, près de Kinross, avec ordre de se saisir de la reine et de Darnley lorsqu'ils reviendraient d'une assemblée des états qui se tenait à Perth. Ils n'échappèrent à ce danger que par une marche forcée commencée de grand matin.

Après le mariage, Murray et ses complices, qui étaient le duc de Châtelherault, Glencairn, Argyle, Rothes, et plusieurs autres, prirent les armes. Dans cette extrémité, la reine appela ses sujets autour d'elle, et l'on put juger de sa popularité par le grand nombre de troupes qui se rendirent à cet appel. Darnley se mit à leur tête, monté sur un superbe cheval, et couvert d'une armure dorée, accompagné de la reine en personne, qui avait des pistolets chargés à l'arçon de sa selle. Incapables de tenir la campagne, Murray et ses complices évitèrent la rencontre de l'armée royale, et prirent tout à coup le chemin d'Edimbourg, où ils espéraient trouver des partisans. Mais les habitans ne voulurent point adopter leur cause, et, le château menaçant de tirer sur eux, les insurgés furent forcés de se retirer, d'abord à Hamilton, puis à Dumfries, et voyant qu'il ne leur restait aucun espoir, les chefs dispersèrent leurs troupes et se retirèrent en Angleterre. Ainsi finit une insurrection qui fut appelée la *Run-about-raid* ou *Ride* (la course en tout sens), à cause de la manière incertaine et précipitée dont les conspirateurs couraient d'un bout du royaume à l'autre.

Elisabeth, qui avait encouragé Murray et ses associés à se révolter contre Marie, ne voulut point paraître avoir été pour rien dans ce complot, lorsqu'elle vit qu'il n'avait pas réussi. Elle ordonna à Murray et à l'abbé de Kilwinning de comparaître devant elle, en présence des ambassadeurs de France et d'Espagne qui l'avaient accusée de fomenter des troubles en Ecosse.

— Répondez, s'écria-t-elle, lord de Murray, et vous son compagnon! avez-vous reçu de moi quelques avis ou quelque encouragement pour votre dernière entreprise? Les exilés, n'osant dire la vérité, s'empressèrent d'assurer, quoique rien ne fût plus faux, qu'ils n'avaient reçu d'elle ni conseil ni assistance. — Vous dites vrai, répondit

Elisabeth ; car jamais ni moi, ni personne en mon nom, ne vous a excités à la révolte contre votre reine, et c'est un mauvais exemple que vous avez donné à mes sujets et à ceux des autres souverains ; ainsi sortez à l'instant de ma présence, indignes traîtres que vous êtes. Mortifiés et confus, Murray et ses compagnons se retirèrent de nouveau sur la frontière, où la reine Elisabeth, malgré son prétendu ressentiment, leur fit passer en secret tout ce qui leur était nécessaire, jusqu'à ce que le temps leur permît de retourner en Ecosse pour y fomenter de nouveaux troubles.

Marie avait su dompter ses sujets rebelles ; mais elle s'aperçut bientôt qu'elle s'était donné un ennemi plus formidable, dans le mari déraisonnable et violent qu'elle avait choisi. Ce jeune inconsidéré se conduisait très-mal à l'égard de Marie, ne la respectant pas plus comme femme que comme reine, et il s'abandonnait journellement à l'ivresse et à d'autres vices aussi honteux. Quoique possédant déjà plus de pouvoir qu'il n'était convenable de lui en accorder à son âge et avec sa capacité, car il n'avait que dix-neuf ans, il ne cessait d'importuner Marie pour obtenir ce qui était appelé, en Ecosse, la couronne matrimoniale, c'est-à-dire le partage égal de l'autorité royale avec la reine. Tant qu'il n'obtenait pas cette prérogative, il n'était point roi, quoiqu'on lui en donnât le titre par politesse ; il n'était que le mari de la reine.

La couronne matrimoniale avait été accordée à François II, le premier mari de la reine, et Darnley était décidé à posséder le même rang. Mais Marie, dont la bonté avait déjà surpassé de beaucoup le mérite et la reconnaissance de Darnley, était déterminée à ne pas lui faire cette dernière concession, du moins sans l'avis et le consentement du parlement.

L'impatience puérile de Darnley lui faisait porter une haine mortelle à tout ce qui semblait s'opposer à l'exécution immédiate de ses désirs, et son animosité tourna surtout contre le secrétaire italien, jadis son ami, mais qu'il regardait maintenant comme son plus grand ennemi, depuis qu'il supposait que Rizzio encourageait la reine à résister à sa fougueuse ambition. Son ressentiment contre le malheureux étranger devint si vif, qu'il menaça de le poignarder de sa propre main; et comme Rizzio avait beaucoup d'ennemis et pas un ami, excepté sa maîtresse, Darnley trouva sans peine des agens, même dans un rang élevé, qui se chargèrent de l'exécution de sa vengeance.

Le chef des complices de Darnley dans cette malheureuse occasion, fut James Douglas, comte de Morton, chancelier du royaume, oncle et tuteur du comte d'Angus, (car le représentant de cette famille était alors un enfant), et comme tel exerçant tout le pouvoir de l'illustre maison de Douglas. C'était un homme qui possédait de grands talens militaires et politiques; mais quoiqu'il affichât une grande austérité de principes, ses actions prouvent que c'était un misérable qui ne connaissait aucun scrupule. Quoique chancelier du royaume, et par conséquent plus obligé qu'aucun autre à respecter les lois, il n'hésita pas à seconder le projet cruel et illégal du jeune roi. Lord Ruthven, homme dont la constitution était énervée par la paresse, entreprit cependant de revêtir son armure pour concourir à cet assassinat, et ils n'eurent point de peine à trouver d'autres agens.

Il aurait été facile de se saisir de Rizzio, et de le traiter comme les favoris de Jacques III l'avaient été à Lauder-Bridge par les pairs écossais; mais la vengeance de Darnley n'aurait pas été complète. Il prétendait que la reine montrait plus d'égards pour ce vil Italien que pour lui-même, et il prit la résolution barbare de l'arrêter en sa présence. Ce plan était d'autant plus atroce que Marie était enceinte, et que la frayeur et l'émotion qu'un tel acte de violence devait naturellement exciter en elle pouvait mettre en danger sa vie et celle de son enfant.

Tandis que ce complot infernal se tramait, Rizzio reçut plusieurs avis secrets sur ce qui se passait. Sir James Melleville se donna beaucoup de peine pour lui expliquer le danger que courait un étranger, dans quelque pays que ce fût, lorsqu'il s'élevait assez dans la faveur du prince pour exciter la haine des habitans de ce pays. Un prêtre français, qui était tant soit peu astrologue, l'avertit de se méfier d'un certain bâtard. A ces conseils il répondit que les Ecossais étaient plus portés à menacer qu'à frapper, et que, quant au bâtard (c'était du comte de Murray qu'il voulait parler), il aurait soin qu'il ne possédât jamais assez de pouvoir en Ecosse pour être en état de lui nuire. Plein de cette imprudente confiance, il resta à la cour pour subir sa destinée.

Les lords qui s'étaient engagés dans la conspiration n'entendaient point satisfaire pour rien le ressentiment de Darnley contre Rizzio. Ils stipulèrent, pour prix de leurs services, qu'il les aiderait à son tour à obtenir le pardon de Murray et de ses complices, pour leur échauffourée de la Run-About-Raid, et un message fut envoyé à ces derniers pour leur apprendre l'entreprise qu'on méditait.

La reine Marie, comme son père Jacques V, était enchantée lorsque, laissant de côté tout l'appareil de la royauté, elle pouvait oublier les embarras inséparables des grandeurs, dans de petites parties familières, gaies et paisibles, comme elle les appelait elle-même. Dans ces occasions, elle admettait à sa table ceux des officiers de sa maison qu'elle préférait, et il paraît que Rizzio avait souvent cet honneur. Le 9 mars 1566, six personnes avaient soupé dans un petit cabinet dont la seule porte donnait dans la chambre à coucher de la reine, et Rizzio était du nombre. A sept heures environ dans la soirée, les portes du palais furent envahies par Morton, à la tête de deux cents hommes; et un certain nombre de conspirateurs, conduits par Darnley lui-même, pénétrèrent dans l'appartement de la reine par un escalier dérobé. Darnley entra le premier dans le cabinet, et resta quelques minutes muet et immobile, jetant de sombres regards sur sa victime. Lord Ruthven le suivait armé de pied en cap, ayant une figure livide et cadavéreuse, comme un homme qui sort d'une longue maladie. Les autres entrèrent après eux, jusqu'à ce que le petit cabinet fût rempli d'hommes armés. Tandis que la reine leur demandait le sujet de cette visite, Rizzio, qui vit que ses jours étaient menacés, se retira derrière elle, et s'attacha avec force aux plis de sa robe, espérant que le respect dû à son auguste maîtresse pourrait le protéger. Les assassins renversèrent la table et s'emparèrent du malheureux objet de leur vengeance, tandis que Darnley tenait lui-même la reine. Leur intention était sans doute de traîner Rizzio hors de la présence de Marie, et de le tuer autre part, mais leur féroce impatience ne leur permit pas de différer un instant leur lâche homicide. George Douglas, appelé le Postulant d'Arbroath, frère naturel du comte de Morton, donna l'exemple en arrachant le poignard que Darnley portait à sa ceinture, et en frappa Rizzio, qui reçut presque en même temps plusieurs autres coups. Ils le traînèrent alors à travers la chambre à coucher et l'antichambre, et l'achevèrent au haut de l'escalier, où il tomba percé de cinquante-six coups de poignard. Dès que tout fut fini, Ruthven, fatigué d'un exercice si violent pour lui, se jeta dans un fauteuil en présence de la reine, et demanda un verre de vin pour se rafraîchir, comme s'il eût fait l'action du monde la plus innocente.

Les témoins, les acteurs et le théâtre de cette cruelle tragédie, la rendent une des scènes les plus extraordinaires que l'histoire nous ait transmises. Le cabinet et la chambre à coucher sont encore dans le même état où ils étaient alors; et le plancher, près de l'escalier dérobé, porte des traces visibles du sang du malheureux Rizzio. La reine continuait à demander sa grace avec de vives instances et les yeux baignés de larmes; mais lorsqu'elle apprit qu'il était mort elle essuya ses pleurs. — Je vais maintenant, dit-elle, méditer ma vengeance.

Les conspirateurs, qui n'avaient commis cette action cruelle qu'à l'instigation de Darnley, se croyaient sûrs de sa protection. Ils se joignirent à Murray et à ses complices, qui s'empressèrent d'arriver d'Angleterre, d'après le rendez-vous qu'on leur avait donné, et ils convinrent ensemble des mesures qu'il y avait à prendre. Leur avis était que la reine fût enfermée dans le château d'Edimbourg ou ailleurs, et que Murray et Morton gouvernassent l'Etat sous le nom de Darnley, à qui l'on donnerait la couronne matrimoniale qu'il désirait si vivement. Mais tout ce plan fut détruit par la défection de Darnley. Aussi léger que violent, et aussi pusillanime qu'il s'était montré cruel, à peine Rizzio fut-il mort, que Darnley fut épouvanté de ce qu'on avait fait, et très-disposé à nier qu'il y eût la moindre part.

Trouvant son faible mari partagé entre le remords et la crainte, Marie eut assez d'empire sur lui pour le décider à se réunir à elle contre les mêmes personnes qu'il avait engagées à commettre ce crime. Darnley et Marie s'échappèrent ensemble du palais d'Holyrood, et se rendirent à Dunbar, d'où la reine publia une proclamation qui rassembla bientôt autour d'elle un grand nombre de fidèles sujets. Ce fut alors le tour des conspirateurs de trembler. Afin d'assurer sa victoire en les privant de leurs auxiliaires, Marie pardonna au comte de Murray et à tous ceux qui étaient compromis dans la Run-About-Raid, les regardant comme bien moins coupables que les assassins de Rizzio. Murray, Glencairn et les autres rentrèrent donc en grace, tandis que Morton et ses complices s'enfuirent à leur tour en Angleterre. Aucun Ecossais, quel que fût son crime, n'y cherchait un refuge sans être sûr d'y trouver, sinon une protection déclarée, du moins quelque assistance secrète. Telle fut la politique constante d'Elisabeth.

La reine Marie se trouvait encore une fois en possession de l'autorité; mais le calme dont elle aurait pu jouir était sans cesse troublé par la conduite extravagante de son mari, dont l'absurdité et l'insolence n'étaient pas diminuées par les conséquences qu'avait eues la mort de Rizzio; de sorte que la plus grande mésintelligence continuait à régner entre ces deux époux, quoiqu'elle fût cachée sous une réconciliation apparente.

Le 19 juin 1566, Marie accoucha d'un fils, qui fut ensuite Jacques VI. Lorsque la nouvelle de cet événement arriva à Londres, la reine Elisabeth s'amusait gaiement à danser; mais dès qu'elle apprit ce qui était arrivé, elle quitta la danse, se jeta sur une chaise, se cacha la figure dans ses deux mains, et s'écria d'un ton de colère aux dames d'honneur qui l'entouraient: «N'entendez-vous pas que la reine d'Ecosse a un beau garçon? Et moi je ne suis qu'une souche stérile!» Mais le lendemain matin elle avait repris assez de pouvoir sur elle-même pour conserver tous les dehors de l'aménité et de la bienveillance; elle fit à l'ambassadeur écossais l'accueil le plus gracieux, et accepta avec de vifs remerciemens le titre de marraine du jeune prince, qu'il lui offrit au nom de la reine Marie.

Après avoir célébré de la manière la plus splendide le baptême de l'héritier de la couronne, Marie appliqua tous ses soins à apaiser les dissensions qui éclataient souvent parmi la noblesse; et sacrifiant elle-même son juste ressentiment, elle poussa de son côté la condescendance jusqu'à pardonner aux assassins de Rizzio. Deux hommes de bas étage avaient seuls été exécutés pour ce crime. Lord Ruthven, qui en avait été le principal acteur, était mort en Angleterre, parlant et écrivant sur le meurtre de David Rizzio avec autant de sang-froid que si c'eût été l'action la plus innocente, sinon la plus méritoire. George Douglas, qui avait frappé le premier coup, et Ker de Faldonside, autre scélérat qui avait dirigé son pistolet contre le sein de la reine au milieu du tumulte, furent seuls exceptés de l'amnistie générale. Morton et tous les autres purent rentrer en Ecosse, pour y comploter de nouvelles trahisons et de nouveaux assassinats.

Nous voici arrivés, mon cher enfant, à une période bien délicate de notre histoire. Les événemens qui suivent, du règne de Marie, sont bien connus ; mais les historiens ne s'accordent ni sur les noms des principaux agens qui les ont amenés, ni sur les motifs qui ont pu les faire agir. Ce fut entre autres, et ce sera probablement long-temps encore le sujet de vives discussions, de décider si la reine Marie prit volontairement part aux événemens tragiques et coupables que je vais raconter ; ou si, ignorant les criminels desseins des autres, elle fut la victime innocente de leur turpitude. Je me bornerai, mon cher enfant, à vous donner l'esquisse des faits qui sont incontestables de l'aveu de tous les partis, vous laissant le soin d'étudier vous-même ce point d'histoire lorsque vous serez plus avancé en âge.

James Hepburn, comte de Bothwell, était un homme de moyen âge, qui pendant plusieurs années avait joué un grand rôle dans ces temps de troubles. Il s'était rangé jadis du côté de la reine régente contre le parti de la réformation, et maintenant on le croyait plutôt attaché à Marie qu'à aucune des factions qui lui étaient opposées. Il était chef de la puissante famille d'Hepburn, et il avait beaucoup d'influence dans le Lothian oriental et dans le comté de Berwick, où l'on trouvait toujours d'excellens soldats. La conduite de Bothwell était déréglée et licencieuse, son ambition aussi effrénée qu'audacieuse ; et quoique nous ne trouvions pas dans son histoire beaucoup de traits de courage personnel, il avait dans sa jeunesse la réputation de n'en pas manquer. Il avait couru quelque danger au moment de l'assassinat de Rizzio, son respect pour la reine ayant fait soupçonner aux conspirateurs qu'il aurait voulu empêcher qu'on ne fît un affront aussi sensible à sa personne et à son autorité. Comme le comte de Bothwell montrait un grand zèle pour sa cause, Marie était naturellement portée à l'avancer à la cour; au point que beaucoup de personnes, et particulièrement les prédicateurs de la religion réformée, pensaient qu'elle admettait dans une trop grande intimité un homme d'un caractère si farouche et de mœurs si dissolues, et la voix publique accusait la reine d'être plus attachée à Bothwell qu'elle ne l'aurait dû, puisqu'il était marié et qu'elle l'était également.

Une démarche irréfléchie de la part de Marie parut confirmer ce soupçon. Bothwell, parmi plusieurs autres places importantes, était lord Gardien de toutes les marches, et il habitait le château de l'Hermitage, forteresse royale attachée à cet emploi, afin de réprimer les désordres qui se commettaient sur les frontières. Dans le mois d'octobre 1566, voulant s'emparer lui-même d'un malfaiteur nommé John Elliot du Parc, il fut grièvement blessé à la main. La reine, qui tenait alors une cour de justice à Jedburgh, traversa les bois, les marais et les rivières pour aller rendre visite au Gardien blessé, et quoique la distance fût de vingt milles d'Angleterre, elle alla au château de l'Hermitage et en revint dans la même journée. Cette excursion pouvait n'avoir pour cause que le désir de Marie d'apprendre les particularités d'un si grand outrage fait à son lieutenant; mais tous ses ennemis, et le nombre en était grand, ne manquèrent pas de présenter cette démarche comme la preuve de sa sollicitude pour les jours de son amant.

Pendant ce temps, les dissensions entre Darnley et la reine allaient toujours en croissant. Elle ne pouvait plus aimer un homme qui lui avait attiré tant de querelles et d'affronts, et qui avait eu tant de part à la mort de Rizzio; et ceux qu'il avait entraînés à commettre ce crime le regardaient comme un misérable sans cœur, sans courage, qui, après leur avoir mis les armes à la main et les avoir engagés à frapper un coup si audacieux, les avait ensuite trahis et abandonnés. La conduite qu'il avait tenue depuis cette époque prouvait qu'il n'avait gagné ni du côté du bon sens, ni de celui de l'esprit. Il prétendait qu'il allait quitter le royaume, et cette extravagance et tous ses autres caprices lui aliénèrent tellement l'esprit de la reine, que les nobles intrigans et sans scrupule qui l'entouraient s'imaginèrent qu'il serait très-agréable à Marie d'être délivrée des nœuds qui l'enchaînaient à un jeune insensé, dont elle avait trop long-temps souffert les vices et les folies.

Le premier projet qui fut formé fut de faire prononcer le divorce entre elle et Darnley. Bothwell, Maitland et Morton s'unirent, dit-on, pour presser la reine, qui habitait alors le château de Craigmillard près d'Edimbourg, d'adopter cette mesure; mais elle la rejeta avec fermeté. Une conspiration d'une nature plus sinistre se forma alors pour assassiner le malheureux Darnley; et il paraît que Bothwell ne doutait pas que Marie, dès qu'elle serait débarrassée d'un époux si méprisable, ne le choisît pour lui succéder. Il parla au comte de Morton du projet de se défaire de Darnley, et le lui peignit comme une entreprise qui avait l'approbation de la reine; mais Morton refusa de se mêler d'une affaire si délicate, à moins d'en recevoir l'ordre exprès de la main de Marie. Bothwell lui promit de lui procurer cette garantie, mais il ne tint point sa parole; Morton l'avoua au moment de la mort. Lorsque le prêtre qui reçut sa confession lui demanda pourquoi il n'avait pas empêché le meurtre en dévoilant la conspiration, il répondit : — Il n'y avait personne à qui j'eusse pu faire cette révélation en sûreté; la reine était du complot, et si j'avais averti Darnley, sa folie était si grande que je suis certain qu'il m'aurait trahi près de la reine, et ma perte eût été certaine. — Mais quoiqu'il ne voulût rien avouer de plus que ce que je viens de vous dire, on suppose toujours que Morton était un des conspirateurs, et on crut généralement qu'un de ses parens, connu par son audace et par ses débauches, nommé Archibald Douglas, ministre de Glascow, fut l'un des assassins directs. Tandis que ces soupçons planaient sur Morton, il n'avait, lui, aucune raison de croire Marie coupable, excepté ce que lui dit Bothwell; encore avoue-t-il que jamais ce dernier ne lui montra aucun ordre de la main de la reine, quoiqu'il le lui eût positivement promis. Il paraît probable que Maitland de Lethington connaissait aussi ce fatal et criminel secret. Morton et lui cependant étaient deux hommes d'une grande sagacité; ils prévirent que l'action sanguinaire que méditait Bothwell le rendrait odieux à la nation, et que peut-être la haine publique n'épargnerait même pas la reine; et ils résolurent de le laisser achever cette œuvre d'iniquité, dans l'espoir qu'elle le conduirait promptement à sa perte, et qu'ils pourraient parvenir au pouvoir suprême.

Tandis que ces plans se tramaient contre sa vie, Darnley tomba malade à Glascow, et la petite vérole se déclara. La reine lui envoya son médecin; peu de temps après elle se rendit près de lui, et une réconciliation apparente eut lieu entre eux. Ils revinrent ensemble à Edimbourg le 31 janvier 1566-67. Le roi fut logé dans une maison religieuse appelée l'Eglise-des-Champs (*the Kir of Field*), en dehors des murs de la ville. La reine et son fils allèrent habiter le palais d'Holyrood, de crainte que l'enfant ne gagnât la petite vérole; mais Marie était remplie d'attentions pour son mari; elle venait le voir très-souvent, et ils ne parurent jamais mieux ensemble qu'au moment où la conspiration contre la vie de Darnley était sur le point d'être exécutée. Il habitait avec son valet de chambre un corps de logis séparé de tous les autres, lorsque les mesures furent prises pour le faire périr de cette horrible manière :

Dans la soirée du 9 février, plusieurs personnes, parens, vassaux et domestiques du comte de Bothwell, vinrent en secret à l'Eglise-des-Champs. Ils apportèrent une grande quantité de poudre, et, par le moyen de fausses clefs, ils pénétrèrent dans les caves, et y déposèrent la poudre sous l'appartement de Darnley, et particulièrement sous l'endroit où son lit était placé. Vers deux heures du matin, Bothwell, caché sous un grand manteau, arriva pour surveiller l'exécution de son cruel projet. Deux de ses affidés entrèrent dans la maison, et mirent le feu à une longue mèche disposée de manière à brûler lentement, et dont l'autre bout était placé au milieu de la poudre. Ils attendirent quelque temps la réussite de leur machine infernale, et Bothwell devint si impatient, qu'on eut beaucoup de peine à l'empêcher d'entrer dans la maison pour voir si quelque accident n'avait pas éteint la mèche. Un de ses complices, en regardant par un soupirail, l'assura qu'elle brûlait toujours. Un instant après l'explosion eut lieu ; elle fit sauter l'Eglise-des-Champs, et jeta l'alarme dans toute la ville. Le corps de Darnley fut trouvé dans un verger voisin. Le lit dans lequel il était couché l'avait préservé de l'action du feu, ce qui fit croire généralement qu'il avait été étranglé, ainsi que son valet de chambre ; qu'on avait trouvé à quelques pas de lui, et que leurs corps avaient été emportés avant l'explosion ; mais c'était une erreur : il est prouvé jusqu'à l'évidence, par le témoignage de tous ceux qui furent présens à la catastrophe, qu'on n'employa point d'autre moyen que la poudre, mode de destruction assez puissant pour rendre les autres inutiles.

CHAPITRE XXIX.

Mariage de Marie et de Bothwell. — Marie se rend aux lords confédérés à Carberry. — Son emprisonnement dans le château de Lochleven, et son évasion. — Bataille de Langside et fuite de Marie en Angleterre. — Conduite injuste d'Elisabeth envers la reine d'Ecosse. — Régence et meurtre de Murray. — Guerres civiles en Ecosse. — Régence de Morton. — Son procès et son exécution. — Affaire de Ruthven. — Jacques VI se laisse diriger par Stuart, comte d'Arran. — Disgrace et mort de ce favori.

L'HORRIBLE assassinat du malheureux Darnley excita les plus violens soupçons et le plus grand mécontentement à Edimbourg et dans tout le royaume. L'opinion publique désignait Bothwell comme l'auteur du meurtre; et comme il continuait à jouir de la faveur de Marie, la réputation de cette dernière ne fut pas épargnée. Elle n'avait qu'un seul moyen de recouvrer sa popularité, c'était de mettre Bothwell en jugement, c'était surtout d'ordonner que le procès fût public et impartial. Le procès fut public en effet, mais on eut soin que toutes les circonstances fussent à l'avantage de l'accusé. Lennox, père de la victime, avait, comme c'était son devoir naturel, accusé Bothwell du meurtre de son fils : pour que ses poursuites se trouvassent paralysées, tout se fit avec une précipitation qui semblait vouloir éluder les opérations de la justice. Lennox reçut avis, le 28 mars, que le 12 avril était le jour fixé pour le jugement; il n'avait donc que quatorze jours pour répondre à la citation qui lui était faite, en sa qualité de plus proche parent du monarque assassiné, de comparaître devant le cour, et de soutenir l'accusation qu'il avait intentée à Bothwell. Le comte se plaignit que le délai qui lui était accordé pour rassembler les preuves nécessaires pour convaincre un criminel aussi puissant était infiniment trop court; mais ses réclamations furent inutiles, il ne put obtenir de sursis.

Il était d'usage en Ecosse que les personnes accusées de quelque grand crime comparussent devant les tribunaux, entourées de tous leurs amis et de tous leurs partisans, dont le nombre était souvent si considérable, que les juges et les accusateurs, intimidés, craignaient d'approfondir l'affaire, et prononçaient l'absolution de l'accusé, de sorte que le cours de la justice se trouvait momentanément suspendu. Bothwell, se sentant coupable, voulut employer ce moyen, presque toujours efficace, dans toute son étendue. Il parut dans Edimbourg à la tête de cinq mille de ses partisans. Deux cents fusiliers d'élite marchaient à ses côtés, et ils gardèrent les portes du tribunal, dès que le criminel fut entré. Dans de pareilles circonstances, on ne pouvait s'attendre à un jugement impartial. Lennox ne comparut pas; seulement, un de ses vassaux protesta en son nom contre tout ce qui allait se passer. Aucune charge ne fut produite, aucune preuve, par conséquent, ne fut requise, et un jury, composé de nobles et de gentilshommes de la première distinction, acquitta Bothwell d'un crime dont tout le monde le croyait coupable.

L'esprit public fit justice de ce procès dérisoire; mais Bothwell, sans s'inquiéter des murmures du peuple, se mit en devoir de s'emparer d'une place qu'il avait rendue vacante par le meurtre de Darnley. Il invita un grand nombre des principaux nobles à un repas donné dans une taverne, et il sut les engager à signer un écrit par lequel, non-seulement ils déclaraient Bothwell innocent de la mort du roi, mais encore ils le désignaient à la reine comme l'époux le plus convenable qu'elle pût choisir. Morton, Maitland et autres, qui furent ensuite les ennemis et les accusateurs de Marie, signèrent cet acte remarquable, soit qu'ils fussent effrayés des conséquences que pourrait avoir un refus, soit qu'ils pensassent que le moyen le plus sûr et le plus prompt de précipiter la ruine de Bothwell et de la reine, était de les encourager à former une union qui mécontenterait la nation entière.

Murray, le personnage le plus important de l'Ecosse, n'entra point dans toutes ces intrigues criminelles. Il était dans le comté de Fife lorsque le roi fut assassiné, et trois jours environ avant le procès de Bothwell, il obtint de la reine sa sœur la permission d'aller faire un voyage en France. Probablement qu'il ne se croyait pas en sûreté au cas où Bothwell parviendrait à monter sur le trône.

Le comte de Bothwell, s'étant assuré de cette manière le consentement apparent de la noblesse, et se croyant sûr, sans doute, de l'approbation de la reine, parut tout à coup au pont de Cramond, à la tête de mille cavaliers, au moment où Marie y arrivait en revenant de Stirling à Edimbourg. Il prit par la bride le cheval de la reine, et après avoir fait entourer et désarmer ses serviteurs trop peu nombreux pour la défendre, il la conduisit, en apparence malgré elle, dans le château de Dunbar dont il était gouverneur. Il ne paraît pas qu'en cette occasion Marie ait essayé de résister, ni qu'elle ait exprimé les sentimens de colère, d'indignation et de honte qu'elle aurait dû éprouver comme reine et comme femme. Les officiers de Bothwell assurèrent aux gens de sa suite qu'elle n'était emmenée que de son plein consentement; et en réfléchissant à son caractère fier et intrépide, il serait difficile d'expliquer autrement son silence, je dirai presque sa soumission, pendant qu'on lui faisait un si grand outrage. Ils restèrent dix jours à Dunbar, après lesquels ils revinrent à Edimbourg paraissant réconciliés. Le comte guidait avec tous les soins imaginables le palefroi de la reine, et il la conduisit au château d'Edimbourg dont le gouverneur était un de ses partisans.

Tandis que ces événemens étranges se passaient, Bothwell avait réussi à faire prononcer le divorce entre lui et sa femme, sœur du comte de Huntly. Le 12 mai, la reine déclara publiquement qu'elle pardonnait à Bothwell la violence dont il s'était rendu coupable à son égard, et que, quoiqu'elle eût été d'abord très-offensée de ce procédé, elle voulait bien lui accorder sa grace et même l'élever à de nouveaux honneurs. Les effets ne tardèrent pas à suivre les promesses, car elle le créa duc d'Orkney ; et le 15 du même mois, avec une indiscrétion plus impardonnable encore, elle fit la folie d'épouser cet homme ambitieux et débauché, encore tout dégouttant du sang de son mari.

La reine ne tarda pas à découvrir que par ce malheureux mariage elle s'était mise au pouvoir d'un homme plus méchant et plus barbare que le faible Darnley. Bothwell se conduisit bientôt avec elle de la manière la plus brutale ; et n'ayant pu obtenir, comme il s'en était flatté, que le jeune prince fût mis sous sa garde, il se répandit en reproches tellement outrageans envers Marie, qu'un jour elle demanda un poignard pour s'en frapper, préférant la mort à ses mauvais traitemens.

Pendant ce temps, le mécontentement public était à son comble, et Morton, Maitland et autres qui avaient trempé dans le meurtre de Darnley, se mirent à la tête d'une grande partie de la noblesse, qui résolut de venger sa mort, et d'arracher à Bothwell un pouvoir usurpé. Ils prirent les armes si promptement, qu'ils faillirent surprendre la reine et Bothwell au milieu d'une fête que leur donnait lord Borthwick dans son château. Les deux époux n'eurent que le temps de se sauver et de se rendre à Dunbar, Marie s'étant cachée sous les habits d'un page.

Les lords confédérés marchèrent vers Dunbar, et la reine et Bothwell ayant rassemblé une armée, s'avancèrent à leur rencontre, et les joignirent à Carberry-Hill, non loin du champ de bataille de Pinkie, le 15 juin 1567. Marie aurait agi plus sagement en différant le combat, car les Hamiltons étaient en marche pour la joindre avec des forces considérables. Mais elle était accoutumée à obtenir l'avantage sur ses ennemis par des mouvemens rapides et spontanés, et elle ne fit pas d'abord assez d'attention à l'impression défavorable qui existait contre elle dans sa propre armée. Une grande partie de ses troupes, sinon la totalité, ne se souciait pas de combattre pour la cause de Bothwell. Celui-ci fit la rodomontade d'offrir de prouver son innocence, les armes à la main, contre tous ceux des lords confédérés qui oseraient affirmer son crime. Le vaillant Kirkaldy de La Grange, Murray de Tullibardin et lord Lindsay des Byres le défièrent successivement; mais Bothwell trouva toujours quelque prétexte pour éluder le combat, et il paraît que ce méchant homme n'avait point assez de courage pour se mesurer avec qui que ce fût. Pendant ces pourparlers, l'armée de la reine commençait à se débander, et il devint évident que personne ne voulait combattre pour sa cause, tant qu'elle serait unie à celle de Bothwell. Marie l'engagea donc à se retirer, et il ne se le fit pas dire deux fois; il se rendit à Dunbar à franc étrier, et de là il s'échappa par mer.

Après avoir reçu la promesse d'être traitée avec le respect et les égards convenables, Marie se rendit au laird de La Grange, et fut conduite par lui au quartier-général de l'armée confédérée. Les lords la reçurent dans un respectueux silence; mais quelques soldats firent entendre des huées et des cris insultans, et il fallut que La Grange tirât son épée pour les forcer à se taire. Les lords adoptèrent la résolution de retourner dans la capitale, et ils y conduisirent Marie, entourée de leurs troupes.

Lorsque la malheureuse reine approcha d'Edimbourg, conduite en quelque sorte en triomphe par les vainqueurs, elle eut à souffrir les insultes les plus grossières et les plus cruelles de la part de la populace. Ces gens sans pitié portaient une bannière faite exprès pour cette insurrection, représentant d'un côté le cadavre de Darnley étendu sous un arbre dans le fatal verger, avec ces mots brodés pour légende : « O Seigneur! juge et venge ma cause; » et de l'autre le petit prince à genoux, et les mains jointes, comme s'il priait le ciel de punir les meurtriers de son

père. Pendant que la pauvre Marie traversait les rues d'E-
dimbourg, les cheveux épars, les vêtemens en désordre,
couverte de poussière et succombant sous le poids du cha-
grin, de la honte et de la fatigue, cette fatale bannière ne cessa
de flotter devant ses yeux, tandis que les cris frénétiques
de la multitude l'accusaient d'avoir trempé dans le meurtre
de Darnley. Les mêmes vociférations se firent entendre
et la même bannière fut déployée devant les croisées de
la maison du lord prévôt, dans laquelle elle resta enfermée quelques heures comme si elle était captive. Cependant les artisans et les citoyens les plus respectables furent
à la fin touchés de sa détresse, et ils montrèrent un tel
désir de la défendre, que les lords se déterminèrent à lui
faire quitter Edimbourg, où, malgré l'inconduite et le
ressentiment de ses ennemis, l'intérêt qu'inspiraient sa
naissance et ses malheurs semblait sur le point de lui assurer de nouveaux partisans. En conséquence, le lendemain matin, qui était le 16 juin 1567, Marie, escortée
par un corps nombreux de soldats, fut conduite au château de Lochleven, situé sur une petite île au milieu du
lac du même nom, et y fut détenue prisonnière [1].

Les lords insurgés se formèrent alors en conseil secret
pour diriger les affaires de l'Etat. Tous leurs soins eurent
d'abord pour objet de s'assurer de Bothwell, quoique
peut-être il y en eût quelques-uns parmi eux, tels que Morton et Maitland, qui avaient été ses complices dans l'assassinat de Darnley, et qui ne devaient pas se soucier de le
voir traduit publiquement en justice. Mais il était nécessaire de faire au moins semblant de le poursuivre, et ceux
qui n'étaient pas intéressés à ce qu'il s'échappât désiraient
vivement qu'il fût pris.

Kirkaldy de La Grange partit sur les traces de Bothwell
avec deux vaisseaux, et faillit le surprendre dans le port
de Lerwick, car le fugitif s'échappa par une des issues de

---

(1) Ici commence la partie historique de *l'Abbé*. — Éd.

la baie tandis que La Grange y entrait par l'autre ; et peut-être même celui-ci eût-il réussi à l'atteindre si son vaisseau n'avait pas touché contre un rocher, où il échoua ; on n'eut que le temps de sauver l'équipage. Bothwell n'échappa au sort que lui préparaient les nobles écossais que pour en subir un autre tout aussi malheureux : n'ayant aucun moyen de subsistance ni pour lui ni pour ses matelots, il fit le métier de pirate sur les mers du nord ; mais bientôt il fut attaqué et pris par quelques vaisseaux danois. Il fut jeté dans les donjons du château de Malmay, où il mourut à la fin de 1576. On dit que cet infame criminel avoua, au moment de la mort, qu'il avait assassiné Darnley de concert avec Murray et Morton, mais que Marie était tout-à-fait innocente de ce crime ; cependant la déclaration d'un tel misérable mérite peu de confiance.

Pendant ce temps, la pauvre Marie recueillait les tristes fruits du crime de Bothwell et de son aveugle affection pour lui. Elle était renfermée dans une tour grossière et incommode, au milieu d'une petite île, où elle avait à peine un espace de soixante pieds pour se promener ; et l'intervention même d'Elisabeth, qui s'effrayait du succès de l'insurrection des Ecossais contre leur souveraine, ne put apporter le moindre adoucissement à sa captivité. Il fut même un moment question de la mettre en jugement comme complice de la mort de Darnley, et de se servir de ce prétexte pour lui ôter la vie. Mais les lords du conseil secret résolurent d'adopter des mesures un peu plus douces pour se soustraire à son autorité, en forçant Marie à abdiquer en faveur de son fils encore enfant, et à nommer le comte de Murray régent du royaume pendant sa minorité. Des actes furent dressés à cet effet et envoyés au château de Lochleven pour être signés par la reine. Lord Lindsay, le plus grossier, le plus fanatique et le plus cruel de tous les lords confédérés, fut député par eux vers Marie pour la décider à obéir aux ordres du conseil. Il se conduisit avec toute la brutalité insolente qu'on pouvait attendre de lui, et il fut assez barbare pour appuyer de toutes ses forces son gantelet de fer sur le bras de la pauvre reine pour l'obliger à signer l'acte d'abdication [1].

Si Marie, dans une situation si critique, devait attendre de quelqu'un de l'attachement et de la pitié, ce devait être sans contredit de son frère Murray. Elle pouvait avoir eu des torts, elle avait certainement été très-inconséquente, mais elle méritait la tendresse et la compassion de son frère : elle l'avait comblé de faveurs et lui avait pardonné de graves offenses ; mais Murray était ambitieux, et l'ambition rompt tous les liens du sang et de la reconnaissance. Il alla lui rendre visite au château de Lochleven, mais au lieu de lui porter la moindre consolation, il lui reprocha ses erreurs avec tant de sévérité et d'amertume, que la pauvre Marie fondit en larmes et s'abandonna au désespoir.

Murray, en acceptant la régence, rompit les derniers liens qui l'attachaient encore à sa malheureuse sœur. Il s'était mis à la tête de la faction dominante, composée de ceux qui se faisaient appeler les lords du roi; tandis que ceux des nobles qui désiraient que la reine, affranchie du joug de Bothwell, fût mise en liberté et replacée à la tête des affaires, se nommaient le parti de la reine. L'administration sage et sévère de Murray imposa quelque temps silence à ces derniers, mais un incident singulier changea pour un moment la face des choses, et rendit un rayon d'espoir à l'infortunée Marie.

Le laird de Lochleven, sir William Douglas, propriétaire du château où Marie était prisonnière, était, par sa mère, *demi-frère* du régent Murray. Ce baron s'acquittait avec une fidélité sévère du soin de garder sa captive ; mais le plus jeune de ses frères, George Douglas, devint bientôt plus sensible aux malheurs de la reine et peut-être à

---

(1) Cette scène est rapportée en détail dans *l'Abbé*. — Ep.

sa beauté qu'aux intérêts du régent ou à ceux de sa propre famille. Un plan dressé par lui pour l'évasion de Marie ayant été découvert, il fut à l'instant renvoyé de l'île; mais il y conserva des intelligences avec un de ses jeunes parens qu'on appelait le petit Douglas, enfant de quinze ou seize ans, qui était resté dans le château. Le 2 mai 1568, le petit William Douglas réussit à s'emparer des clefs du château tandis que le reste de sa famille était à souper. Il conduisit Marie et sa suivante hors de la tour lorsque tout le monde fut livré au repos, ferma les portes du château à double tour pour empêcher qu'on ne les poursuivît, plaça la reine et la femme qui l'accompagnait dans un petit esquif, et rama vigoureusement jusqu'à ce qu'ils eussent atteint l'autre bord, après avoir eu la précaution de jeter au milieu du lac les clefs du château. Au moment de commencer leur aventureux voyage, le jeune pilote fit un signal convenu, et plaça dans une croisée une lumière qu'on pouvait apercevoir de l'extrémité la plus reculée du lac, pour informer ses amis que leur plan avait réussi. Lord Seaton et plusieurs membres de la famille des Hamiltons les attendaient à l'endroit du débarquement. La reine monta à cheval sur-le-champ, et se dirigea en toute hâte sur Nildry, dans le Lothian occidental, d'où elle se rendit le lendemain à Hamilton. Cette nouvelle se répandit en Ecosse avec la rapidité de l'éclair, et partout elle fut reçue avec enthousiasme. Le peuple se rappelait l'affabilité, la grace, la beauté et les malheurs de Marie; et s'il se souvenait de ses erreurs, c'était pour dire qu'elles avaient été assez sévèrement punies. Le dimanche Marie était encore une triste captive, abandonnée sans secours dans une tour solitaire, et le samedi suivant elle se trouvait à la tête d'une puissante confédération, par laquelle neuf comtes, huit lords, neuf évêques et quantité de gentilshommes du plus haut rang s'étaient engagés à la défendre et à lui rendre sa couronne. Mais ce rayon d'espoir ne dura qu'un instant.

La reine avait le projet de s'enfermer dans le château de Dumbarton; et son armée, sous les ordres du comte d'Argyle, voulut l'y conduire comme en triomphe. Le régent était resté à Glascow avec des forces très-inférieures; mais ayant une juste confiance dans ses talens militaires, dans ceux de Morton, ainsi que dans la valeur de Kirkaldy et d'autres chefs expérimentés, il résolut d'aller à la rencontre de l'armée de la reine, et de lui livrer bataille.

Le 13 mai 1568 Murray occupa le village de Langside, par lequel la reine devait nécessairement passer. Les Hamiltons et autres gentilshommes de l'avant-garde de Marie s'élancèrent avec une valeur inconsidérée pour forcer le passage. Ils combattirent avec acharnement d'après la méthode écossaise, c'est-à-dire que chaque assaillant s'approchait assez de son antagoniste pour que leurs fronts se touchassent, tous deux appuyant leur lance avec force sur le bouclier l'un de l'autre, et tous deux faisant de mutuels efforts pour se renverser, comme des taureaux qui luttent ensemble. Morton décida la bataille en attaquant les Hamiltons en flanc, tandis qu'ils ne songeaient qu'à triompher des adversaires qu'ils avaient devant eux. Ce mouvement fut décisif, et l'armée de la reine fut complètement mise en déroute.

La reine Marie fut témoin de cette défaite fatale et décisive, du haut d'un château appelé Crookstone, à environ quatre milles de Paisley, où elle avait passé quelques jours heureux avec Darnley immédiatement après leur mariage, et dont la vue dut lui inspirer de bien amères réflexions. Elle vit bientôt qu'il ne lui restait d'autre ressource que la fuite; et, accompagnée de lord Herries et de quelques fidèles serviteurs, elle courut soixante milles sans s'arrêter, et ne prit un peu de repos que dans l'abbaye de Dundrennan, dans le Galloway. De là elle pouvait également se rendre en France ou en Angleterre, selon la décision qu'elle prendrait; en France elle était certaine d'être bien reçue, mais l'Angleterre lui offrait un asile plus rapproché, et, à ce qu'elle croyait, tout aussi sûr.

Oubliant donc toutes les causes de rivalité qui existaient entre elle et Elisabeth, et ne se rappelant que les lettres aimables et flatteuses qu'elle en avait reçues, la reine d'Ecosse ne songea pas un instant qu'elle pût courir le moindre danger en recourant à l'hospitalité de l'Angleterre. On peut aussi supposer que la pauvre Marie, qui parmi ses défauts ne comptait point le manque de générosité, jugea de l'accueil que lui ferait Elisabeth d'après celui qu'elle aurait fait à la reine d'Angleterre si elle se fût trouvée dans la même situation. Elle résolut donc de chercher un asile à la cour de sa sœur, en dépit de l'opposition de ses amis plus prudens. En vain ils se jetèrent à ses genoux et la supplièrent de changer de dessein; elle entra dans la barque fatale, traversa le Solway, et se remit à la foi d'un gentilhomme nommé Lowther, Gardien des frontières anglaises [1]. Très-surpris, sans doute, de cet incident, il envoya un exprès pour en informer Elisabeth; et recevant la reine d'Ecosse avec tous les égards possibles, il la logea dans le château de Carlisle.

Elisabeth avait deux partis à prendre, qui pouvaient être plus ou moins généreux, mais qui étaient également justes et légitimes : l'un était de recevoir la reine Marie avec les honneurs dus à son rang et de lui accorder les secours qu'elle venait demander; l'autre, si le premier n'entrait pas dans ses vues, de lui permettre de rester dans ses Etats, en la laissant libre d'en sortir quand elle le voudrait, de même qu'elle y était entrée volontairement.

Mais, quelque grandeur qu'Elisabeth ait montrée dans les autres actes de son règne, elle agit dans l'occasion actuelle d'après les sentimens d'une basse jalousie. Elle

---

[1] Ici se termine le roman de *l'Abbé.* — Ed.

vit dans la fugitive qui implorait sa protection une princesse qui avait des droits à la couronne d'Angleterre, droits que la partie catholique de ses sujets jugeait même supérieurs au sien; elle se rappela que Marie s'était laissé entraîner à prendre les armes et les titres des souverains d'Angleterre, ou plutôt que les Français les avaient pris en son nom; elle se souvint que Marie avait été sa rivale en talent, et assurément elle n'oublia pas qu'elle lui était supérieure en jeunesse et en beauté, et qu'elle avait l'avantage, comme Elisabeth l'avait dit elle-même, d'être la mère d'un beau garçon, tandis qu'elle-même n'était qu'une souche stérile. Elle regarda donc la reine d'Ecosse non pas comme une sœur et comme une amie dans la détresse, mais comme une ennemie que les circonstances avaient mise en son pouvoir, et elle résolut de la réduire à l'état de captive.

Par suite de la ligne de conduite que traçait un raisonnement aussi bas, l'infortunée Marie fut entourée d'une garde anglaise; et comme Elisabeth craignait avec raison qu'elle n'obtînt des secours de l'Ecosse, elle la fit transférer au château de Bolton, dans le comté d'York. Mais il fallait un prétexte pour une conduite aussi violente et aussi injuste; Elisabeth réussit à en trouver un.

Dès que Marie s'était enfuie en Angleterre, le régent Murray s'était efforcé de se justifier aux yeux de la reine Elisabeth, en alléguant que sa sœur avait pris part au meurtre de Darnley, afin de pouvoir épouser Bothwell son amant. En supposant que cette inculpation fût fondée, la conduite de Marie était sans doute criminelle; néanmoins Elisabeth n'avait pas le moindre droit de se constituer juge dans cette affaire. Marie n'était pas sa sujette, et, d'après la loi des nations, la reine d'Angleterre n'avait aucun titre pour s'entremettre dans la querelle entre la reine d'Ecosse et son peuple. Mais voici comment elle s'y prit pour extorquer de Marie une sorte de consentement à prendre sa sœur pour arbitre.

Les messagers d'Elisabeth exprimèrent à Marie tout le regret que leur maîtresse éprouvait de ne pouvoir l'admettre en sa présence, ni lui faire l'accueil affectueux qu'il lui tardait de lui offrir, tant qu'elle ne se fût justifiée aux yeux du monde des accusations calomnieuses qui lui étaient intentées par ses sujets. Marie offrit aussitôt de prouver son innocence à la satisfaction d'Elisabeth; et la reine d'Angleterre affecta de regarder cette offre comme une demande qui lui était faite d'agir comme arbitre entre Marie et le parti qui l'avait déposée et exilée. Ce fut en vain que Marie représenta que, en consentant à dissiper les scrupules d'Elisabeth, elle n'obéissait qu'au désir de mériter son estime et de se concilier sa faveur, mais qu'elle n'entendait nullement constituer la reine d'Angleterre son juge dans un procès judiciaire, Elisabeth résolut de conserver l'avantage qu'elle avait acquis, et d'agir comme si Marie l'avait, de son plein gré, rendue seule l'arbitre de son sort.

La reine d'Angleterre nomma des commissaires pour entendre les parties, et examiner les preuves qui devaient leur être soumises des deux côtés. Le régent Murray parut devant ces commissaires, remplissant le rôle odieux d'accusateur de celle qui était tout à la fois sa sœur, sa bienfaitrice et sa souveraine. La reine Marie envoya aussi les plus habiles de ses conseillers, l'évêque de Ross, lord Herries, et autres, pour plaider sa cause et soutenir ses droits.

La commission se réunit à York en octobre 1568. La discussion s'ouvrit par une singulière tentative pour faire revivre la vieille question de la prétendue suprématie de l'Angleterre sur l'Ecosse. — Vous venez ici, dirent les commissaires anglais au régent et aux seigneurs qui l'accompagnaient, pour soumettre à la reine d'Angleterre les différends qui divisent le royaume d'Ecosse, et en conséquence je commence par vous requérir de rendre à Sa Majesté l'hommage qui lui est dû. Le comte du Murray rougit et garda le silence; mais Maitland de Lethington répondit vivement : — Lorsque Elisabeth restituera à l'Ecosse le comté d'Huntingdon, ainsi que le Cumberland et le Westmoreland, nous lui rendrons hommage pour ces territoires ainsi que le faisaient les anciens rois d'Ecosse qui en jouissaient. Quant à la couronne et au royaume d'Ecosse, ils sont plus libres que ceux d'Angleterre, qui récemment encore payaient le Denier-Saint-Pierre à Rome.

Cette question étant écartée, la commission s'occupa de l'objet spécial de sa réunion. Ce ne fut pas sans hésiter que Murray se décida à faire sa déposition en termes précis, et l'on eut beaucoup de peine à obtenir de lui quelque preuve à l'appui de l'accusation d'infidélité conjugale et de complicité dans le meurtre de son époux, qu'il intentait à Marie. Sans doute la conduite de la reine avait été imprudente et plus que légère, mais l'on ne pouvait en conclure qu'elle fût coupable du crime horrible dont on l'accusait; il fallait quelque chose qui ressemblât à une preuve, et à la fin une cassette fut produite, qui avait été saisie, disait-on, entre les mains d'un serviteur de Bothwell, nommé Dalgleish. Cette cassette était remplie de lettres et de documens, qui, s'ils étaient véritables, prouvaient jusqu'à l'évidence que Marie avait été la maîtresse de Bothwell, même du vivant de Darnley, et que non-seulement elle avait eu connaissance du meurtre de ce malheureux jeune homme, mais que même elle y avait donné son approbation. Mais les commissaires de la reine soutinrent que ces lettres avaient été forgées dans l'odieux dessein de calomnier leur maîtresse. Il est à remarquer que Dalgleish fut condamné et exécuté sans qu'on lui eût adressé une seule question au sujet de ces lettres, ce qu'on eût dû faire, quand ce n'eût été que pour prouver qu'elles avaient été en sa possession. Lord Herries et l'évêque de Ross ne se contentèrent pas de défendre la reine; ils accusèrent Murray lui-même de s'être ligué avec Bothwell pour assassiner Darnley.

Après cinq mois d'enquête, la reine d'Angleterre fit

savoir aux deux parties que d'un côté elle n'avait rien découvert qui pût lui faire douter de l'honneur et de l'intégrité du comte de Murray, tandis que de l'autre il n'avait prouvé aucun des crimes dont il avait accusé sa souveraine. Elle était donc décidée, disait-elle, à laisser les affaires d'Ecosse dans l'état où elle les avait trouvées.

Pour traiter les deux parties avec la même impartialité, comme sa sentence semblait faire entendre que c'était son intention, la reine aurait dû remettre Marie en liberté. Mais tandis que Murray repartait pour l'Ecosse, chargé d'une somme considérable qui lui était prêtée par Elisabeth, Marie était retenue dans cette captivité qui ne devait finir qu'avec sa vie.

Murray revint à Edimbourg, ayant eu tout l'avantage de la conférence d'York ; ses coffres avaient été remplis et son autorité confirmée par l'appui de la reine d'Angleterre, et il ne lui fut pas difficile de disperser le reste des lords de la reine, qui, par le fait, n'avaient jamais pu lui tenir tête depuis la bataille de Langside et la fuite de leur souveraine.

Pendant ce temps, quelques événemens extraordinaires avaient lieu en Angleterre. Le duc de Norfolk avait formé un plan pour rendre la reine Marie à la liberté, et il devait en récompense recevoir sa main. Le régent Murray avait été mis dans la confidence, quoiqu'on dût supposer que ce projet ne lui était pas très-agréable. Plusieurs membres de la haute noblesse avaient promis de seconder l'entreprise, entre autres les puissans comtes de Westmoreland et de Northumberland. Le complot fut découvert; on sut que Norfolk en était l'auteur, et ce fut principalement par les déclarations de Murray, qui eut la bassesse de trahir le secret qui lui avait été confié. Le duc fut arrêté, mis en prison, et quelques mois après jugé et exécuté.

Mais avant cette catastrophe, Northumberland et Westmoreland se hâtèrent de lever l'étendard de la révolte, sans avoir les moyens de la soutenir. Leurs troupes se dispersèrent sans coup férir, à la vue de l'armée envoyée contre eux par Elisabeth. Westmoreland trouva un sûr asile parmi les Ecossais des frontières qui étaient favorables à la cause de Marie. Ils lui facilitèrent les moyens de gagner la côte, et il finit par passer en Flandre, et mourut dans l'exil. Northumberland fut moins heureux : un habitant des frontières, nommé Hector Armstrong de Harlaw, le trahit bassement et le livra au régent Murray, qui refusa, il est vrai, de le remettre entre les mains d'Elisabeth, mais qui le retint captif dans ce même château de Lochleven qui avait servi de prison à Marie.

Tous ces événemens successifs contribuèrent à établir le pouvoir de Murray, et à diminuer le courage de ceux des lords qui restaient fidèles au parti opposé; mais il arrive souvent que c'est lorsque les hommes se croient le plus près d'atteindre le but auquel ils aspirent et pour lequel ils se sont donné tant de peines, que leurs espérances se trouvent tout à coup renversées de la manière la plus imprévue et la plus étrange. Une main s'apprêtait à frapper Murray, et si le fier régent en eût été informé, il aurait dédaigné un semblable ennemi, puisque c'était un simple particulier que le ressentiment armait contre lui.

Après la bataille de Langside, six des Hamiltons, qui avaient joué le rôle le plus actif dans cette occasion, furent condamnés à mort comme coupables de trahison envers Jacques VI, pour avoir embrassé le parti de sa mère. Cet arrêt était peu juste, si l'on considère à quel point le pays était divisé entre la mère et le fils; mais il ne fut pas exécuté, et les condamnés obtinrent leur grace par l'intercession de John Knox auprès du régent.

Au nombre des personnes comprises dans l'amnistie était Hamilton de Bothwellhaugh, homme d'un caractère farouche et vindicatif. De même que les seigneurs qui se trouvaient dans le même cas, il fut puni par la confiscation de ses biens, quoiqu'on lui laissât la vie. Sa femme lui avait apporté en dot les terres de Woodhouselee, près de

Roslyn, et ce domaine fut donné par Murray à l'un de ses favoris, qui poussa la barbarie jusqu'à mettre la femme d'Hamilton à la porte de sa propre maison, sans lui laisser même le temps de s'habiller et de se mettre à l'abri de l'intempérie de la saison. La conséquence d'un traitement aussi brutal fut qu'elle devint folle et qu'elle mourut. Son mari jura de la venger, non sur la personne du coupable favori, mais sur celle de Murray, qu'il regardait comme la première cause de son infortune, et que ses préjugés héréditaires lui faisaient haïr comme l'usurpateur du pouvoir suprême et l'oppresseur implacable des Hamiltons. Il paraît certain que l'archevêque de Saint-André et quelques autres membres de sa famille encouragèrent Bothwellhaugh dans cette résolution désespérée.

Il prit ses mesures avec un sang-froid admirable. Ayant appris que le régent devait traverser Linlithgow un certain jour, il s'introduisit secrètement dans une maison appartenant à l'archevêque de Saint-André, et devant laquelle il y avait un balcon en bois qui donnait sur la rue. Bothwellhaugh étendit un drap noir sur le mur de l'appartement dans lequel il était caché, afin que son ombre ne pût être aperçue du dehors, et posa un matelas sur le plancher, pour que le bruit de ses pas ne fût pas entendu en dessous. Pour assurer son évasion, il attacha un cheval de course dans le jardin derrière la maison, abattit la petite porte du jardin qui était trop basse pour qu'il pût passer à cheval, et barricada fortement la grande porte qui ouvrait sur la rue. Ayant ainsi tout préparé, tant pour rester caché avant l'exécution de son projet que pour se sauver ensuite, il s'arma d'une carabine chargée, s'enferma dans la chambre solitaire, et attendit l'arrivée de sa victime.

Murray fut averti par quelques amis du danger auquel il s'exposait en passant par une ville où l'on savait qu'il avait des ennemis, et on lui conseilla de s'y soustraire, soit en la tournant en dehors, soit du moins en traversant rapidement la rue à cheval, surtout à l'endroit du bâtiment qui était plus particulièrement suspect, parce qu'il appartenait aux Hamiltons. Mais le régent, croyant que ce serait montrer une vaine pusillanimité que d'agir de la sorte, suivit hardiment la rue, qui était remplie de monde. Lorsqu'il fut arrivé en face du fatal balcon, son cheval, retardé par la foule de spectateurs qui obstruaient le passage, laissa à Botthwellhaugh le temps de bien ajuster son coup. Il fit feu, et le régent tomba, frappé d'une blessure mortelle. La balle, après avoir traversé son corps, alla tuer le cheval d'un gentilhomme qui était à sa droite. Les gens de sa suite se précipitèrent en fureur sur la maison d'où le coup était parti; mais Bothwellhaugh avait si bien pris toutes ses mesures, qu'ils ne purent forcer l'entrée qu'après qu'il se fut élancé sur son bon cheval, et qu'il eut franchi la porte de derrière. Néanmoins il fut poursuivi de si près, qu'il s'en fallut de bien peu qu'il ne fût pris; mais voyant que le fouet et l'éperon n'avaient plus de pouvoir, il se servit de la pointe de son poignard pour aiguillonner son cheval, et, le forçant ainsi à faire un saut désespéré pour franchir un fossé que ses ennemis ne purent traverser, il parvint à se soustraire à leur poursuite.

Le régent mourut dans la nuit, laissant une réputation fort contestée, trop prôné peut-être par quelques auteurs, trop déprécié par d'autres, suivant qu'ils approuvent ou qu'ils condamnent sa conduite à l'égard de sa sœur.

Le meurtrier se réfugia en France. Dans les guerres civiles de ce pays, comme il passait pour un homme capable des plus grands coups, des propositions lui furent faites pour assassiner l'amiral Coligny; mais il les rejeta avec indignation. — Il était vrai, dit-il, qu'il avait tué en Ecosse un homme qui lui avait fait une injure mortelle; mais pour rien au monde il n'attenterait à la vie de quelqu'un contre qui il n'avait aucun sujet d'animosité.

A la mort de Murray, Lennox fut nommé régent. Quoique père de Darnley, qui avait été assassiné, il ne montra pas une soif excessive de vengeance. Il s'efforça de concilier les partis pour assurer la paix ultérieure. Mais les esprits étaient trop exaspérés des deux côtés pour que ses efforts pussent être couronnés de succès. Maitland de Lethington et Kirkaldy de La Grange quittèrent le parti du roi, dont ils avaient été long-temps le principal appui, pour embrasser celui de la reine. Nous avons parlé souvent de Lethington comme de l'un des hommes les plus habiles d'Ecosse, et Kirkaldy en était certainement l'un des plus braves. En outre il était gouverneur du château d'Edimbourg, et sa déclaration qu'il gardait cette place importante pour la reine donna beaucoup de courage aux adhérens de Marie. Néanmoins en même temps ils perdaient une citadelle presque aussi importante, celle de Dunbarton, et voici comment.

Dunbarton est l'une des places les plus fortes du monde. Il est situé sur un rocher qui s'élève presque perpendiculairement du niveau de la plaine jusqu'à la hauteur de plusieurs centaines de pieds. C'est sur le sommet de ce roc que sont construits les bâtimens, et comme il n'y a d'en bas qu'un seul sentier pour le gravir, qui est une espèce d'escalier fort raide, et que ce sentier est fortifié et gardé avec soin, le fort pouvait être regardé comme imprenable. Un capitaine, Crawford de Jordanhill, résolut néanmoins de tenter de s'en emparer.

Il profita d'une nuit sombre et obscure pour apporter au pied du château des échelles dont il s'était pourvu, choisissant pour son épreuve terrible l'endroit où le roc était le plus escarpé, et où par conséquent la surveillance était moins active et les sentinelles moins nombreuses. Ce choix fut heureux; car la première échelle rompit sous le poids des hommes qui essayèrent de monter, et le bruit de la chute les aurait trahis s'il se fût trouvé quelque sentinelle à portée de les entendre. Crawford, aidé par un soldat qui avait déserté du château, et qui lui servait de guide, monta ensuite, et réussit à assujettir la seconde échelle en l'attachant aux racines d'un arbre qui croissait à peu près au milieu du rocher. Ils y trouvèrent une petite surface plate, suffisante pour contenir leur petite troupe, qui, comme vous pensez bien, était fort peu nombreuse. En escaladant la seconde partie du roc, un autre accident arriva : un des soldats, sujet à l'épilepsie, fut saisi d'une attaque, occasionée peut-être par la terreur, tandis qu'il était en train de monter l'échelle. Dans un pareil état, il lui était impossible ni de monter ni de descendre. Il y eût eu de la cruauté à tuer ce malheureux, et d'ailleurs le corps, en tombant, aurait donné l'alarme à la garnison. Crawford ne vit d'autre moyen que de l'attacher à l'échelle ; puis, faisant descendre tous ses compagnons, il la retourna, et il fut alors facile de passer par-dessus le corps de l'épileptique. Arrivés au sommet, ils tuèrent la sentinelle avant qu'elle eût le temps de donner l'alarme, et surprirent aisément la garnison endormie, qui avait trop compté sur la force du château. Cet exploit de Crawford peut être comparé à tout ce que l'histoire nous a transmis de plus extraordinaire en ce genre.

Hamilton, archevêque de Saint-André, fut fait prisonnier dans Dunbarton, où il s'était réfugié pour échapper à la haine des partisans du roi. Il se trouvait alors entre leurs mains, et, comme ils l'avaient précédemment déclaré traître, ils ne se firent aucun scrupule de le mettre à mort comme tel. Ce crime amena d'autres actes de violence commis par représailles, lesquels furent suivis à leur tour de nouveaux massacres. Tous les liens de la nature étaient rompus, tout disparaissait dans la distinction de partisan du roi et de la reine ; et comme aucun parti n'accordait de quartier à ses adversaires, la guerre civile prit l'aspect le plus horrible. Les pères, les fils, les frères s'armaient l'un contre l'autre, et se faisaient une guerre acharnée. Il n'y avait pas jusqu'aux enfans des rues qui ne se formassent en bandes pour le roi Jacques ou pour la reine Marie, et qui ne se livrassent des combats opiniâtres avec des pierres, des bâtons et des couteaux.

Au milieu de cette confusion chaque parti convoqua un parlement, où ne se rendirent que les seigneurs de son propre bord. Le parlement de la reine se réunit à Edimbourg, sous la protection du château et de Kirkaldy son gouverneur. La faction du roi eut une assemblée beaucoup plus nombreuse qui prit le même titre, à Stirling, et l'on y fit paraître le jeune roi, pour qu'il sanctionnât par sa présence les délibérations. L'enfant s'étant aperçu que le tapis qui couvrait la table où écrivaient les greffiers était troué, s'écria ingénument qu'il y avait un trou dans le parlement. Ces paroles furent remarquées par la suite, comme si elles eussent renfermé une sorte de prophétie de l'événement singulier que voici :

Kirkaldy imagina un coup de main par lequel, s'il eût réussi, il mettait fin aux délibérations du parlement du roi, et même à la guerre civile tout entière. Il appela auprès de lui Buccleuch et Fairnyherst, zélés partisans de Marie, comme nous l'avons vu, les priant d'amener un fort détachement de leurs meilleurs cavaliers, et le lord Claude Hamilton vint se joindre à eux avec un corps d'infanterie. Ces troupes furent guidées par un nommé Bell, qui connaissait à merveille la ville de Stirling, où il était né. Il les introduisit jusqu'au centre de la ville, avant même qu'un chien eût aboyé contre eux. Ils pouvaient être cinq cents. Alors ils jetèrent l'alarme en criant : — Dieu et la reine ! pensez à l'archevêque de Saint-André ! Tout est à nous ! — Suivant les instructions qu'ils avaient reçues, les chefs envoyèrent des détachemens dans les différentes maisons occupées par les lords du roi, qui se rendirent sans résistance, à l'exception de Mar, dont la valeur obstinée les força de mettre le feu à sa demeure. Ce fut seulement alors qu'il se rendit à Buccleuch, qui était son proche parent. Mais sa résistance avait gagné du temps, et les assaillans s'étaient dispersés dans la ville pour se livrer au pillage. Dans ce moment Morton sortit du château à la tête d'un corps de soldats armés de mousquets, et, se plaçant derrière les murs d'une maison qu'il faisait bâtir sur la colline, il fit un feu aussi imprévu que bien nourri sur les partisans de la reine. Ceux-ci, qui étaient déjà en désordre, furent frappés d'une terreur panique au milieu même de la victoire, et ils commencèrent à fuir. Alors la scène changea complètement, et ceux qui avaient triomphé l'instant d'auparavant s'empressèrent de se rendre à leurs propres captifs. Lennox, le régent, était monté en croupe derrière Spens de Wormeston, qui l'avait fait prisonnier. Il était l'objet particulier du ressentiment des Hamiltons, qui brûlaient de venger sur lui la mort de l'archevêque de Saint-André. Il fut tué, à ce que l'on croit, par ordre de lord Claude Hamilton ; et Spens, qui fit les efforts les plus généreux pour défendre son prisonnier, partagea son sort. Le parti de la reine se retira de Stirling sans beaucoup de perte, parce que les habitans des frontières eurent soin d'enlever tous les chevaux sur lesquels leurs ennemis auraient pu les poursuivre. Kirkaldy se mit dans une grande fureur en apprenant la mort du régent, et il traita ceux qui commandaient le détachement d'animaux féroces et aveugles, qui ne savaient ni remporter une victoire ni en tirer parti. S'il se fût placé lui-même à la tête des troupes, comme il en avait eu le désir, il est probable que la *raid*[1] de Stirling aurait mis fin à la guerre. Mais de cette manière, la mort de Lennox ne fit, s'il était possible, qu'envenimer encore la querelle.

Le comte de Mar fut nommé régent pour le roi. C'était un homme plein de modération, qui n'avait que des vues honorables, et qui avait si fort à cœur de rétablir la paix dans son pays, que l'impossibilité où il se trouva d'y parvenir abrégea, dit-on, ses jours. Il mourut le 29 octobre 1572, n'ayant guère exercé la régence que pendant un an.

Le comte de Morton lui succéda. Nous avons vu que ce

---

[1] Mot à mot *course*. — Affaire, escarmouche. — Tr.

seigneur, malgré ses talens et son courage remarquable, était d'un caractère farouche et cruel. Il avait été impliqué dans le meurtre de Rizzio, et il avait eu pour le moins connaissance de celui de Darnley. On devait s'attendre qu'il continuerait la guerre avec cette férocité barbare qui le caractérisait, au lieu de s'efforcer, comme Mar, à en diminuer la rigueur. Ce fut ce qui arriva. Les deux partis continuèrent à exécuter leurs prisonniers; et, comme il n'y avait pas de jour où il ne se livrât quelque escarmouche, le nombre des personnes qui périrent par l'épée ou qui expirèrent sur le gibet est presque incalculable. Ces guerres furent appelées, du nom de famille de Morton, les guerres des Douglas. Il y avait cinq ans que duraient ces hostilités, lorsque le duc de Châtelherault et le comte de Huntly, les deux principaux seigneurs qui avaient soutenu la cause de la reine, se soumirent à l'autorité du roi et reconnurent le régent. Kirkaldy de La Grange, aidé des conseils de Maitland de Lethington, continua à défendre le château d'Edimbourg contre Morton. Mais la reine Elisabeth, voulant alors mettre un terme aux dissensions de l'Ecosse, envoya de Berwick un corps de troupes considérable, et, ce qui était encore plus nécessaire, un train nombreux d'artillerie pour former le siège du château d'Edimbourg. Le manque de vivres, plus encore que les batteries anglaises, réduisit la garnison aux abois; et après une longue et opiniâtre résistance dans le cours de laquelle, de deux sources qui fournissaient de l'eau à la ville, l'une se tarit et l'autre fut interceptée par des décombres, le brave Kirkaldy fut obligé de capituler.

Il se rendit au général anglais, qui promit que sa maîtresse intercéderait auprès du régent pour obtenir la grace du gouverneur et de sa troupe. On devait d'autant plus s'y attendre, que Morton et Kirkaldy avaient été dans un temps amis intimes. Mais le régent insista pour que son brave ennemi fût remis entre ses mains, et Elisabeth, sans égards ni pour l'honneur de son général, ni pour le sien, abandonna les prisonniers à la vengeance de Morton. Kirkaldy et son frère furent exécutés publiquement, au grand regret même de la plupart des partisans du roi. Maitland de Lethington, plus célèbre pour ses talens que pour son intégrité, désespérant d'obtenir un pardon qui n'avait point été accordé à Kirkaldy de La Grange, mit fin lui-même à ses jours en prenant du poison. Ce fut ainsi que les guerres civiles du règne de Marie se terminèrent par la mort du capitaine le plus brave et de l'homme d'Etat le plus habile de l'Ecosse, car tels étaient Kirkaldy et Maitland.

A dater de la reddition du château d'Edimbourg, le 29 mai 1573, le régent Morton se trouva en possession complète de l'autorité suprême en Ecosse. Pour s'acquitter envers Elisabeth, qui s'était montrée constamment son amie pendant les guerres civiles, il s'étudia à prévenir ses moindres désirs du moment qu'il se vit maître absolu du royaume.

Morton alla même jusqu'à livrer à la justice ou plutôt à la vengeance de la reine d'Angleterre ce malheureux comte de Northumberland, qui avait voulu fomenter une sédition en Angleterre, et qui, s'étant réfugié en Ecosse, avait été renfermé par le régent Murray dans le château de Lochleven. Ce fut une grande tache imprimée non-seulement à la réputation de Morton, mais même à celle de l'Ecosse, qui jusque-là s'était fait un devoir d'offrir un asile sûr et inviolable à ceux que des malheurs ou des factions politiques forçaient à s'expatrier. Le fait était d'autant plus révoltant que, lorsque Morton avait été obligé lui-même de s'enfuir en Angleterre pour la part qu'il avait prise à la mort de Rizzio, il avait été noblement accueilli et protégé par le seigneur infortuné qu'il abandonnait alors à son triste destin. Il y avait encore une circonstance aggravante, et qu'on ne manqua pas de remarquer : c'était un Douglas qui trahissait un Percy, et lorsqu'on parcourait les annales de leurs ancêtres, on y voyait bien des actes d'hostilité ouverte, des alliances intimes et fidèlement observées; mais jamais jusqu'alors elles n'avaient offert un seul exemple d'un acte de trahison commis par l'une des deux familles envers l'autre. Pour mettre le comble à l'infamie de cette conduite, le régent reçut à cette occasion une somme d'argent, qu'il partagea avec Douglas de Lochleven. Northumberland fut décapité à York en 1572.

Sous d'autres rapports, l'Ecosse retira de grands avantages de la paix avec l'Angleterre, car un peu de repos était bien nécessaire à ce malheureux pays. Cette paix dura, presque sans interruption, pendant trente ans et plus.

Il y eut cependant, dans une occasion, entre les deux peuples une petite escarmouche que je vais vous rapporter, parce que, à l'exception d'une entreprise hardie dont nous parlerons plus tard, ce fut la dernière que les Anglais et les Ecossais eurent, et, il est à espérer, auront jamais ensemble.

C'était un usage adopté pour maintenir la paix sur les frontières, que les Gardiens des deux pays se réunissent à des jours fixés pour se livrer réciproquement les malfaiteurs qui avaient commis des agressions sur le territoire étranger, ou régler les indemnités pécuniaires à accorder pour les dégâts qu'ils avaient pu faire. Le 7 juillet 1575, Carmichael, en sa qualité de Gardien des marches du centre écossais, se rendit au rendez-vous ordinaire ainsi que sir John Foster, l'officier anglais de la frontière opposée. L'un et l'autre était accompagné des clans qui dépendaient de sa juridiction; mais la troupe de Foster était beaucoup plus nombreuse que celle de Carmichael, et elle était armée de lances, d'arcs et de flèches. D'abord l'entrevue fut paisible. Les Gardiens se mirent à régler les délits, et les hommes de leur suite commencèrent à trafiquer entre eux et à se livrer aux jeux et aux amusemens d'usage; car, malgré leurs incursions habituelles, il régnait toujours une sorte de connaissance entre les habitans des deux côtés de la frontière, comme celle qui s'établit entre les avant-postes de deux armées ennemies.

Pendant ces relations amicales, il s'éleva une dispute entre les deux Gardiens, Carmichael demandant l'extradition d'un malfaiteur anglais dont Foster, de son côté, refusait d'être responsable. La discussion s'anima, et ils finirent par se lever tous deux de leurs sièges, sir John Foster disant à Carmichael, d'un ton de mépris, qu'il devait aller avec ses pareils. Les Anglais poussèrent aussitôt leur cri de guerre : — En avant, Tynedale ; — et, sans plus de cérémonie, ils lancèrent une grêle de flèches au milieu des Ecossais, qui, peu nombreux et attaqués à l'improviste, eurent beaucoup de peine à tenir pied. Heureusement un corps de citoyens de Jedburgh arriva à temps pour les secourir, et comme ils avaient presque tous des armes à feu, l'arc long des Anglais ne conserva plus son ancienne supériorité. Après une action vive les Anglais furent repoussés ; sir John Foster et plusieurs gentilshommes de sa suite furent faits prisonniers et envoyés au régent. Sir George Heron de Chipchase, et d'autres personnages de distinction, restèrent sur le champ de bataille.

Morton, craignant le déplaisir d'Elisabeth, quoique les Anglais eussent été les agresseurs, traita les prisonniers avec beaucoup d'égards, et les renvoya non-seulement sans rançon, mais même comblés de présens de toute espèce, entre autres de faucons. — N'êtes-vous pas bien traités? dit un Ecossais à l'un de ces prisonniers qui retournait en Angleterre ; nous vous donnons des faucons vivans en place de hérons morts.

Cette escarmouche, appelée l'affaire de Redswair, eut lieu sur les hauteurs de Carter ; elle n'interrompit point la bonne intelligence qui régnait entre les deux pays, n'étant considérée que comme une échauffourée accidentelle. L'Ecosse jouit donc des bienfaits de la paix pendant la plus grande partie de la régence de Morton.

Mais les avantages que le royaume retirait de la paix furent en quelque sorte détruits par le gouvernement corrompu et oppressif de Morton, dont les pensées semblaient n'avoir presque exclusivement pour objet que d'amasser des trésors par tous les moyens en son pouvoir. Les grands biens qui avaient appartenu à l'Eglise catholique romaine, étaient une mine féconde que le régent et les autres grands seigneurs cherchèrent à exploiter à leur profit. Ils y parvinrent surtout en traitant avec ceux qui avaient remplacé les abbés et les prieurs en qualité de commanditaires, dénomination sous laquelle on distinguait en Ecosse les laïques qui étaient en possession d'un bénéfice ecclésiastique. Les nobles s'adressèrent à ces commanditaires, et, soit de gré soit de force, ils les décidèrent à leur transférer la propriété de ces abbayes, ou du moins de leur en faire un long bail pour la rente la plus modique. Pour que vous compreniez comment ces sortes d'affaires se traitaient, je vais vous en citer un exemple curieux :

Dans le mois d'août 1570, Allan Stewart, commanditaire de l'abbaye de Crossraguel, dans le comté d'Ayr, se laissa persuader d'aller rendre visite au comte de Cassilis, qui le conduisit, en partie contre son gré, dans une tour isolée, nommée le Caveau Noir de Denure, baignée par la mer et dont les ruines sont encore visibles. Il fut traité pendant quelque temps avec beaucoup d'égards ; mais quand il vit qu'on lui ôtait ses armes et qu'on écartait de lui ses domestiques, il ne put douter plus long-temps qu'il ne se tramât quelque chose contre lui. Enfin le comte conduisit son hôte dans une chambre secrète où il n'y avait pour tout ameublement qu'un gril de fer sous lequel brûlait un feu de charbon. — A présent, milord abbé, dit le comte de Cassilis, voulez-vous bien signer ces actes ? — En disant ces mots, il lui mit dans la main des baux et d'autres papiers, qui transmettaient toutes les terres de l'abbaye de Crossraguel au comte lui-même. Le commanditaire refusa de se démettre de ses biens, et de signer les actes. Une troupe de scélérats entra au même instant, et saisissant l'infortuné, ils le dépouillèrent de ses vêtemens et l'étendirent sur le gril de fer, où il resta, brûlé par le feu qu'on attisait en dessous, tandis qu'ils versaient de l'huile sur son corps comme un cuisinier verse du jus sur le rôti qui tourne sur une broche. L'agonie d'une pareille torture ne pouvait être endurée. Le pauvre homme poussait des cris de détresse, les suppliant de le mettre à mort, plutôt que de l'exposer à des tourmens aussi prolongés, et il offrit sa bourse et tout ce qu'elle contenait à celui qui par pitié lui fracasserait la tête. A la fin il fut obligé de promettre d'en passer par tout ce que le comte voudrait, plutôt que d'endurer plus long-temps un pareil supplice. Les actes lui étant alors présentés il les signa de sa main à demi brûlée, tandis que le comte s'écriait, pendant ce temps, avec l'hypocrisie la plus impudente : — *Benedicite!* vous êtes l'homme le plus obstiné que j'aie jamais vu. — Me forcer à en agir de la sorte avec vous ! Je n'aurais jamais cru traiter quelqu'un comme votre entêtement m'a obligé de vous traiter. — Le commanditaire fut ensuite délivré par une troupe de ses amis commandée par Hamilton de Bargany, qui attaquèrent le Caveau Noir de Denure, pour le secourir. Mais la conduite farouche et sauvage du comte prouve de quelle manière les nobles se faisaient adjuger les biens de l'Eglise par ceux qui en étaient alors en possession.

Cependant le comte de Morton donna l'exemple d'une autre manière moins violente de s'approprier les revenus ecclésiastiques. Ce fut en rétablissant l'ordre des évêques, qui avait été supprimé lors de l'établissement de la nouvelle Eglise presbytérienne. Par exemple, lors de l'exécution de l'archevêque de Saint-André, il fit nommer archevêque à sa place Douglas, qui était recteur de ce diocèse;

mais ensuite il ne laissa à ce simulacre de prélat qu'une petite pension sur les immenses revenus de son évêché, et il s'appropria le reste, quoique les rentes fussent toujours perçues au nom de l'archevêque.

Ces innovations et d'autres semblables causèrent beaucoup de peine à John Knox, le père audacieux et inflexible de la réforme en Ecosse. Il vit avec douleur que les seigneurs protestans allaient probablement diminuer encore la faible rétribution qui était accordée au clergé écossais sur les fonds considérables qui avaient appartenu originairement à l'Eglise de Rome. Il craignit aussi pour l'égalité républicaine quand il vit innover la forme du gouvernement ecclésiastique en introduisant des évêques, quoique avec des revenus limités et un pouvoir restreint. Il avait fait souvent à ce sujet les représentations les plus vives et les plus énergiques au régent Morton; mais lorsque ce grand homme mourut, le régent, qui accompagna ses funérailles, n'en prononça pas moins sur sa tombe un éloge qu'on n'oubliera jamais, — Ci-gît, dit Morton, un homme à qui face d'homme n'a jamais fait peur.

Dans l'Etat comme dans l'Eglise, le régent laissa percer les symptômes d'un caractère vindicatif, avare et corrompu. Quoique les guerres civiles fussent terminées, il résolut de se venger sur les Hamilton de l'appui soutenu que cette famille puissante avait prêté au parti de la reine, et des obstacles qu'ils s'étaient efforcés de mettre à son élévation. Il les fit poursuivre comme ennemis de l'Etat, les chassa de l'Ecosse, et s'empara de leurs biens. Le comte d'Arran, frère aîné de la famille, auquel ces biens appartenaient alors, était fou au point d'avoir dû être renfermé; mais cela n'empêcha point Morton de prononcer la confiscation du comté et des terres qui en dépendaient, — abus d'autorité qui révolta tous les honnêtes gens.

Ce n'était pas seulement par la confiscation que Morton s'efforçait d'amasser des richesses. Il vendait toutes les charges qui étaient à sa nomination; il poussait la vénalité jusque dans l'administration de la justice, quoique ce soit l'un des plus grands crimes dont un magistrat public puisse être coupable. En voici un exemple qui se trouve rapporté dans une histoire de la famille de Somerville.

Un seigneur de ce nom ayant un procès important, que l'influence du régent pouvait faire juger comme il le trouverait convenable, résolut de suivre les avis d'une ancienne connaissance de Morton; qui était au fait de son caractère, pour se le rendre favorable; et voici l'expédient singulier qu'il employa : — Lord Somerville se rendit chez le comte de Morton, et lui recommanda son affaire, espèce de sollicitation personnelle qui était alors fort en usage. Après avoir eu quelques instans d'entretien avec le régent, il se leva pour se retirer, et, ouvrant sa bourse sous prétexte d'en tirer quelque argent pour les huissiers et les domestiques, comme c'était la coutume dans ces sortes d'occasions, il la laissa sur la table comme par oubli. Morton lui dit : — Votre bourse, milord; vous oubliez votre bourse. — Mais lord Somerville, qui était déjà à la porte, feignit de ne pas l'entendre et se retira. Il n'entendit plus parler de la bourse, qu'il avait eu soin de garnir d'un assez bon nombre de pièces d'or; mais le jour même, lord Morton jugea l'affaire en sa faveur.

Des exemples réitérés d'une avidité aussi monstrueuse, finirent à la longue par faire perdre au régent l'affection même de ses meilleurs amis, et son gouvernement devint tellement à charge, que le vœu général était que le roi mît fin à la régence en prenant en main les rênes du gouvernement.

L'opinion publique se manifesta avec tant de force, que, le 12 mars 1578, Morton se démit de ses fonctions de régent, et se retira dans son château de Dalkeith pour y vivre en simple particulier, laissant l'administration à un conseil composé de douze seigneurs. Mais accoutumé à se voir à la tête du gouvernement, il ne put rester longtemps dans l'inaction; et sortant de sa sombre retraite, que le peuple appelait la Caverne du Lion, il sut, en employant la force et l'adresse, chasser les nouveaux conseillers, et, d'après l'ancienne méthode des Douglas, se mettre de nouveau à la tête des affaires publiques. Mais le souverain n'était plus un enfant; il commençait à être en état de penser et d'agir lui-même, et il est nécessaire de vous dire quelques mots de son caractère.

Jacques VI n'était qu'un enfant quand il fut placé sur le trône de sa mère. A l'époque où nous sommes arrivés il n'avait encore que quatorze ans, avait un bon cœur, et toute l'instruction que deux excellens précepteurs avaient pu lui donner. Au fond, il avait plus d'instruction que de prudence, et cependant, dans le cours de sa vie, il parut manquer moins de bon sens que de la fermeté nécessaire pour prendre des mesures énergiques et surtout pour les exécuter. Il y avait dans son caractère quelque chose de puéril et pour ainsi dire de mesquin, qui rendit son bon sens inutile, et son savoir ridicule. Dès sa plus tendre enfance, il se passionna pour des favoris, et à treize ans il avait déjà accordé toute sa confiance à deux courtisans qui s'étaient insinués si avant dans ses bonnes graces, qu'ils faisaient de lui tout ce qu'ils voulaient.

Le premier était Esme Stuart d'Aubigny, neveu du feu comte de Lennox et son héritier. Non-seulement le roi réintégra ce jeune seigneur dans toutes les dignités de sa famille, mais il le créa duc de Lennox, et, avec une générosité trop prodigue, il l'éleva à un poste éminent dans l'Etat. Il n'y avait dans le caractère de ce favori rien qui justifiât d'aussi grands honneurs, ni rien non plus qui l'en rendît indigne. C'était un bon jeune homme qui était plein de reconnaissance pour les bienfaits du roi, et qui ne cherchait qu'à en jouir sans faire tort à personne.

L'autre favori de Jacques VI était d'un caractère bien différent. C'était le capitaine James Steward, second fils de la famille d'Ochiltree. Sans conduite, sans principes, n'ayant d'autres talens que la ruse et l'adresse, il ne se distinguait que par l'audace de son ambition et l'effronterie de ses manières.

Les conseils de ses deux favoris augmentèrent le désir naturel du roi de mettre un terme au pouvoir de Morton, et Stewart dressa ses batteries pour que le motif de sa disgrace fût en même temps le signal de sa mort. Toutes ses dispositions furent prises avec art ; et les chefs d'accusation furent adroitement choisis. Le comte de Morton, en se dépouillant de la régence, avait obtenu le pardon, scellé du grand sceau, de tous les crimes et délits qu'il avait ou qu'il pouvait avoir commis envers le roi ; mais il n'était point fait mention dans cette amnistie du meurtre de Henry Darnley, père du roi, meurtre dans lequel le comte de Morton avait certainement trempé. Le favori Stewart se porta lui-même pour accusateur ; et, entrant à l'improviste dans l'appartement du roi au moment où le conseil privé était assemblé, il se jeta aux pieds de Jacques, et accusa le comte de Morton d'avoir été complice de l'assassinat de Darnley. Morton répondit avec un sourire dédaigneux, que la rigueur qu'il avait déployée contre les auteurs de ce crime témoignait assez qu'il n'était pas leur complice. Tout ce qu'il demandait était une enquête impartiale.

Sur cette accusation faite publiquement, le comte, qui si récemment encore était l'homme le plus puissant de l'Ecosse, fut arrêté, et reçut ordre de préparer sa défense. Les amis qui lui restaient l'exhortèrent vivement à prendre la fuite. Le comte d'Angus, son neveu, offrit de lever des troupes, et de le délivrer de vive force. Morton repoussa ces propositions en disant qu'il attendrait l'issue d'un jugement équitable. La reine d'Angleterre intercéda en faveur de Morton avec tant de chaleur et d'empressement, que les préventions de Jacques ne firent peut-être que s'en accroître contre le prisonnier, qu'il regardait comme plus dévoué aux intérêts d'Elisabeth qu'à ceux de son roi.

Pendant ce temps, l'accusateur Stewart était investi du

comté d'Arran, devenu vacant par l'exil des Hamiltons dont tous les biens avaient été confisqués. Morton, qui n'avait pas eu connaissance de cette promotion, fut frappé de surprise quand il apprit que l'accusation était dirigée contre lui au nom de James, comte d'Arran. Lorsqu'on lui expliqua quel était celui qui portait alors ce titre, il s'écria : — En est-il ainsi? alors je sais ce que je dois attendre. On supposa qu'il se rappelait une ancienne prophétie qui prédisait — que le Cœur-Sanglant (emblème armorial des Douglas) tomberait par la bouche d'Arran; — et l'on avait même pensé que la crainte de voir cette prophétie s'accomplir était en partie la cause de l'acharnement qu'il avait mis à poursuivre et à détruire cette famille. S'il était vrai, son oppression tyrannique n'avait fait qu'aplanir les voies à la création d'un nouveau comte d'Arran, plus terrible que ceux qu'il avait remplacés.

Le procès de Morton fut conduit sans aucun égard pour les formes ordinaires de la justice. On saisit les serviteurs de l'accusé, et on les appliqua à la torture pour leur arracher des aveux qui compromissent leur maître. Morton récusa deux ou trois des jurés qui étaient ses ennemis mortels; mais ils n'en furent pas moins conservés. Ils rendirent un verdict portant qu'il était coupable, de cause et de fait (*art and part*), du meurtre de Henry Darnley. On dit qu'un homme est coupable d'un crime, de cause et de fait, quand c'est lui qui l'a conçu, et qu'il excite et encourage ceux qui le commettent, sans mettre la main à l'exécution. Morton, à la lecture de cet arrêt, ne put retenir son indignation. — De cause et de fait! s'écria-t-il; de cause et de fait! Dieu sait qu'il n'en est rien. — La nuit qui suivit sa condamnation, il dormit d'un profond sommeil, et dit en se réveillant le matin : — Les autres nuits je ne pouvais dormir, parce que je songeais à préparer ma défense; mais à présent mon esprit est soulagé de ce fardeau.

Conjuré par les ministres de la religion qui l'assistaient,

d'avouer tout ce qu'il savait sur le meurtre de Henry Darnley, il leur dit, comme nous l'avons rapporté dans un autre endroit, que Bothwell lui avait proposé d'entrer dans la conspiration, ce qu'il avait refusé, à moins qu'on ne lui présentât un ordre signé de la main de la reine, ce que Bothwell promit, mais ce qu'il ne put faire, ou du moins ce qu'il ne fit pas. Morton convint qu'il avait gardé le secret, — car, dit-il, à qui aurais-je pu le découvrir? A la reine? elle était elle-même du complot; à Darnley? il était si borné, que la reine aurait tout su par lui, et lui Morton était également perdu. Il convint aussi qu'il savait qu'Archibald Douglas, son parent et son ami, avait été présent au crime, et qu'au lieu de le livrer à la justice, il lui conserva ses bonnes graces. En un mot, il semblait admettre qu'il méritait son sort pour n'avoir point révélé le complot, quoiqu'il continuât à protester qu'il n'y avait pris aucune part. — Mais cela ne fait rien, dit-il; eussé-je été aussi innocent que saint Etienne ou aussi coupable que Judas, j'aurais toujours subi le même sort.

Au moment où l'on allait conduire le comte au lieu du supplice, le capitaine Stewart, son accusateur, alors comte d'Arran, vint le presser de signer un papier qui contenait la substance de ses aveux. Morton répondit : — Je vous prie de ne pas me déranger; je me prépare maintenant à la mort, et je ne puis écrire dans l'état où je suis. Arran demanda alors à se réconcilier avec lui, prétendant qu'il n'avait agi que par des motifs de conscience et par amour du bien public. — Ce n'est pas le temps de songer aux querelles, reprit le comte; je vous pardonne à vous et à tous les autres.

Cet homme célèbre mourut par une machine appelée la *maiden*[1], qu'il avait lui-même introduite en Ecosse, d'Halifax dans le comté d'York. Le criminel soumis à ce supplice était ajusté sur des planches, le corps courbé et la tête

---

[1] La *jeune fille*, espèce de guillotine, comme le prouve la description qu'en fait l'auteur. — Ed.

placée sous une hache tranchante, pesamment chargée de plomb, qui était suspendue à une corde passée dans une poulie. Lorsque le signal était donné, on lâchait la corde, et la hache, en tombant sur le cou du condamné, séparait nécessairement la tête du reste du corps. Morton se soumit à son sort avec un courage et une résignation tout-à-fait chrétienne; et en lui mourut le dernier de ces terribles Douglas, dont les talens et la valeur avaient long-temps fait l'orgueil de leur pays, mais qui, par leur ambition, en étaient devenus le fléau. Personne ne sut dire ce que devinrent les trésors qu'il avait amassés, et pour lesquels il avait sacrifié sa popularité et même son honneur. Il était ou feignit d'être si pauvre, qu'en allant à l'échafaud il emprunta de l'argent à un de ses amis, afin de pouvoir faire quelques dernières aumônes aux mendians qui imploraient sa charité. Il en est qui ont pensé que cet amas de richesses étaient encore enseveli dans quelque caveau secret de son château de Dalkeith, appartenant aujourd'hui au duc de Buccleugh. Mais Hume de Godscroft, qui a écrit l'histoire de la famille de Douglas, dit que le comte d'Angus, neveu de Morton, employa des sommes considérables à soutenir un grand nombre d'exilés, qui comme lui furent bannis d'Ecosse, et qu'à la fin on l'avait entendu dire un jour qu'il comptait quelque argent à cet effet : — En voici la fin, et tout est parti à présent. Je n'aurais jamais cru qu'ils auraient pu faire autant de bien. Godscroft pense qu'il voulait parler des trésors du régent Morton, qu'il avait épuisés pour l'entretien de ses compagnons d'infortune.

Après la mort de Morton, ses défauts et ses crimes furent en grande partie oubliés, lorsqu'on vit qu'Arran avait tous ses vices sans avoir ni sa prudence ni ses talens. Lennox, le second favori du roi, n'était guère plus aimé. Il faisait ombrage au clergé, qui le soupçonnait, quoiqu'il professât en public la religion protestante, de conserver un attachement secret pour la foi catholique. Ces soupçons provenaient de ce qu'il avait été élevé en France. Les prédicateurs tonnaient contre lui du haut de la chaire, et parlaient — d'un grand champion, appelé Sa Grace, qui, s'il continuait à s'opposer à la religion, ne trouverait pas *grace* à la fin.

Les seigneurs mécontens formèrent un complot pour soustraire le roi à l'influence de ses favoris, et ils y réussirent en s'emparant de force de la personne du monarque, ce qui, pendant les minorités, était le mode ordinaire suivi pour changer l'administration en Ecosse.

Le 23 août 1582, le comte de Gowrie invita le roi à une partie de chasse dans son château de Ruthven. Il y avait rassemblé le comte de Mar, lord Lyndsay, le tuteur de Glamis, et d'autres seigneurs qui avaient été les amis du régent Morton, et qui, comme lui, favorisaient le parti de la reine Elisabeth. Lorsque le roi se vit entouré de tous ces nobles qu'il savait avoir tous la même façon de penser, laquelle était contraire à son gouvernement et aux mesures qu'il prenait, il commença à soupçonner leurs intentions, et manifesta le désir de quitter le château.

Les nobles lui firent entendre qu'il n'en était plus le maître; et, lorsque Jacques se leva pour aller vers la porte de l'appartement, le tuteur de Glamis, homme féroce et grossier, s'y plaça en travers, et le força de revenir sur ses pas. Indigné d'un pareil outrage fait à sa personne, le roi fondit en larmes. — Laissez-le pleurer, dit le tuteur de Glamis d'un ton farouche; il vaut mieux que des enfans pleurent que des hommes qui ont de la barbe. Ces paroles pénétrèrent jusqu'au fond du cœur du roi : il ne les oublia ni ne les lui pardonna jamais.

Les lords insurgés s'emparèrent du gouvernement et exilèrent le duc de Lennox en France, où une maladie de langueur ne tarda pas à le conduire au tombeau. Jacques, par la suite, rappela son fils en Ecosse, et lui rendit la fortune et les dignités de son père. Arran, le favori du roi le plus détesté, fut jeté en prison et étroitement gardé.

Le roi lui-même, réduit à un état de captivité, comme son aïeul Jacques V l'avait été par les Douglas, ne chercha qu'à gagner du temps, et guetta l'occasion de s'échapper. Sa garde se composait d'une centaine de gentilshommes commandés par le colonel Stewart, parent du favori captif et disgracié, qu'il ne fut pas difficile de décider à faire ce que le roi désirait.

Jacques, d'après le plan qu'il avait formé pour recouvrer sa liberté, fit une visite à Saint-André; et lorsqu'il y fut, il manifesta le désir de voir le château. Mais, dès qu'il y fut entré, il fit fermer les portes, et exclut de sa présence les seigneurs qui avaient trempé dans ce qu'on appelait l'affaire de Ruthven.

Le comte de Gowrie et ses complices, se voyant ainsi privés de leurs emplois et de la garde de la personne du roi, complotèrent de nouveau pour reconquérir le pouvoir qu'ils avaient perdu. Mais leur insurrection ne fut pas heureuse. Le roi marcha contre eux avec des forces considérables; Gowrie fut fait prisonnier, jugé et exécuté. Angus et les autres insurgés s'enfuirent en Angleterre, refuge ordinaire des exilés écossais. L'exécution de Gowrie amena, long-temps après, cet événement extraordinaire de l'histoire d'Ecosse connu sous le nom de la Conspiration de Gowrie, que je vous raconterai plus tard.

Arran fut réintégré dans sa puissance, et il fut élevé à de plus grands honneurs que jamais par cette affection inconsidérée qui, dans ce cas comme dans plusieurs autres, porta Jacques à accumuler les dignités et les richesses sur ses favoris. C'était lui qui gouvernait tout à la cour et dans les provinces; et malgré son ignorance, sa vanité et ses débauches, il fut élevé au rang de lord-chancelier, la place la plus éminente de la magistrature, et celle qui demande le plus d'instruction, de savoir et de probité.

Un jour qu'il entrait avec fracas dans la cour de justice, suivi d'un cortège nombreux, un vieillard assez mal habillé se trouva par hasard sur son passage. Arran l'ayant poussé rudement, le vieillard l'arrêta, et lui dit : — Regardez-moi bien, milord, je suis Olivier Sinclair ! Olivier Sinclair avait été, comme vous vous le rappelez, favori de Jacques V, et il avait exercé sous son règne une autorité tout aussi absolue que celle dont Arran jouissait alors sous son petit-fils Jacques VI. En se présentant devant le favori actuel dans un état voisin de la misère, il lui donnait un exemple de l'inconstance de la faveur des cours. La leçon était frappante; mais Arran n'en profita pas.

Son administration devint si insupportable, qu'en 1585 les lords exilés reparurent en Ecosse, et furent reçus partout comme des libérateurs. Ils marchèrent sur Stirling à la tête de dix mille hommes, forcèrent Jacques à leur ouvrir les portes de son conseil, et en usant avec modération de la victoire, ils surent se maintenir dans le pouvoir qu'ils avaient acquis de cette manière. Arran, dépouillé de son comté et de ses richesses mal acquises, fut réduit à traîner une vie misérable au milieu des solitudes du comté d'Ayr, redoutant la vengeance de ses nombreux ennemis.

Le sort qu'il appréhendait finit en effet par l'atteindre. En 1596, voyant ou croyant voir quelque chance de regagner la faveur du roi, et se fiant, dit-on, à la prophétie de quelque devin qui avait prédit — que sa tête serait bientôt élevée plus haut qu'elle ne l'avait jamais été, — il se hasarda à se montrer dans le comté méridional de Dumfries. Il y reçut un avis secret de se tenir sur ses gardes, parce qu'il était près des Douglas, dont le chef, le comte de Morton, avait péri par ses intrigues. On lui recommandait surtout de se défier de James Douglas de Torthorwald, proche parent du comte. Stewart répondit fièrement qu'il ne se dérangerait de sa route ni pour lui ni pour personne du nom de Douglas. Ces paroles furent rapportées à Torthorwald, qui, les regardant comme un défi, monta sur-le-champ à cheval avec trois de ses serviteurs, et se mit à la poursuite du favori disgracié. Ils l'atteignirent, lui passèrent une lance à travers le corps, et le tuèrent sur place sans résistance. Sa tête fut coupée, mise sur la pointe d'une pique, et exposée sur la tour de Torthorwald ; et de cette manière la prophétie du devin s'accomplit dans un sens, puisqu'en effet sa tête se trouva plus élevée qu'elle ne l'était auparavant, quoique ce ne fût pas ainsi qu'il l'avait entendu. Son corps resta pendant plusieurs jours sur la place où il avait été tué, et fut la pâture des chiens et des pourceaux. Telle fut la fin ignominieuse de cet indigne favori.

CHAPITRE XXX.

Rigueurs auxquelles Marie est exposée pendant sa captivité. — Conjuration de Babington. — Procès de Marie. — Sa condamnation et son supplice. — Règne de Jacques VI. — Dissensions parmi les nobles et esprit sanguinaire de l'époque. — Buccleugh délivre Kinmont-Willie renfermé dans le château de Carlisle. — Conspiration de Gowrie. — Avènement de Jacques à la couronne d'Angleterre.

Je suis sûr que vous êtes impatient de savoir ce que devenait la reine Marie pendant tout ce temps. Nous l'avons laissée, vous le savez, entre les mains de la reine Elisabeth, qui avait refusé de prononcer si sa sœur était innocente ou coupable. C'était en 1568-69, et toutes les lois de l'équité et de la justice exigeaient incontestablement que Marie fût remise en liberté. Elle avait été accusée de faits qu'Elisabeth elle-même avait reconnu n'être pas prouvés, et dont, quand même ils eussent été incontestables, la reine d'Angleterre n'aurait eu aucun droit de se constituer juge. Néanmoins Elisabeth, tout en refusant de déclarer Marie coupable, continuait à la traiter comme si elle l'était effectivement, et à la regarder comme sa sujette, quoique la reine d'Ecosse fût une souveraine indépendante qui avait cherché un asile en Angleterre, dans l'espoir d'y trouver cette protection et cette hospitalité que sa sœur n'aurait pas refusée au plus obscur des Ecossais fuyant la vengeance des lois de son pays. Lorsque vous lirez l'histoire d'Angleterre, mon enfant, vous verrez qu'Elisabeth était une grande reine qui mérita bien le titre de mère de son peuple [1]; mais sa conduite envers la reine Marie obscurcit ses brillantes qualités, et nous conduit à réfléchir quelles pauvres et fragiles créatures sont même les plus sages des hommes, et de quels matériaux imparfaits se composent ce que nous appelons les vertus humaines.

Demandant toujours sa liberté, et ne recevant que des refus ou des réponses évasives, Marie fut transportée de château en château, et placée sous la surveillance de différens gardiens, qui étaient exposés au ressentiment sévère d'Elisabeth lorsqu'ils témoignaient à la pauvre Marie quelques égards qui pussent adoucir les rigueurs de sa captivité; le plus souvent ces égards n'étaient dictés que par la plus simple bienveillance et la pitié qu'inspirait sa grandeur déchue. Son appartement était incommode et ne contenait que les meubles les plus grossiers, et les dépenses de sa maison étaient réglées avec une parcimonie aussi sordide que si c'eût été quelque hôte importun, qui était libre de partir quand cela lui plairait, et dont on cherchait à se débarrasser en le laissant manquer de tout. Ce fut, par exemple, avec la plus grande difficulté, que Marie, reine douairière de France et reine actuelle d'Ecosse, parvint à obtenir un lit de plumes, que de vives douleurs dans les jambes, causées par l'humidité et une trop longue retraite, rendaient un objet de nécessité plutôt que de luxe. Lorsqu'on lui permettait de prendre un peu d'exercice, elle était étroitement gardée comme une

---

(1) Le mot *marâtre* serait peut-être plus juste envers une reine si despotique et si cruelle : mais, comme Louis XI en France, elle humilia la noblesse, et le peuple en profita. Voyez son portrait comme femme, dans *Kenilworth*. — Ed.

criminelle, et si quelqu'un lui donnait quelque marque de respect ou lui adressait quelques mots de consolation, la reine Elisabeth, qui avait ses espions partout, en était bientôt informée, et faisait les plus vifs reproches à ceux qui se trouvaient alors chargés de garder Marie, pour avoir permis qu'on lui donnât ces preuves d'intérêt.

Pendant cette dure captivité, d'une part, et de l'autre l'anxiété, le doute, la jalousie la plus vive, les deux reines n'en continuaient pas moins à entretenir une sorte de correspondance entre elles. Dans le commencement, Marie s'efforça d'adoucir en sa faveur le cœur d'Elisabeth, par la force des argumens, les séductions de la flatterie, et les appels les plus touchans aux sentimens de la justice et de l'humanité. Elle essaya aussi d'en obtenir par l'intérêt un traitement plus doux, en offrant de céder sa couronne et de s'expatrier, si on voulait seulement lui rendre sa liberté. Mais Elisabeth avait de trop grands torts envers la reine d'Ecosse pour lui donner les moyens de prendre sa revanche, et peut-être se crut-elle forcée de poursuivre son cruel projet, de crainte que Marie, une fois en liberté, ne cherchât les moyens de se venger, et qu'il fût impossible de la contraindre à remplir alors les engagemens qu'elle aurait pris étant captive.

Désespérant enfin de se rendre Elisabeth favorable, Marie, avec plus d'esprit que de prudence, ne se servit plus de cette correspondance que pour irriter et provoquer, par tous les moyens possibles, la reine d'Angleterre, cédant au désir assez naturel peut-être, mais certainement bien impolitique, de faire ressentir une partie des peines qu'elle éprouvait elle-même, à celle qu'elle regardait avec juste raison comme l'auteur de tous ses maux.

Ayant été long-temps sous la garde du comte de Shrewsbury, dont la femme était médisante et acariâtre, Marie écrivait à Elisabeth que la comtesse l'avait appelée vieille et laide, et avait dit qu'elle était maintenant aussi contrefaite au physique qu'au moral, ajoutant plusieurs autres observations non moins piquantes qu'aucune femme n'aurait pu supporter de sang-froid, et qui, à plus forte raison, blessaient jusqu'au fond du cœur une reine aussi orgueilleuse qu'Elisabeth, et qui désirait tant de passer pour belle. On ne peut douter que ces petites tracasseries n'aient ajouté bien de l'amertume à la haine qu'elle portait déjà à Marie.

Mais indépendamment de ces raisons toutes féminines pour détester sa prisonnière, Elisabeth en avait une autre plus sérieuse pour redouter la reine d'Ecosse au moins autant qu'elle la détestait. Le parti catholique était encore très-puissant en Angleterre, et les droits de Marie au trône de ce royaume, comme descendant de la princesse Marguerite, fille de Henry VII, lui semblaient préférables à ceux de la reine Elisabeth qu'il trouvait illégitimes, puisqu'elle était le fruit d'un mariage illégal entre Henry VIII et Anne de Boulen. De leur côté les papes, qui regardaient avec raison Elisabeth comme le plus ferme appui de la religion réformée, s'étaient efforcés de soulever contre elle les Anglais qui étaient encore soumis à l'autorité du saint siège. Enfin, en 1570-71, Pie V, qui régnait alors, publia une bulle ou sentence d'excommunication, par laquelle il déclarait Elisabeth déchue de toutes ses espérances de salut dans le ciel, et de son royaume sur la terre; il l'excluait de tous les privilèges accordés aux chrétiens, et l'abandonnait comme une criminelle à quiconque se présenterait pour venger l'Eglise, en mettant à mort sa plus grande ennemie. Le zèle des catholiques anglais s'enflamma en lisant cette bulle du chef de leur Eglise. Un d'eux fut assez hardi pour en afficher une copie sur la porte de l'évêque de Londres, et plusieurs complots furent tramés par les papistes pour détrôner Elisabeth et donner la couronne d'Angleterre à Marie, reine qui était de leur religion et qu'ils regardaient comme l'héritière légitime du trône.

Aussitôt qu'une de ces conspirations était découverte,

une autre semblait se former d'elle-même; et comme le roi d'Espagne avait promis de puissans secours aux catholiques, et qu'ils étaient animés du plus vif enthousiasme, le danger devenait chaque jour plus imminent. On ne peut douter que plusieurs de ces plans n'eussent été communiqués à Marie dans sa prison; et si l'on considère toutes les raisons qu'elle avait de se plaindre d'Elisabeth, il eût été très-étonnant qu'elle eût révélé à son geôlier implacable les projets que formaient ses amis pour la mettre en liberté. Mais ces conspirations successives, et si rapprochées l'une de l'autre, donnèrent lieu à une des lois les plus extraordinaires qui aient jamais été promulguées en Angleterre. Cette loi portait que si quelque insurrection ou quelque atteinte à la personne de la reine Elisabeth, venait à être méditée par ou pour quelqu'un qui se crût des droits à la couronne, la reine pourrait nommer une commission composée de vingt-cinq membres qui serait chargée d'examiner ces sortes de délits, et de condamner les coupables. Après la lecture de la sentence, il devait paraître une proclamation déclarant déchus de tous droits au trône ceux en faveur de qui le complot ou l'insurrection aurait eu lieu; et il était spécifié qu'ils pourraient être poursuivis et condamnés à mort. Cette loi barbare avait été conçue de cette sorte pour rendre Marie responsable, non-seulement de ses actions, mais encore de celles des autres; de manière que si les catholiques se soulevaient, quoique sans son ordre, ou même malgré sa défense, elle perdait ses droits de succession à la couronne, et courait même risque de la vie. Il n'y eut que le zèle des Anglais pour la religion réformée, et leur désir d'assurer la sûreté personnelle d'Elisabeth, qui put les engager à consentir à une mesure si injuste et si oppressive.

Cette loi fut promulguée en 1585, et l'année suivante Elisabeth trouva un prétexte pour s'en servir contre Marie. Antoine Babington, jeune gentilhomme qui possédait autant de fortune que de talens, zélé catholique et plein d'un enthousiasme chevaleresque pour la cause de la reine d'Ecosse, s'était associé cinq de ses amis, tous remplis de courage, tous de haute naissance comme lui, pour accomplir l'entreprise désespérée d'assassiner Elisabeth et de mettre Marie en liberté. Mais leurs projets furent secrètement révélés à Walsingham, le fameux ministre de la reine d'Angleterrre. On les laissa aller aussi loin qu'on crut pouvoir le faire sans danger, et alors ils furent saisis, jugés et exécutés.

Elisabeth résolut de profiter de la circonstance pour attenter aux jours de Marie, en la mettant en jugement sous prétexte qu'elle avait encouragé Babington et ses amis dans leur résolution désespérée. Elle fut conduite au château de Fotheringay et placée sous la garde de sir Amias Paulet et de sir Drew Drury, que, d'après leur haine bien connue pour la religion catholique, on supposait disposés à la traiter avec la plus grande rigueur. Son cabinet particulier fut forcé, et on enleva tout ce qui s'y trouvait; ses papiers les plus secrets furent lus et examinés; ses principaux domestiques furent éloignés de sa personne, et on lui prit son argent et ses bijoux. La reine Elisabeth nomma alors des commissaires, aux termes de l'acte du parlement dont je vous ai parlé. Ils étaient au nombre de quarante, choisis parmi ses courtisans et ses conseillers les plus distingués, et ils reçurent ordre de juger Marie, sur sa prétendue complicité dans la conspiration de Babington.

Le 14 octobre 1586, ces commissaires se réunirent dans la grande salle du château de Fotheringay. Marie, abandonnée à elle-même, et n'ayant les conseils ni d'un ami, ni d'un avocat, ni d'un homme de loi, fit cependant une défense digne de sa naissance et de ses talens distingués. Elle refusa d'abord de plaider sa cause devant une cour composée de personnes d'un rang inférieur au sien, et lorsque enfin elle consentit à entendre l'accusation portée contre elle et à la réfuter, elle protesta qu'elle ne prétendait pas reconnaître par là la compétence de la cour, et qu'elle ne le faisait que pour l'honneur de sa réputation.

L'avocat de la couronne représenta la conspiration de Babington comme incontestable, et produisit les copies de plusieurs lettres qu'il attribuait à Marie, et qui approuvaient l'insurrection et même l'assassinat d'Elisabeth. Les déclarations de Nave et de Curle, deux des secrétaires de Marie, confirmèrent le fait prétendu de sa correspondance avec Babington par l'intervention d'un prêtre nommé Ballard. On lut ensuite les aveux de Babington et de ses amis, confessant la part qu'avait eue la reine d'Ecosse dans leur criminelle entreprise.

Marie répondit à ces accusations qu'elle n'avait jamais eu la moindre correspondance avec Ballard, et que jamais elle n'avait écrit les lettres qu'on produisait contre elle. Elle ajouta que ce n'était point sur des copies qu'elle devait être jugée, mais sur des lettres écrites de sa propre main, et portant au moins le sceau de ses armes. Elle fit valoir avec chaleur que ses secrétaires avaient été interrogés en secret, et que leurs déclarations avaient été faites sous l'influence de la crainte des tortures, ou de l'espoir des récompenses, ce qui, en effet, est très-probable. Enfin elle prétendit avec toute l'indignation de l'innocence que les aveux flétrissans des conspirateurs ne pouvaient l'atteindre, puisqu'ils avaient été faits par des personnes notées d'infamie, mourant pour un crime infame. Si on voulait se servir de leur témoignage, on devait leur pardonner et les faire comparaître comme accusateurs. Marie avoua que, désespérant depuis plusieurs années d'obtenir secours ou justice de la reine Elisabeth, elle avait, dans sa détresse, réclamé l'assistance des autres souverains, et qu'elle avait aussi cherché à procurer quelque protection aux catholiques persécutés d'Angleterre; mais elle nia qu'elle eût jamais voulu acheter sa liberté ou le moindre avantage pour les catholiques au prix du sang de qui que ce fût, et elle déclara que si elle avait jamais consenti par paroles, ou même par pensée, à l'assassinat d'Elisabeth, elle était prête non-seulement à se soumettre au jugement des hommes, mais à renoncer même à la miséricorde de Dieu.

Les preuves alléguées contre la reine d'Ecosse étaient telles, qu'elles n'auraient pu compromettre la vie du plus vil criminel ; cependant la commission eut la cruauté et la bassesse de déclarer Marie coupable d'avoir trempé dans la conspiration de Babington, et d'avoir machiné et comploté la mort d'Elisabeth, contre les termes exprès du statut qui avait pour objet la sûreté de la reine. Et le parlement d'Angleterre approuva et ratifia cette sentence inique!

On ne devait peut-être pas s'attendre que Jacques VI eût beaucoup d'affection pour sa mère, qu'il n'avait pas vue depuis son enfance, et que sans doute on lui avait représentée comme une méchante femme, dont le seul désir était, si elle parvenait à recouvrer sa liberté, de lui arracher la couronne pour la replacer sur sa tête. Aussi avait-il vu la captivité de Marie sans éprouver cette sympathie qu'un fils eût dû ressentir pour celle qui lui avait donné le jour. Mais, à la nouvelle des poursuites dirigées contre sa vie, il aurait fallu qu'il fût privé des sentimens les plus ordinaires de la nature, pour ne pas s'entremettre en sa faveur, et une pareille conduite eût attiré sur lui les reproches et le mépris de toute l'Europe. Il envoya donc successivement sir William Keit et le seigneur de Gray, pour faire des remontrances à la reine Elisabeth, et pour employer tour à tour les prières et les menaces afin de sauver les jours de sa mère. L'amitié de l'Ecosse était alors d'une bien plus grande importance pour l'Angleterre qu'elle ne l'avait été à aucune autre époque de son histoire. Le roi d'Espagne était occupé à rassembler une flotte nombreuse, appelée pompeusement l'*armada invincible*, avec laquelle il se proposait d'envahir l'Angleterre et d'en faire la conquête. Si Jacques VI avait été disposé à ouvrir les portes de l'Ecosse aux vaisseaux et aux armées espagnoles, il aurait pu faciliter considérablement cette formidable invasion, en diminuant les risques que l'*armada* avait à courir de la part de la flotte anglaise.

Il paraît donc probable, que si Jacques lui-même eût été bien sincère dans son intervention, ou que son ambassadeur se fût acquitté de la mission qui lui avait été confiée, avec la fermeté et la vigueur convenables, cette médiation n'aurait pu manquer de réussir, du moins pour quelque temps. Mais le seigneur de Gray, comme on n'en peut plus douter aujourd'hui, encouragea secrètement Elisabeth et ses ministres à persévérer dans la voie cruelle qu'ils avaient choisie, et poussa la perfidie jusqu'à insinuer que, quoique Jacques n'eût pu décemment s'empêcher d'intercéder en faveur de sa mère, cependant, au fond de son cœur, il ne serait pas très-fâché que Marie, qui, aux yeux d'une partie de ses sujets, était encore reine d'Ecosse, fût mise sans bruit de côté. D'après les sourdes menées de cet odieux ambassadeur, Elisabeth fut portée à croire que le ressentiment du roi pour la mort de sa mère ne serait ni long ni violent; et songeant à l'influence qu'elle exerçait sur une grande partie de la noblesse d'Ecosse, et au zèle des Ecossais, en général, pour la religion réformée, elle en conclut que les motifs provenant de ces circonstances empêcheraient Jacques de faire cause commune avec le roi d'Espagne contre l'Angleterre.

A toute autre époque de l'histoire d'Angleterre, il est probable qu'un souverain qui aurait médité un attentat tel que celui qu'Elisabeth allait commettre aurait été arrêté par le noble sentiment de justice et d'humanité naturel à une nation libre et généreuse, comme le peuple anglais. Mais le despotisme de Henry VIII avait habitué les Anglais à voir le sang des personnages les plus illustres, et même des reines, versé, sous les plus légers prétextes, par la main du bourreau; et l'idée que les jours d'Elisabeth étaient menacés tant que Marie existerait suffisait, dans l'excès de l'affection et du dévouement qu'ils avaient pour leur reine, et que justifiait du reste l'ensemble de son règne, pour les aveugler sur l'injustice révoltante dont une étrangère et une catholique était victime.

Cependant, malgré toutes les préventions de ses sujets en sa faveur, Elisabeth aurait bien voulu que la mort de Marie pût avoir lieu de manière à ce qu'elle ne parût pas elle-même y être pour rien. Ses ministres furent chargés d'écrire aux gardiens de Marie pour leur donner à entendre quel service signalé ce serait rendre à Elisabeth et à la cause protestante que d'abréger les jours de Marie et de l'assassiner en secret. Mais ces gardiens austères, malgré la rigueur et la sévérité de leur conduite à l'égard de leur captive, restèrent sourds à de pareilles insinuations, et bien leur en prit de ne pas les suivre; car Elisabeth n'aurait pas manqué de rejeter sur eux tout le blâme de l'action, et les aurait laissés en répondre sur leurs têtes et sur leurs biens. Cependant elle exhala contre eux son mécontentement, et traita Paulet de — scrupuleux drôle, qui faisait sonner bien haut sa fidélité, mais qui ne savait pas en donner des preuves. —

Néanmoins, comme il devenait nécessaire, d'après les scrupules de Paulet et de Drury, de procéder dans toutes les formes, Elisabeth signa un ordre (*warrant*) pour l'exécution de la sentence prononcée contre la reine Marie; et le remit à Davison, son secrétaire, en lui ordonnant d'y faire mettre le grand sceau. Davison porta l'ordre, signé d'Elisabeth, au conseil privé, et le lendemain le grand sceau y fut apposé. En l'apprenant, Elisabeth affecta d'être mécontente qu'il eût fait tant de diligence, et elle dit à son secrétaire que c'était l'opinion d'hommes éclairés qu'on pourrait s'y prendre autrement avec la reine Marie. Davison crut entrevoir dans ce prétendu changement d'idée le danger que sa maîtresse ne rejetât sur lui le blâme de l'exécution après qu'elle aurait eu lieu. Il instruisit donc le chancelier de ce que la reine lui avait dit, protestant qu'il n'irait pas plus loin dans cette affaire. Les membres du conseil privé se rassemblèrent, et se croyant sûrs de connaître quels étaient au fond les désirs de la reine, ils résolurent de lui épargner la peine de les manifester plus ouvertement ; et voulant que la responsabilité, s'il devait y en avoir, retombât également sur eux tous, ils chargèrent Beale, leur greffier, de porter de suite le warrant aux comtes de Kent et de Shrewsbury, auxquels il était enjoint, ainsi qu'au grand-sheriff du comté, de le faire exécuter sans délai.

Marie reçut la triste nouvelle avec la plus grande fermeté.—L'ame, dit-elle, qui tremblerait à la vue de l'échafaud serait indigne des joies du ciel. Elle n'aurait pas cru, ajouta-t-elle, que sa parente eût consenti à sa mort ; mais elle ne s'en soumettait pas moins volontiers à son sort. Elle demanda vivement l'assistance d'un prêtre ; mais cette faveur, qui est accordée aux plus vils criminels, et à laquelle les catholiques tiennent beaucoup, lui fut inhumainement refusée. La reine écrivit alors ses dernières volontés, et de courtes et tendres lettres d'adieu à ses parens en France. Elle distribua à ses domestiques les objets précieux qui lui restaient, et les pria de les garder par amour pour elle. Ces occupations remplirent la soirée qui précéda le jour fixé pour la fatale exécution.

Le 8 février 1587, la reine, conservant toujours l'air calme et tranquille qu'elle avait montré pendant son prétendu procès, descendit dans la grande cour du château, où l'on avait dressé un échafaud, sur lequel on avait placé un billot et une chaise, et le tout était couvert de drap noir. L'intendant de sa maison, sir André Melville, obtint la permission de prendre, pour la dernière fois, congé d'une maîtresse qu'il avait toujours fidèlement servie. Il se répandit en lamentations prolongées, déplorant le sort de Marie, et se désespérant de n'avoir vécu aussi longtemps que pour porter de pareilles nouvelles en Ecosse. — Ne pleure pas, mon bon Melville, dit la reine, mais bien plutôt réjouis-toi; car tu verras aujourd'hui Marie Stuart délivrée de toutes ses souffrances. Elle eut quelque peine à obtenir que ses femmes pussent l'accompagner sur l'échafaud : on objecta que leurs cris et leurs sanglots démesurés troubleraient de pareils instans; elle promit pour elles qu'elles sauraient se taire.

Lorsqu'elle fut assise sur la chaise fatale, elle écouta d'un air d'indifférence la lecture du warrant qui fut faite par Beale, greffier du conseil privé, et elle ne parut pas prêter plus d'attention aux exhortations et aux prières du doyen de Peterborough, auxquelles, comme catholique, elle ne pouvait se joindre. Elle implora le pardon du ciel d'après les formes prescrites par son Église. Alors elle se prépara à la mort, ôtant ceux de ses vêtemens qui auraient pu gêner le coup mortel. Les valets du bourreau lui offrirent leurs services; mais elle les refusa modestement, en disant qu'elle n'était pas accoutumée à se déshabiller devant tant de spectateurs, ni à être servie par de pareils valets de chambre. Elle gronda doucement ses femmes, qui ne pouvaient retenir leurs cris et leurs lamentations, et leur rappela ce qu'elle avait promis en leur nom. Enfin Marie posa sa tête sur le billot, et le bourreau la sépara du corps par deux coups de hache. Alors il l'éleva dans sa main, et le doyen de Peterborough s'écria : — Ainsi périssent tous les ennemis de la reine Elisabeth ! Aucune voix, à l'exception de celle du comte de Kent, ne put répondre *Amen !* toutes les autres étaient étouffées par les larmes et par les sanglots.

Ainsi mourut Marie, ayant un peu plus de quarante-quatre ans. Ses talens et son esprit n'étaient pas moins remarquables que sa beauté; et l'on ne peut douter de la bonté naturelle de son cœur, ni de la fermeté courageuse de son caractère. Néanmoins elle fut, sous tous les rapports, l'une des princesses les plus infortunées qui aient jamais vécu, depuis le moment où elle vint au monde dans une heure de crise et de danger, jusqu'à celui où une mort violente et terrible mit fin à une triste captivité de dix-huit ans.

La reine Elisabeth, dans le même esprit d'hypocrisie qui avait caractérisé toute sa conduite envers Marie, ne sut pas plus tôt que l'action était consommée qu'elle s'empressa de nier qu'elle y eût aucune part. Elle prétendit que Davison avait agi positivement contre ses ordres en portant le warrant au conseil privé; et, afin de donner plus de poids à ses allégations, elle le fit condamner à une forte amende, le priva de tous ses emplois, et lui retira pour toujours ses bonnes graces. Elle envoya un ambassadeur exprès au roi Jacques pour lui faire ses excuses de ce malheureux accident, comme il lui plaisait d'appeler la mort de Marie Stuart.

Jacques témoigna d'abord une grande indignation, qui fut partagée par la nation écossaise. Il refusa de voir l'envoyé anglais, et il exhala des menaces de vengeance. Lorsqu'un deuil général fut ordonné pour la feue reine, le comte d'Argyle parut à la cour armé de pied en cap, comme si c'était la manière la plus convenable de manifester son opinion sur le traitement que Marie avait éprouvé, et sur la conduite que l'Ecosse devait tenir. Mais Jacques avait les yeux fixés sur la couronne d'Angleterre; toutes ses craintes et toutes ses espérances se dirigeaient de ce côté, et c'était s'exposer à perdre ce superbe héritage que de déclarer la guerre à Elisabeth. Sans doute la plupart des rois ses ancêtres auraient passé par-dessus de semblables considérations, et se seraient jetés sur l'Angleterre à la tête de toutes les troupes que l'Ecosse eût pu leur fournir. Mais Jacques était d'un naturel craintif et pacifique. Il sentait que l'Ecosse était trop pauvre, trop divisée, pour pouvoir affronter seule un royaume aussi riche et aussi uni que l'Angleterre. D'un autre côté, si Jacques se liguait avec le roi d'Espagne, il serait probablement abandonné de la partie protestante de ses sujets, et, en outre, il n'ignorait pas que Philippe avait lui-même des prétentions sur la couronne d'Angleterre; de sorte que seconder ce prince dans l'invasion qu'il méditait, c'était élever une barrière peut-être insurmontable entre lui et le trône dont il était l'héritier présomptif. Jacques s'adoucit donc par degrés; il feignit de croire sincères les excuses de la reine Elisabeth, et bientôt ils furent en aussi bonne intelligence qu'ils l'avaient été avant la mort de l'infortunée Marie.

Jacques se trouvait alors en pleine possession du royaume d'Ecosse, et il se montra sous un jour plus favorable qu'à aucune époque postérieure de sa vie. Délivré de James Stewart, son vil conseiller, il agit en grande partie d'après les avis de sir John Maitland, chancelier, frère de ce Maitland de Lethinghton dont nous avons si souvent parlé. C'était un bon et sage ministre, et comme il était dans le caractère de Jacques, qui offrait un singulier mélange de prudence et de faiblesse, de suivre l'impulsion qui lui était donnée, et d'agir bien ou mal, suivant les conseils qu'il recevait, il fit concevoir de lui en Angleterre, et même dans toute l'Europe, une opinion beaucoup plus avantageuse que celle qu'on eut ensuite lorsqu'il fut mieux connu.

Il est vrai que le règne de Jacques en Ecosse fut marqué par tant de circonstances délicates et même dangereuses, qu'il était obligé de se tenir constamment sur ses gardes, et de ne point s'écarter des règles les plus strictes de la prudence; car il ne pouvait guère espérer de tenir en respect sa turbulente noblesse, qu'en soutenant la dignité du caractère royal. Si le roi avait eu les moyens de répandre des largesses au milieu de ses sujets puissans, son influence aurait été plus grande; mais bien loin de là, si l'on excepte une rente annuelle de cinq mille livres sterling que lui faisait Elisabeth, ses ressources pour défrayer même les dépenses de sa maison étaient de la nature la plus précaire; ce qui provenait en grande partie du pillage auquel le trésor royal avait été mis pendant les guerres civiles de sa minorité. Le roi était dans une telle dépendance, qu'il ne pouvait même donner un festin sans prier quelques-uns de ses sujets plus opulens de lui envoyer de la volaille et du gibier, et sa garde-robe était si mal montée, qu'il fut obligé d'emprunter une paire de bas de soie au comte de Mar, afin de pouvoir s'habiller convenablement pour recevoir l'ambassadeur espagnol.

D'autres causes contribuaient encore à rendre la position de Jacques embarrassante. Le clergé d'Ecosse lui donnait beaucoup de peine. Ses membres exerçaient une puissante influence sur l'esprit du peuple, et ils s'en servaient quelquefois pour intervenir dans les affaires publiques. Sans avoir, comme les évêques d'Angleterre et d'autres pays, la prérogative de siéger au parlement, ils ne s'en mêlaient pas moins de politique, et souvent du haut de la chaire ils parlaient contre le roi et contre son gouvernement. Ils avaient d'autant plus d'audace, qu'ils prétendaient n'être justiciables devant aucune cour civile de ce qu'ils pouvaient dire dans leurs sermons, mais seulement devant les cours spirituelles, comme on les appelait, c'est-à-dire devant les synodes et assemblées générales de l'Eglise, composés de prêtres comme eux, et par conséquent peu disposés à mettre un frein à la liberté de langage de leurs frères.

Dans une occasion entre autres, le 17 décembre 1569, des disputes de cette sorte entre le roi et l'Eglise s'envenimèrent à un tel point, que la populace d'Edimbourg, excitée par la violence des sermons qu'elle entendait, s'arma de tout ce qu'elle put trouver, et assiégeant la porte du Tolbooth, où Jacques était occupé à rendre la justice, menaça de l'enfoncer. Le roi fut sauvé par l'intervention de la partie paisible et mieux disposée des habitans, qui prirent les armes pour le protéger. Néanmoins il sortit le lendemain d'Edimbourg dans une grande colère, et il voulait dépouiller cette ville de ses privilèges, pour punir l'insolence des mutins. On eut beaucoup de peine à l'apaiser, et il ne paraît même pas qu'on y parvint complètement ; car il fit occuper la Grande-Rue (*High-Street*) d'Edimbourg par un grand nombre des clans des frontières et des Highlands. Les citoyens, effrayés à la vue de ces bandes farouches et indisciplinées, crurent que la ville allait être livrée au pillage ; et l'alarme fut à son comble. Mais le roi, qui ne voulait que les effrayer, fit aux magistrats une longue harangue sur les excès dont il avait à se plaindre, et après avoir reçu leurs excuses il finit par leur pardonner.

Un autre fléau du règne de Jacques VI, furent les insurrections réitérées d'un seigneur turbulent, nommé Francis Stewart, comte de Bothwell, qu'il ne faut pas confondre avec James Hepburn, qui portait ce titre sous le règne de Marie. Ce second comte de Bothwell était parent du roi, et il employa la force, à plusieurs reprises, pour chercher à s'emparer de sa personne, afin de gouverner l'Etat, comme les Douglas l'avaient fait anciennement, en tenant le roi prisonnier ; mais quoiqu'il ait été une ou deux fois sur le point d'y parvenir, Jacques trouva toujours moyen de lui échapper, et finit par avoir assez de puissance pour bannir à jamais Bothwell de sa présence. Il mourut dans l'exil, l'objet du mépris général.

Mais ce qui, à cette époque, était sans contredit la plus grande peste pour le pays, c'étaient ces *haines à mort* qui se transmettaient de père en fils parmi les nobles et les gentilshommes, et qui avaient les résultats les plus sanglans, tandis que le caractère naturellement indulgent du roi, qui le portait à pardonner à ceux qui avaient commis les actes de violence les plus répréhensibles, rendait le mal encore plus frappant. En voici un exemple remarquable.

Le comte de Huntly, chef de la puissante famille de Gordon, et l'homme qui exerçait le plus d'influence dans le nord de l'Ecosse, s'était trouvé avoir quelques différends relatifs à des terres avec le comte de Murray, gendre du comte régent du même nom ; et dans le cours de ces querelles, un frère de Gordon de Cluny, John Gordon, avait été tué d'un coup de fusil tiré du château de Murray dans le Darnoway. C'en était assez pour rendre les deux familles ennemies implacables, quand même elles auraient vécu auparavant dans la meilleure intelligence. Murray était un si bel homme, qu'on ne l'appelait généralement que le beau comte de Murray. En 1592, il fut accusé d'avoir prêté main-forte à Stewart, comte de Bothwell, dans l'une de ses entreprises contre la personne du roi. Jacques, ne se rappelant probablement pas l'animosité qui régnait entre les deux comtes, envoya l'ordre à Huntly de lui amener le comte de Murray. Huntly, charmé sans doute d'une mission qui lui fournissait l'occasion de se venger de son ennemi, assiégea le château de Dunnibirsel, sur la rive septentrionale du Forth, et somma Murray de se rendre. En réponse on fit une décharge qui blessa mortellement l'un des Gordons. Les assaillans s'apprêtèrent à mettre le feu au château ; et Dunbar, sheriff du comté de Murray, dit au comte en voyant leur projet : — Ne restons pas ici pour périr au milieu des flammes ; je vais sortir le premier, et pendant que les Gordons, me prenant pour Votre Seigneurie, me mettront à mort, vous profiterez de la confusion pour vous sauver. En effet, ils se précipitèrent au milieu des ennemis, et Dunbar y perdit la vie. Mais sa mort ne sauva point le comte, comme il l'avait généreusement espéré. Murray réussit bien à s'échapper pour le moment ; mais comme il s'enfuyait vers les rochers qui bordent la mer, il fut reconnu aux tassettes de soie attachées à son casque, qui avaient pris feu lorsqu'il s'était frayé un passage au travers des flammes. Guidés par cette espèce de fanal, ses ennemis le poursuivirent de colline en colline, et Gordon de Buccleugh, qui fut, dit-on, le premier qui l'atteignit, le blessa mortellement. Pendant que Murray était étendu tout haletant dans une horrible agonie, Huntly arriva, et la tradition rapporte que dès que Gordon aperçut son Chef, il dirigea contre lui la pointe de son poignard en s'écriant : — De par le ciel ! milord, vous y serez pour autant que moi ; et il le força de faire une nouvelle blessure au comte qui se mourait. Huntly, d'une main mal assurée, frappa Murray à la figure. Celui-ci, pensant à sa grande beauté, même dans cette crise terrible, murmura en expirant ces dernières paroles : — Vous avez gâté une figure qui valait mieux que la vôtre.

Après cet acte de violence, Huntly ne se soucia pas de retourner à Edimbourg, mais il s'enfonça dans le nord. Il se réfugia momentanément dans le château de Ravenscraig, appartenant au lord Sinclair, qui lui dit, avec ce mélange de prudence et d'hospitalité qui distingue les Ecossais, qu'il avait du plaisir à le recevoir, mais qu'il en aurait deux fois plus à lui voir passer son chemin. Par la suite Gordon témoigna beaucoup de repentir du crime qu'il avait commis.

Bientôt après trois seigneurs catholiques, les comtes de Huntly et d'Errol, qui avaient toujours professé cette religion, et le comte d'Angus, qui s'était converti au catholicisme, furent accusés d'entretenir des intelligences avec l'Espagne, et de vouloir introduire des troupes espagnoles en Ecosse pour y rétablir leur culte. Les détails qu'on rapportait sur cette conspiration ne semblent pas très-probables ; néanmoins le roi donna ordre au comte d'Argyle de marcher contre eux avec les troupes réunies dans le nord par lord Forbes et autres seigneurs protestans, et montra dans cette guerre l'enthousiasme religieux qui animait également les réformateurs et les catholiques. Argyle leva aussi des corps nombreux de montagnards, qui se souciaient fort peu de religion, mais qui aimaient extrêmement le pillage.

L'armée d'Argyle, forte d'environ dix mille hommes, rencontra Huntly et Errol à Glenviat, le 3 octobre 1594. Le combat fut très-vif. Les deux comtes n'avaient pas plus de quinze cents cavaliers ; mais c'étaient tous gentilshommes bien montés et armés de pied en cap, tandis que les soldats d'Argyle n'avaient que leurs plaids et leurs toques. En outre, Huntly et Errol avaient deux ou trois pièces de canon, dont les montagnards, qui n'étaient accoutumés à rien de semblable, eurent une grande peur. Le résultat du combat fut que, quoique la cavalerie eût à gravir une colline encombrée de pierres et de quartiers de roc, et malgré le courage et l'acharnement avec lequel les montagnards se défendirent, la petite troupe des deux comtes enfonça les rangs de ses ennemis, y jeta le désordre, en fit un grand carnage et les força à prendre la fuite. Du côte d'Argyle, il y eut quelque trahison. On dit que les Grants, proches voisins, et quelques-uns même vassaux, des Gordons, le quittèrent au milieu de la mêlée pour se joindre à leurs anciens amis. Le Chef de Mac-Lean se défendit avec un grand courage ; mais il fut à la fin obligé de céder. Ce fut une des occasions où l'infanterie irrégulière des Highlands se trouva inférieure à la cavalerie compacte des basses terres, qui avec ses longues lances la renversait et la dispersait dans tous les sens.

A la nouvelle de la défaite d'Argyle, le roi s'avança lui-même dans le nord à la tête d'une petite armée, et il rétablit la tranquillité en châtiant les comtes insurgés.

Nous avons déjà dit que, dans ces temps de désordre, il n'y avait pas jusqu'aux enfans qui n'eussent leurs *haines à mort*, qui ne portassent des armes et n'imitassent les excès de leurs pères. Voici un exemple de leur férocité prématurée, qui arriva en septembre 1595. Les élèves de la grande école d'Edimbourg (*high-school*) ayant eu une contestation avec leurs maîtres sur la longueur de leurs vacances, résolurent d'employer la force pour obtenir une prolongation. En conséquence, ils prirent possession de l'école, s'y barricadèrent, et en refusèrent l'entrée à leurs maîtres. Ce sont de ces folies dont on a vu des exemples dans d'autres collèges ; mais ce qui caractérisa la révolte des écoliers d'Edimbourg, c'est qu'ils se défendirent avec l'épée et le pistolet, et quand le bailli Mac-Morran, l'un des magistrats, donna ordre à la force armée d'entrer, trois des enfans tirèrent sur lui, et le tuèrent sur la place : aucun d'eux ne fut puni, parce qu'il fut impossible de découvrir quel était le coupable, ou plutôt parce que deux d'entre eux étaient des fils de gentilshommes. Vous voyez par là que l'esprit sanguinaire de l'époque régnait jusque parmi les enfans.

Il est juste de dire, à l'honneur de Jacques VI, qu'il adopta toutes les mesures qui étaient en son pouvoir pour mettre un terme à ces scènes funestes de violence et de désordres. Des lois sages furent rendues pour prévenir des excès qui étaient parvenus à un tel degré ; et afin d'éteindre les haines parmi les nobles, Jacques engagea ceux qui avaient des motifs d'animosité l'un contre l'autre, à se prendre la main et à se réconcilier sous ses yeux. Ils obéirent, et, se mettant lui-même à leur tête, il les fit marcher en procession jusqu'à la Croix d'Edimbourg, se tenant toujours par la main, en signe de parfaite réconciliation, tandis que le prévôt et les magistrats dansaient devant eux pour exprimer leur joie de voir la concorde et la bonne intelligence si heureusement rétablies. Peut-être cette réconciliation était-elle trop précipitée pour être durable ; mais il en résulta néanmoins de bons effets : la loi par degrés acquit plus d'influence, et les passions des hommes devinrent moins violentes, lorsqu'on vit qu'il y avait du danger à s'y abandonner.

Je dois maintenant remplir ma promesse, et vous raconter ici un autre exploit arrivé sur les frontières. Ce fut le dernier qui y fut accompli ; mais assurément ce ne fut pas le moins remarquable, sous plus d'un rapport. Les Gardiens anglais et écossais, ou leurs délégués, avaient fait une trève d'un jour, pour régler à l'amiable les différends qui pouvaient être survenus entre les habitans des deux pays sur la frontière, et, après être tombés d'accord ensemble, ils retournaient tranquillement chez eux avec leur suite. Dans ces sortes de réunions, c'était une règle invariable qu'il y eût une trève de vingt-quatre heures, et que tous ceux qui, de part et d'autre, avaient accompagné le Gardien au lieu de la conférence, eussent la permission de retourner chez eux sans être inquiétés.

Or, il était venu, entre autres, avec le Gardien écossais, un insigne maraudeur nommé William Armstrong, mais plus généralement connu sous le nom de Kinmont Willie. Cet homme suivait à cheval la rive septentrionale du Liddel, dans l'endroit où cette rivière sépare l'Angleterre de l'Ecosse, lorsque quelques Anglais qui avaient quelques motifs d'inimitié personnelle contre lui, ou qui avaient eu à souffrir de ses déprédations, ne purent résister à la tentation de l'attaquer. Ils passèrent donc la rivière, poursuivirent Kinmont Willie pendant plus d'un mille sur le territoire même de l'Ecosse, le firent prisonnier, et le conduisirent au château de Carlisle.

Comme cet homme faisait beaucoup de bruit, criait hardiment qu'on avait violé la trève dans sa personne, et demandait d'un ton péremptoire à être mis en liberté, lord Scrope lui répondit d'un air railleur qu'il ne quitterait point le château sans lui dire adieu, voulant dire par-là qu'il ne partirait point sans sa permision. Le prisonnier s'écria hardiment qu'il aurait soin, avant de s'en aller, de lui souhaiter une bonne nuit.

Le lord de Buccleuch, qui était Gardien de Liddesdale, demanda la délivrance de Kinmont Willie, et se plaignit de ce qu'en le faisant prisonnier, on avait violé les lois des frontières, ajoutant que c'était une insulte qu'il regardait comme personnelle. Lord Scrope refusa, ou du moins éluda de mettre Kinmont en liberté. Alors Buccleuch lui envoya un défi que lord Scrope s'excusa de ne pouvoir accepter, sous prétexte des fonctions publiques qu'il exerçait. Le Chef écossais résolut donc de recourir à la force pour venger l'affront qui lui avait été fait, ainsi qu'à son pays. Il rassembla trois cents hommes d'élite, et se dirigea vers le château de Carlisle pendant la nuit. Une partie de la troupe mit pied à terre, tandis que les autres restèrent à cheval pour repousser toute attaque qui pourrait venir de la ville. La nuit était très-sombre, et la pluie tombait par torrens. Ceux qui étaient descendus de cheval approchèrent du pied des murs, et s'efforcèrent de les escalader à l'aide des échelles qu'ils avaient apportées dans cette intention. Mais les échelles se trouvèrent trop courtes. Alors, à l'aide d'autres instrumens dont ils avaient eu soin de se pourvoir, ils enfoncèrent une poterne ou fausse porte, et entrèrent dans le château.

Leur chef leur avait expressément enjoint de ne faire de mal à personne, à moins qu'on ne voulût leur opposer de la résistance, de sorte que le petit nombre de gardes qui se rassemblèrent au premier bruit furent repoussés sans coup férir. Une fois maîtres du château, ils sonnèrent de la trompette, à la grande alarme des bons habitans de Carlisle, qui, se réveillant en sursaut, furent tout étonnés d'entendre, à une pareille heure, des sons de guerre. Les cloches du château furent mises en branle, celles de la cathédrale leur répondirent; les tambours battirent aux armes, et des fanaux furent allumés pour répandre l'alarme dans tous les environs.

Pendant ce temps, les Ecossais avaient rempli l'objet de leur expédition. Ils avaient délivré Kinmont Willie de sa prison. La première chose que fit Armstrong fut de crier de toutes ses forces : — Bonne nuit à lord Scrope, lui demandant en même temps s'il ne voulait rien en Ecosse. La petite troupe obéit strictement aux ordres de son chef en s'abstenant de prendre aucun butin. Ils revinrent du château, emmenant avec eux leur compatriote, et un gentilhomme nommé Spencer, qui était attaché au constable du château. Buccleuch le renvoya en le chargeant de faire ses complimens à Salkeld, le constable, qu'il estimait meilleur gentilhomme que lord Scrope, ajouta-t-il, et de lui dire que c'était le Gardien de Liddesdale qui avait fait ce coup, et qu'il le priait, s'il tenait à passer pour un homme d'honneur, de se mettre en campagne et de prendre sa revanche. Buccleuch donna alors le signal de la retraite, qui se fit tranquillement et avec beaucoup d'ordre, et il rentra en Ecosse au point du jour, sain et sauf et couvert de gloire. « Oncques ne fut acte de vasselage si vaillamment accompli en Ecosse, dit un vieil historien, voire même du temps de Wallace. »

La reine Elisabeth, comme vous pensez bien, fut furieuse de cette insulte, et elle demanda que Buccleuch lui fût livré pour avoir commis une agression pareille sur les frontières en temps de paix. L'affaire fut soumise au parlement écossais. Le roi Jacques parla lui-même pour Elisabeth, voulant sans doute se mettre dans les bonnes graces de cette princesse, par sa docilité et son empressement à exécuter ses volontés. Le secrétaire d'Etat répondit en présentant la défense de Buccleuch, et le parlement écossais décida que la question serait soumise à des commissaires choisis par les deux peuples, et qu'il attendrait leur décision. Mais quant à la demande de livrer Buccleuch aux Anglais, le président déclara à haute voix qu'il serait assez temps que Buccleuch passât en Angleterre lorsque le roi s'y rendrait lui-même.

Buccleuch mit fin à la discussion en partant pour Londres à la demande du roi, et sur la promesse qu'il ne lui serait fait aucun mal. La reine Elisabeth voulut le voir, et elle lui demanda comment il osait commettre de semblables agressions sur son territoire. Il répondit intrépidement qu'il ne connaissait point la chose qu'un homme N'OSAT POINT FAIRE. Cette réponse plut à Elisabeth, qui le traita avec distinction pendant le temps qu'il resta en Angleterre, ce qui ne fut pas long.

Mais l'aventure la plus étrange du règne de Jacques fut l'événement appelé la conspiration de Gowrie, sur laquelle il règne une sorte de mystère que le temps n'a pas encore complètement éclairci. Vous devez vous rappeler qu'il y eut un comte de Gowrie qui fut condamné et exécuté lorsque Jacques n'était qu'un enfant. Ce seigneur laissa deux fils, qui reçurent une brillante éducation en pays étranger, et qu'on regardait comme des jeunes gens d'une grande espérance. Le roi rendit à l'aîné le titre et le domaine de Gowrie, et les deux frères étaient en grande faveur auprès de lui.

Un beau matin, c'était dans le mois d'août 1600, Alexandre Ruthven, le plus jeune des deux frères, vint trouver le roi qui était à chasser dans le parc de Falkland, et il lui raconta qu'il venait d'arrêter un homme qui lui avait paru suspect, et qui portait sous son manteau un grand pot rempli de pièces d'or. Il l'avait fait renfermer, ajouta-t-il, dans la maison de son frère, jusqu'à ce que le roi pût l'interroger lui-même, et prendre possession du trésor. Avec cette histoire il attira Jacques loin du reste de la chasse, et lui persuada de venir avec lui jusqu'à Perth, sans autre suite que quelques seigneurs et un petit nombre de domestiques qui accompagnèrent le roi sans en avoir reçu l'ordre.

Arrivés à Perth, ils entrèrent dans Gowrie-House, résidence du comte, grand édifice massif dont les jardins se prolongeaient jusqu'à la Tay. Le comte de Gowrie parut surpris de voir arriver le roi si inopinément, et il fit aussitôt préparer quelques rafraîchissemens pour Sa Majesté. Après le dîner, Alexandre Ruthven le pressa de venir avec lui voir secrètement le prisonnier; et Jacques, curieux par caractère, et assez pauvre pour saisir avec empressement une occasion de réparer ses finances, le suivit d'appartement en appartement, jusqu'à ce que Ruthven le fit entrer dans une petite tour où se trouvait, non pas un prisonnier avec un pot rempli de pièces d'or, mais un homme armé, prêt, à ce qu'il semblait, à exécuter quelque entreprise violente.

A cette vue, le roi tressaillit et voulut revenir sur ses pas; mais Ruthven arracha le poignard que tenait l'homme armé, et le mettant sur la poitrine du roi, il lui rappela la mort du comte de Gowrie son père, et lui conseilla de se soumettre sans résistance, s'il ne voulait périr à l'instant même. Jacques se répandit en reproches contre Ruthven, l'accusant d'ingratitude, et se défendant d'avoir été pour rien dans la mort de son père, puisque alors il n'était qu'un enfant. Le conspirateur, soit remords, soit quelque autre motif, assura le roi que sa vie ne courait aucun danger, et il le laissa dans la tourelle avec l'homme armé, qui ne paraissait pas très-bien choisi pour jouer un rôle dans cette sanglante tragédie; car il tremblait sous son armure, et semblait hors d'état de prêter le moindre secours ni au roi ni à son maître.

Voyons maintenant ce qui se passait en bas pendant que cette scène étrange avait lieu entre le roi et Ruthven. Les personnes de la suite du roi commençaient à s'étonner de son absence, lorsque tout à coup elles furent informées par un domestique du comte de Gowrie que le roi venait de monter à cheval et de repartir pour Falkland. Elles se précipitèrent aussitôt dans la cour, et demandèrent leurs chevaux, tandis que le comte montrait beaucoup d'empressement de les voir partir. Dans ce moment le concierge intervint, et assura que le roi ne pouvait être sorti, attendu qu'il avait les clefs du château, et qu'il était bien certain que personne n'était sorti. A ces mots, Gowrie s'emporta beaucoup, s'écria que cet homme ne savait ce qu'il disait, et soutint que le roi était parti.

Pendant que les seigneurs de la suite de Jacques ne savaient que penser, une voix à demi étouffée, mais néanmoins déchirante, se fit entendre de la fenêtre d'une petite tourelle au-dessus de leurs têtes. — Au secours! Trahison! Au secours! milord de Mar! Ils levèrent les yeux, et aperçurent Jacques qui, de l'air le plus agité, passait la tête à travers la fenêtre, tandis qu'une main le tenait par la gorge, comme si quelqu'un s'efforçait de le tirer par derrière.

Voici l'explication de cette scène : — Le roi, resté seul avec l'homme armé, avait, à ce qu'il paraît, obtenu de lui d'ouvrir la fenêtre. Dans ce moment, Alexandre Ruthven rentra, et s'écriant qu'il n'y avait point de remède, qu'il fallait que le roi pérît, il se jeta sur lui, et voulut employer la force pour lui lier les mains avec une jarretière. Jacques résista, et traînant Ruthven à la fenêtre, alors ouverte, il appela, comme nous l'avons vu, ses gens à son secours. Ceux-ci se hâtèrent d'accourir à sa voix. Le plus grand nombre se précipita vers le grand escalier, où ils trouvèrent toutes les portes fermées; et ils se mirent aussitôt à frapper à grands coups pour les enfoncer. Pendant ce temps, un page du roi, nommé sir John Ramsay, découvrit un escalier qui conduisait à la tourelle, où Ruthven et le roi luttaient encore ensemble. Ramsay frappa Ruthven de deux coups de poignard, Jacques lui criant de frapper fort, parce qu'il avait une cuirasse sous ses habits. Alors Ramsay poussa le corps de Ruthven expirant du côté de l'escalier dérobé, où il fut trouvé par sir Thomas Erskine et sir Hugues Herries, qui l'achevèrent avec leurs épées. Ses dernières paroles furent : — Hélas! je ne suis point à blâmer pour cette action.

A peine ce danger était-il passé, que le comte de Gowrie parut à la porte, une épée nue dans chaque main, suivi de sept hommes armés, et demandant vengeance de la mort de son frère. Les défenseurs du roi, qui n'étaient que quatre, se précipitèrent au-devant d'eux, refermèrent la porte sur le roi, pour mettre sa personne en sûreté, et commencèrent un combat d'autant plus désespéré, qu'ils n'étaient que quatre contre huit, et que Herries était boiteux et presque perclus de tous ses membres. Mais sir John Ramsay ayant percé le comte de Gowrie à travers le cœur, celui-ci tomba mort sans dire un seul mot, et ses gens prirent la fuite. Les portes du grand escalier furent alors ouvertes aux nobles qui faisaient de vains efforts pour se frayer un passage jusqu'au roi.

Pendant ce temps, un nouveau péril menaçait le roi et sa petite troupe. Le comte de Gowrie qui venait d'être immolé était le prévôt de la ville de Perth, et il était fort aimé des habitans. Dès qu'ils apprirent ce qui venait d'arriver, ils coururent aux armes, et entourèrent le château où s'était passée cette sanglante tragédie, demandant à grands cris leur prévôt, et jurant que, s'il ne leur était pas rendu sain et sauf, l'habit vert du roi leur en répondrait. Les magistrats de la ville eurent beaucoup de peine à les apaiser; mais enfin ils y parvinrent, et la populace se dispersa.

Il n'est guère d'événemens dans l'histoire qui soient enveloppés de plus de ténèbres que cette étrange conspiration; et ce qui la rend plus étrange encore, c'est que l'homme armé qui avait été posté dans la tourelle ne put fournir aucune lumière. Il se trouva être un nommé Henderson, intendant du comte de Gowrie, qui avait reçu ordre de s'armer pour prendre un voleur des Highlands, et il avait été placé dans la tour par Alexandre Ruthven, sans qu'on lui eût dit ce qu'il avait à faire, de sorte que tout ce qui se passa fut pour lui un sujet de surprise. Le mystère parut si impénétrable, et le récit reposait en si grande partie sur le seul témoignage de Jacques, que beaucoup de personnes crurent alors, et quelques historiens même croient encore aujourd'hui, que ce n'étaient pas les deux frères qui avaient conspiré contre le roi, mais bien le roi contre les deux frères; et que Jacques, ayant contre eux quelques sujets d'animosité, avait imaginé toute cette scène, pour rejeter ensuite tout le blâme sur les Ruthvens et les en rendre les victimes. Mais sans parler du caractère doux et humain de Jacques, et laissant même de côté la considération qu'on ne peut assigner, ni même se figurer de motif suffisant qui ait pu le porter à un meurtre aussi atroce, on doit faire attention que le roi était naturellement craintif, et qu'il ne pouvait pas seulement regarder une épée nue sans tressaillir; de sorte qu'il est contre toute raison et toute vraisemblance de supposer qu'il pût être l'auteur d'un complot dans lequel sa vie fut à plusieurs reprises dans le plus grand danger. Cependant beaucoup de membres du clergé refusèrent d'obéir à l'ordre de Jacques de célébrer de solennelles actions de graces pour la délivrance du roi, faisant entendre, sans beaucoup de ménagement, qu'ils doutaient fort de la vérité de son histoire. L'un d'eux, pressé par le roi, finit par dire, « — que sans doute il devait le croire, puisque Sa Majesté disait qu'elle l'avait vu, mais que quand même il l'aurait vu lui-même il n'en aurait pas cru ses propres yeux. » Jacques fut très-mortifié de cet excès d'incrédulité, car il était dur pour lui de voir révoquer en doute son témoignage après qu'il avait couru un tel danger.

Ce ne fut que neuf ans après, que quelque jour fut jeté sur cette affaire par un nommé Sprot, notaire public, qui, par pure curiosité, était parvenu à se procurer certaines lettres qu'on disait avoir été écrites au comte de Gowrie par Robert Logan de Restalrig, homme turbulent, de mauvaises mœurs, et toujours prêt à comploter. Dans ces lettres, il était fait sans cesse allusion à la mort du père de Gowrie, à la vengeance qu'on méditait, et à l'exécution de quelque grande et périlleuse entreprise. Enfin il y était dit que les Ruthvens devaient amener par mer un prisonnier à la forteresse de Fast-Castle, tour isolée et inaccessible appartenant à Logan, et située sur les côtes de Berwick. Logan recommande cette tour comme le lieu le plus sûr où l'on puisse garder secrètement quelque prisonnier important, et il ajoute qu'il y avait caché Bothwell dans sa plus grande détresse, « à la barbe du roi et de son conseil. »

Toutes ces expressions semblent indiquer un complot

dirigé, non point contre les jours du roi, mais contre sa liberté personnelle, et elles font présumer que, lorsque Alexandre Ruthven avait employé les menaces pour forcer le roi à garder le silence et à se soumettre, l'intention des deux frères était de l'entraîner à travers les jardins, de le mettre à bord d'une chaloupe, de descendre la Tay, et après un signal convenu, auquel Logan fait allusion, de déposer leur illustre prisonnier dans la forteresse de Fast-Castle. S'emparer de la personne du roi était une entreprise qui était loin d'être sans exemple parmi les seigneurs écossais, et le père des Ruthvens avait perdu la vie dans une tentative semblable. Si l'on adopte que tel était leur projet, il est probable que la reine Élisabeth n'y était pas étrangère. En effet, elle s'était trouvée si bien d'avoir retenu Marie en prison, qu'elle avait pu former quelque plan de ce genre pour obtenir la garde de son fils.

Je ne dois pas terminer cette histoire sans ajouter que le corps de Logan fut apporté devant une cour de justice, qu'il fut jugé après sa mort, déclaré coupable, et frappé d'une sentence qui prononçait la confiscation de tous ses biens. Mais ce qui n'a pas été remarqué, c'est que Logan, libertin, prodigue et extravagant, avait aliéné la plus grande partie de sa fortune avant de mourir, et que, par conséquent, le roi ne pouvait avoir aucun intérêt à suivre ces anciennes et barbares formes de procédure. Le sort de Sprot, le notaire, fut aussi triste que bizarre. Il fut condamné à être pendu, pour avoir gardé ces lettres en sa possession, sans les communiquer au gouvernement; et la sentence fut exécutée, Sprot continuant à assurer jusqu'au dernier soupir que les lettres étaient authentiques, et qu'il ne les avait conservées que par curiosité. Il l'affirma de nouveau, même dans l'agonie de la mort; car déjà il avait été précipité de l'échelle fatale, lorsque, invité à confirmer par quelque signe la sincérité de ses aveux, on dit qu'il frappa trois fois dans ses mains. Néanmoins quelques personnes continuèrent à croire que la déposition de Sprot était mensongère, et que les lettres étaient forgées; mais il semble qu'il y a un excès d'incrédulité à suspecter des aveux dont le résultat fut de conduire au gibet celui qui en était l'auteur; et maintenant les lettres produites par Sprot sont regardées comme authentiques par les meilleurs juges en cette matière. Ce fait une fois reconnu, il devient évident que le but de la conspiration de Gowrie était d'emprisonner le roi dans la forteresse inaccessible de Fast-Castle, et peut-être ensuite de le remettre entre les mains de la reine Elisabeth.

Nous approchons maintenant de la fin de cette histoire. Le roi Jacques VI épousa la fille du roi de Danemark, qui s'appelait Anne de Danemark; ils eurent des enfans, ce qui fut un grand titre pour eux aux yeux des Anglais, qui commençaient à se lasser de voir leur couronne passer de femme en femme, sans qu'il y eût aucune perspective de succession masculine. Ils commencèrent donc à regarder Jacques comme le plus proche héritier de Henry VIII, et le successeur légitime au trône, lorsque Elisabeth viendrait à mourir. La reine était alors très-âgée, d'une mauvaise santé, et la mort d'Essex, son favori, lui porta le coup le plus sensible. Depuis le moment où il fut exécuté, à peine eut-elle un seul intervalle de santé et même de raison. Elle restait assise toute la journée sur des coussins, tenant un doigt dans sa bouche, ne faisant attention à rien de ce qui se passait autour d'elle, si ce n'est aux prières que de temps en temps on récitait dans sa chambre.

Tandis que la reine d'Angleterre était ainsi dans les souffrances d'une lente et douloureuse agonie, ses sujets cherchaient à se concilier les bonnes graces de Jacques son successeur, avec lequel Cecil lui-même, premier ministre d'Angleterre, entretenait depuis long-temps une correspondance secrète. A peine Elisabeth avait-elle rendu le dernier soupir, que sir Robert Carey, son parent et son filleul, monta à cheval, et voyageant avec une rapidité presque égale à celle de nos malle-postes modernes, porta au palais d'Holyrood la nouvelle que Jacques était roi d'Angleterre, de France et d'Irlande, aussi-bien que d'Ecosse.

Jacques arriva à Londres le 7 mai 1603, et prit possession de ses nouveaux Etats sans la plus légère opposition; et de cette manière l'île de la Grande-Bretagne, si long-temps divisée en deux royaumes distincts, se trouva réunie sous la domination d'un seul et même prince. C'est donc ici, mon cher enfant, que doivent finir les Contes de Votre Grand-Père concernant l'Histoire d'Ecosse.

FIN DE LA PREMIÈRE SÉRIE.

TABLE

DES CHAPITRES

RENFERMÉS DANS LA PREMIÈRE SÉRIE DE L'HISTOIRE D'ÉCOSSE.

Préface de l'auteur.   1

Dédicace.   3

Chapitre premier. Comment l'Angleterre et l'Ecosse vinrent à former deux royaumes séparés.   5

Chap. II. Histoire de Macbeth.   12

Chap. III. Du système féodal, et de la conquête de l'Angleterre par les Normands.   25

Chap. IV. Mort d'Alexandre, roi d'Ecosse. — Usurpation d'Edouard Ier.   35

Chap. V. Histoire de sir William Wallace.   43

Chap. VI. Elévation de Robert le Bruce.   57

Chap. VII. Des exploits de Douglas et de Randolph.   79

Chap. VIII. Bataille de Bannockburn.   93

Chap. IX. Exploits d'Edouard Bruce, de Douglas, de Randolph, comte de Murray. — Mort de Robert Bruce.   101

Chap. X. Du gouvernement de l'Ecosse.   115

Chap. XI. Régence et mort de Randolph. — Bataille de Dupplin. — Avènement d'Edouard Baliol au trône d'Ecosse, et sa fuite en Angleterre. — Bataille d'Halidon-Hill et retour de Baliol.   128

Chap. XII. Siège du château de Loch Leven. — Bataille de Kilblene. — Siège du château de Dunbar. — Sir André Murray. — Etat du pays. — Tournois.   137

Chap. XIII. Départ d'Edouard Baliol de l'Ecosse. — Retour de David II. — Mort de sir Alexandre Ramsay. — Mort du chevalier de Liddesdale. — Bataille de Neville-cross. — Mort de Baliol. — Captivité, délivrance et mort du roi David. 147

Chap. XIV. Avènement de Robert Stuart. — Guerre de 1385, et arrivée de Jean de Vienne en Ecosse. — Bataille d'Otterburn. — Mort de Robert II. 154

Chap. XV. Règne de Robert III. — Troubles dans les Highlands. — Combat entre le clan Chattan et le clan Kay, sur le North Inch de Perth. — Caractère du duc de Rothsay, héritier présomptif, et sa mort. — Le prince Jacques, prisonnier des Anglais. — Mort de Robert III. 163

Chap. XVI. Régence de Robert, duc d'Albany. — Bataille d'Harlaw. — Régence de Murdac, duc d'Albany. — Exploits des Ecossais en France. — Retour de Jacques Ier en Ecosse. 171

Chap. XVII. Règne de Jacques Ier. — Exécution de Murdac, duc d'Albany. — Etat des Highlands. — Conspiration contre Jacques Ier. — Assassinat de ce prince. — Châtiment des conspirateurs. 177

Chap. XVIII. Règne de Jacques II. — Guerres avec les Douglas. — Mort du roi. 186

Chap. XIX. Règne de Jacques III. — Insurrection des Homes et des Hepburns. — Meurtre du roi. 204

Chap. XX. Règne de Jacques IV. — Exploits sur mer de sir André Wood. — Procès de lord Lindsay des Byres. — Invasion des Ecossais en Angleterre, en faveur de Perkins Warbeck. — Traité avec l'Angleterre, et mariage de Jacques avec Marguerite, fille de Henry VII. 225

Chap. XXI. Améliorations des lois écossaises. — Différends de l'Angleterre et de l'Ecosse. — Invasion en Angleterre. — Bataille de Flodden, et mort de Jacques IV. 236

Chap. XXII. Conséquences de la bataille de Flodden. — La reine douairière Marguerite prend la régence, et épouse le comte d'Angus. — Le duc d'Albany est rappelé de France — Démêlés entre son parti et celui de Marguerite. — Lutte sanglante entre les Douglas et les Hamiltons dans High-Street à Edimbourg. — Prise de Jedburgh. — Le duc d'Albany quitte l'Ecosse pour toujours. 254

Chap. XXIII. Le comte d'Angus prend le gouvernement de l'Etat. — Vains efforts de Buccleuch et de Lennox pour soustraire le jeune roi au pouvoir d'Angus. — Evasion de Jacques. — Bannissement d'Angus et du reste des Douglas. 266

Chap. XXIV. Caractère de Jacques V. — Il entreprend de réprimer les excès commis par les habitans des frontières. — Châtiment des coupables. — Aventures de Jacques parcourant ses Etats déguisé. — Fête donnée par le comte d'Athole. — Institution du Collège de Justice. — Mines d'or d'Ecosse. — Encouragemens donnés aux lettres. 276

Chap. XXV. Abus de l'Eglise de Rome. — Réformation en Angleterre et en Ecosse. Guerre avec l'Angleterre. — Mort de Jacques V. 288

DES CHAPITRES.

CHAP. XXVI. Négociations pour un mariage entre la jeune reine Marie et le prince Edouard d'Angleterre. — Elles ne réussissent pas. — Invasion en Ecosse. — Administration et mort du cardinal Beaton. — Bataille de Pinkie. — Marie Stuart est envoyée en France et la reine douairière devient régente. — Progrès de la réformation. — Marie se décide à retourner en Ecosse.   304

CHAP. XXVII. Retour de la reine Marie en Ecosse. — Heureux commencemens de son règne. — Expédition contre Huntly. — Négociations avec Elisabeth pour un second mariage. — Marie épouse Darnley.   329

CHAP. XXVIII. Révolte de Murray. — Meurtre de Rizzio. — Naissance de Jacques VI. — Mort de Darnley.   341

CHAP. XXIX. Mariage de Marie et de Bothwell. — Marie se rend aux lords confédérés à Carberry. — Son emprisonnement dans le château de Lochleven, et son évasion. — Bataille de Langside et fuite de Marie en Angleterre. — Conduite injuste d'Elisabeth envers la reine d'Ecosse. — Régence et meurtre de Murray. — Guerres civiles en Ecosse. — Régence de Morton. — Son procès et son exécution. — Affaire de Ruthven. — Jacques VI se laisse diriger par Stuart, comte d'Arran. — Disgrace et mort de ce favori.   354

CHAP. XXX. Rigueurs auxquelles Marie est exposée pendant sa captivité. — Conjuration de Babington. — Procès de Marie. — Sa condamnation et son supplice. — Règne de Jacques VI. — Dissensions parmi les nobles et esprit sanguinaire de l'époque. — Buccleuch délivre Kinmont-Willie renfermé dans le château de Carlisle. — Conspiration de Gowrie. — Avènement de Jacques à la couronne d'Angleterre.   392

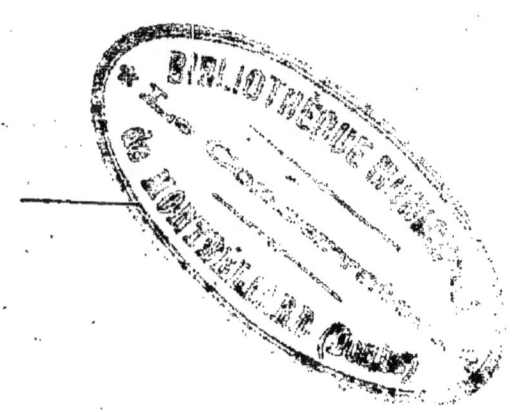